Das Werk

Da es mit fortschreitender Spezialisierung immer schwieriger wird, eine durchgehende Geschichte der Philosophie zu schreiben, werden in diesem zweibändigen Werk sechzehn Philosophen in chronologischer Folge vorgestellt und diskutiert, die für die europäische Philosophie maßgebend sind. An die Stelle einer Entwicklungsgeschichte des Denkens und der Darstellung der jeweiligen Gesamtwerke tritt die problemorientierte Sicht, die Hervorhebung richtungsweisender philosophischer Fragestellungen und Ideen. Im Mittelpunkt stehen dabei solche Probleme und Ansätze, die in der gegenwärtigen philosophischen Diskussion besonders aktuell sind.
Die einzelnen Beiträge sollen zugleich dazu einladen, die Texte der Klassiker selbst zu lesen. Vorangestellt ist jeweils eine Kurzbiographie, angefügt eine bibliographische Übersicht.

Klassiker
des philosophischen Denkens

Herausgegeben von Norbert Hoerster

Band 1

Deutscher
Taschenbuch
Verlag

dtv

Originalausgabe
1. Auflage Februar 1982
4. Auflage Oktober 1988: 18. bis 21. Tausend

Umschlaggestaltung: Celestino Piatti
Gesamtherstellung: C. H. Beck'sche Buchdruckerei,
Nördlingen
Printed in Germany · ISBN 3-423-04386-5

Inhalt

Vorwort

In dem vorliegenden zweibändigen Werk ›Klassiker des philosophischen Denkens‹ sollen die wichtigsten Philosophen des Abendlandes in chronologischer Folge zur Darstellung gelangen. Diese Zielsetzung erfordert in mehrfacher Hinsicht Beschränkung.

Zum einen können nur die unter heutigem Blickwinkel erstrangigen Denker – eben die »Klassiker« – behandelt werden. Dabei ist die Frage, welche Philosophen im einzelnen unter diese Kategorie fallen, nicht in jedem Fall leicht zu entscheiden. Trotzdem ist diese Entscheidung keine Sache reiner Willkür. Niemand, der sich ernsthaft mit der Geschichte der Philosophie beschäftigt hat, kann bestreiten, daß jedenfalls die allermeisten der hier behandelten Denker von erstrangiger Bedeutung sind. Aber selbst in den relativ wenigen Fällen, in denen man vernünftigerweise zweifeln kann, ob die von mir vorgenommene Aufnahme beziehungsweise Weglassung eines bestimmten Denkers berechtigt ist, glaube ich, gute Gründe für meine Auswahl zu besitzen.

Thomas von Aquin etwa dürfte, mag ihm ein Augustinus auch als *Theologe* ebenbürtig sein, doch mit Abstand der bedeutendste *Philosoph* des Mittelalters sein. Und die Philosophie des Iren Berkeley, von deutschen Philosophiehistorikern gewöhnlich äußerst stiefmütterlich behandelt, zeichnet sich nicht nur – was sie für Anfänger als besonders geeignet erscheinen läßt – durch ein hohes Maß an Konsequenz und Klarheit aus; sie nimmt auch wesentliche Problemstellungen und Theorien der modernen analytischen Philosophie vorweg. Was andererseits die Weglassung einiger an deutschen Universitäten gern erörterter Vertreter des Deutschen Idealismus betrifft, so ist zu bedenken, daß diese, unter einer internationalen Perspektive betrachtet, in unserem Jahrhundert nur noch in einigen esoterischen Zirkeln zur Anregung eigenen Philosophierens dienen. Gleiches läßt sich demgegenüber von Schopenhauer und Nietzsche, wenn man Aktualität und Einfluß nicht nur nach den engen Maßstäben der Universitätsphilosophie beurteilt, sicherlich nicht sagen. Aus der Philosophie des 20. Jahrhunderts schließlich habe ich mich mit Heidegger und Wittgenstein für jene beiden Denker entschieden, die dank ihrer Originalität stärker als alle ihre Zeitgenossen zum Ausgangspunkt neuer und machtvoller Strömungen im philosophischen Denken geworden sind.

Auch noch in einer zweiten Hinsicht ist ein Unternehmen wie das vorliegende auf Selbstbescheidung angewiesen. Obschon die Beschränkung auf sechzehn erstrangige Denker es möglich macht, jeden von ihnen relativ ausführlich zu behandeln, kann nicht der Anspruch erhoben werden, das gesamte philosophische Denken des jeweiligen Klassikers darzustellen. Ein derartiger Anspruch wäre nur um den Preis der Oberflächlichkeit zu erfüllen gewesen. Ich habe die einzelnen Autoren deshalb gebeten, erstens die theoretische – im Unterschied zur praktischen – Philosophie in den Mittelpunkt ihrer Beiträge zu stellen (was übrigens der Grund dafür war, die im Bereich der theoretischen Philosophie weniger wichtigen Sozialphilosophen Hobbes und Rousseau überhaupt wegzulassen; wohingegen sich bei Marx eine Trennung der beiden Bereiche kaum durchführen läßt) und zweitens möglichst solche Fragestellungen und Theorien des jeweiligen Denkers zu behandeln, die zu aktuellen Problemstellungen der Gegenwartsphilosophie eine Beziehung aufweisen.

Nach alledem kann es nicht Ziel dieser Bände sein, eine fortlaufend konzipierte Philosophiegeschichte zu ersetzen. Der Leser soll hier nicht in erster Linie über historische, etwa wirkungsgeschichtliche Zusammenhänge informiert werden. Er soll vielmehr durch die kritische Analyse klassischer, noch heute lebendiger Probleme und Argumente mit Gegenstand und Methode der Philosophie selbst bekanntgemacht werden. Es versteht sich von selbst, daß zu einem solchen Vorhaben weder das Denken jedes Klassikers noch die Diktion jedes Autors *in gleichem Maße* geeignet ist. Inwieweit es trotzdem insgesamt als gelungen betrachtet werden kann, möge der Leser entscheiden.

Norbert Hoerster

Platon

von Günther Patzig

1. Einleitung

Verglichen mit dem lebendigen Eindruck, den uns Platons vollständig erhaltene Dialoge von der Persönlichkeit ihres Autors vermitteln, sind die biographischen Tatsachen seines 80 Jahre umfassenden Lebens nur sehr lückenhaft überliefert. Platon ist 428/27 v. Chr. als Sohn einer vornehmen athenischen Familie in Athen oder, nach anderen Quellen, in Aegina geboren. Sein Vater Ariston starb früh; sein Mutter Periktione heiratete in zweiter Ehe ihren Onkel Pyrilampes, einen wohlhabenden Freund des Perikles. Ihr Bruder Charmides und ihr Vetter Kritias traten 404/03 als Führer der blutigen oligarchischen Restauration hervor, bei deren Niederwerfung zur Wiederherstellung der Demokratie Kritias ums Leben kam. Platon läßt Mitglieder seiner Familie gern als Gesprächspartner des Sokrates in seinen Dialogen auftreten, vergleichbar den Stifterporträts in mittelalterlichen Altarbildern: Charmides und Kritias im Dialog ›Charmides‹, seine älteren Brüder Adeimantos und Glaukon im ›Staat‹; Demos, Platons Stiefbruder, wird im ›Gorgias‹, Antiphon, sein Halbbruder, im ›Parmenides‹ erwähnt.

Oligarchen und Demokraten, den beiden politischen Fraktionen Athens, war Platon durch Verwandtschaft verbunden; eine politische Laufbahn des hochbegabten jungen Mannes hätte nahegelegen. Im berühmten VII. Brief Platons, dessen Echtheit freilich umstritten ist, der aber in jedem Fall auf Informationen aus Platons unmittelbarer Umgebung zurückgehen muß, führt Platon seine Entscheidung gegen seine Mitwirkung in der aktiven Politik vor allem auf die Erfahrung zurück, daß Sokrates, der schon unter der Oligarchenherrschaft in akute Lebensgefahr geriet, von der wiederhergestellten Demokratie tatsächlich in einen politischen Prozeß mit vorgeschobener religiöser Anklage verstrickt und zum Tode verurteilt wurde (VII. Brief, 324b–326b). Nicht unmittelbare politische Aktion, sondern Denkarbeit zur Gewinnung neuer Grundlagen der Politik schien Platon notwendig, um ein Gemeinwesen zu retten, dessen Verkehrtheit schon daraus ersichtlich wurde, daß es einen Sokrates nicht dulden wollte oder konnte.

Die Begegnung mit Sokrates (ca. 404 v. Chr.), vermutlich durch Kritias und Charmides vermittelt, war das wichtigste und folgenreichste Ereignis in Platons Leben. Nach dem Tod des Sokrates 399 fühlte er sich als dessen berufenen Nachfolger, wofür besonders der Dialog ›Phaidon‹ zeugt. Platons Dialoge (28 an der Zahl), die er vermutlich erst nach dem Tod des Sokrates zu schreiben begann, verstanden sich wohl auch als Fortsetzung des persönlichen Wirkens des Sokrates, der in ihnen (mit wenigen Ausnahmen in den Spätdialogen) die beherrschende Figur bleibt. Wenn Platon im VII. Brief (341 b–344 d) und im ›Phaidros‹ (275 c–276 a) so nachdrücklich betont, die Schrift sei der lebendigen Rede an Wirkungskraft weit unterlegen, so hat Platon dabei wohl die Wirkung der Gespräche mit Sokrates vor Augen.

Platon verließ wie andere Anhänger des Sokrates nach dessen Verurteilung und Tod für einige Zeit Athen; vermutlich hielt er sich bei dem Eleaten Eukleides in Megara auf. Antike Nachrichten weisen auf spätere Reisen in den Orient (unwahrscheinlich), nach Ägypten (möglich), besonders aber nach Unteritalien und Sizilien hin. In diesen griechischen Siedlungsgebieten wurde Platon mit der Philosophie der Eleaten, d. h. vor allem des Parmenides, vertraut, die auf seine eigene Denkweise neben Sokrates den stärksten Einfluß ausübte, und knüpfte Verbindungen zu den Pythagoreern, hier besonders zu dem auch als Staatsmann wirkenden Archytas von Tarent. Einige Zeit muß er am Hofe des Dionysios I. in Syrakus verbracht haben. Eine geistig-erotische Beziehung zu Dion, dem damals etwa zwanzigjährigen Schwager und Schwiegersohn des Dionysios I., verstrickte Platon schließlich doch in die Machtpolitik. Gegen 387 von Dionysios I. in Ungnaden entlassen – daß er als Sklave verkauft wurde, ist wohl eine legendenhafte Ausmalung des Konflikts –, gründete Platon um 385 in Athen nach pythagoreischem Muster einen Lebensbund der in seinem Sinne Forschenden und Lernenden, die Akademie. Diese Gründung, Urbild der europäischen Universitäten, hatte 900 Jahre hindurch Bestand, bis sie von Kaiser Justinian 529 n. Chr. aufgelöst wurde.

Platons Lehrtätigkeit an der Akademie und die Arbeit an seinen Schriften wurden 367 bis 365 durch eine zweite Reise nach Syrakus unterbrochen. Dort hatte nach dem Tod des Dionysios I. dessen Sohn als Dionysios II. die Herrschaft übernommen; Dion hoffte, durch Einwirkung auf den jungen Herrscher, der philosophische Begabung und Interessen zeigte, Einfluß im Sinne einer rationalen Politik gewinnen zu können. Platon konnte sich dem Ruf der Praxis nicht entziehen, zumal die Akademie gerade auch als Vorschule künftiger Politiker allgemeines Ansehen errungen hatte. Illusionen über die Erfolgsaussichten hatte er gewiß nicht; das Unternehmen endete auch nach anfänglichen Erfolgen in einem offenen Machtkampf zwischen Dion und dem jüngeren Dionysios und mit der Verbannung des Dion aus Syrakus. Auch eine dritte sizilische Reise Platons (361–360) bewirkte keine Versöhnung. Dion brachte 357 Syrakus im Handstreich in seine Gewalt, kam aber selbst 354 durch den Mordanschlag eines Akademikers, des Kallippos, ums Leben. Es ist schwer, sich dem Eindruck zu entziehen, daß Dion später in Wahrheit eine eher skrupellose Machtpolitik betrieb und seine Beziehung zu Platon vor allem als Element seines politischen Kalküls benutzte, und daß Platon dies nicht sah, vielleicht nicht sehen wollte.

Platon starb 348/47, 80jährig, vermutlich bis zum Lebensende in voller Gesundheit denkend und schreibend. Sein umfangreiches Werk ›Nomoi‹ (Die Gesetze), in dem er offensichtlich Erfahrungen aus Syrakus verarbeitete, wurde erst nach seinem Tode, redaktionell bearbeitet, herausgegeben; der Dialog ›Kritias‹ blieb ein Torso. Die Leitung der Schule ging an Platons Neffen Speusippos über, nicht an Aristoteles, der wohl auch damals schon als Platons bedeutendster Schüler galt. Für die Wahl des Nachfolgers sind wohl vor allem Rechtsprobleme (Aristoteles war nicht athenischer Bürger) maßgebend gewesen, nicht so sehr die Meinungsdifferenzen zwischen Platon und Aristoteles (dies die antike Erklärung) oder gar die Tatsache, daß Aristoteles so offenkundig heterosexuell disponiert war (wie neuerdings vermutet worden ist).

In der folgenden Darstellung einiger Hauptzüge der Platonischen Philosophie gehe ich von der vorherrschenden, freilich nicht unbestrittenen Auffassung aus, daß Platon in den Dialogen seiner früheren Periode (bis zur ersten sizilischen Reise, ca. 389–387) die Sokratische Disputationskunst ohne wesentliche Neuerung fortführte, daß er in den sogenannten Dialogen der mittleren Zeit – zu denen vor allem der ›Phaidon‹ und das Hauptwerk, die ›Politeia‹ (Der Staat), gehören – bis zur zweiten sizilischen Reise um 367 seine eigene »Ideenlehre« entwickelte, und daß er schließlich in den Spätdialogen, die der Zeit nach 365 angehören, diese Ideenlehre einer grundsätzlichen Revision unterzog und den Versuch machte, die Fundamente seiner Theorien noch tiefer zu legen, ohne doch in dieser Arbeit zu abschließenden Ergebnissen zu gelangen. Diese Auffassung enthält die Voraussetzung, daß Platons Dialoge als unsere wichtigste Quelle der Platonischen Philosophie zu gelten haben. Das galt lange als selbstverständlich, ist aber seit 1959 durch die Arbeiten der »Tübinger Schule« (Krämer, Arete; Gaiser, Lehre) grundsätzlich in Frage gestellt worden. Nach dieser Interpretation soll Platon eine abstrakte Prinzipienlehre, in der »das Eine« und die »unbegrenzte Zweiheit« als Ursprungszwiefalt auch der »Ideen« fungieren, als seine eigentliche Philosophie in den Lehrgesprächen der Akademie von Anfang an vorgetragen haben. Demgegenüber sollen Platons Dialoge »nur ein Spiel« sein, Schriften, die zum Studium der Philosophie anregen und einige Probleme anschneiden sollten, während die Lösung der Probleme dem mündlichen Unterricht in der Akademie vorbehalten blieb. Der Inhalt dieser eigentlichen Platonischen Philosophie wird aus einigen Bemerkungen des Aristoteles und einer verstreuten Vielzahl später, indirekter und oft miteinander nicht verträglicher Nachrichten rekonstruiert. Die internationale Fachdiskussion hat die vorgeschlagene Abwertung der authentischen Dialoge hinsichtlich ihrer philosophischen Substanz zugunsten einer aus verstreuten Notizen destillierten Geheimlehre überwiegend kritisch aufgenommen. Eine abgewogene Zusammenfassung der Diskussionsergebnisse gibt Guthrie (Greek Philosophy 5, 418–442). An dieser Stelle müssen zwei grundsätzliche Bemerkungen genügen:

1. Mit den vorliegenden Zeugnissen ist die Annahme voll verträglich, daß Platon über das hinaus, was er als Resultate seines Nachdenkens schrittweise in seinen Dialogen der Öffentlichkeit vorlegte, eine gleichsam axiomatische Prinzipienlehre als Basistheorie seiner philosophischen Argumentationen entwickeln wollte. Diese Versuche wird man naturgemäß in die spätere Zeit von Platons Lehrtätigkeit in der Akademie datieren müssen; sie werden in den Diskussionen der Schulmitglieder in den Jahren seit 360 eine wesentliche Rolle gespielt haben. Wenigstens einmal hat Platon diese Basistheorie auch in einem Vortrag vor geladenen Gästen mit dem, wie sich dann zeigte, falsche Vorstellungen weckenden Titel ›Über das Gute‹ öffentlich vorgetragen. Seine Ausführungen stießen aber, wie wir hören, auf Unverständnis, ja sogar Unwillen, vor allem wegen der unerwarteten Verbindung einer mathematischen Größen-

lehre mit Norm- und Wertfragen. Sieht man die Dinge so, dann behalten die Dialoge auch in Platons eigener Auffassung ihre volle Bedeutung als Beiträge zur philosophischen Diskussion, ohne daß sie freilich beanspruchen könnten oder wollten, auch die letzten Fragen zu beantworten. Einen Versuch, diese Lücke zu schließen, hat Platon vermutlich in seiner spekulativen Theorie vom Einen-Guten und der unbegrenzten Zweiheit und in der Verbindung seiner Ideenlehre mit pythagoreischer Zahlentheorie unternommen, jedenfalls nicht zur vollen Zufriedenheit der kompetentesten unter seinen Zuhörern und, wie man annehmen darf, wohl auch nicht zu seiner eigenen.

2. Selbst wenn wir mit den Verfechtern des »esoterischen« Platon, gegen die Textbefunde, annehmen wollten, es habe von Anfang an eine »eigentliche« Philosophie Platons gegeben, eben jene abstrakte Prinzipienlehre und Zahlenspekulation, neben der, auch in Platons Augen, der philosophische Gehalt der Platonischen Dialoge bis zur Bedeutungslosigkeit sinken mußte, so ist doch immer noch von uns als den philosophisch (nicht bloß historisch-philologisch) interessierten Lesern der Dialoge einerseits, der Berichte über jene Prinzipienlehre andererseits, in freier Beweiswürdigung zu entscheiden, ob wir der hypothetisch angenommenen Bewertung der Dialoge durch ihren Autor zustimmen wollen und können. Könnte Platon sich nicht, wie andere Autoren auch, über den relativen Wert seiner verschiedenen Produktionen getäuscht haben? Hat nicht auch Goethe seine ›Farbenlehre‹ über seine Dichtungen gestellt, ohne daß die Nachwelt diese Einschätzung übernommen hätte? Solange niemand gezeigt hat, daß jene abstrakte Zahlenspekulation eine fruchtbare, zur Lösung wirklicher philosophischer Probleme hilfreiche Theorie darstellt – und das wird von den Vertretern des esoterischen Platon bisher noch nicht einmal in Ansätzen geleistet –, bliebe Platons Selbstinterpretation für uns unverbindlich. Die Platonischen Dialoge wurden sehr oft und werden auch heute noch bei der Erörterung philosophischer Probleme herangezogen; von jener »esoterischen« Lehre Platons ist eine vergleichbare Wirkung nicht bekannt, ja wohl nicht einmal plausibel vorstellbar. Die Tübinger These scheint also historisch nicht recht haltbar zu sein, und, was viel einschneidender ist, selbst wenn sie historisch zutreffen würde, wäre sie für die philosophische Auseinandersetzung mit Platons Dialogen als philosophischen Texten unerheblich.

Im folgenden werden daher Platons Dialoge zur Darstellung

der Argumentationsart Platons und der kritischen Analyse Platonischer Thesen und Argumentationen benutzt. Die Tatsache freilich, daß es sich bei diesen Texten um *Dialoge* handelt, in denen Platon selbst nie auftritt, stellt dem Interpreten besondere Probleme: Es wäre natürlich naiv anzunehmen, Platon wolle jede These als seine eigene Meinung vertreten, die er seinem »Sokrates« in den Mund legt. Sein Sokrates trägt vielmehr Ansichten vor, die oft schon im Verlauf eines Dialogs eingeschränkt und zurückgenommen, in anderen Fällen in einem späteren Dialog revidiert werden. Sokrates benutzt auch recht häufig die Mehrdeutigkeit von Ausdrücken zu sophistischen Schlüssen, er begeht in der Argumentation durchsichtige logische Fehler, überrumpelt schwache Dialogpartner mit eristischen Tricks, die ein stärkerer Kontrahent kaum Mühe hätte, als solche zu entlarven, und jedenfalls nicht hätte durchgehen lassen usw. In vielen Fällen ist die Annahme allerdings unabweislich, daß Platon solche »Fehler« in voller Absicht in den Diskussionsverlauf einbezieht, um den Leser zu kritischer Überprüfung der Argumentation anzuregen und seine Aufmerksamkeit und sein kritisches Mitdenken zu fördern. In anderen Fällen ist es aber die angemessenste Auffassung, davon auszugehen, daß Platon eine uns heute nicht mehr als haltbar erscheinende Argumentation für durchaus akzeptabel hielt. Platons Größe braucht nicht durch die von vornherein wenig plausible Annahme gesichert zu werden, er habe nie einen Fehler gemacht. Seine Größe liegt vielmehr in der Originalität und Fruchtbarkeit seiner Fragestellungen, der fast unerschöpflichen Kreativität, mit der er immer neue Theorien und Argumentationsstrategien entwickelt, um schwierige philosophische Fragen in helles Licht zu rücken und in ihrem logischen Zusammenhang zu erörtern. Die Kunst der Interpretation Platonischer Dialoge besteht gerade auch darin, aus dem Zusammenhang zu entscheiden, ob wir es im Einzelfall mit einem intendierten Argumentationsfehler zu tun haben oder mit einer Argumentationsschwäche, die Platon selbst noch nicht als solche durchschauen konnte. Für beide Fälle gibt es in Platons Texten eindeutige und klare Beispiele; freilich gibt es auch Grenzfälle, in denen eine Entscheidung schwierig ist. Daher ist methodische Zurückhaltung in diesem Gebiet geboten (Robinson, Dialectic, 3–6).

2. Die »Was-ist-x?«-Frage (im ›Euthyphron‹)

In den sogenannten Frühdialogen finden wir, bei sehr verschiedenem Inhalt und kunstvoll gehandhabter Abwechslung in der literarischen Darstellungsweise, doch jeweils eine übereinstimmende Struktur: Ein Gesprächspartner (oder mehrere, die nacheinander mit Sokrates diskutieren) wird von Sokrates um Antwort auf eine wichtig scheinende Frage ersucht, die eigentlich geklärt sein müßte, wenn man sinnvoll über Grundfragen des menschlichen Lebens und Denkens soll sprechen und auf der Basis solcher geklärter Vorstellungen richtig soll handeln können. Die Gesprächspartner pflegen denn auch Antworten zu geben, die ihnen evident scheinen, und Sokrates entwickelt daraus ein Frage-und-Antwort-Verfahren, in dem der Gesprächspartner sich genötigt sieht, Sätze als wahr anzuerkennen, aus denen in mehreren logischen Schritten, die auch der Gesprächspartner jeweils einsichtig findet, schließlich die Folgerung gezogen wird, daß die Ausgangsthese falsch sein muß. Das Ziel des Sokrates ist es, auf diese Weise vermeintliches Wissen als unhaltbar aufzulösen. Erst das »Wissen des Nichtwissens«, worin allein er seinen Gesprächspartnern überlegen zu sein behauptet, kann den jeweiligen Partner im Dialog (und natürlich auch die Zeugen des Gesprächs) dazu anregen, sich von bloß unreflektiert übernommenen Ansichten freizumachen und selbständige, näherer Prüfung standhaltende Auffassungen zu entwickeln. In einigen wichtigen Fällen ist die Ausgangsfrage vom Typ »Was ist x?«, so zum Beispiel im ›Laches‹ die Frage »Was ist Tapferkeit?«, in der ›Politeia‹ die Frage »Was ist Gerechtigkeit?«, »Was ist Besonnenheit?« im ›Charmides‹.

Es ist aus dem Zusammenhang deutlich, daß Platon die theoretischen Voraussetzungen übernimmt, die diesem auch vom historischen Sokrates geübten Verfahren zugrunde liegen. An einem typischen Beispiel, der Argumentation im Dialog ›Euthyphron‹, soll dies gezeigt werden. Der Dialog ›Euthyphron‹ ist von exemplarischer Einfachheit: Zwei Personen sprechen über ein Thema, das von vermutlich evidentem Wissen bis zum Eingeständnis vollständiger Konfusion (Aporie) durchgeführt wird. Die Dialogpartner, Sokrates und Euthyphron, ein religiöser Fanatiker und Opferpriester, stehen zugleich als persönliche Repräsentanten für die Auffassungen, die miteinander kontrastiert werden sollen. Sie treffen sich zufällig vor dem Gerichtsgebäude, zu dem Sokrates zitiert worden ist, um die gegen ihn gerichtete Anklageschrift (wegen Verführung der Jugend zur Gottlosigkeit) entgegenzunehmen. Euthyphron will dort seinen eigenen Vater wegen Totschlags an einem Sklaven anzeigen, wobei der Fall detailliert genug geschildert wird, um deutlich zu machen, daß es sich hier um eine rechtlich keineswegs eindeutige Sachlage handelt, so daß man vermuten darf, auch persönliches Ressentiment könne bei dieser ungewöhnlichen Aktion des Sohnes mitwirken. Sokrates begrüßt mit gewohnter Ironie die Aussicht, von einem Manne wie Euthyphron über wahre Religiosität aufgeklärt zu werden; wer sich so souverän über Sohnesloyalität hinwegsetzt, um der religiösen Befleckung durch ein Tötungsdelikt abzuhelfen, müsse genau wissen, was wirklich fromm ist; vielleicht könne er, Sokrates, hoffen, daß sein Asebie-Prozeß eingestellt wird, wenn er sich als gelehriger Schüler des Euthyphron ausweisen könne. Daher fragt er: »Was also ist das Fromme und das Unfromme bei Totschlag und allen anderen Dingen? Ist es nicht so, daß das Fromme selbst in jeder Handlung mit sich identisch ist, und ist nicht das Unfromme allem Frommen entgegengesetzt, mit sich selbst aber identisch, weil nämlich alles, was unfromm soll sein können, eine bestimmte Gestalt nach Maßgabe seiner Unfrömmigkeit haben muß?« (Euthyphron 5c) Euthyphron versteht diese überdeutliche Formulierung der Frage nicht und antwortet bezeichnenderweise, fromm sei das, was er selbst jetzt tue, nämlich seinen Vater anzuklagen. Verstehen aber wir die Frage richtig? Gefragt ist nach der »Idee« (Gestalt) des Frommen, die allen Handlungen, die fromm sind, gemeinsam sein muß. Wir würden eher nach der *Bedeutung des Wortes* »fromm« fragen. Sokrates/Platon fragt aber nach dem gemeinsamen Charakter der Handlungen, die durch das Wort zu Recht bezeichnet werden. Das Wort ist dann die spezifische Bezeichnung eben des Gemeinsamen, dieses identischen »Aussehens« in allem, das zu Recht »fromm« genannt wird. Aus dem Verlauf der Frühdialoge geht regelmäßig hervor, daß auf die Frage »Was ist x?« nur eine solche Antwort akzeptiert wird, die das »Wesen von x« in der Weise ausdrückt, daß der Ausdruck »x« durch eine Definition ersetzt wird, die ihrerseits nur unmittelbar verständliche Ausdrücke verwendet. Ein Musterbeispiel wäre etwa »Was ist ein Quadrat?« und die Antwort »Ein Quadrat ist ein gleichseitiges Rechteck«. Nur wer für die Ausdrücke, die er verwendet, bei Bedarf eine entsprechende Definition angeben kann, darf nach Sokrates/Platon behaupten, er wisse, wovon er redet.

Diese Platonische Auffassung hat einen plausiblen Kern, der aber von sehr problematischen Verallgemeinerungen überlagert wird. Auch wir verlangen, daß jemand, der in der Diskussion wichtige Ausdrücke verwendet, auf Befragen sagen kann, was er damit eigentlich meint. Aber sinnvolles Reden setzt noch nicht voraus, daß der Sprechende jeden benutzten Ausdruck auch definieren kann. Wer sagt, er finde ein Bild von Cézanne schön, verpflichtet sich damit nicht, eine Definition von »schön« vorlegen zu können. Wer allgemein etwas über Kunst sagt, braucht nicht definieren zu können, was ein Kunstwerk ist. Zwar mag es das Ziel wissenschaftlicher und besonders philosophischer Analyse sein, für hinreichend interessante Ausdrücke unserer Sprache wie »Kunst«, »Krankheit«, »Zeit«, »Erklärung«, »Freiheit« usw. Definitionen zu entwickeln; aber der Besitz solcher Definitionen ist nicht Voraussetzung sinnvollen Sprechens und Denkens. Im allgemeinen genügt es, wenn der Sprechende einige klare Fälle, in denen der Ausdruck jeweils zutrifft, und einige klare Gegenbeispiele, in denen er nicht zutrifft, angeben kann, um uns von seiner Sprachkompetenz hinsichtlich dieses Ausdrucks zu überzeugen.

Eine weitere problematische Voraussetzung Platons ist die Annahme, es sei immer möglich, eine Definition des in Frage stehenden Ausdrucks durch andere sprachliche Ausdrücke, die unmittelbar verständlich sind, zu geben. Bei »Quadrat« ist dies problemlos möglich; aber bei z. B. einfachen Sinnesqualitäten wie »süß« und »bitter« ist eine sprachliche Umschreibung unmöglich; solche Ausdrücke können nur durch unmittelbare Aufweisung am Einzelfall mit Bedeutung erfüllt werden. Ebenso fragwürdig ist die Annahme, daß jedes Wort genau *eine* Bedeutung haben müsse. Dabei sind bloße »Homonyme« wie »Miete«, »Schloß« und »Ball« nur von untergeordneter Bedeutung, weil harmlos. Gerade bei philosophisch interessanten Ausdrücken wie »Verstehen«, »Norm« und »Materie« können systematische Mehrdeutigkeiten vorliegen, die eine einheitliche Definition ausschließen. Diese Einsicht liegt schon der Aristotelischen Lehre von der systematischen Mehrdeutigkeit wichtiger philosophischer Ausdrücke zugrunde und ist in unseren Tagen, vor allem von Wittgenstein, noch radikalisiert worden.

Die Auffassung Platons, daß nicht bloß Eigennamen wie »Perikles« oder »Olymp« sich auf eine bestimmte Sache beziehen, sondern auch Prädikat-Ausdrücke wie »Mensch«, »intelligent«, »gerecht«, und seine schon in den Frühdialogen deutliche Neigung, für diese Sache, die allen Trägern des Prädikats gemeinsam ist, den Ausdruck »Idee« bzw. »Eidos« zu verwenden, machen es verständlich, wie die spätere Ideenlehre, die jene objektiven Korrelate von Prädikat-Ausdrücken zu Elementen einer eigenen Formenwelt, der eigentlichen Wirklichkeit, macht, durch die »Was-ist-x?«-Frage vorbereitet wird. Unsere kritischen Bemerkungen über die problematische Verschärfung der Voraussetzungen sinnvollen Sprechens durch Platon haben auch den Zweck, darauf hinzuweisen, daß die Bedeutungsanalyse der sprachlichen Ausdrücke, für sich genommen, eine ontologische Verselbständigung der Bedeutungen nicht fordert, nicht einmal rechtfertigen kann. Die Bedeutungen von Prädikat-Ausdrücken sind keine Gegenstände, wie die Bedeutungen von Eigennamen. Sie sind vielmehr eher Kriterien, die einer Klasseneinteilung von Gegenständen nach ihren Eigenschaften zugrunde gelegt werden können.

Im ›Euthyphron‹ gibt der Dialogpartner nach der Belehrung über den Sinn einer »Was-ist-x?«-Frage eine wenigstens formal befriedigende Antwort: Das »Fromme« soll durch den Ausdruck »das von den Göttern Geliebte« definiert sein. Sokrates widerlegt diesen Vorschlag durch den Nachweis, daß es Sätze gibt, die ihren Wahrheitswert ändern, wenn man in ihnen den einen Ausdruck durch den anderen ersetzt. Sein erstes Beispiel ist: »x wird von den Göttern geliebt, weil es x ist«. Daraus wird nach Sokrates ein wahrer Satz, wenn wir für »x« »das Fromme« einsetzen; es wird ein falscher Satz, wenn wir »das von den Göttern Geliebte« für »x« eintreten lassen. Denn für dieses gilt gerade das Umgekehrte: Es ist, was es ist, weil es von den Göttern geliebt wird, während für das Fromme gilt, daß die Götter es lieben, weil es so ist, wie es ist. Platon benutzt hier, ohne es exakt zu formulieren, ein negatives Identitätskriterium für Begriffe, das dem von Leibniz formulierten Kriterium »A und B sind identisch, wenn ihre Ausdrücke in allen Satzzusammenhängen ohne Veränderung des Wahrheitswerts füreinander eingesetzt werden können« sehr nahekommt. Platon deutet im ferneren Dialogverlauf, der uns hier nicht beschäftigen kann, jedenfalls an, das moralisch Gute sei nicht deshalb gut, weil es von den Göttern geboten wird, sondern es werde von den Göttern geboten, eben weil es gut ist. Für die Ablösung der Begründung moralischer Normen von der Sanktion durch einen göttlichen Gesetzgeber war dies ein wesentlicher Schritt.

3. Die Platonische »Umwertung aller Werte« (im ›Gorgias‹)

Platon hat allmählich einen Dualismus entwickelt, der sich an der Unterscheidung der einheitlichen, zeitlosen Form oder »Idee« von der Eintagswirklichkeit der konkreten Fälle orientiert und zu einer Zwei-Welten-Lehre führte, die im ›Phaidon‹ und im ›Staat‹, wie wir noch sehen werden, voll entwickelt erscheint. Für die Art und Weise, in der sich dieser Dualismus herausgebildet hat, ist der ›Gorgias‹ besonders aufschlußreich, in dem Sokrates/Platon den paradoxen Grundsatz vertritt, Unrecht leiden sei besser und erstrebenswerter, als Unrecht tun (Gorgias 469b), weil jenes nur dem Körper, dieses aber der Seele schaden werde (477d–479c). Gerade weil sich die Politiker und Redner der Volksmeinung anpassen, nach der es mehr auf den äußeren Erfolg als auf den moralischen Zustand von Individuen und Gemeinschaft ankommt, könne bei dieser Politik nichts langfristig Gutes herauskommen. Die angesehene und vom berühmten Gorgias so wirkungsvoll vertretene Kunst der Rhetorik ist für Platon eine Pseudo-Disziplin, die mit unwissenschaftlichen Mitteln auf Lustgewinn, nicht auf das wahre Interesse der Individuen und der Allgemeinheit abzielt. Wissenschaft und Pseudo-Wissenschaft, das Gute und die Lust, Wirklichkeit und Schein, Seele und Körper werden von Platon in einen systematischen Zusammenhang gebracht, und zwar so, daß das jeweils erstgenannte Element dieser Paarbildungen in eine Reihe des Wertvollen gestellt wird, während das übrigbleibende Element der Sphäre des Wertlosen oder Wertwidrigen zugeordnet wird. Von hier bis zu der Theorie des ›Phaidon‹ und des ›Staats‹ ist es nur noch ein Schritt, der in der Systematisierung der Voraussetzungen bestehen müßte. Auch im ›Gorgias‹ gehen in die Argumentation Platons Vormeinungen ein, auf die implizit zurückgegriffen wird, ohne daß sie doch als Prämissen eingeführt und begründet würden. Wir wollen diese Argumentationsstruktur etwas näher entwickeln: Im Dialog ›Gorgias‹ führt Sokrates drei Gespräche, mit Gorgias von Leontinoi, dem berühmten Redner und Rhetoriklehrer, mit Polos, seinem Schüler und Assistenten, und schließlich mit Kallikles, einem uns sonst unbekannten aristokratischen Machtpolitiker aus Athen, der sich auf das Naturrecht des Stärkeren beruft und die konventionelle Moral – ähnlich wie Nietzsche – als eine Verschwörung der schlecht Weggekommenen gegen die Elite ansieht. Jede dieser Gesprächsrunden behandelt das Grundthema:

Wenn Rhetorik Menschenbeeinflussung ist, zu welchem Ziel soll sie die Menschen hinführen (500 c)? In jeder Gesprächsrunde wird das Thema auf einer gegenüber dem Vorgespräch erweiterten Basis erörtert. Gorgias definiert auf Sokrates' »Was ist die Rhetorik?«-Frage diese, nicht ohne des Sokrates Hilfe, als die Kunst, die dazu befähigt, in Zuhörern vor Gericht und in Volksversammlungen einen auf Überredung, nicht auf Belehrung gegründeten Glauben über Wertfragen, besonders hinsichtlich Recht und Unrecht, zu bewirken (454 d–455 a). Auf Sokrates' Einwand, daß der Rhetor dann aber wenigstens selbst Wissen über Recht und Unrecht haben müsse, und daß, wer wisse, was gerecht ist, auch gerecht handeln müsse – dies das von Sokrates und Platon vertretene (unplausible) Prinzip –, räumt Gorgias ein, er vermittle allerdings seinen Schülern auch Kenntnis von Recht und Unrecht. Daraus folgt auch für ihn, daß ein Mißbrauch der Rhetorik zu schlechten Zwecken unmöglich wäre. Das steht im Gegensatz zur Erfahrung und zu seiner eigenen früheren Behauptung (456 a–457 c), es handle sich bei der Rhetorik um eine Fähigkeit, die wie die Fechtkunst zum Guten und zum Bösen gebraucht werden könne, wobei der Mißbrauch der Kunst durch den Schüler nicht dem Lehrer zum Vorwurf gemacht werden dürfe. Die Folgerung, daß Wissen über Recht und Unrecht den Träger dieses Wissens selbst notwendig gerecht mache, hätte Gorgias nicht mitzuvollziehen brauchen. Das Wissen macht auch den Arzt zwar zum Fachmann in Gesundheitsfragen, macht ihn aber noch nicht selbst gesund; ebenso wie bei der Gesundheit ist auch bei der Gerechtigkeit ein Fachwissen von Recht und Unrecht weder notwendige noch gar hinreichende Bedingung für gerechtes Handeln. (Man braucht andererseits nicht daran zu zweifeln, daß medizinische Kenntnisse für die Gesundheit des Individuums förderlich, theoretische Kenntnisse im Recht und in der Ethik für das praktische Verhalten des einzelnen von Wert sein können.)

Die zweite Gesprächsrunde, mit Polos, wird durch dessen Einwurf begonnen, Sokrates habe Gorgias unfair unter Druck gesetzt; dieser könne nicht öffentlich bestreiten, daß er die jungen Leute über Recht und Unrecht belehre. Nur die Rücksicht auf die öffentliche Meinung habe Gorgias in Widersprüche verstrickt. Nun solle Sokrates sagen, was er selbst unter Rhetorik verstehen wolle. Zu diesem Zweck führt Sokrates ein instruktives viergliedriges Schema ein: Die Einteilungsprinzipien sind die Unterscheidung von Körper und Seele auf der einen, von vorbeugender Pflege und Therapie auf der anderen Seite. Die Gymnastik bringe den Körper in Form und halte ihn gesund, die Heilkunst habe die Aufgabe, die gute Verfassung des Körpers im Krankheitsfall wiederherzustellen. Entsprechendes gelte für die Seele: Die Gesetzgebung schaffe die Voraussetzung für günstige moralische Entwicklung der Individuen und definiere, was richtiges Verhalten ist. Die Rechtsprechung greife ein, wenn eine Verhaltensabweichung eingetreten ist; sie stelle verletzte Rechtsgüter wieder her und korrigiere das Verhalten des einzelnen für die Zukunft (464 a–464 c). In dieses Geviert von wissenschaftlich begründeten und dem wahren Wohl der Menschen dienenden Disziplinen schleiche sich nun nach Sokrates die »schmeichelnde Verwöhnungs- und Verführungskunst« (kolakeia) ein, nachdem sie sich vierfach geteilt habe. Sie versuche, den Eindruck zu erwecken, sie sei jeweils die verdrängte wahre Disziplin, was ihr als Trugbild (eidolon, 463 d) leicht falle. Anstelle der Gymnastik dränge sich die Kosmetik, an die Stelle der Heilkunst trete die Kochkunst, die Gesetzgebung werde von der Sophistik und die Rechtsprechung schließlich von der Rhetorik unterwandert. Diese Pseudo-Disziplinen haben das Gemeinsame, daß sie sich ausschließlich am Lustgewinn und nicht an dem wahren Interesse des Behandelten orientieren (464 d) und daß sie den Schein, nicht das Sein, anstreben (464 a).

Mit Hilfe dieser Analogien will Platon folgendes plausibel machen: Die Rhetorik ist eine Disziplin, die nicht auf Wissen gegründet ist und daher Überzeugung bewirken könnte, sondern bloß auf Routine. Sie bewirkt ferner nicht das »Beste« für die Menschen, denen sie sich widmet, sondern ist darauf angelegt, deren Streben nach Lust zu befriedigen und, im Regelfall, den Interessen derer zu dienen, die diese »Pseudo-Kunst« anwenden.

Es lohnt sich, diesen geistreichen Ansatz näher zu prüfen: Wir sahen, daß Platon für den Bereich des Körpers zwei echte, auf wissenschaftliche Einsicht gegründete Disziplinen anerkennt: Gymnastik und Medizin, die erste zuständig für Entwicklung und Erhaltung körperlicher Gesundheit, die zweite für ihre Wiederherstellung im Krankheitsfall. Zu diesen treten nun in Konkurrenz Kosmetik und Kochkunst, von denen die erste den Schein eines wohlgebildeten und leistungsfähigen Körpers hervorrufen soll, ohne dem Behandelten die Anstrengungen eines ernstlichen Trainings zuzumuten. Parallel dazu erzeugt die Kochkunst durch Raffinement der Speisenzubereitung ein Wohlbehagen, das auch dem Nichtgesunden zugänglich ist und dem Konsumenten im Regelfall eher schädlich sein wird.

Unmittelbar einleuchtend ist dies Doppelbeispiel nur im Falle der Kosmetik: Wattierte Schultern, gut geschnittene Kleider lassen den Körper kräftiger und schlanker aussehen; Schminke und Solariumseffekte können vitale Frische und Sonnenbräune vortäuschen. Daß die Kochkunst eine ähnliche Beziehung zur Heilkunst aufweisen soll wie die Kosmetik zur Gymnastik, erscheint eher als weit hergeholt. Platon denkt wohl daran, daß die Medizin das Wohl des Körpers mit meist wenig angenehmen Mitteln, bitteren Arzneien, unbequemen Kuren und schmerzhaften Eingriffen fördert, während das Ziel der Kochkunst der Genuß an Speisen ist, wobei gesundheitsschädliche Wirkungen von Überernährung und zu starker Würzung in Kauf genommen werden.

Aber gilt allgemein, daß Kochkunst und Kosmetik weder einer wissenschaftlichen Begründung fähig sind noch, im Regelfall, dem Wohl der Behandelten dienen, sondern nur den Interessen des jeweils die Kunst Ausübenden? Zweifellos ist eine Kochkunst auf ernährungswissenschaftlicher Grundlage denkbar und heute zum Teil schon realisiert, die als Ziel hat, zu zeigen, wie gesunde Nahrung auch wohlschmeckend zubereitet werden kann. Auch die Kosmetik könnte sich auf wissenschaftliche Grundlagen in Physiologie und Chemie berufen, und es ist unbestritten, daß z. B. kosmetische Operationen im Einzelfall eine wichtige Hilfe zur Wiederherstellung seelischer Gesundheit leisten können. Auch wenn wir nur die Verhältnisse zu Platons Zeit berücksichtigen wollen, ist Platons Deutung jedenfalls einseitig.

Die genannten Beispiele sollen für Platon natürlich vor allem als Analogien zur Bestimmung der Natur der Rhetorik dienen. Diese ist nach Platon eine pseudo-wissenschaftliche Routine im Bereich nun nicht mehr des Körpers, sondern der Seele: Gesetzgebung solle die Seele der Mitglieder eines Gemeinwesens im Sinne der Erziehung zu richtigem Verhalten leistungsfähig machen. Rechtsprechung, als Analogon der Heilkunst, sei für die Korrektur einer einmal eingetretenen Verhaltensabweichung zuständig. Sophistik dränge sich als Scheinwissenschaft an die Stelle der Gesetzgebungskunst, Rhetorik unterwandere die Rechtsprechung.

Hier fällt zunächst auf, daß Platon beim Übergang vom Körper zur Seele zugleich einen nicht weiter begründeten Übergang vom Individuum zur staatlichen Gemeinschaft vollzieht. Dieser Übergang ist nicht von der Sache her ausgewiesen; man könnte doch etwa Erziehung und Psychiatrie als solche Disziplinen ansehen, die im Gebiet der Seele den beiden Disziplinen, die für den somatischen Bereich angegeben worden sind, an die Seite treten könnten. Zur Erklärung dieses unkommentierten Übergangs könnte dienen, daß Platon beabsichtigt hat, durch die beiden Einteilungsprinzipien Körper – Seele und Individuum – Gemeinschaft den Eindruck hervorzurufen, sein Schema sei für den Bereich der menschlichen Angelegenheiten erschöpfend. Vielleicht macht sich auch hier schon die im ›Staat‹ ausdrücklich vertretene Auffassung geltend, nach der über Gerechtigkeit des Individuums nur im Zusammenhang einer Theorie der staatlichen Gemeinschaft sinnvoll gehandelt werden kann. Jedenfalls ist festzuhalten, daß der Problembereich der Seele des einzelnen Menschen in Platons Ansatz ebenso unberücksichtigt bleibt, wie das Gebiet des materiellen (ökonomischen) Wohls des Gemeinwesens.

Der Standardfall in der zweiten Vierergruppe von Disziplinen und Pseudo-Disziplinen ist das Verhältnis von Rechtsprechung und Rhetorik. Hier stellt Platon nun, wie sich später (471–481) noch deutlicher zeigt, allein auf das Verhalten von Rechtsprechung und Rhetorik im Gebiet des *Strafrechts* ab. Privatrecht und öffentliches Recht bleiben ganz unberücksichtigt. Der Platon allein vor Augen stehende Fall ist der des strafrechtlich Schuldigen, der mit Hilfe rhetorischer Kunstgriffe, die er selbst oder sein Verteidiger anwendet, einer gerechten Strafe (die nach Platon sowohl für ihn selbst wie für das Gemeinwesen förderlich wäre) entgehen will. Vernachlässigt wird die Tatsache, daß Rhetorik ihre Anwendung ja keineswegs nur, nicht einmal vorwiegend, in Strafprozessen, sondern vor allem bei der Beratung über politisches Handeln im weiteren Sinne findet und auch in Athen zur Zeit Platons gefunden hat. Und selbst in der eingeschränkten Sphäre ist seine Argumentation einseitig: Die Rhetorik kann natürlich auch dazu verwendet werden, einen zu Unrecht Verfolgten vor ungerechter Bestrafung zu schützen.

Aus Platons Argumentation folgt nicht, daß die Rhetorik keine wissenschaftliche Basis haben könnte, und zwar in dem doppelten Sinn, daß sie, erstens, auf objektiven Befunden über die zweckmäßigste Art der Informationsvermittlung und Meinungsbildung hinsichtlich verschiedener Typen von Zuhörern beruhen und, zweitens, dazu benutzt werden könnte, wissenschaftliche Einsichten auch dem Nichtfachmann nachvollziehbar zu machen. Zu beiden Punkten hat sich Platon selbst im ›Phaidros‹ (269b–278a) später positiver geäußert; den ersten Punkt, daß auch Rhetorik einer wissenschaftlichen Basis nicht entbehrt, hat Aristoteles in seiner ›Rhetorik‹ mit Nachdruck hervorgehoben.

Es mag ferner wahr sein, daß Praktiker und Lehrer der Rhetorik zu Platons Zeiten und in seiner Umgebung mehr ihren eigenen Interessen als denen ihrer Mandanten und Klienten oder dem Gemeinwohl folgten. Das kann aber nicht aus der Natur der Rhetorik begründet werden. Auch Ärzte und Trainer können das Wohl der ihnen Anvertrauten vernachlässigen und ihren eigenen finanziellen Gewinn oder Ruhm in den Vordergrund stellen. Platon war, so scheint es, von Anfang an überzeugt, daß die Rhetorik unwissenschaftlich sei, den Lustgewinn, nicht das Wohl der Hörer, und die eigenen Interessen des Rhetors und nicht das Gemeinwohl zum Ziel habe. Dieses Vorurteil baute er in seine Argumentation ein, statt es als These aus ihr zu entwickeln. Die tatsächlichen Unzulänglichkeiten und der mögliche Mißbrauch der Rhetorik werden von Platon dieser Disziplin als Wesenszug angelastet. In einem vergleichbaren Fall, in dem es um die Philosophie geht (Staat 487–495), erklärt er die von ihm nicht bestrittenen Mißstände nicht aus der Natur der Philosophie, sondern aus der Schwäche der menschlichen Natur, die der Schwierigkeit der Aufgabe nicht gewachsen sei. Die Frage liegt dann nahe, ob Platon in diesem wie in anderen Fällen den Leser bewußt in die Irre hat führen wollen. Nach den oben erwähnten methodischen Grundsätzen erscheint dieser als einer der nicht eindeutig entscheidbaren Fälle. Jedoch dürfte wahrscheinlicher sein, daß Platon diese Argumentation für formal akzeptabel gehalten hat, eben weil er von Vormeinungen ausging, die durch die Argumentation bestätigt werden. Es gibt heute experimentelle psychologische Untersuchungen, aus denen hervorgeht, daß auch intelligente Testpersonen Argumentationen dann eher für formal korrekt und zwingend halten, wenn diese zu Ergebnissen führen, die den Versuchspersonen richtig und emotional positiv besetzt scheinen. An Beweise für das, was man ohnehin glauben möchte, stellt man offensichtlich keine hohen Anforderungen; bei Thesen, die uns nicht gefallen, können uns sogar zwingende Beweise verdächtig erscheinen. Platon ist von dieser charakteristischen Schwäche nicht frei; auch im ›Phaidon‹ akzeptiert er Argumente als »Beweise« für seine These der Unsterblichkeit der menschlichen Seele, die bei unbefangener Betrachtung ausgesprochen schwach, lückenhaft und formal fehlerhaft sind. Jedoch begegnet im Platonischen Werk wiederum keine Stelle, von der wir verpflichtet wären, anzunehmen, Platon habe in der Absicht, den Leser irrezuführen, bewußt unkorrekt argumentiert. Im Zusammenhang mit ›Staat‹ 433e – wo aus dem Grundsatz, Gerechtigkeit bestehe darin, daß jeder das behält, was ihm gehört, gefolgert wird, ein Status- und Berufswechsel sei ungerecht – hat Karl Popper (Offene Gesellschaft, 140–141) Platon eine bewußte Irreführung des Lesers vorgeworfen. Aber auch dort scheint nicht mehr vorzuliegen als das beschriebene Phänomen der sogenannten »kognitiven Dissonanz« zwischen Vorurteil und wirklicher Sachlage, die zugunsten des Vorurteils aufgelöst wird.

Polos hätte demnach allen Anlaß, Sokrates mangelnde Stringenz seiner Argumentation vorzuhalten. Stattdessen verweist er auf die Macht, die geschickte Redner erringen können. Ein erfolgreicher Politiker kann »mit den Leuten machen, was er will«, sie töten lassen, ausweisen, ihr Vermögen konfiszieren, wie es ihm gut scheint. Dagegen setzt Sokrates eine Unterscheidung, die ihm grundwichtig ist: Tun, was einem gut scheint, und tun, was man (wirklich) tun will, sind verschiedene Dinge. Alle Menschen wollen ihr eigenes Glück, und wer aus Unverstand tue, was ihm tatsächlich schadet, tue zwar, was ihn gutdünkt, aber nicht, was er (eigentlich) will. »Macht« sollte man nur die Fähigkeit nennen, seine wahren Interessen zu fördern, nicht die Fähigkeit, zu tun, was einem gut scheint. Zur Abhilfe für Polos' Verständnisschwierigkeiten skizziert Sokrates eine Handlungstheorie (wie man heute sagen würde): Vieles, was Menschen tun, geschieht um eines »höheren« Ziels willen: Man nimmt eine unangenehme Medizin, um gesund zu werden. Kaufleute fahren nicht zum Vergnügen bei schwerem Wetter zur See, sondern in der Absicht, reich zu werden. Beispiele für solche Ziele möglicher Handlungen sind Weisheit, Gesundheit, Reichtum (entsprechend der Einteilung der Güter in geistige, körperliche und äußere). Neben Gütern, die um ihrer selbst willen erstrebt werden, und Übeln, die um ihrer selbst willen gemieden werden, gibt es Mittleres (›ta metaxy‹ – Zwischendinge, später terminologisch ›adiaphora‹ genannt); zu diesen gehören

Handlungen und Zustände wie Sitzen, Gehen und Schwimmen, auch Gegenstände wie Steine und Hölzer. Handlungen aus diesem Zwischenbereich vollziehe man nur um eines Ziels willen, das dem Bereich der Güter angehört. Jede freiwillige Handlung sei darum direkt oder indirekt auf die Erreichung eines Guten gerichtet. Wer etwas tue, das ihm schadet, tue nicht, was er will, auch wenn er tue, was ihn gutdünkt. Daher könne man einen Politiker nicht schon deshalb mächtig nennen und ihn bewundern, weil er die Chance hat, zu tun, was ihm gut scheint. Erst müsse man wissen, ob er vernünftig begründbare Ziele verfolgt; im negativen Falle könne man seine Handlungschancen nicht »Macht« nennen, wenn doch Machtbesitz etwas Gutes sein soll.

Nun wird man zunächst die vorgeschlagene Sprachregelung hinsichtlich des Ausdrucks »Macht« willkürlich finden. »Macht« bedeutet im Deutschen, wie sein Äquivalent im Griechischen, die Chance, den eigenen Willen durchzusetzen, ob zum eigenen Vorteil oder langfristigen Schaden, ist dafür gleichgültig. Je größer die Macht, um so größer die Chancen, aber auch die Gefahren. Der Besitz von Macht ist für den Inhaber etwas Gutes; denn nicht jeder hat die Möglichkeit, seine Ziele zu verwirklichen. Ob man die Macht im guten oder verhängnisvollen Sinne nutzt, ist dann ein anderes Problem. Wichtig ist folgendes: Platon hat eine zu einfache Handlungstheorie. Nicht alle Handlungen von Menschen erfolgen um eines der Handlung äußeren Zweckes willen. Es ist sicher falsch anzunehmen, jede Handlung habe ein von ihr verschiedenes Ziel.

(α) $(y)\,[y$ ist eine Handlung $\rightarrow (\exists x)\,(x \neq y \wedge x$ ist Ziel von $y)]$,

und noch abwegiger wäre die Ansicht, es gebe so etwas wie ein höchstes, gemeinsames Ziel aller menschlichen Handlungen:

(β) $(\exists x)\,(y)\,[y$ ist eine Handlung $\rightarrow (x \neq y \wedge x$ ist Ziel von $y)]$.

Platon scheint eine These der Form (β) vertreten zu wollen: Jeder Mensch verfolgt mit allen seinen Handlungen ein höchstes Ziel, das eigene Wohlergehen. So überzeugend diese Annahme auch klingen mag, und so oft sie auch in der Zeit nach Platon von anderen Philosophen vertreten worden ist – sie entspricht nicht den Tatsachen. Zwar gibt es viele Handlungen, die wir in der Absicht ausführen, unser eigenes Wohlergehen zu fördern; aber es gibt auch Handlungen, die gar keinem äußeren Ziel dienen, die wir »um ihrer selbst willen« vollziehen, wie reisen, Musik hören, ein Gespräch unter Freunden führen. Und es gibt auch zielgerichtete Handlungen, die nicht unser eigenes Wohl zum Ziel haben: Wir helfen jemandem aus bloßer Freundlichkeit; eine Mutter kann das Wohl ihrer Kinder vor Augen haben, der Staatsmann die Erhaltung des Friedens usw.

Auch dort, wo Handlungen einen Zweck haben, gilt nicht allgemein, daß wir sie nur um dieses Zweckes willen ausführen. Man studiert meist im Hinblick auf einen späteren Beruf; aber deshalb kann doch das Studium selbst schon Freude machen, und die Freude könnte als Motiv schon ausreichen.

Verfänglich scheint auch die These, ob jemand das, was er tut, wirklich wolle, hänge davon ab, ob ihm aus seiner Handlung Schaden oder Vorteil erwachsen werde. Dadurch wird es ins Ermessen des Betrachters gestellt und hängt von seinen Vorstellungen davon ab, was für den Menschen gut und schlecht sei, ob die Handlung eines anderen als freiwillige Handlung anerkannt werden soll. Unter der Voraussetzung, daß es ein für jeden Menschen identisches Ziel aller seiner Handlungen, nämlich sein »Wohl«, gibt, das objektiv festgestellt werden kann, wäre Platons Auffassung allerdings nur konsequent.

Es gibt nun andererseits Fälle, in denen wir mit Recht sagen können, jemand tue nicht, was er (eigentlich) will, oder wolle nicht (eigentlich) das, was er tut. Jedermann kennt solche Fälle wohl auch aus eigener Erfahrung. Man will eigentlich mit einer eiligen Arbeit fertig werden, geht aber dann doch lieber mit dem Hund spazieren; man will eigentlich aus einem Gremium ausscheiden, läßt sich dann aber noch einmal für eine Amtszeit wählen usw. Auch bei anderen kann man solche Divergenzen zwischen dem, was sie freiwillig tun, und dem, was sie eigentlich wollen, feststellen; aber eben nicht, weil man ihr Tun an einem objektiven Ziel allen menschlichen Handelns mißt, wie Platon vorschlägt, sondern nur deshalb, weil man bestimmte Ziele kennt, die der jeweils Betroffene hat und deren Realisierung nach unserer Meinung durch seine Handlungsweise offensichtlich gefährdet wird.

Platons Handlungstheorie im ›Gorgias‹ (467 c–468 e) kann daher kritisiert werden, weil sie ein zu einfaches Zweck-Mittel-Modell zugrunde legt, sich offensichtlich an einseitig ausgewählten Beispielen orientiert und daher zu anfechtbaren Ergebnissen gelangt. Dabei sollte man allerdings berücksichtigen, daß es sich um einen der frühesten uns bekannten Versuche handelt, ein allgemeines Modell menschlichen Handelns zu entwickeln. Das große Verdienst, diese Aufgabe in Angriff genommen zu haben, wird durch die naheliegenden Fehler in der Ausführung nicht wesentlich geschmälert.

Polos hält nun Sokrates, entsprechend seiner undisziplinierten Denkweise, nicht die Schwäche seiner Argumentation vor; er unternimmt lieber einen vulgären Versuch, Sokrates eine Diskrepanz zwischen seinen verkündeten Grundsätzen und seinen geheimen Wünschen zu unterstellen: »Als ob du nicht selbst lieber Tyrann wärest!« (468e). Hiergegen setzt Sokrates nun sein berühmtes Paradoxon, er würde lieber Unrecht leiden, als Unrecht tun, vorausgesetzt, daß er zwischen beidem wählen müsse. Von den beiden Beweisen, die Sokrates für die Richtigkeit dieser These, Unrecht tun sei schlimmer als Unrecht leiden, vorlegt, lassen wir den ersten (474c–476a) auf sich beruhen, weil er mit allzu offensichtlichen Äquivokationen arbeitet. Interessanter ist der zweite Beweis, der sich freilich darauf einschränkt, die paradoxe These zu sichern, es sei für den, der Unrecht tut, besser, bestraft zu werden, als der Strafe zu entgehen. Der Beweis benutzt relationenlogische Grundsätze: Wenn x in der Beziehung R zu y steht, steht y in der konversen Beziehung $\breve{R}$ zu x. (Beispiel: Wenn x größer als y ist, ist y kleiner als x.) Wenn die Beziehung R eine modifizierende Eigenschaft hat, dann muß diese Bestimmung auch von der konversen Beziehung $\breve{R}$ gelten. (Beispiel: Wenn x viel größer ist als y, dann muß y auch viel kleiner als x sein.) Wenn nun die Beziehung R darin besteht, daß x (das oder) den y bestraft, dann wird die konverse Beziehung $\breve{R}$ darin bestehen, daß y von x bestraft wird. Wenn nun x den y gerecht bestraft, dann muß auch gelten, daß y von x gerecht bestraft wird. Was gerecht ist, ist auch gut und nützlich; daher ist es, wenn gerecht, dann auch gut und nützlich, daß x den y bestraft, und daher ist es auch für y gerecht, d. h. gut und nützlich, daß er bestraft wird.

Hier wird zu viel bewiesen: Zwar ist es (nach der Voraussetzung) gut und nützlich, daß y bestraft wird; aber das heißt noch nicht, daß es auch für y gut und nützlich sein muß, bestraft zu werden. Es kann ja für die Allgemeinheit gut und nützlich, für den jeweils betroffenen Bestraften aber schädlich und schlecht sein. Hier sind wir offensichtlich in einem Bereich, in dem die auch heute noch lebhaft diskutierten Theorien zur Begründung staatlichen Strafens ins Spiel kommen: Vergeltungstheorie, Abschreckungstheorie und Resozialisierungstheorie sind die zur Zeit meist diskutierten Spielformen. Platon vertritt die These, die Strafe sei eine schmerzhafte Kur, mit der eine Erkrankung der Seele des Verbrechers geheilt werde, gibt sich also als Vertreter einer Resozialisierungstheorie zu erkennen. Nur auf dem Boden dieser (angesichts der damaligen und auch der heutigen Strafpraxis leider unrealistischen) Auffassung kann man die Meinung vertreten, die Strafe sei auch für den Verbrecher etwas Gutes. Anhänger der Vergeltungstheorie und der Abschreckungstheorie geben meist unumwunden zu, daß die Strafe dem Verbrecher als ein Übel auferlegt wird, das aber zur Wahrung höherer Rechtsgüter (Wiederherstellung des verletzten Rechts im Falle der Vergeltungstheorie, Schutz der Mitglieder der Rechtsgemeinschaft im Falle der Abschreckungstheorie) notwendig sei. Die These, Strafe sei Therapie und daher für den Bestraften von Vorteil, muß für sich geprüft werden. Sie kann nicht, wie Platon will, aus der einleuchtenden Prämisse gefolgert werden, daß die Verhängung gerechter Strafe etwas Gutes und Nützliches sei.

Hier zeigt sich, warum Platon auf die Parallele zwischen Arzt (der den Körper heilt) und Richter (der den Rechtsbrecher bestraft) so großen Wert legt: der Strafrichter ist für Platon ein Seelenarzt. Aber diese Analogie ist schief: der Arzt hat allerdings für die Gesundheit des Patienten zu sorgen. Der Richter ist für das Interesse der Allgemeinheit an der Wahrung von Verhaltensnormen zuständig, die für ein gedeihliches Zusammenleben in der Gesellschaft als unerläßlich angesehen werden. Der Richter kann bestrebt sein, den Preis, den die Gesellschaft dem Rechtsbrecher für seine Tat auferlegt, in Grenzen zu halten. Eben deshalb sind die Gesichtspunkte auch grundverschieden, unter denen man entscheiden muß, ob man einen Kranken notfalls auch gegen seinen Willen einem Arzt zuführt, der ihn heilen könnte, und ob man einen Rechtsbrecher der Strafjustiz überantworten soll. In dem ersten Falle geht es in aller Regel ausschließlich um die Interessen des erkrankten Individuums; im anderen Falle geht es darum, zwischen den Interessen der Allgemeinheit und den Interessen des Rechtsbrechers eine Abwägung vorzunehmen.

Da Sokrates den Richter als Seelenarzt, die Strafe als Kur und die zu sühnende Tat als eine Krankheit ansieht, ergibt sich für ihn die Folgerung, daß man jedem etwas Gutes tue, wenn man ihn einer verdienten gerechten Strafe zuführe, und ihm schade, wenn man ihn z. B. durch geschickte Verteidigung als Rhetor vor einem Gerichtshof davor bewahre, eine an sich notwendige Strafe zu erleiden. Polos, der wiederum die Lücken der Sokratischen Argumentation nicht durchschaut, fühlt sich genötigt, zögernd und einigermaßen schafsmäßig zuzustimmen: »Es kommt mir zwar ungereimt vor, Sokrates; indes stimmt es doch vielleicht in deinem Sinne mit dem, was früher gesagt wurde, zusammen.« (490 e)

Hier ist der Punkt erreicht, an dem die Ansichten des Sokrates den Kallikles, der bisher geduldig zugehört hat, zum Eingreifen provozieren. Er möchte wissen, ob Sokrates sich darüber im klaren sei, daß, wäre seine These wahr, das Leben der Menschen vollkommen auf den Kopf gestellt würde und man sagen müsse, daß die Menschen insgesamt so ungefähr das Gegenteil von dem täten, was sie eigentlich tun sollten. Die Erklärung des Sokrates, er könne sich nicht um die mögliche Popularität seiner Thesen, sondern nur um deren innere Konsequenz kümmern, weist er zurück: Sokrates habe vielmehr unfaire Tricks angewendet, sowohl bei Gorgias wie bei Polos, und deren Respekt vor konventionellen Auffassungen vom Schönen, Gerechten und Guten ausgenützt, um sie in der Diskussion zu Fall zu bringen.

Kallikles hat solche kleinbürgerlichen Bedenken nicht; er macht sich zur Stimme der »Natur« (Physis 483 c). Kläglich und verächtlich sei in Wahrheit, wer sich nicht zu helfen weiß, wenn er angegriffen wird, und auch seiner Familie und seinen Freunden im Notfall nicht beispringen kann. Die sogenannten »Gesetze« des Staates seien bloße Schutzmechanismen, die die Schwachen gegen die wenigen Starken erfunden haben. Gleichheit und Gerechtigkeit sei die Devise der von der Natur schlecht Ausgestatteten, nicht aus Liebe zur Gerechtigkeit, sondern weil die Schwächlinge wissen, daß sie sich dann am besten stehen, wenn Gleichheit und Gerechtigkeit zur Maxime des Verhaltens erhoben werden. Ginge es nach dem Gesetz der Natur, würden sie wenig oder gar nichts bekommen. In der Natur nehme sich der Stärkere, was er bekommen kann, und so sei es auch im Verhältnis der Staaten untereinander. Nur innerhalb der Polis werde eine künstliche Ausnahme vom allgemeinen Naturgesetz gemacht. Potentiell gefährliche junge Leute mit großen Anlagen würden von klein auf gebändigt und beschwatzt, daß sie nur ja nicht ihrer angeborenen Herrschernatur folgen; gelegentlich trete aber doch einer hervor, der alle diese Fesseln abschüttele, das Paragraphengespinst des »Rechts« mit Füßen trete und sich zum Herrn über alle anderen aufschwinge. Dann sehe man deutlich, was »Recht der Natur« heißt (484 b).

Platon, so bemerkt man, hat Kallikles mit tiefer Sympathie gezeichnet, seine Rede zu einem literarischen Höhepunkt des Dialogs gemacht. So ein Kallikles, möchte man meinen, hätte Platon selbst werden können, wäre er nicht dem Sokrates begegnet. Um so wichtiger ist es ihm, die Basis dieser »aristokratischen« Lebensauffassung in Frage zu stellen. Kallikles vertritt das Recht des Stärkeren. Aber wer ist der Stärkere? Könnte nicht die Mehrheit der Schwachen den stärksten Einzelnen leicht überwinden? Und ist dann nicht der Nomos, der den Willen der Menge spiegelt, das Gesetz der Stärkeren und daher naturgemäß? Kallikles will, um diese Konsequenz zu vermeiden, »stärker« lieber im Sinne größerer politischer Einsicht und Energie verstehen: in diesem Sinne »starke« Männer sollen im Staat herrschen (491 c–d). Auf Sokrates' Frage, ob diese starken Männer bloß über andere, oder auch über sich selbst herrschen sollen, antwortet Kallikles emphatisch, kleinbürgerliche Selbstbeherrschung sei bloße Verklemmung. Leben, das heiße, seine Begierden so groß wie möglich werden zu lassen, dann aber diese Begierden mit Kühnheit und Klugheit zu befriedigen (491 e–492 c). Das sei es auch, was alle Menschen eigentlich wollen. Aber weil sie sich nicht trauen, das offen zu sagen, rationalisierten sie ihre Angst und Schwäche, stilisierten sie zu Selbstbeherrschung und Gerechtigkeit um, beneideten aber die Herrschernaturen glühend um solche Chancen zur Selbstverwirklichung. Daß die meisten Menschen insgeheim so denken möchten, gibt Sokrates zu.

Nun muß aber gefragt werden: Ist Lustgewinn wirklich das höchste Lebensziel? Hier werden wiederum zwei dialektische Beweise eingeführt, die zeigen sollen, daß Lust und das Gute, das eigentliche Lebensziel, voneinander grundverschieden sind. Der erste Beweis verläuft wie folgt: Das Gute und sein Gegenteil (in derselben Hinsicht) kann man nicht zugleich haben. Man kann nicht zugleich krank und gesund, schwach und stark, glücklich und unglücklich sein. Jedoch können die Lust und ihr Gegenteil, der Schmerz, zusammen auftreten. Platon scheint es für ein Wesensmerkmal der Lust zu halten, daß sie immer mit Schmerz und Entbehrung verknüpft auftritt (vgl. auch Phaidon 60 bc, während Platon später – Staat 584 b, Philebos 51 a–e – anerkennt, es gebe auch Lust, die keine Bedürfnisspannung voraussetzt, weswegen er der Lust später auch einen entsprechenden, wenn auch nur untergeordneten Anteil an vollem menschlichem Glück einzuräumen bereit ist). Wer z. B. starken Hunger oder starken Durst habe, werde intensive Lust empfinden, wenn er etwas zu essen oder zu trinken beginne. In diesem Fall hielten aber Hunger und Durst noch an, bis sie ganz gestillt seien. Lust und Schmerz träten hier vereinigt auf; da das Gute nicht mit seinem Gegenteil verbunden auftreten könne, könnten Lust und das Gute nicht zusammenfallen.

Gegen diese Argumentation kann man erstens einwenden: Es ist fraglich, ob Hunger und Durst, die man befriedigen kann, noch quälende Zustände sind. Wer nach langer Wanderung bei großer Hitze zum erfrischenden Getränk greift, erlebt nicht mehr den quälenden Unterton des Durstgefühls; die Lust ist um so stärker, je stärker (vorher) der Durst war. Zweitens: Platon spricht hier so, als gebe es nur den Typ von Lust, den die Lösung einer Bedürfnisspannung bereitet (Auffüllungslust). Es gibt aber auch eine Zustandslust, die nicht von der Auffüllung eines Defizits abhängig ist. Die Lust beim Hören schöner Musik, am Wohlgeruch von Blumen oder Parfum, am Anblick exotischer Landschaften ist Zustandslust. (Es gibt Auffüllungs- und Zustandslust übrigens wie im sinnlichen auch im nichtsinnlichen Bereich: Freude über den Besuch eines lange nicht gesehenen Freundes (Auffüllungslust) und Freude bei interessanter Tätigkeit, z.B. wissenschaftlicher Arbeit (Zustandslust).)

Das Argument ist daher nicht überzeugend, weil nicht sicher ist, ob das Phänomen, mit dem argumentiert wird, richtig beschrieben wird, und weil selbst wenn es für die Auffüllungslust zuträfe, doch für die Zustandslust noch immer Identität mit dem Guten behauptet werden könnte (wie beispielsweise Epikur es später ausdrücklich getan hat). Trotzdem scheint Sokrates *in der Sache* recht zu haben: Lustgewinn ist nicht das wichtigste Lebensziel eines Menschen, erst recht nicht das einzige. Zu einem glücklichen Leben gehören vermutlich nicht unerhebliche Anteile an lustvollen Erlebnissen; darüber hinaus aber das Individuum übergreifende Sachmotivationen und Interessen sowie ein Reichtum an menschlichen Beziehungen und sinnstiftenden Engagements, für die es sich, wie man zu sagen pflegt, zu leben lohnt. Alternde Playboys machen im allgemeinen keinen glücklichen oder bewundernswerten Eindruck, ebenso wenig freilich auch verbitterte Asketen. Die These des Sokrates scheint vertrauenerweckend, auch wenn seine Argumentation nicht zwingend ist.

Sokrates versetzt Kallikles noch durch ein weiteres Argument in Verlegenheit, nach dem nämlich die tapferen Soldaten (und daß Tapferkeit etwas Gutes ist, muß auch Kallikles evident scheinen) beim Abzug des Feindes weniger Lust empfinden als Feiglinge. Wenn dies so ist, wäre nach der These des Kallikles, der die Lust mit dem Guten gleichsetzt, die Folgerung, daß Feiglinge »besser« seien als tapfere Soldaten (497d–499b). Die Unsicherheit seines Gegners benutzt Sokrates, um zwei Konzepte des menschlichen Lebens einander gegenüberzustellen: Ein Leben, das der Lust, d. h. der Begierde, gewidmet ist, und ein Leben, das der Vernunft und dem Guten folgt. Dadurch wird der Anschluß an die anfängliche Lehre von den »wahren« und den »Schmeichelkünsten« gewonnen: Letztere seien die Verfahren, die auf Lustgewinn ausgehen; die echten Künste seien die, deren Ziel das wahrhaft Gute ist. Wie richtig auch der »gemeine Mann«, wenn man ihn nur in Ruhe nachdenken läßt, die Sachen einzuschätzen pflegt, soll das hübsche Beispiel vom Schiffsführer zeigen (511a–513c): Er mache nicht viel Aufhebens von seiner Leistung, obwohl es doch von ihm abhänge, ob die Leute lebendig ankommen oder ertrinken. Er bekomme auch nur wenig Geld dafür, für die Fahrt von Aegina nach Athen beispielsweise nur ein paar Drachmen. Und mit Recht, so läßt Platon seinen philosophierenden Seemann räsonieren: Ob er seinen Passagieren wirklich genützt habe, wenn er sie nicht ertrinken ließ, müsse offen bleiben; der eine werde vielleicht an einer qualvollen Krankheit sterben, ein anderer durch schwere Verbrechen an seiner Seele Schaden nehmen, so daß für diese Leute ein schneller Tod im Meer eine Wohltat gewesen wäre. Der bloße Besitz des Lebens könne also kein hohes Gut sein, sonst wäre der geringe Lohn des Kapitäns unangemessen.

Ein hübsches, aber kein gutes Argument! Daß Seeleute, Lokomotivführer, Taxifahrer, Schrankenwärter, von deren zuverlässigem und sachgerechtem Verhalten oft unser Leben abhängt, nur bescheidenen Lohn erhalten, liegt sicherlich nicht daran, daß wir unser Leben nicht sehr hoch schätzten. Ärzte standen, wie heute, auch in der Antike in hohem Ansehen und erzielten hohe Einnahmen. Die höhere Bezahlung von Ärzten und z. B. Flugzeugführern gegenüber Busfahrern und Bahnwärtern hängt nicht von dem Wert ab, den wir jeweils unserem Leben und seiner Erhaltung zumessen, sondern von den höheren Qualifikationen, die der jeweilige Beruf verlangt. Der Unterschied zwischen Kapitän und Arzt liegt vor allem auch darin, daß im Normalfall nur ein Fehler des Kapitäns unser Leben gefährdet, während beim Arzt im Normalfall nur dessen Kunst unser gefährdetes Leben retten kann.

In seiner radikalen Kritik an der Überschätzung bloßer Daseinssicherung, materieller Vorsorge, Sicherung des Lebensstandards und auf Besitz gegründeter Macht geht Sokrates so weit, die Heroen der athenischen Geschichte Themistokles, Kimon, Miltiades und Perikles als eine Art von »Viererbande« zu bezeichnen, die für das materielle Wohl der Stadt gesorgt, dabei aber das, worauf es eigentlich angekommen wäre, nämlich die moralische Erziehung der Bürger, sträflich vernachlässigt habe, weshalb Athen auch unvermeidlicherweise noch tief stürzen werde (hier spricht natürlich der Platon der Zeit um 390, nicht Sokrates von 420, dem dramatischen Datum des Dialogs). Dieser Angriff auf die großen Männer Athens hat auch schon in der Antike schärfsten Widerspruch hervorgerufen. Die Umwertung aller Werte, die Platon im ›Gorgias‹ vornimmt, greift konsequent von der Sphäre des Einzelnen auf die Politik aus. »Erfolg« besteht nicht in Macht und Reichtum, weder des Einzelnen noch des Gemeinwesens, sondern in der schwierigen Leistung eines Lebens nach Vernunftgrundsätzen. Athen habe sich von Anfang an nach verkehrten Prinzipien entwickelt; daher sei der Zusammenbruch unvermeidlich. Nur einer, scheint es, sieht die Dinge, wie sie sind: Sokrates, der deshalb damit rechnen muß, sein Leben zu verlieren, wie ein Arzt, der vor einem Gerichtshof von Kindern durch einen Koch angeklagt wird. Der abschließende Mythos vom Totengericht, durch dessen Spruch die Tyrannen und Könige, deren Seelen die Narben vergangener Untaten an sich tragen, den ewigen Strafen überliefert, die rechtschaffenen Seelen der Philosophen hingegen zu den Inseln der Seligen zugelassen werden, soll diese Umwertung nicht eigentlich begründen. Sokrates würde an der Vernunft und dem Guten wohl auch festhalten, wenn es keine Strafen und Belohnungen im Jenseits gäbe. Der Mythos hat aber einen protreptischen Wert, indem er diejenigen für die Vernunft zu gewinnen geeignet ist, die noch nicht stark genug sind, allein deren innerer Überzeugungskraft sich anzuvertrauen.

4. Die Unsterblichkeit der Seele (›Phaidon‹)

Die Gegensätze Körper – Seele, Erfahrungswelt und »eigentliche« Wirklichkeit und die systematischen Zusammenhänge zwischen Erkennbarkeit, Unveränderlichkeit und Vollkommenheit werden von Platon in dem vermutlich bald nach der Entstehung des ›Gorgias‹ geschriebenen Dialog ›Phaidon‹ deutlich entwickelt. Auf die ergreifend erzählte Geschichte vom letzten Tag des Sokrates im Gefängnis und seinem Tod im Kreise seiner Freunde, Ende zugleich und Vollendung seines Lebens, kann hier nicht näher eingegangen werden. Dieser Text ist, neben seiner philosophischen Bedeutung, zugleich ein Meisterwerk der Weltliteratur. Wir beschränken uns auf den theoretischen Gehalt, wie er in den vier Unsterblichkeitsbeweisen, besonders im abschließenden vierten, entfaltet wird. Das Thema, nämlich die Frage nach der Möglichkeit der Fortexistenz des menschlichen Individuums über den Tod hinaus, ist durch die Situation nahegelegt. Sokrates möchte seine Freunde vor dem Abschied mit dem Gedanken trösten, daß ihm jedenfalls nichts Katastrophales bevorstehe. Er vertritt die Meinung, der Philosoph müsse eigentlich diese irdische und unvollkommene Welt gern verlassen, auch wenn er aus Respekt vor dem Willen der Götter nicht eigenmächtig aus dem Leben scheiden werde. Dies leuchtet den Freunden nicht ohne weiteres ein, und so wird die Gerichtsszene der ›Apologie‹ in bedeutsamer Umkehrung gespiegelt (Phaidon 63b). Dort wollte das gegen ihn aufgebrachte Volk ihn zum Tode verurteilen, und Sokrates hatte die Aufgabe, die Athener davon zu überzeugen, daß es für sie, die Athener, besser wäre, ihn zu weiterer Wirksamkeit in der Stadt leben zu lassen. Damit hatte er keinerlei Erfolg. Nun muß er seinen Freunden zeigen, daß sein jetzt bestehender Wunsch zu sterben ebenso berechtigt ist wie der frühere Wunsch, im Interesse seines Auftrags gegenüber seinen Mitbürgern weiterzuleben. Diesmal gelingt es Sokrates, seine »Richter« zu überzeugen. Er beginnt mit der Definition des Todes als einer Trennung der Seele vom Körper. Diese Auffassung ist eine alte griechische, aber auch weit über den griechischen Kulturkreis hinaus verbreitete Vorstellung. Bei Homer, der diese Ansicht teilt, ist freilich die Seele nur ein unwesentlicher Schatten des Körpers, sie geht klagend in die Unterwelt, während der Mensch selber, d. h. sein Körper, begraben oder verbrannt wird. Bei Platon hat sich, durch welche Einflüsse (Pythagoreer, Orphik) auch immer, dies Verhältnis umgekehrt: Nun ist die Seele das Zentrum, der eigentliche Mensch; der Körper nur ihre unwesentliche irdische Hülle. Der Philosoph strebt vor allem nach Erkenntnis. Dabei ist ihm, nach der Auffassung des Sokrates, der Körper unvermeidlich im Wege; mit vielerlei Bedürfnissen und Begierden störe er die zur reinen Erkenntnis notwendige Gemütsruhe. Auch seien die Informationen, die die Sinnesorgane uns liefern, verzerrt und irreführend. Das Wahre werde nicht durch sinnliche Erfahrung, sondern durch reines Denken erfaßt (offensichtliche Nachwirkung des Parmenides). Vollkommene Einsicht könne erst nach vollständiger Trennung von Leib und Seele erreicht werden; daher werde der wahre Philosoph, der schon hier im Leben die Trennung der Seele vom Körper im Sinne einer Emanzipation der Seele als seine Hauptaufgabe ansehe, den Tod als eine willkommene Vollendung seiner Anstrengung begrüßen, jedenfalls mit Gemütsruhe hinnehmen.

Es werden hier einige Voraussetzungen eingebracht, die für die weitere Argumentation von erheblicher Bedeutung sind: Wahrnehmung liefert keine Informationen, die dem Philosophen zu wirklichem Wissen verhelfen können. Wirkliches Wissen wird nur durch Denken erworben und hat zum Gegenstand jeweils so etwas wie das »Gerechte selbst«, das »Schöne selbst«, das »Gute selbst« (65d); »Größe«, »Gesundheit«, »Kraft« werden als weitere Beispiele solcher Gegenstände genannt. Es handelt sich offenbar um genau jenes »identische Aussehen« – die »Idee« – in allen Dingen, denen ein Prädikat zu Recht zugesprochen werden kann, das uns schon im ›Euthyphron‹ begegnete (vgl. oben S. 16). Daß es solche von den konkreten Dingen, die sie exemplifizieren, verschiedene Gegenstände gibt, und daß sie mit den Augen des Geistes, der Seele, und nicht mit den Wahrnehmungsorganen des Körpers erfaßt werden müssen, ist nun eine These des Sokrates, die von allen Gesprächsteilnehmern, besonders den beiden Hauptunterrednern, den Pythagoreern Simmias und Kebes, sofort akzeptiert wird. Nur gegen die Hoffnung des Sokrates, der Philosoph könne nach der Trennung seiner Seele vom Körper, d. h. nach dem Tod, das Ziel seines Erkenntnisstrebens in Vollkommenheit erreichen, tragen Simmias und Kebes den vernünftigen Einwand vor, dazu müßte doch wohl erst bewiesen sein, daß die Seele die Trennung vom Körper überstehen könne. Das ist der Ansatzpunkt der vier »Beweise«, die Sokrates/Platon für die

These der Unsterblichkeit der menschlichen Seele vorlegt. Wir wollen sie kurz darstellen und ihre Stichhaltigkeit prüfen.

Daß es *vier* Beweise sind, legt schon für sich die Vermutung nahe, Platon sei mit ihnen, zumindest mit den drei zuerst entwickelten, nicht vollständig zufrieden gewesen. Gegen jeden Beweis, mit Ausnahme des vierten, der auf der ontologischen Version der Ideenlehre fußt, werden im Dialog Einwände vorgebracht, die nicht vollständig beschwichtigt werden können. Platon scheint zu meinen, Argumente, auch wenn sie einzeln nicht voll überzeugen, könnten doch in ihrer Gesamtheit eine These hinreichend begründen. Dies ist auch akzeptabel, freilich nur in solchen Fällen, in denen die Entscheidung für oder gegen eine These aus praktischen Gründen notwendig ist, etwa vor Gericht, wo »in freier Beweiswürdigung« (Strafprozeßordnung, § 261) die Indizien gegeneinander abgewogen werden und ein Urteil gefällt wird, wenn mit »an Sicherheit grenzender Wahrscheinlichkeit« der strittige Sachverhalt nachgewiesen scheint. Ähnlich ist es in der Medizin, wo eine Diagnose oft, bei Lebensgefahr des Patienten, unter Zeitdruck gestellt werden muß. In der theoretischen Wissenschaft ist hingegen eine solche Häufung von Plausibilitätsargumenten anstatt eines zwingenden Beweises jedenfalls in den Gebieten nicht sinnvoll, in denen demonstrative Beweise möglich sind. Die These, um die es jeweils geht, kann nur soviel Plausibilität erhalten, wie der stärkste der vorgelegten und nicht erfolgreich kritisierten Beweisversuche ihr geben kann: Mehrere schwache Argumente können nicht, addiert, so viel wie ein gutes Argument zur Stützung einer These beitragen.

Der erste Beweis: Antapodosis (Phaidon 70 c–72 d) Alles, was entsteht, entsteht aus seinem Gegenteil, wenn es ein solches gibt: das Schöne aus Häßlichem, das Gerechte aus Ungerechtem. Das, was größer geworden ist, muß aus Kleinerem geworden sein, das Stärkere muß vorher schwächer gewesen sein. Wo immer es einen solchen Übergang von A nach B gibt, da muß es auch einen Rückweg von B nach A geben.

Wie dem Wachen das Schlafen entgegengesetzt ist, so dem Leben der Zustand des Todes. Zwischen Wachen und Schlafen gibt es Übergänge in beiden Richtungen, wir nennen sie Einschlafen und Aufwachen. Den Übergang vom Leben zum Totsein kennen wir: das Sterben. Aufgrund des allgemeinen Satzes wissen wir aber, daß es auch den entgegengesetzten Übergang geben muß. Dieser Übergang wäre das Wiederaufleben des Toten. Das Sterben des Menschen ist eigentlich nur die Trennung der Seele vom Körper, das Geborenwerden eines Menschen nur die Wiedereinkörperung der Seele in einen anderen Menschen, so wie Einschlafen und Aufwachen der Wechsel von Zuständen *eines* menschlichen Individuums ist. Darum müssen unsere Seelen nach unserem Tod irgendwo sein, damit sie von dort wieder in unsere Lebenswelt zurückkehren können.

Daß dies so ist, wird nach Sokrates durch eine weitere Überlegung bekräftigt: Wäre es nicht so, daß die Gegensätze sich im Kreislauf ausbalancieren, wäre das Werden oder Vergehen eine Einbahnstraße (um Platons Gedanken etwas zeitgemäßer auszudrücken); es würde bald ein Zustand erreicht sein, in dem es überhaupt kein Leben mehr gibt. Also müsse auch zwischen Tod und Leben, wie zwischen Schlafen und Wachen, ein ständiger Wechsel und Kreislauf, eine regelmäßige Wiedererstattung (antapodosis) stattfinden.

Es ist leicht, die schwachen Punkte dieses »Beweises« zu finden: Erstens gibt es nicht bei allen Prozessen einen Rückweg, z.B. beim Altern nicht. Die heutige Physik hält es für sicher, daß die Umwandlung anderer Energieformen in Wärme, aufs Ganze der Welt gesehen, nicht rückgängig gemacht werden kann (2. Hauptsatz der Thermodynamik). Das ausgesprochene Wort, die einmal vollzogene Tat können nicht wieder rückgängig gemacht werden. Gesagtes kann man nur widerrufen, leugnen; eine Handlung kann man nicht ungeschehen machen, allenfalls bereuen und ihre Auswirkungen durch neue Handlungen auffangen usw. Auch wo es, zweitens, einen solchen Rückweg gibt, braucht er nicht immer beschritten zu werden. Wer gesund ist, kann krank werden und, wenn er Glück hat, die Gesundheit zurückgewinnen. Eine Krankheit kann aber auch chronisch werden oder zum Tode führen. Wachen und Schlafen können schon deshalb nicht als Analogie zu Leben und Tod dienen, weil Schlafen dadurch definiert ist, daß die Möglichkeit besteht, den Schlafenden zu wecken. Von jemandem, der im Koma liegt, können wir deshalb nicht sagen, er schlafe. Dagegen ist der Tod nicht dadurch definiert, daß der Tote wieder ins Leben zurückkehren kann. Dieser naturphilosophische Beweis der Unsterblichkeit der Seele muß also trotz seiner poetischen Wirkung als gescheitert gelten.

Der zweite Beweis: Anamnesis (Phaidon 72e–77e) Sokrates/Platon möchte die These, die Seele des Menschen durchlebe schon vor ihrer empirischen Existenz in Verbindung mit dem Körper eine Periode selbständiger Existenz, durch folgenden Gedankengang stützen:

Jeder Mensch verfüge über Einsichten und Kenntnisse, von denen wir zeigen können, daß sie im Verlaufe der irdischen Existenz nicht erworben sein können. Von dieser Art sei jede Erkenntnis, die sich auf »Ideen« bezieht. Jeder wisse z.B., was man sich unter vollkommener Gleichheit vorzustellen hat. Wir gebrauchen diesen Begriff vollkommener Gleichheit, wenn wir etwa feststellen, daß zwei uns vorgelegte empirische Gegenstände, beispielsweise zwei Ziegelsteine oder Holzbalken, einander *nicht* vollkommen gleich sind, sich vielmehr nach Länge und Gewicht voneinander unterscheiden. Nun gilt, daß wir unter den empirischen Gegenständen niemals ein Paar von Gegenständen werden finden können, die in jeder Hinsicht absolut gleich sind. Also kann der Begriff perfekter Gleichheit nicht aus der Erfahrung stammen. Wenn wir ihn trotzdem benutzen, so müssen wir ihn in einer vorirdischen Existenzphase dadurch erworben haben, daß wir die »Idee« des Gleichen gesehen haben. Nur unter dieser Voraussetzung kann man verstehen, daß wir wissen, was das Wort »gleich« genau und eigentlich bedeutet.

An diese Kenntnis des »Gleichen selbst« (auto to ison) werden wir durch solche Paare von Gegenständen »erinnert«, die uns in der Erfahrung begegnen und die ungefähr, aber nicht exakt gleich sind. So werden wir auch durch das Bild eines Freundes, aufgrund der Ähnlichkeit, an den Freund selbst als das Urbild des Porträts erinnert. Die empirischen Gegenstände »streben danach«, sich der Vollkommenheit der Ideen anzunähern, bleiben aber stets gegenüber den idealen Standards zurück. Platon sagt ausdrücklich (75c–d), die Idee des Gleichen solle nur ein Beispiel für Ideen überhaupt sein; als weitere Beispiele werden moralische Prädikate wie »das Gerechte« und ästhetische Prädikate wie »das Schöne« genannt. Darüber hinaus soll alles als eine Idee angesehen werden, wovon wir sprechen müssen, wenn wir die eigentliche Bedeutung eines Prädikats oder Begriffsworts untersuchen. Es ist wichtig zu beachten, daß Platon sich bei der Einführung seiner Ideenlehre zunächst offenbar von solchen Begriffen hat leiten lassen, die eine gewisse Vollkommenheit oder eine Angemessenheit an einen

Standard schon zum Inhalt haben. Bei mathematischen Begriffen und bei Wertbegriffen gilt nun allerdings, daß die Erfahrung uns kein Beispiel voller Angemessenheit an solche Standards bietet. Keine empirische gerade Linie ist exakt gerade, keine Tangente berührt einen empirischen Kreis nur in einem Punkt, keine Handlung von Menschen ist vollkommen gerecht, nichts in der Welt ist vollkommen schön. Darum gilt, daß uns empirische Gegenstände an diese Ideen immer nur erinnern können (anamnesis). Bei anderen allgemeinen Begriffen ist diese Auffassung nicht überzeugend: Eine Katze, normal gebaut, scheint den Begriff der Katze adäquat zu repräsentieren, jede Lampe, die ihren Zweck erfüllt, ist im vollen Wortsinn eine Lampe, und eine Forsythienblüte ist so gelb, wie etwas nur gelb sein kann. Wir werden später sehen, wie Platon auch in solchen Fällen eine gewisse Unvollkommenheit aller empirischen Exemplare von Begriffen nachzuweisen versucht.

Gilt aber im Hinblick auf die besprochenen »Perfektionsbegriffe«, daß wir sie nicht aus der Erfahrung gewinnen können? Muß daher wenigstens für diesen Bereich Platons These akzeptiert werden, die Kenntnis dieser Begriffe, die als Tatsache unbezweifelbar ist, könne nur durch Kontakt mit den entsprechenden Ideen in einer vorgeburtlichen Existenz erklärt werden? (Platon hat hier offensichtlich das Problem des Ursprungs der sogenannten »apriorischen«, d. h. erfahrungsfreien Erkenntnis entdeckt und auf seine Weise zu lösen versucht.) Müssen wir Platons Lösung des Problems apriorischer Begriffsbildung akzeptieren? Nun, wir werden zugeben, daß wir die Kenntnis des Begriffs des Gleichen, des Gerechten usw. nicht in der Weise der Erfahrung verdanken, wie wir bei empirischen Begriffen normalen Typs, z. B. dem einer Katze, die Bedeutung des Worts »Katze« durch Abstraktion aus der Beobachtung einiger Katzenindividuen zu gewinnen pflegen. Aber wir könnten darauf hinweisen, daß in diesen Fällen nur eine andere Art von Begriffsbildung, auch anhand von Erfahrung, vollzogen wird: Den Begriff des Gleichen konstruieren wir als den eines idealen Grenzwerts fortschreitender Annäherung. Eine Reihe von Paaren von empirischen Gegenständen abnehmender Ungleichheit liefert uns die Erfahrungsbasis einer Progression, deren Grenzwert wir als »absolute Gleichheit« definieren. Die Bekanntschaft mit einem Super-Gegenstandspaar, das absolut gleich wäre, brauchen wir für die Begriffsbildung nicht. Wenn wir dies Verfahren »Idealisierung« nennen, so zeigen wir dadurch freilich terminologisch noch an, daß wir Platons Problem, wenn auch auf andere Weise, gelöst haben. Da das bedeutsame Problem der Erklärung unseres Verständnisses von Begriffen, die durch empirische Gegenstände nie voll repräsentiert werden können, zu seiner Lösung nicht die Annahme einer vorgeburtlichen Bekanntschaft mit perfekten Standards voraussetzt, ist auch der zweite Unsterblichkeitsbeweis nicht zwingend.

Der dritte Beweis: Syngeneia (Phaidon 78b–84b) Der Beweis aus der Verwandtschaft (syngeneia) der Seele mit der Ideenwelt nimmt einiges aus dem Vorgespräch wieder auf. Das Streben nach reiner Erkenntnis, das den Philosophen vor anderen Menschen auszeichnet, wird nun genauer als die Sehnsucht seiner Seele nach Rückkehr zur Welt der Ideen interpretiert, die sie aus der Zeit ihrer Präexistenz kennt. Daraus, daß die Seele (freilich vor allem der Philosophen) auf die Ideen, also den Bereich des Unsichtbaren, aber doch eigentlich Wirklichen, sich konzentriere, der Körper hingegen auf die Welt der empirischen und vergänglichen Dinge intentional eingestellt sei, wird eine Verwandtschaft und deshalb auch Schicksalsverwandtschaft beider mit dem jeweiligen Ziel und Gegenstand ihres Strebens erschlossen. Weil der Körper sich mit den irdischen Dingen identifiziere, an ihnen interessiert und mit ihnen verwandt sei, müsse er auch das Schicksal ihrer Vergänglichkeit teilen. Die Seele, den Ideen zugewandt, mit ihnen aus der Präexistenz vertraut, zu ihrer Erkenntnis fähig, könne entsprechend auch ihrer Unvergänglichkeit teilhaftig werden. Wenn nun, wie wir doch aus Erfahrung wissen (und die ägyptischen Mumien werden tatsächlich als Beleg herangezogen, 80c), der Körper auch nach der Trennung von der Seele sogar noch lange Zeit fortbestehen kann, um wieviel mehr müsse dann die Seele, die mit den unvergänglichen Ideen verwandt ist, den Tod des Individuums überdauern können!

Dieser Gedanke ist wiederum poetisch wirkungsvoll und emotional überzeugend. Auch wir sprechen ja von dem, was an einem Menschen sterblich ist, und unterscheiden es von dem, was unvergänglich sein kann. Dabei denken wir besonders an die Werke, die ein bedeutendes Individuum hinterläßt (»multaque pars mei vitabit Libitinam«, Horaz, carm. 3, 30). Jedoch hat die Argumentation unüberwindliche Schwächen: Wenn wir die Welt in Sichtbares und Vergängliches auf der einen, Unsichtbares und Ewiges auf der anderen Seite teilen und den Körper dem einen Bereich verwandt nennen, weil er dem Materiellen verhaftet ist, die Seele dem unsichtbar Ewigen verwandt, weil sie nach der Erkenntnis der Ideen strebt, so wird für den Körper zu wenig, für die Seele zu viel behauptet, oder genauer: das, was für den Körper zu wenig behauptet wird, wird für die Seele zu viel behauptet. Der Körper ist dem Bereich des Sichtbaren und Materiellen nicht verwandt, sondern er ist ein *Teil* dieses Bereichs. Andererseits ist die Seele nicht deshalb schon Teil des Ideenreichs und auch nicht mit ihm verwandt – so daß sie ihm ähnlich werden müßte –, weil sie ihm zugeneigt ist und die Ideen erkennen möchte. Der Körper ist nicht deshalb vergänglich, weil er das Irdische liebt, sondern weil er Teil des Irdischen ist. Aus der Neigung der Seele zu jenem Ideenkosmos folgt für ihr Schicksal nichts. Ein Mathematiker wird nicht den Zahlen ähnlich, und es kann Zoologen geben, die leidenschaftlich das Leben der Fische erforschen und doch nicht schwimmen können.

Der vierte Beweis: Ideenlehre (Phaidon 84c–107b) Der dritte Beweis wird von Simmias und Kebes, nach anfänglichem Zögern aus Zartgefühl gegenüber Sokrates – sie möchten ihm nicht eine Überzeugung nehmen, die ihn so gelassen im Angesicht des Todes macht –, angegriffen, freilich nicht auf der Basis der eben vorgetragenen Bedenken. Simmias' Einwand: Die Seele sei unsichtbar, nicht alles Unsichtbare überdauere seinen materiellen Träger. Die »Stimmung« (harmonia) eines Musikinstruments mache dies gebrauchsfähig, überdauere aber die Beschädigung oder gar Zerstörung des Instruments nicht. Die Seele könnte in ähnlicher Weise die »Stimmung« des Körpers, eine Funktion des Gleichgewichts körperlicher Bestandteile und Prozesse sein, die bei empfindlicher Störung oder Zerstörung in ähnlicher Weise wie die Stimmung des Instruments verschwindet. Kebes' Einwand: Es sei naiv, die Seele nur *einem* Körper während ihrer irdischen Existenz zuzuordnen. In Wirklichkeit verbrauche ein Mensch während seines Lebens viele Körper durch ständigen Abbau und Erneuerung der Bestandteile; so könnte die Seele zwar viele Körper überdauern, aber schließlich doch, von der fortgesetzten Erneuerung des Körpers, so ermüdet sein, daß der letzte ihrer Körper sie überdauert, obwohl er kurzlebiger ist als sie. Auch ein Weber trage im Laufe seines Lebens mehrere Gewänder auf, lebe daher länger als jedes seiner Gewänder; das letzte Gewand könne aber den Tod des Webers überdauern. Selbst wenn wir die Seelenwanderung, wie Sokrates, annehmen wollten, so könnte doch wiederum gelten, daß die Lebenskraft der Seele irgendwann aufgezehrt ist, und jeder vernünftige Mensch müsse damit rechnen, daß gerade dieser Fall bei seinem Tode eintreten werde. Daher könnte den Menschen von der Vernichtungsfurcht nur der Beweis befreien, daß die Seele nicht bloß langlebiger als der Körper, sondern »gänzlich unsterblich und unvergänglich« (88b) sei.

Die Widerlegung der Harmonielehre des Simmias durch Sokrates erfolgt auf knappem Raum (92e–95a). Sie beruht auf dem Satz, daß sich die tugendhafte Seele von der moralisch schlechten Seele gerade durch den Grad ihrer Harmonie (der Seelenkräfte) unterscheide (dies räumt auch Simmias ein), was aber unmöglich sei, wenn die Seele selbst Harmonie sein kann. Ein einfacheres Argument wäre gewesen, daß etwas, was eine »Stimmung« *haben* kann, schon deshalb nicht in einer Harmonie oder Stimmung *bestehen* kann. Denn eine Harmonie einer Harmonie, ohne daß etwas da ist, das dieser Harmonie zugrundeliegt, kann es nicht geben.

Der Beweis, den Kebes fordert, daß die Seele ihrer Natur nach unvergänglich, nicht bloß langlebig ist, erfordert nach Sokrates umfangreiche theoretische Vorklärungen. Der eigentliche Kern der Sokratisch-Platonischen Theoriebildung ist eine neue Ursachentheorie, die von der primitiv materiellen Erklärungsart der bisherigen Naturphilosophen sich wesentlich unterscheidet. Die idealen Standards, bisher nur als Bedeutungen von Begriffsworten wie »Mensch«, »schön«, »gleich« usw. von Sokrates in Anspruch genommen, werden von Sokrates/Platon nun auch als das bezeichnet, was den empirischen Dingen, die wir wegen ihrer Ähnlichkeit mit diesen Standards durch die ihnen entsprechenden Ausdrücke charakterisieren, zu dem macht, was sie sind. Auf die Frage, warum dieser Gegenstand schön ist, sei die einzig vernünftige Antwort: weil er an der Idee des Schönen teilhat (100d). Sokrates ist kleiner als Simmias, dieser kleiner als Phaidon; das heißt, im Hinblick auf Sokrates hat Simmias an der Idee der Größe, im Hinblick auf Phaidon an der Idee der Kleinheit teil (102c). So können empirische Gegenstände unter verschiedenen Aspekten und zu verschiedenen Zeiten gegensätzliche Eigenschaften haben, nicht aber jene idealen Standards selbst: das »Große selbst« wird nie klein, das »Schöne selbst« nie häßlich sein. Damit nicht genug: einige

Dinge sind notwendig mit bestimmten Ideen verknüpft; sie würden ihre Existenz verlieren müssen, würden sie aus dieser Verknüpfung heraustreten. Als Beispiel nennt Sokrates zuerst die Verknüpfung des Feuers mit der Idee des Warmen, des Schnees mit der Idee des Kalten (103c). Formal wird das dann weiter am Verhältnis der »Dreiheit« zur »Geradheit« und »Ungeradheit« durchgeführt. Wegen der Absicht, dieses Beispiel später formal auf das Verhältnis der Seele zu Leben und Tod zu übertragen, spricht Sokrates hier etwas umständlich, was das Verständnis erschwert. Anstatt zu sagen: Dreiheit impliziert Ungeradheit, und Ungeradheit einer Zahl schließt ihre Geradheit aus, sagt Sokrates vielmehr: Die Dreiheit schließt die Geradheit von sich aus, weil sie die Ungeradheit in sich einschließt.

So, wie die Dreiheit Ungeradheit mit sich führt (impliziert) und Geradheit ausschließt, so bringt die Seele als Lebensprinzip Leben mit sich und schließt den Tod aus. Entsprechend vermittelt Feuer den Dingen, denen es sich nähert, Wärme; Schnee kühlt alles, das mit ihm in Berührung kommt. Wenn es aber etwas gibt, das *allen* Gegenständen, denen es einwohnt, Anteil an einer Idee F vermittelt und die Teilhalbe an einer dieser entgegengesetzten Idee F' verhindert, so kann dies Vermittelnde erst recht die Idee F' nicht in sich aufnehmen, vielmehr muß es beim Auftreten von F' »zugrunde gehen oder das Feld räumen«. Feuer, das alles erhitzt, mit dem es in Kontakt kommt, kann die Kälte nicht in sich aufnehmen; Schnee erträgt es ebensowenig, heiß zu werden. Beide müssen weichen oder untergehen. Ebensowenig kann die Seele, die dem Körper, an dem sie sich findet, das Leben vermittelt, den Tod in sich aufnehmen. Da es aber gerade das Leben ist, das ihre wesentliche Eigenschaft ausmacht, kann die Seele nicht, bei Anrücken des Todes, zugrunde gehen. Sie muß also das Feld räumen und den Körper, selbst unsterblich, verlassen.

Dieser Beweis – dessen Interpretation im ganzen und einzelnen schwierig und in der gelehrten Diskussion umstritten ist – leidet an Unklarheiten und Schwächen. Die wichtige Unterscheidung zwischen der Idee selbst, der Eigenschaft eines Gegenstandes, die dieser hat, wenn er von der Idee geprägt ist (z. B. »das Kleine in uns«, 102e) und dem wirksamen Faktor, der dem Gegenstand die Teilhabe an der Idee vermittelt, ist nur undeutlich ausgeführt. Auch ist der Grundsatz nicht überzeugend begründet, nach dem etwas, das anderen Gegenständen eine Eigenschaft F vermittelt, selbst diese Eigenschaft als Wesensmerkmal besitzen müsse. Denn zwar ist Feuer heiß, aber Reibung nicht, auch Wein erheitert zwar, ist aber selbst nicht heiter. Schließlich scheint eine petitio principii vorzuliegen, wenn Platon die Seele als ein konkretes Ding ansieht, das dem Körper Leben vermittelt, wie Feuer Wärme, Schnee Kälte vermittelt. Gerade dies ist ja fraglich, ob die Seele nach Art einer Substanz aufgefaßt werden kann. Auch der letzte Beweis der Unsterblichkeit der Seele im ›Phaidon‹ erreicht daher sein Ziel nicht. Daß Platon diesen Beweis für zwingend hielt – was man unterstellen darf –, kann man wohl nur verstehen unter der Annahme, daß er allerdings die Auffassung stillschweigend zugrunde legte, die Seele des Menschen sei eigentlich ein in die Erfahrungswelt bloß verbannter oder verzauberter Einwohner des Ideenreichs, der durch entsprechende Unterweisung und Anregung, wie der Frosch im Märchen, zu seiner eigentlichen Existenzform wiedererweckt werden kann. Zwischen Platons Weltanschauung und seiner Argumentation bleibt eine schmerzliche Lücke, ähnlich störend wie der Abstand zwischen der perfekten Idee und jeder ihrer empirischen Realisierungen.

5. Ideenlehre als »System« (›Politeia‹ V–VII)

Die einzelnen Argumentationsgänge, die wir im ›Euthyphron‹, im ›Gorgias‹ und im ›Phaidon‹ herausgehoben haben, werden von Platon in seinem Hauptwerk ›Der Staat‹ (Politeia) zu einer philosophischen Theorie zusammengefaßt, die Fragen der Erkenntnistheorie, der Ontologie (der Lehre vom eigentlich Seienden) und der Ethik und Wertphilosophie eindrucksvoll zusammenschließt. Richtig handeln setzt – so hörten wir schon im ›Gorgias‹ – Einsicht in die wahren Interessen des Menschen voraus. Diese Einsicht ist nur zu gewinnen, wenn man über die Grundstruktur der Wirklichkeit fundierte Überzeugungen entwickelt hat. Um diese zu gewinnen, muß man sich zunächst über den Unterschied zwischen bloßen Meinungen und echtem Wissen Klarheit verschaffen.

Schon im ›Phaidon‹ wurde eine Polarität zwischen der empirischen Wirklichkeit unvollkommener und vergänglicher Gegenstände einerseits und der zeitlosen, vollkommenen Realität eines Reichs unsichtbarer Formen (Ideen) konstatiert. Die Begriffe, die wir verwenden, um uns untereinander zu verständigen, sind eigentlich auf jene idealen Standards bezogen, die unsere Seele in einem Zustand vor ihrer Einkörperung geschaut haben muß. Daß wir uns mit Hilfe der eigentlich auf die Ideenwelt gerichteten Sprache auch über die empirische Welt verständigen können, liegt ausschließlich daran, daß die Ideen eine gewisse formende Wirkung auf die Sinnenwelt ausüben: Die konkreten empirischen Dinge »streben danach, so zu sein wie die Ideen, fallen aber ihnen gegenüber ab« (Phaidon 75a). Darum ist exakte und verläßliche Erkenntnis überhaupt nur von den zeitlosen unveränderlichen Gegenständen möglich; die Erkenntnis der Wirklichkeit mittels Wahrnehmung ist nur eine dunkle und schwache, jederzeit störbare Kenntnisnahme, kein Wissen, sondern bloße Meinung (doxa). In dieser Auffassung ist Platon, wie schon die Terminologie zeigt, durch die Philosophie des Parmenides von Elea (um 480 v. Chr.) beeinflußt. Dieser hatte gelehrt, die sogenannte Erfahrungswelt mit ihrer Fülle von vergänglichen Dingen, denen eine bunte Mannigfaltigkeit wechselnder Eigenschaften zukommt, könne keine Realität haben, da sie sich nicht widerspruchsfrei denken lasse: Was wird und vergeht, sei (zur Zeit t) und sei auch wieder nicht (zur Zeit t'); auch eine Eigenschaft erst zu haben und dann zu verlieren, verstoße gegen das Widerspruchsprinzip. Logisch unanfechtbar, daher allein wahr, sei nur die Annahme eines einzigen, allumfassenden, zeitlosen Gegenstandes, den Parmenides das »on« (das Seiende) nannte. Platon hat im Rahmen des Parmenideischen Ansatzes doch der offensichtlichen Vielfalt der Welt und zugleich den logischen Axiomen Rechnung tragen wollen, indem er eine Vielzahl von eigentlichen Seienden, eben der Ideen, ansetzte, die einfach, vollkommen und zeitlos waren, insofern den Postulaten des Parmenides weitgehend entsprachen. Die empirische Welt mit ihrer Unvollkommenheit und der Hinfälligkeit aller Einzelexistenzen glaubte Platon nicht vor Parmenides' Angriff retten zu können.

Eine wichtige Erweiterung des im ›Phaidon‹ entwickelten Ansatzes erfolgt in der ›Politeia‹ (476d–478e) durch die Parallelisierung von Erkenntnisweisen und Typen von Gegenständen: dem vollkommenen Wissen entspricht das vollkommen Seiende; was ganz und gar nicht existiert, von dem ist auch nur absolute Unkenntnis möglich. In der Mitte zwischen beiden steht das, was zugleich ist und auch wieder nicht ist: die Welt der empirischen, unvollkommenen und vergänglichen Dinge. Von diesen ist kein exaktes und stabiles Wissen möglich, sondern nur Meinung. Hier wirkt nun auf Platon offensichtlich auch die pythagoreische Mathematik ein: In der Geometrie ist es ja offenkundig, daß Gegenstände des mathematischen Wissens nicht jene Kreise, Dreiecke und andere Figuren sind, die wir an die Tafel zeichnen oder, wie die Griechen, in den Sand ritzen. Die geometrischen Gesetze gelten strikt nur von den abstrakten Gebilden, von denen uns die konkreten Darstellungen nur eine ungefähre Anschauung vermitteln sollen. Platon hat den Gedanken gefaßt, die ganze empirische Wirklichkeit könnte sich zu einem Ideenreich so verhalten, wie die geometrischen Zeichnungen zu den durch sie bloß veranschaulichten mathematischen Gebilden. Freilich besteht der bedeutende Unterschied, daß empirische Darstellungen zur Veranschaulichung von mathematischen Strukturen *hergestellt* werden; daß aber die empirische Wirklichkeit nur zum Zweck der Veranschaulichung von Ideen gemacht wäre, ist keine Tatsache, sondern eine spekulative These.

Platon behauptet, es sei unmöglich, daß der Gegenstand des Wissens und der Gegenstand des Meinens zusammenfallen können (478 a b). Dies kann heißen, niemand könne im Hinblick auf denselben Gegenstand zugleich einen Akt des Wissens und einen Akt des bloßen Meinens vollziehen. Das würde uns freilich noch nicht zur Annahme zweier getrennter Gegenstandsbereiche verpflichten. Es könnte auch gemeint sein: Was man wissen kann, ist wesentlich verschieden von dem, was man bloß glauben kann. Auch dies ist, wenn wir es auf mögliche Sachverhalte beziehen, noch plausibel: über mathematische Sachverhalte gibt es eindeutiges Wissen; über kontingente Ereignisse in der Zukunft nur Vermutungen. Demonstratives Wissen und bloße Vermutungen können sich aber, und darauf kommt es in unserem Zusammenhang vor allem an, auf dieselben Gegenstände beziehen: Man kann wissen, daß der Montblanc höher ist als der Brocken, so wie man wissen kann, daß $2^3 > \sqrt{2}$ ist. Manches kann man auch im Hinblick auf die Zahlen – zeitlose, perfekte Gegenstände – bloß vermuten, z. B. daß jede gerade Zahl >2 als Summe zweier Primzahlen dargestellt werden kann (Goldbachsche Vermutung). Die Platonische Gleichsetzung von vollkommener Erkennbarkeit mit vollkommenem, zeitlosem, eigentlichem Sein ist nicht haltbar.

Für Platon ist eine weitere Hauptthese die Gleichsetzung des voll Erkennbaren und deshalb voll Wirklichen mit dem Guten und Wertvollen. Dies wird in dem berühmten »Sonnengleichnis« (Politeia VI, 508 a–509 d) entwickelt. Zunächst werden in bekannter Weise sichtbare Dinge und die nur dem denkenden Erfassen zugänglichen Gegenstände strikt voneinander getrennt. Dann wird auf eine gemeinsame Struktur beider Bereiche hingewiesen. Beide haben ein ausgezeichnetes Element, das sowohl für die Existenz wie für die Erkennbarkeit der übrigen Mitglieder des Bereichs notwendig ist: dies ist die Sonne in der sichtbaren Welt, im Ideenreich der Idee des Guten. Was Platon über die Sonne sagt, ist, freilich auf den kleinen Bereich des Sonnensystems eingeschränkt, leicht als gültig nachzuvollziehen: Ohne die Sonne wäre kein Leben möglich, zugleich macht die Sonne die übrigen Dinge auch sichtbar. Wie sollen wir aber Platons These deuten, im Reich der Ideen gebe es ein Analogon der Sonne, und dies sei die »Idee des Guten«? Eine mögliche Antwort greift auf Platons These, z. B. im ›Phaidon‹, zurück, die Idee sei perfekter Repräsentant des ihr zugeordneten Prädikats. Die Perfektion ist demnach eine Eigenschaft, die allen Ideen gemeinsam sein muß. Wenn es eine Idee der Ideen gibt, dann wäre diese durch perfekte Perfektion charakterisierbar. Mit dieser Auffassung hängt es zusammen, daß Platon große Schwierigkeiten hat zu bestimmen, wovon es eigentlich Ideen geben soll. Zunächst sind, wir sahen es bei der Besprechung des ›Phaidon‹, die Ideen ideale Standards steigerungsfähiger Prädikate wie »gleich«, »schön«, »gerecht«; dann aber entspricht jedem allgemeinen Prädikat eine Idee (Phaidon 75d; Politeia 596a). Im späteren Dialog ›Parmenides‹ sagt der (noch sehr junge) Sokrates auf eine Frage des greisen Parmenides, daß er Ideen wertloser und unerfreulicher Dinge, wie von Haaren und Schmutz, nicht annehmen wolle. Dort wird er von Parmenides wegen mangelnder Konsequenz und zu großer Rücksicht auf verbreitete Anschauungen getadelt. Platon war sich zu späterer Zeit (nach 365) darüber klar, daß die logisch-ontologische Theorie der Ideen ihn dazu verpflichtete, auch Ideen des Wertlosen, ja Wertwidrigen anzunehmen; andererseits ist deutlich, daß die Grundüberzeugung Platons, nach der die Ideenwelt zugleich eine Wertwelt höheren Ranges sein müsse, dieser theoretischen Konsequenz entgegensteht. Nur auf dem Boden der quasi-religiösen Überzeugung von einer transzendenten, vollkommenen und zeitlosen Welt, die die eigentliche Heimat des Menschen ist, kann nachvollzogen werden, wie Platon behaupten konnte, der Philosoph, als Kenner des Ideenreichs, sei auch der zur Herrschaft im Staat Berufene: Je tiefer die Einsicht in die Strukturen der Wirklichkeit, um so mehr nähert sich der

Ideenkenner der Idee des Guten. Und diese Einsicht in den wirklichen Grund der Dinge muß sich zugleich auf das Leben des Philosophen auswirken. Fortschritt in philosophischer Einsicht und moralische Läuterung gehen Hand in Hand.

In einem weiteren Schritt legt Platon eine Untergliederung der Bereiche der Erkenntnis und des bloßen Meinens vor (Politeia 509d–511d). Diese Verfeinerung der Ideenlehre wird in dem sogenannten »Liniengleichnis« vorgenommen. Wieder besteht eine strenge Korrelation zwischen Erkenntnisweisen und den zugeordneten Gegenstandstypen. Der Bereich der Meinung wird geteilt in Vermutung (eikasia) und empirischen Glauben (pistis); die Vermutung erstreckt sich auf Gegenstände wie Schattenbilder, Spiegelbilder und dergleichen. Der empirische Glaube bezieht sich auf die sogenannten »realen Gegenstände« unserer Erfahrungswelt, wie Pflanzen und Tiere. Diese Feingliederung soll wohl der Tatsache gerecht werden, daß die meisten Menschen noch nicht einmal ihre eigenen Erfahrungen, so unzuverlässig sie sein mögen, zur Grundlage ihres Weltbildes machen, sondern sich auf das Hörensagen verlassen und deshalb den Meinungsmanipulationen durch Sophisten und Demagogen ausgeliefert sind.

Der Bereich des stabilen Wissens wird seinerseits zweigeteilt in das Gebiet des Nachdenkens (dianoia), dem die Gegenstände der Mathematik zugeordnet sind, und das Feld der Einsicht (noesis), die sich auf die Ideen selbst bezieht. Die mathematischen Gegenstände, so will Platon wohl andeuten, sind den Ideen in wichtigen Punkten verwandt, so daß Mathematik eine wichtige Vorschule der Philosophie sein kann. Die Verwandtschaft besteht darin, daß die mathematischen Gegenstände wie die Ideen nur denkend erfaßt werden können, und daß empirische Gegenstände uns immer nur an sie erinnern. Ein Unterschied zwischen mathematischen Gegenständen und den Ideen dürfte u. a. darin bestehen, daß es beliebig viele rechtwinklige Dreiecke, dagegen nur eine Idee des rechtwinkligen Dreiecks geben kann.

Im »Höhlengleichnis« (Politeia, 514a–517c) wird eine politisch-moralische Interpretation der Ideenlehre gegeben, wie sie im Sonnengleichnis und Liniengleichnis entwickelt ist. Die Abschnitte der Linie erscheinen nun als Stadien der geistigen Entwicklung eines (philosophischen) Menschen. Gefangene sitzen in einer abschüssigen Höhle, durch Fesselung ist ihr Blick auf die Rückwand der Höhle fixiert. In ihrem Rücken werden

Gegenstände vor einem Feuer vorbeigetragen; das Feuer wirft Schatten der Gegenstände auf die Höhlenwand, die auch das Echo der Stimmen der Träger zurückwirft. Diese Schatten- und Echowelt ist die »Wirklichkeit« der Gefangenen. (Sie stehen, in der Bildlichkeit des Liniengleichnisses gesagt, auf der Stufe bloßer Vermutung.) Einer der Gefangenen wird nun aus seinen Fesseln gelöst und am Feuer vorbei aufwärts in Richtung zum Ausgang geführt. Sein Auge muß sich erst mühsam an die Helligkeit gewöhnen. Bald erkennt er das Feuer und die Gegenstände, deren Schatten allein er vorher wahrnahm. Das Feuer steht für die Sonne, die Gegenstände für die empirischen Gegenstände unserer Welt; der Gefangene hat also die Sphäre des empirischen Glaubens erreicht. Nach weiterem mühsamen Aufstieg tritt der Gefangene vor die Höhle ins Freie; die Sonne blendet ihn, erst allmählich lernt er es, Abbilder und Schatten der wirklichen Dinge (der Ideen) in Seen und im gedämpften Licht der Dämmerung zu erfassen (Mathematik). Schließlich ist er imstande, das Sonnenlicht und (wenn auch nur jeweils für kurze Zeit) den Anblick der Sonne selbst zu ertragen (Einsicht in die Idee des Guten). Er fühlt sich verpflichtet, auch seine früheren Mitgefangenen in der Höhle zu befreien und ihnen den Zugang zur wahren Wirklichkeit zu eröffnen, wird aber bei dem Versuch von den aufgebrachten Gefangenen, die sich in ihrer dunklen Unterwelt ganz wohl fühlen und keine Veränderung wollen, zuerst verhöhnt und schließlich getötet.

Es liegt ja auf der Hand, daß Platon hier auf das Schicksal des Sokrates verweisen will. Die Umwertung aller Werte, die er im ›Gorgias‹ forderte, ist hier ins Bild umgesetzt: Die Gefangenen müssen aus ihren Fesseln (der herkömmlichen Vorstellungen und Wertungen) gelöst und in ihrer Blickrichtung »umgewendet« werden (fort von der alltäglichen Identifikation mit materiellen Interessen zur wahren Einsicht in die Ideenwelt).

Platons Staatstheorie, in deren Zusammenhang diese voll entwickelte Ideenlehre nicht zufällig eingebracht wird, zieht aus den so entstandenen Grundlagen die naheliegenden Konsequenzen: Nur ein Gemeinwesen, dessen Verfassung auf Vernunfteinsichten gegründet ist, hat die Chance, den wahren Interessen der in ihm vereinigten Individuen gerecht zu werden. Wenn Unveränderlichkeit und Zeitlosigkeit Kennzeichen der vollen Realität und Vollkommenheit sind, so kommt es vor allem darauf an, die staatliche Ordnung zu stabilisieren. Jede Veränderung ist eine Veränderung zum Schlechteren. Der

Grundzug von Platons Staatstheorie, die Ablehnung alles gesellschaftlichen Wandels, erklärt sich von daher.

Wir haben nur einige Hauptzüge von Gedankengängen Platons nachvollzogen. Dabei haben wir vor allem die kritischen Bedenken hervorgehoben, die gegen Platons Argumentation vorgebracht werden können. Dies wird, aus falsch verstandener Ehrfurcht vor Platon, in der deutschen Platon-Literatur im allgemeinen nicht getan. Aber die Größe eines Philosophen besteht nicht so sehr in der Richtigkeit seiner Auffassungen – es gibt auch triviale Richtigkeiten –, sondern vielmehr in der Originalität der Fragestellungen und in der konsequenten Durchführung eines einmal gewählten, fruchtbaren Ansatzes. Platon war der erste Denker der europäischen Geschichte, der erkenntnistheoretische, ontologische, ethische und ästhetische Probleme auf der Basis einer einheitlichen Theorie, eben der Ideenlehre, zu erörtern und zu lösen versuchte. Dabei hat er einen großen Teil der noch heute als relevant angesehenen Fragestellungen dem philosophischen Denken erschlossen, eine Fülle von Argumenten entwickelt, die im allgemeinen auch heute noch zum Nachdenken anregen können, auch wenn sie sich bei näherer Prüfung als angreifbar erweisen. Platons Problemstellungen, nicht seine Lösungen, haben der späteren Philosophiegeschichte bis heute den Weg vorgezeichnet. In diesem Sinne, freilich auch nur in diesem Sinne, hat das viel zitierte Wort von A. N. Whitehead seine Berechtigung, die gesamte europäische Philosophie bestehe aus »Fußnoten zu Platon«.

Literaturverzeichnis

Platons Werke

Platonis opera. Hrsg. v. J. Burnet. 5 Bde. Oxford 1899–1907. (Mehrfache Neudrucke; nur griechischer Text; die noch immer wichtigste kritische Ausgabe)

Œuvres complètes. 13 Bde. Paris 1920ff. (griechisch-französisch)

Sämtliche Werke. 6 Bde. Hamburg 1957/58 (Rowohlts Klassiker der Literatur und der Wissenschaft). Bietet fast durchweg die leicht redigierten Übersetzungen von F. Schleiermacher (1804–1810)

Die wichtigsten Dialoge in deutscher Übersetzung von O. Apelt (sehr zuverlässig), z.T. neu bearbeitet und in zweisprachiger Ausgabe in Meiners Philosophischer Bibliothek, Leipzig, jetzt Hamburg, 1911ff.

Gesamtdarstellungen

Bröcker, Walter: Platos Gespräche. Frankfurt a.M. 1964, ^{2}1967
Friedländer, Paul: Platon. 3 Bde. Bd. 1 und 2: Berlin ^{3}1964, Bd. 3: Berlin ^{2}1960
Guthrie, W.K.C.: A history of Greek philosophy. Bd. 4 und 5: Plato. Cambridge 1975, 1978
Martin, Gottfried: Platon in Selbstzeugnissen und Bilddokumenten. Hamburg 1969 (nützliches Literaturverzeichnis)
Taylor, Alfred Edward: Plato. The man and his work. London 1926, ^{7}1963
Wilamowitz-Moellendorff, Ulrich von: Platon. Berlin ^{5}1959

Monographien

Gaiser, Konrad: Platons ungeschriebene Lehre. Stuttgart 1963, ^{2}1968
Graeser, Andreas: Platons Ideenlehre. Bern, Stuttgart 1975
Krämer, Hans Joachim: Arete bei Platon und Aristoteles. Heidelberg 1959
Popper, Karl R.: Die offene Gesellschaft und ihre Feinde. Bd. 1: Der Zauber Platons. München 1957, ^{5}1977
Prauss, Gerold: Platon und der logische Eleatismus. Berlin 1966
Robinson, Richard: Plato's earlier dialectic. Oxford 1953, ^{2}1962
Ross, W. David: Plato's theory of ideas. Oxford 1951, ^{2}1953
Sprute, Jürgen: Der Begriff der Doxa in der platonischen Philosophie. Göttingen 1962
Vlastos, Gregory: Platonic studies. Princeton 1973
Wieland, Wolfgang: Platon und die Formen des Wissens. Göttingen 1982

Bibliographien und Literaturberichte

Cherniss, Harold: Plato 1950–1957. In: Lustrum Bd. IV/V, Göttingen 1960/61, S. 1–648 (mit Inhaltsangabe und kritischer Bewertung der angeführten Literatur)
Manasse, Ernst Moritz: Bücher über Platon I. (deutsche Literatur, 61 S.), II. (englische Literatur, 241 S.), III. (französische Literatur, 772 S.) als Beihefte 1 (1957), 2 (1961) und 7 (1976) der Philosophischen Rundschau
Skemp, J. B.: Plato. Oxford 1976

Aristoteles

von Klaus Jacobi

1. Einleitung

Aristoteles ist 384 v. Chr. in Stagira, einem kleinen Ort an der Ostküste der Chalkidike, geboren. Siebzehnjährig kommt er nach Athen und beginnt dort sein Studium an der Akademie, der Wirkungsstätte des gut vierzig Jahre älteren Platon. Es wird erzählt, man habe in der Akademie den jungen Aristoteles »den Leser« genannt; der Atmosphäre der Akademie entspricht es, wenn man sich diesen Beinamen ironisch-geringschätzig, und doch mit einer Beimischung von Bewunderung ausgesprochen vorstellt. Aristoteles bleibt zwanzig Jahre in der Akademie, lernend, lesend, forschend und unterrichtend. Daß er Athen verläßt, hat eher mit der politischen Lage als mit Spannungen innerhalb der Akademie zu tun. Zu einer Zeit, da Philipp von Makedonien sich anschickt, Athen zu erobern, war für einen Fremden, der zudem in persönlicher Verbindung zu promakedonischen Kreisen stand, der Aufenthalt in Athen gefährlich geworden. Aristoteles geht nach Atarneus, nahe Assos. Nach zwei Jahren übersiedelt er nach Mytilene auf Lesbos. 343/342 wird er von König Philipp eingeladen, die Erziehung von dessen damals dreizehnjährigem Sohn Alexander zu überwachen. Der große Philosoph als Erzieher des späteren Welteroberers – um diese Vorstellung haben sich Legenden gebildet. Tatsächlich galt Aristoteles zu Lebzeiten niemals als »der berühmte Philosoph«; man schätzte ihn nicht höher als viele andere Philosophen und Wissenschaftler. Seine Aufgabe am makedonischen Hof war zudem wohl vornehmlich die, den Unterricht für Alexander zu organisieren. Lange bleibt Aristoteles nicht am Königssitz; 341 lebt er in seinem Geburtsort Stagira. Von 335/334 bis 323/322 ist er zum zweiten Mal in Athen. Wahrscheinlich sind fast all seine Hauptschriften in dieser Periode seines Lebens entstanden. Nach dem Tod Alexanders (323) sieht Aristoteles sich erneut gezwungen, Athen zu verlassen; er flieht nach Chalkis, wo er ein Jahr später, 63 Jahre alt, stirbt.

Das zuverlässigste Mittel, Aristoteles zu charakterisieren, ist die Betrachtung seiner Sprache. Aristoteles schreibt eine nüchterne wissenschaftliche Prosa, wie es sie vor ihm nicht gab. Für die von den Interpreten oft beklagte Knappheit seiner Formulierungen ist vor allem der überall vorherrschende Wille zu äußerster Prägnanz und Schärfe sowie zu logischer Stringenz verantwortlich. Auch beschränkt sich Aristoteles bewußt darauf, das im jeweiligen Zusammenhang Wesentliche herauszuarbeiten. Weiter ist zu beachten, daß die meisten Schriften Notizen nur für den eigenen Gebrauch – etwa in der Lehre – darstellen. In seinen Ausdrucksmitteln bleibt Aristoteles stets in möglichster Nähe zur Alltagssprache. Von ihr geht er in seinen philosophischen Analysen oft aus; sie soll nicht durch eine Kunstsprache ersetzt, sondern – z. B. durch Analyse von Wortverwendungen – präzisiert werden.

Bei den uns geläufigen »Werken« des Aristoteles handelt es sich häufig nicht um einheitliche Bücher, sondern um Sammlungen mehrerer Abhandlungen zu verwandten Themen. Diesen Umstand sollte man jedoch nicht überbewerten. Unabhängig davon, ob Aristoteles selbst oder erst der spätere Herausgeber Andronikos (um 40 v. Chr.) die Zusammenstellungen vornahm: sie sind durchweg sinnvoll. Von Aristoteles selbst jedenfalls stammt die Trennung »der Philosophie« in verschiedenartige, voneinander weitgehend inhaltlich und methodisch unabhängige Gebiete philosophischer Forschung.

Ein Überblick über die Schriften des Aristoteles soll hier nicht gegeben werden. Es mag genügen, auf die Vielfalt seiner Arbeitsgebiete hinzuweisen. Die Logik, die Argumentations- und die Beweistheorie sind von Aristoteles erst eigentlich geschaffen worden. In den naturwissenschaftlichen Schriften beruft er sich zwar öfter auf Vorgänger; für das historisch distanzierte Urteil ist jedoch klar, daß erst Aristoteles eine Konzeption entwickelt hat, wie wissenschaftliches Wissen von Veränderlichem möglich ist. Bemerkenswert ist die Fülle empirischen Materials aus ganz unterschiedlichen Gebieten – z. B. Metereologie und Zoologie –, das Aristoteles gesammelt, beschrieben und erklärt hat. Die von ihm »erste Philosophie« genannte Metaphysik ist Grundlagenwissenschaft. Als ihren Gegenstand nennt er einerseits »das Seiende als Seiendes«, andererseits die nichtstofflichen, veränderungsfrei existierenden Substanzen; die Frage nach dem Verhältnis dieser Bestimmungen zueinander trennt von der Spätantike bis heute Schulen von Aristotelikern. Mehrere umfangreiche Schriften gelten der Ethik und der Politik. Erst seit Aristoteles ist die Praktische Philosophie ein eigenständiges, von der Theoretischen Philosophie methodisch und in der Zielsetzung klar unterschiedenes Gebiet philosophischer Forschung.

Wie soll man die Aufgabe angehen, über einen Denker, der auf so vielen Gebieten so gründlich gearbeitet und nachgedacht hat, das Wesentliche treffend und doch knapp und verständlich zu schreiben? Ich wähle den folgenden Weg: Gezeigt werden soll, wie Aristoteles arbeitet. Statt über Aristoteles zu referieren, wird versucht, mit ihm zu denken. Dazu wird ein einziges Kapitel eingehend interpretiert. Ausgewählt wird der sorgfältig geschriebene Text, in dem Aristoteles in die Themenstellung seiner Untersuchung ›Über die Seele‹ einführt. Die Frage nach dem Wesen der Seele, in der viele moderne Leser ein unbeantwortbares »Philosophenproblem« argwöhnen werden, wird hier in eine Reihe miteinander verknüpfter Einzelfragen ausdifferenziert und in ein umfangreiches Forschungsprogramm umgesetzt. Die Interpretation wird Gelegenheit bieten, für Aristoteles' Denken charakteristische Begriffe, Unterscheidungen und Fragestellungen unmittelbar in Funktion darzustellen.

Gleichsam als Motto für die gewählte Darstellungsweise sei eine Passage aus der ›Metaphysik‹ vorangestellt:

»Für die gesuchte Wissenschaft ist es nötig, daß wir uns zuerst dem zuwenden, worüber man zuerst ohne gangbaren Forschungsweg sein muß. Dies sind Fragen, über welche die Denker voneinander abweichende Auffassungen vorgetragen haben, vielleicht auch weitere Fragen, die bisher unbeachtet geblieben sind. Wer einen guten Weg finden will, für den ist es förderlich, die Ausweglosigkeit gründlich durchgehalten zu haben. Denn der spätere Weg ist die Lösung dessen, worin man zuvor keinen Weg hatte; man kann nicht lösen, wenn man den Knoten nicht kennt. Wenn man aber im Denken keinen Weg hat, dann zeigt das diesen Knoten in der Sache an; denn man ähnelt darin denen, die gebunden sind; in beiden Fällen ist es ja unmöglich, einen Schritt vorwärts zu tun. Deshalb muß man zuerst alle Schwierigkeiten betrachtet haben. Dies ist – außer aus den genannten – auch aus folgendem Grund nötig: Wer sucht, ohne zuvor die Ausweglosigkeit durchgestanden zu haben, der gleicht denen, die nicht wissen, wohin sie zu gehen haben; er erkennt außerdem auch nicht, ob etwas Gefundenes das ist, was gesucht wird, oder nicht. Denn das Ziel ist nur dem klar, der zuvor ohne Weg war. Außerdem ist notwendig derjenige in besserer Verfassung zu urteilen, der – wie ein Richter die Reden der streitenden Parteien – zuvor alle einander widerstreitenden Reden angehört hat.« (Met. B 1, 995 a 24 – b 4)

A. Der hohe Rang des Wissens über die Seele

»Wenn wir das Wissen für etwas Schönes und Verehrungswürdiges halten, das eine Wissen jedoch mehr als das andere, entweder wegen seiner Genauigkeit oder weil es Wissen von Wertvollerem und Erstaunlicherem ist, dann werden wir aus beiden Gründen vernünftigerweise die Seelenkunde obenan stellen müssen.« (De an. I 1, 402 a 1–4)

1. Kriterien für den Rang eines Wissens oder einer Wissenschaft

Wissen ist schön und in sich wertvoll. Doch gilt dies nicht von jedem Wissen im selben Maß, so daß gleichgültig wäre, was gewußt wird und wie es gewußt wird. Aristoteles nennt zwei Kriterien, nach denen der Rang eines Wissens bemessen werden kann. Ein Wissen ist um so höher zu schätzen, (1) je genauer es ist und/oder (2) je bemerkenswerter der Gegenstand ist. Unter beiden Gesichtspunkten wird Wissen und werden Wissenschaften nach dem inneren Wert geordnet, nicht nach dem Nutzen. Die Aufzählung ist vollständig; außer den beiden genannten Bewertungskriterien (1) der Wissensweise und (2) des Wissensgegenstandes gibt es keine weiteren.

(1) *Genauigkeit.* Die Forderung, wissenschaftliche Feststellungen sollten genau sein, findet sich bereits bei Platon. Doch ist die differenzierte Ausarbeitung der Frage, welche Art und welcher Grad von Genauigkeit einer bestimmten Wissenschaft eigentümlich ist, erst für Aristoteles charakteristisch. In der ›Nikomachischen Ethik‹ zum Beispiel warnt Aristoteles in wiederholten Methodenreflexionen davor, in jeder wissenschaftlichen Disziplin dieselbe Genauigkeit (Gewißheit, Strenge) anzustreben. »Darin zeigt sich der Kenner, daß man in den einzelnen Gebieten je den Grad von Genauigkeit verlangt, den die Natur der Sache zuläßt.« (EN I 1, 1094 b 23–25)

Das Wort »genau« hat bei Aristoteles – verglichen etwa mit »exakt« im modernen wissenschaftstheoretischen Gebrauch – einen bemerkenswert vielfältigen Anwendungsbereich. Mehr oder weniger »genau« können Wahrnehmungen, Definitionen, Maßeinheiten, Ursachen und Prinzipien, Argumentationen, ja sogar Techniken genannt werden. Offenbar gibt es für Aristoteles nicht nur unterschiedliche Grade von, sondern auch verschiedene Kriterien für und folglich verschiedene Arten von Genauigkeit von Kenntnissen. Aristoteles vertritt nicht das Ideal einer methodisch einheitlichen Wissenschaft, an welches sich verschiedene Disziplinen in unterschiedlichem Grad annähern, sondern er sucht jeweils nach der der Natur der Sache entsprechenden Methodik.

(A) Häufig schließt Aristoteles eine Untersuchung mit der Bemerkung ab, das Gesagte müsse im gegenwärtigen Zusammenhang genügen, Genaueres über die behandelte Frage werde andernorts (später oder in einer anderen Abhandlung) ausgeführt. »Genauer« meint hier »mehr in die Einzelheiten der Sache oder der Argumentationsschritte gehend«, »detaillierter«.

(B) An. post. I 27 zählt Aristoteles folgende Kriterien für größere Genauigkeit einer Wissenschaft auf:

(I) Genauer als ein Wissen, das lediglich Fakten konstatiert (Wissen, daß ... der Fall ist), ist ein Wissen, das die konstatierten Fakten auch erklärt (Wissen, daß ... und warum ... der Fall ist). Wissen im strengen Sinn besitzt man nur dann, wenn man Rechenschaft über die Gründe und Prinzipien geben kann.

(II) Genauer als Wissenschaften, deren Aussagen nur von einem bestimmten Gegenstandsbereich gelten, sind Wissenschaften, bei denen dies nicht der Fall ist; die Arithmetik ist in diesem Sinn genauer als die Harmoniewissenschaft.

(III) Eine Wissenschaft, die von weniger Voraussetzungen abhängt, ist genauer als eine Wissenschaft, die, verglichen mit der ersteren, noch »zusätzlicher Thesen« bedarf; die Arithmetik ist in diesem Sinn genauer als die Geometrie.

Aristoteles geht hier offenbar von Wissenschaftshierarchien aus, in welchen die untergeordnete Wissenschaft die allgemeinen Sätze der übergeordneten spezifiziert oder auf bestimmte Gegenstandsbereiche anwendet. Die untergeordnete Wissenschaft ist von der übergeordneten abhängig; sie kann deshalb nicht genauer als jene sein. Die Grundlage für (II) und (III) ist das folgende Kriterium:

(IV) »Am genauesten ... sind unter den Wissenschaften die, welche am meisten (Wissenschaften) von Grundsätzen sind.« (Met. A 2, 982 a 25–26)

Die Aussagen der Prinzipienwissenschaften sind allgemeingültig. Was aus allgemeingültigen Prinzipien abgeleitet ist, gilt notwendigerweise. Die Aussagen der Einzelwissenschaften sind insofern etwas anderes als nur Anwendungen des Prinzipienwissens, als sie nicht aus Prinzipien ableitbar sind; ihre Wahrheit ist immer auch von Randbedingungen materieller Art abhängig. Solche Aussagen, z. B. Prognosen bestimmter Wirkungen, gelten normalerweise, im Regelfall; einzelne Ausnahmen falsifizieren die Erklärung nicht. Aus dieser Überlegung gewinnt Aristoteles ein Maß für die Genauigkeit von Wissen:

(v) Am genauesten sind Aussagen über Sachverhalte, welche sich unmöglich anders verhalten können als in der Aussage formuliert. Aussagen über Geschehnisse und Geschehniszusammenhänge, welche nicht notwendig sind, sind um so genauer, je weniger Abweichungen vom Regelfall es gibt (vgl. Hist. animal. VII 3, 583b 2–9).

(C) Zwei Disziplinen werden von Aristoteles als Muster an Genauigkeit ausgezeichnet: (1) die Mathematik und (2) die »Weisheit«, d. h. die Metaphysik. Die Metaphysik kann nach den Ausführungen des Aristoteles über die angemessene Redeweise dieser Disziplin (Met. α 3, besonders 995a 14–16) und nach seinem eigenen Vorgehen nicht mathematisch verfahren. Demnach gibt es zwei verschiedene »genaueste Wissenschaften«. Die Metaphysik ist die Theorie des Seienden als solchen, d. h. der Substanz; die Mathematik ist Theorie der Quantität, also eines akzidentellen Bereichs. Der Gegenstand »Quantität« wird durch Abstraktion gewonnen und dann ohne Bezug auf das Substrat untersucht.

Inwiefern stellen einerseits die Mathematik, andererseits die Metaphysik Muster an Genauigkeit dar? Diese Frage kann hier nicht beantwortet, sondern nur exponiert werden. Erfüllen Mathematik und Metaphysik (a) je andere Genauigkeitskriterien optimal? Dann müßte zwischen den genannten Kriterien (B) (i) bis (v) eine Spannung bestehen. Je nachdem, welche Kriterien man hervorhebt, hätte die Genauigkeitskurve unterschiedliche Maxima. Es scheint jedoch, daß die Kriterien gut miteinander verträglich sind. Aristoteles' Auffassung wird demnach eher sein, daß (b) Metaphysik *und* Mathematik Prinzipienwissenschaften sind. Beide beruhen auf »unmittelbaren Sätzen«, d. h. auf solchen, die nicht mehr aus irgendwelchen Prämissen erschließbar sind, sondern sich selbst erklären (vgl. An. Post. I 2; 10; 22; II 9). Die Kriterien (B) (i) bis (v) passen gleichermaßen auf beide Wissenschaften. Dann aber ist weiter zu fragen: Gibt es (ba) zwei distinkte Arten von Prinzipien, deren Theorie in je einer der beiden Disziplinen gegeben würde? Oder (bb) reflektiert die Metaphysik unter anderem auch die Prinzipien der Mathematik, zwar nicht, indem sie sie begründet (denn dann wären die ersten mathematischen Sätze nicht Axiome, sondern Voraussetzungen), wohl aber, indem sie sie ins Verhältis zu anderen unmittelbaren Sätzen setzt? Oder ist (bc) der begründende und erklärende Gebrauch, der in den beiden Disziplinen von den Prinzipien gemacht wird, je unterschiedlich, etwa so, daß die Mathematik dank ihres Abstraktionscharakters univoke Verwendung ihrer Begriffe und Ableitung von Theoremen aus Axiomen gestattet, während die Metaphysik Theorie der Analogie ist?

Die unter (ba) genannte Annahme würde zu der These führen, daß es mindestens zwei Grundwissenschaften (»erste Philosophien«) gebe. Dies ist nicht Aristoteles' Ansicht. Die verbleibenden Annahmen (bb) und (bc) können miteinander verbunden werden. In dieser Richtung ist Aristoteles' Antwort zu suchen.

(2) *Gegenständlicher Rang.* »Verehrungswürdig« nennt Aristoteles diejenigen Gegenstände, die weder werden noch vergehen. Die höchste Wissenschaft ihrem Gegenstand nach ist die Metaphysik, sofern sie sich als Theologie vollendet (vgl. etwa Met. A 2, 983 a 5–10). Der das Bewegungslose, Ewige betrachtenden Metaphysik nahe steht die Astronomie. Deren Gegenstände hält Aristoteles ebenfalls für ungeworden und unvergänglich und immer bleibend; die Gestirne sind zwar nicht bewegungslos, doch glaubt Aristoteles, daß sie ihre Umläufe auf vollkommenen Kreisbahnen vollziehen, so daß die Art ihrer Bewegung ganz konstant ist. Konstanz ist überhaupt das Kriterium für den gegenständlichen Rang einer Wissenschaft. Veränderung ist nur zu verstehen, sofern und soweit sich Konstanz in ihr findet.

Das Verhältnis zwischen den Bewertungen nach (1) der Wissensweise und (2) dem Wissensgegenstand. Es zeigt sich, daß die Bewertung von Wissenschaften nach ihrem gegenständlichen Rang und die Bewertung nach ihrem Genauigkeitsgrad, sofern die Kriterien (B) (I) bis (V) zugrundegelegt werden, in Zusammenhang miteinander stehen. Beide Hierarchien gipfeln in der Metaphysik als der allgemeinsten Wissenschaft von den ersten, schlechthin unveränderlichen Ursachen alles Seienden.

Legt man jedoch für Genauigkeit das Kriterium (A) des Reichtums an Einzelerkenntnissen und Differenzierungen zugrunde, so ändert sich das Bild. In einer seiner zoologischen

Schriften (De part. animal. I 5, 644b 22 – 645a 4) vergleicht Aristoteles die Vorzüge und Unvollkommenheiten einer biologischen Untersuchung mit den Vorzügen und Unvollkommenheiten einer Untersuchung über Astronomie. Die Untersuchung über die ungewordenen und unvergänglichen, ewig auf gleiche Weise ihre Bahn ziehenden Himmelskörper hat einen gegenständlich höheren Rang als die Untersuchung dessen, was an Werden und Vergehen teilhat. Doch können wir über diese »ehrwürdigen und göttlichen« Gegenstände nur wenig wissen: es fehlt uns an beobachtbaren Daten, die die Basis für eine erklärende Theorie bilden könnten. Die Pflanzen und Tiere dagegen sind uns nah. Wer sich genug Mühe geben will, kann über jede Art viele Erkenntnisse sammeln. Die Auszeichnung bestimmter Wissenschaften nach dem Rang ihrer Gegenstände und/oder nach ihrer Stringenz soll nicht dazu führen, daß andere Wissenschaften vernachlässigt werden. Die meisten und umfangreichsten Schriften von Aristoteles gelten Wissenschaften mit einem vergleichsweise niedrigen Gegenstand, deren Feststellungen nicht allgemeingültig sind, sondern nur das meistenteils Geschehende beschreiben und erklären wollen. In gewisser Hinsicht stehen diese Wissenschaften sogar über den strengen, abstrakten, erhabenen Disziplinen. Daß sie das uns Nahe erforschen, macht ihren Gegenstand attraktiv: Es geht in solchen Studien um uns und unsere Umwelt. Und auch methodisch bedeutet die Nähe einen Vorzug: Weil dem Forscher hier eine Fülle beobachtbarer Daten zugänglich ist, ist auch der empirische Gehalt seiner erklärenden Theorien hoch.

Was hier im Vergleich mit der Astronomie ausgeführt wird, gilt ähnlich auch im Vergleich mit der Metaphysik. Die ersten Ursachen und Prinzipien sind zwar »an sich« das Bekannteste, »für uns« aber ist die metaphysische Erkenntnis das letzte Wissen, zu dem wir vorstoßen können (vgl. Met. A 2, 982a 10–12; 23–25). Dies gilt besonders von der philosophischen Gotteserkenntnis: »Wie sich nämlich die Augen der Eulen zum Tageslicht verhalten, so verhält sich die Einsicht unserer Seele zu dem, was seiner Natur nach unter allem am offenbarsten ist.« (Met. α 1, 993b 9–11)

2. *Anwendung auf das Wissen über die Seele*

Aristoteles behauptet, daß der Seelenkunde, die zu erarbeiten und darzulegen er sich anschickt, »aus beiden Gründen« eine besonders hohe Stellung zukommt. Die Untersuchung beansprucht also methodisch einen hohen Genauigkeitsgrad, und sie gilt inhaltlich einem besonders wissenswerten Gegenstand. Der zweiten Teilbehauptung stimmen die antiken, mittelalterlichen und modernen Kommentatoren durchweg ohne Bedenken zu. Umstritten ist, in welchem Sinn und mit welchem Recht Aristoteles für die Psychologie einen besonders hohen Grad an Genauigkeit beanspruchen kann. Aus unseren bisherigen Überlegungen zeichnen sich zwei ganz verschiedene Interpretationen ab:

(A) Der Gegenstand der Psychologie ist uns besonders nah. Wir brauchen nur uns selbst und das unserer Natur am meisten Verwandte zu beobachten, um reiche empirische Information zu erhalten. Theorien über die Seele werden in hohem Grad realitätsgerecht sein können, da jederzeit überprüfbar ist, ob sie die uns unmittelbar zugänglichen Erscheinungen wirklich erklären.

Nach dieser Interpretation würde die Psychologie zu den biologischen Abhandlungen gehören. Gut stimmt damit zusammen, daß Aristoteles das Wissen über die Seele als »historia« bezeichnet. Dieses Wort bedeutet »Erkenntnis, die auf Nachforschung, auf Erkundigungen beruht«. Es wird nicht nur und nicht primär für Erkenntnis von Vergangenem, die auf direkten oder indirekten Erkundigungen bei Zeugen beruht, verwendet. Eine der umfangreichsten Schriften des Aristoteles ist die »Tierkunde«; gelegentlich kommt auch der allgemeine Terminus »Naturkunde« vor (De caelo III 1, 298 b 2).

(B) Die Seele ist unstofflich. Die Materie aber ist für Aristoteles das Prinzip der Unbestimmtheit, der zufälligen Besonderung, der Veränderung. Das korrelative Prinzip ist die Form als Prinzip der Bestimmtheit, der Allgemeinheit, der Konstanz. Je restloser in einer Art von Seiendem der Stoff durchformt, je durchgängiger er also bestimmt ist, desto strenger kann die Wissenschaft von diesem Seienden sein. Demnach müßte eine Wissenschaft, deren Gegenstand einzig das Formprinzip der belebten Natur, nämlich die Seele, ist, streng und allgemeingültig sein können – im Unterschied zu den Wissenschaften von der belebten Natur selbst, von Tieren, Pflanzen und Menschen, deren Aussagen wegen der Stofflichkeit dieser Wesen immer nur dem »im Regelfall (meistenteils)« Statthabenden gelten.

Nach dieser Interpretation würde die Psychologie zu den Prinzipienwissenschaften gehören und in einem engen Bezug zur Metaphysik stehen.

Die Frage, ob ›De anima‹ eher den empirischen biologischen Schriften oder den im engeren Sinn philosophischen Schriften (Schriften zur »ersten Philosophie«) zugehört, ist in der Forschung umstritten. Die Abhandlung ist in beide Richtungen gelesen und kommentiert worden. Ein Vorschlag, die Frage aufzulösen, ist die »Zweischichten-Theorie« (vgl. Theiler, Einleitung, S. 73–80). Danach hätte Aristoteles die ursprüngliche Fassung der Schrift, in der er als Biologe redet, nachträglich überarbeitet, um die überwiegend biologische Analyse der Seelenfunktionen durch Erörterung philosophischer Fragen zu komplettieren. Über die Problematik solcher chronologischer Theorien kann hier nicht gehandelt werden. Immerhin muß aber bemerkt werden, daß die Zweischichten-Theorie die Frage, in welchem Sinn das Wissen über die Seele besonders »genau« sein soll, nicht löst.

B. Die erschließende Funktion des Wissens über die Seele

»Die Erkenntnis der Seele trägt nach allgemeiner Ansicht aber auch Wichtiges zur ganzen Wahrheit bei, am meisten aber zur (Erkenntnis der) Natur – ist doch die Seele gleichsam Prinzip der Lebewesen.« (De an. I 1, 402 a 4–7)

Bezeichnend für das argumentative und wissenschaftliche Vorgehen des Aristoteles ist, wie großen Wert er in den meisten seiner Abhandlungen darauf legt, sich in der Problemexposition auf die Ansichten seiner Vorgänger zu beziehen. Mit »dokei« (nach plausibler, von kompetent Urteilenden allgemein vertretener Auffassung) eingeleiteten Thesen stimmt er grundsätzlich zu; allerdings bedürfen solche Thesen oft noch der Präzisierung und der Begründung, also der Klärung des Sinnes, in dem, und der Gründe, warum sie wahr sind. Entsprechend unscharf formuliert Aristoteles hier. Seine Interpretation der These wird durch die Untersuchung im ganzen geliefert. So bleibt dem Interpreten, der Aristoteles' Argumentationsgang folgen will, an dieser Stelle nur, die Andeutungen aufmerksam zu registrieren und Fragen zu stellen.

(1) Fraglich ist zunächst, in welchem Verhältnis der zweite Satz über die erschließende Kraft der Seelenlehre zum ersten Satz über den hohen Rang dieser Lehre steht. Handelt es sich (a) um einen ergänzenden Gedanken, der vom ersten unabhängig ist? Will Aristoteles sagen, das Wissen über die Seele habe

nicht nur für sich genommen hohen Rang, sondern darüber hinaus auch nützliche Auswirkung, wenn es um die Erkenntnis weiterer Gegenstandsbereiche geht? Oder sieht Aristoteles (b) zwischen der These über den hohen Rang der Seelenlehre und der These über deren erschließende Kraft eine Übereinstimmung? Besteht vielleicht ihr inhaltlicher oder ihr methodischer Vorrang oder beides gerade darin, daß die Erkenntnis der Seele Wichtiges zur Erkenntnis der Wahrheit überhaupt und besonders zur Erkenntnis der Natur beiträgt?

(2) Wie Aristoteles zeigen wird, gehört zur Erkenntnis der Seele wesentlich die Erkenntnis der einzelnen Seelenfunktionen und -tätigkeiten. Diese können nicht erkannt werden, wenn nicht zugleich auch das erkannt wird, worauf sie gerichtet sind. Man kann z. B. die Ernährungsfunktion eines Lebewesens nicht untersuchen, ohne über die für dieses Lebewesen geeignete Nahrung zu sprechen, die Wahrnehmungs- und Erkenntnistätigkeiten nicht, ohne über deren gegenständliche Korrelate zu handeln. Aus dieser Überlegung legt sich (a) eine gnoseologische Interpretation des zitierten Satzes nahe: Erkennbar ist alles, was ist; unter dem Seienden ist der uns primär gegebene Erkenntnisgegenstand das Natur-Seiende. Also trägt die Seelenlehre durch die Analyse der Erkenntnisleistung der Seele zur Erkenntnis der Wahrheit überhaupt und am meisten zur Erkenntnis der Natur bei. Gegen diese Interpretation spricht, daß Aristoteles nicht der Theorie über die erkennende Seele speziell, sondern der Theorie über die Seele überhaupt erschließende Kraft zuerkennt. Wenn der zitierte Satz aber (b) ontologisch zu verstehen ist, dann müßte die Seele wohl in irgendeiner näher zu bestimmenden Weise repräsentativ für das Natur-Seiende und für das Seiende überhaupt stehen können, so daß sich im Ausgang von der Erkenntnis der Seele und im Verhältnis zu dieser Erkenntnis das Ganze des Seienden erschließen könnte.

(3) Der Begriff »Natur« gilt bereits zu Aristoteles' Zeit als vieldeutig. Erste Aufgabe der ›Physikvorlesung‹ (= Vorlesung über Naturphilosophie, wobei »Philosophie« für Aristoteles gleichbedeutend mit »Wissenschaft« ist), ist, zu bestimmen, was als Naturseiendes und was als naturhaft oder naturgemäß zu gelten hat (Phys. II 1–2). Vereinfacht, unter Ausklammerung aller Probleme, die im Detail stecken, läßt sich der Bereich der Natur folgendermaßen kennzeichnen: Naturseiendes ist veränderliches, prozeßhaftes Seiendes. Es ist als solches wesenhaft materiell; denn Veränderungsprozesse vollziehen sich jeweils

an einer stofflichen Grundlage. Was ewig und unbewegt ist, gehört nicht zur Natur. Der Bereich der Natur ist also ein Teilbereich des Seienden und der Gegenstand der Naturwissenschaft oder Naturphilosophie (Physik als Grundlagenwissenschaft; Kosmologie, Astronomie, Metereologie; Biologie und Zoologie; in bestimmtem Sinn auch: Psychologie) ein Teilbereich des Gegenstandsbereichs der Metaphysik – und nicht deren eigentümlichster. Naturprozesse bestimmt Aristoteles genauer, indem er sie von technisch bewerkstelligten Prozessen unterscheidet; Naturdinge haben »das Prinzip ihrer Prozessualität und Beharrung in sich selbst« (Phys. II 1, 192 b 13–14). Natürlich sind demnach für eine bestimmte Art von Seienden jeweils solche Prozesse, welche dieser Art aufgrund ihrer inneren Gesetzlichkeit und spezifischen Bestimmtheit zukommen können.

Der Bereich des Beseelten, Lebendigen ist ein Teilbereich des Bereichs der Natur, dieser ein Teilbereich des Seienden. Zugleich ist am Lebendigen die Bestimmung, die nach Aristoteles die Naturdinge überhaupt kennzeichnet, besonders deutlich: Pflanzen, Tiere und Menschen haben das Prinzip ihrer Prozessualität in sich selbst, und sie unterscheiden sich untereinander nach der Art der ihnen jeweils spezifischen Prozesse (Wachstum, Ernährung; Ortsbewegung, hervorgerufen durch Wahrnehmung von zuträglichen, bekömmlichen und von unzuträglichen, schädlichen oder gefährlichen Gegenständen oder Geschehnissen; Selbststeuerung, Denken, Überlegen). Weil am Lebendigen besonders deutlich zum Vorschein kommt, was Natur ist, spricht Aristoteles plausibel der Erkenntnis der Seele kardinale, aufschließende Funktion zu.

Merkwürdigerweise folgt Aristoteles an der zu interpretierenden Stelle aber nicht der logischen Ordnung »Seele – Beseeltes – Natur – Seiendes überhaupt«. Warum wird »Natur« erst im Nachtrag erwähnt? Wie genau ist die Erschließungskraft der Seelenlehre zu fassen? Die im Abschnitt A formulierte Frage nach dem wissenschaftlich-philosophischen Ort der Seelenlehre läßt sich hier erneut stellen:

(A) Die Vertreter der biologischen Interpretation müßten das Hauptgewicht auf den »am-meisten«-Nachtrag legen. Durch ihn würde die zunächst aufgestellte These, die Erkenntnis der Seele trage Wichtiges zur Erkenntnis der Wahrheit im ganzen bei, präzisiert. Die Seelenkunde ist ein wichtiges Gebiet der Naturkunde. Das Lebendige, dessen Prinzip die Seele ist, ist nicht nur dem Umfang nach ein großer Teilbereich der Natur; seine Erforschung hat darüber hinaus auch exemplarische Bedeutung, weil die aus sich selbst wachsenden, sich nährenden und sich fortpflanzenden Organismen das Modell abgeben, an welchem sich ablesen läßt, was »Natur« bedeutet. Wer sagt, die Erkenntnis der Seele trage zur Erkenntnis der Wahrheit im ganzen bei, sagt auf weniger präzise Weise nur dasselbe wie der, welcher die offenbare Bedeutung betont, die die Erkenntnis des Lebensprinzips für die Naturkunde hat.

(B) Die Vertreter der metaphysischen Interpretation müßten die Differenz zwischen dem Wissen von Prinzipien und dem Wissen des Prinzipiierten geltend machen. Die Seele ist Prinzip, und zwar, wie Aristoteles darlegen wird (De an. II 1), Formprinzip des Lebendigen. Sofern die Form das bestimmende Moment in dem aus Stoff und Form »zusammengesetzten« Seienden ist, trägt die Erkenntnis der Seele selbstverständlich »am meisten« zur Erkenntnis des Beseelten und, weil der lebendige Organismus Modell für Natur ist, zur Erkenntnis der Natur bei. Darüber hinaus und unabhängig hiervon aber hat die Theorie der Seele als Theorie eines Formprinzips Relevanz für die Prinzipienwissenschaft »Metaphysik«, also für die Erkenntnis der Wahrheit im ganzen. Dies gilt besonders dann, wenn sich herausstellen sollte, daß die Seelenform zumindest in ihren höchsten Manifestationen vom Stoff »abtrennbar« ist. Dann nämlich gehörte die Theorie der Seele nur insofern zur Theorie der Natur, als sie Theorie des formalen Moments im zusammengesetzten Naturseienden ist; sofern die Seele jedoch auch für sich, ohne Leib, den sie beseelt, bestehen kann, stünde die Theorie der Seele der Theorie des nicht dem Werden und Vergehen unterworfenen Göttlichen nahe (vgl. Met. E 1).

(4) Die Begründung für die Behauptungen über die erschließende Funktion der Erkenntnis der Seele liegt in der oben zitierten These, die Seele sei gleichsam Prinzip der Lebewesen. Diese These wird durch »gleichsam« bewußt unscharf eingeführt. Erst wenn ihr genauer Sinn bestimmt ist, wird auch ihre Begründungsfunktion deutlich werden können.

C. Erste formale Kennzeichnung des Problembereichs der Untersuchung

»Wir suchen die Natur der Seele und ihre Substanz wissenschaftlich zu betrachten und zu erkennen, weiter auch all die zu ihr gehörigen Eigenschaften; von diesen sind nach allgemeiner Auffassung die einen der Seele eigentümliche Qualitäten, während andere vermittels der Seele auch den Lebewesen zukommen.« (De an. I 1, 402a 7–10)

Aristoteles zeichnet hier den Problembereich vor, den zu untersuchen er beabsichtigt. Er bedient sich dazu formaler Unterscheidungen. Damit gewinnt er das logische Gerüst sowohl für die folgende Auflistung inhaltlicher Einzelprobleme, welche in der bisherigen Diskussion kontrovers sind, als auch für die eigene wissenschaftliche Darlegung der Seelentheorie. Diese Vorgehensweise zeigt, daß Aristoteles eine systematisch prinzipiell vollständige Theorie der Seele erarbeiten will. Würde er sogleich mit einer Stoffsammlung von Themen, Thesen und Problemen, welche sich dem Gesamtthema »Seele« zuordnen lassen, beginnen und diese nur nachträglich klassifizierend ordnen, dann wären Einseitigkeit und Lückenhaftigkeit nicht vermeidbar.

1. Wesen und Eigenschaften

Die erste Unterscheidung, von der Aristoteles hier Gebrauch macht, ist die Unterscheidung zwischen Wesenserkenntnis und Erkenntnis von Eigenschaften. Nach den doxographischen Kapiteln wird Aristoteles seine eigene Darlegung der Seelentheorie mit der Erarbeitung einer Wesensdefinition beginnen (II 1–2). Er hält es aber für nötig, auch die Eigenschaften, also das, was außer dem Wesensbegriff von der Seele ausgesagt wird, in die Untersuchung einzubeziehen.

Mit »Eigenschaften« kann hier nicht das nur zufällig Zukommende gemeint sein. Es kann und darf nicht die Aufgabe einer Wissenschaft sein, alles das einzubeziehen, was an dem Gegenstand dieser Wissenschaft ebenso vorkommen wie nicht vorkommen kann; im Gegenteil erlangt jede Wissenschaft erst die nötige Bestimmtheit, indem sie das Zufällig-Akzidentelle ausscheidet und nur das untersucht, was von ihrem Gegenstand entweder notwendig oder im Regelfall gilt (vgl. Met. Δ30; E 2; K 8). Was von einem Gegenstand notwendig oder im Regelfall gilt, ist andererseits aber weit mehr als nur das aus der Definition des Gegenstands Ableitbare. Eine Wissenschaft, die sich darauf beschränkte, nur die zur Definition ihres Gegenstands gehörigen Merkmale zu untersuchen, und die alle weiteren für ihren Gegenstand charakteristischen Eigenschaften ausschiede, bliebe allzu undifferenziert und inhaltsarm (vgl. Met. B 2, 997a 19–21).

Die Definitionsfrage »Was ist das?« läßt sich an beliebige Gegenstände stellen; man kann z. B. fragen, was das Dreieck ist, was der Donner ist, was die Tugend ist, was die Freundschaft ist usw. Doch das, wonach primär mit der Definitionsfrage gefragt wird, ist das, was im primären Sinn, nämlich für sich selbständig, existiert. Die ontologische Unterscheidung zwischen Substanz und Akzidens bildet das Fundament für die wissenschaftstheoretische Unterscheidung zwischen Merkmalen, die zur Definition gehören, und Merkmalen, die nicht zur Definition gehören. Wenn wir im Bereich der Akzidentien, also dessen, was nur an einer Substanz vorkommt, ebenfalls definieren, dann entweder so, daß der Bezug zur Substanz in der Definition artikuliert wird, oder so, daß wir, von der realen Gegebenheitsweise abstrahierend, die Eigenschaft so auffassen, als wäre sie ein Substantielles. Die erstgenannte Weise ist typisch für die Naturwissenschaften, die zweitgenannte ist typisch für die mathematischen Wissenschaften. Wenn nach dem Was-sein einer Substanz gefragt wird, dürfen in der Antwort nur substantiale Prädikate genannt werden; andererseits sind alle substantialen Prädikate entweder Bestandteil der Definition, oder sie bezeichnen aus der Definition ableitbare allgemeinere Bestimmungsmomente. Demnach ist in bezug auf Substanzen die Klasse der zur Definition gehörigen Merkmale äquivalent der Klasse der substantialen Prädikate, und die Klasse der akzidentellen Prädikate ist äquivalent der Klasse der nicht zur Definition gehörigen Merkmale.

In unserem Text stellt Aristoteles die Erkenntnis der charakteristischen Eigenschaften der Erkenntnis der »Natur« und »Substanz« der Seele gegenüber. Mit »Natur« und »Substanz (von etwas)« sind nicht zwei verschiedene Erkenntnisgegenstände gemeint; Aristoteles verwendet beide Ausdrücke häufig nebeneinander, so daß sie sich gegenseitig explizieren und gemeinsam verdeutlichen, worauf die wissenschaftliche Betrachtung abzielt. Durch den Zusatz »Natur« zeigt Aristoteles an, daß die Untersuchung sich auf denjenigen Bereich bezieht, in welchem die Rede von der Substanz keiner besonderen Rechtfertigung bedarf; das nämlich, was offensichtlich in vollem Sinn, für sich selbständig *ist*, sind die Naturdinge. Durch den Zusatz »Substanz« andererseits wird verdeutlicht, daß die Untersuchung auf eine Konstitutionsanalyse des Natürlichen als solchen zielt; gefragt ist, was für Naturdinge »Sein« bedeutet.

Nach dem Gesagten legt sich folgende Interpretation der Unterscheidung nahe: Aristoteles hat hier die allgemeinste Antwort auf die Frage, was die Seele ist, bereits vorweggenommen: Die Seele ist ein selbständig Seiendes (vgl. De an. II 1). Entsprechend wird auch das andere Glied der Unterscheidung zu präzisieren sein: Die charakteristischen Eigenschaften der Seele gehören in andere Kategorien als in die der Substanz; der Bereich der Untersuchung wird hier auf Beschaffenheiten, Tätigkeiten und Erleidungen der Seele (und ferner auch des Beseelten) ausgedehnt.

Aber in welchem Sinn ist die Seele Substanz? Eindeutig ist die abgrenzende Funktion der Wendung »Substanz der Seele«: Die Seele ist nicht etwas, was nur akzidentell an etwas anderem ist, keine bloße Beschaffenheit von Lebendigem etwa. Ist aber damit schon entschieden, daß die Seele ein für sich selbständiges Seiendes ist? Ist sie nicht vielleicht – wenn auch in einem gänzlich anderen Sinn als die Akzidentien – nur in Substanzen, nämlich als Formprinzip? »Substanz« wird ja nicht nur das Einzelding genannt, das letzter Träger von Eigenschaften ist, sondern auch dessen Wesenheit oder Form.

Wie also ist die Seele Substanz – als immanentes Prinzip der Lebewesen oder so, daß sie auch »abgetrennt« vom Leib, den sie beseelt, existieren kann?

Es könnte sein, daß die zunächst vorgeschlagene Interpretation die Unterscheidung, um welche es Aristoteles hier geht, allzu schematisch vereinfacht. Wenn nämlich die Seele Substanz im Sinne des Formprinzips ist, dann wird fraglich, ob eine substantiale Form überhaupt nicht-substantiale Eigenschaften haben kann. Zu prüfen ist, ob nicht vielleicht die über die Definition hinausgehenden Eigenschaften streng genommen stets Eigenschaften des (oder eines) Beseelten, also eines durch das Formprinzip »Seele« Bestimmten, sind und nicht Eigenschaften der (oder einer) Seele.

2. Eigenschaften der Seele – Eigenschaften des Beseelten

Die zweite Unterscheidung, die Aristoteles einführt, betrifft die charakteristischen Eigenschaften. Wieder dient die Unterscheidung dazu, die Weite des zu untersuchenden Problembereichs anzuzeigen.

»Eigentümlich« ist eine Eigenschaft oder ein Prädikat P für eine Sache oder ein Subjekt S genau dann, wenn P, ohne zur Wesensbestimmung zu gehören, S doch unverwechselbar kennzeichnet; P kommt allen S-Individuen und nur S-Individuen zu. Z. B. ist es eine Eigentümlichkeit des Menschen, die elementaren Regeln des richtigen Sprechens und Schreibens erlernen zu können; »wenn jemand Mensch ist, ist er der Grammatik fähig, und wenn jemand der Grammatik fähig ist, ist er Mensch.« (Top. I 5, 102a 18–22) Daß es zu einer vollständigen Theorie der Seele gehört, alle Eigenschaften zu erkennen, die jeder Seele zukommen und die nichts anderem als einer Seele zukommen, ist einleuchtend.

Wenn aber die Seele »Prinzip der Lebewesen« ist, dann müssen auch Eigenschaften der Lebewesen in der Seelentheorie untersucht werden, und zwar genau die Eigenschaften, welche »den Lebewesen vermittels der Seele zukommen«, also diejenigen Eigenschaften, welche ein Lebewesen hat, sofern es beseelt ist. Nun umfaßt die Klasse der beseelten Wesen Pflanzen, Tiere und Menschen. Diese haben bestimmte Eigenschaften gemeinsam, z. B. die Fähigkeit, Nahrung aufzunehmen und zu assimilieren. Andere Eigenschaften, z. B. Wahrnehmungsfähigkeit oder Denkfähigkeit, kommen zwar nur beseelten Wesen zu, aber nicht allen beseelten Wesen. Auch diese Eigenschaften, durch welche sich Arten des Beseelten unterscheiden, wird Aristoteles in der Abhandlung untersuchen. Die Seelentheorie hat offenbar nicht einmal mit der Erkenntnis dessen, was dem Beseelten als solchen eigentümlich ist, ihren Abschluß erreicht; auch diejenigen Charakteristika sind zu untersuchen, die nur bestimmten Arten beseelter Wesen zukommen.

Nicht für alle Lebewesen bedeutet es dasselbe, beseelt zu sein; vielmehr haben bestimmte Arten von Lebewesen »vermittels der Seele« Eigenschaften, die andere beseelte Wesen nicht haben. Die Berücksichtigung dieser Tatsache wird nicht ohne Einfluß auf die Frage nach den Eigentümlichkeiten der Seele und nach ihrer Wesensdefinition bleiben. Problematisch wird, ob es überhaupt einen einheitlichen Begriff »der« Seele, und sei es auch nur als Gattungsbegriff für verschiedene Arten von Seele, geben kann.

Ein ähnliches Problem stellt sich, wenn man nachfragt, wie eigentlich die Unterscheidung zwischen Eigenschaften der Seele und Eigenschaften des Beseelten genau gemeint ist. Jede Unterscheidung beruht auf einer Gegenüberstellung von Bejahung und Verneinung. Wie ist diese Entgegensetzung hier zu konstruieren? Zwei Interpretationsmöglichkeiten des obigen Textes stehen zur Wahl:

(A) Das in der Unterscheidung implizite »nicht« ist auf »eigentümlich« zu beziehen. Eigenschaften, die auch dem Beseelten zukommen, kommen jedenfalls nicht *nur* der Seele zu. Unterschieden würde also zwischen Eigenschaften, die der Seele eigentümlich sind, und Eigenschaften, die der Seele und dem Beseelten gemeinsam zukommen.

(B) Das in der Unterscheidung implizite »nicht« ist auf »Eigenschaften der Seele« zu beziehen. Unterschieden würde zwischen Eigenschaften, die der Seele eigentümlich zukommen, und Eigenschaften, die nicht der Seele als solcher zukommen, wohl aber vermittels der Seele dem Beseelten (oder bestimmten Arten von beseelten Wesen).

Die Interpretation (A) wird dem Wortlaut zwangloser gerecht. Nach Interpretation (B) wäre das Wort »auch« nicht auf »zukommen« zu beziehen, sondern auf »betrachten und erkennen« rückzubeziehen: Auch die Eigenschaften, die nur dem Beseelten und nicht der Seele zukommen, müssen untersucht werden. Das ist künstlich, aber vielleicht doch nicht allzu gewaltsam. Man muß nämlich berücksichtigen, daß Aristoteles die fragliche Unterscheidung als »allgemeine Ansicht« einführt. Daß diese Ansicht in der Weise von Interpretation (B) zu präzisieren ist, kann nicht ausgeschlossen werden. Wir sagen z. B. von Lebewesen, daß sie Nahrung aufnehmen und assimilieren können und daß sie dies nur deshalb können, weil sie beseelt sind. Kann aber von der Seele ausgesagt werden, sie ernähre sich? Die These, es gebe Eigenschaften, die ,,vermittels der Seele den Lebewesen zukommen«, ohne doch der Seele selbst zuzukommen, ist durchaus einleuchtend. Problematisch wird für die Interpretation (B) eher das andere Glied der Unterscheidung. Gibt es auch Eigenschaften, die nur der Seele selbst zukommen und keinem Beseelten? Muß man nicht, wenn man diese These vertritt, behaupten, daß die Seele nicht darin aufgeht, »Prinzip der Lebewesen« zu sein, sondern auch als für sich seiende Substanz Träger von Eigenschaften ist?

Wie schon im Falle von »Natur« und von »Substanz«, so hat man es auch bei »Prinzip« mit einem vieldeutigen Begriff zu tun. Es wird zu klären sein, in welchem Sinn genau die Seele

Prinzip der Lebewesen ist. Diese Frage stellt sich hier folgendermaßen: Wie ist richtig über die Seele zu sprechen und wie über das Beseelte, und wie genau unterscheiden sich beide Aussagereihen?

D. Zur Methode der Untersuchung

»In jeder Hinsicht ist es aber außerordentlich schwierig, sich über die Seele eine feste Meinung zu bilden. Man könnte nämlich leicht meinen, da die Untersuchung mit denen auf vielen anderen Gebieten etwas gemein hat – ich meine die Frage nach der Substanz und danach, was etwas ist –, gebe es eine einzige Methode überall, wo wir die Substanz erkennen wollen, ebenso ein einheitliches Beweisverfahren für die eigentümlichen Eigenschaften, so daß diese Methode zu suchen wäre. Wenn es aber keine einheitliche und gemeinsame Methode zur Wesensbestimmung gibt, dann wird das Unternehmen noch schwieriger. Man wird nämlich für jeden einzelnen Gegenstand die Verfahrensweise erst finden müssen. Und angenommen, dies sei klar, ob ein Beweisen oder Einteilen oder auch eine andere Methode (die angemessene Verfahrensweise ist), dann gibt es noch viele Zweifel und Unsicherheiten, von welchen Ausgangspunkten aus die Untersuchung denn zu führen ist; denn für verschiedene Gegenstände, z. B. für Zahlen und für Flächen, sind auch die Prinzipien verschieden.« (De an. I 1, 402 a 10–22)

Aristoteles betont die Schwierigkeit der Untersuchung; seine Hörer oder Leser sollen, nachdem ihr Interesse geweckt wurde, sich auch darüber klar sein, worauf sie sich einzustellen haben, wenn sie den weiteren Ausführungen folgen wollen. Begründet wird die besondere Schwierigkeit nicht vom Gegenstand her, auch nicht damit, daß der Verfasser hier Neuland betritt, sondern methodisch. Aristoteles distanziert sich von einer Auffassung, die vermutlich in der Schule Platons vertreten wurde. Nach dieser Auffassung gäbe es eine fixe, einheitliche Methode der Wesensbestimmung, die in gleicher Weise auf jeden Gegenstandsbereich anwendbar wäre. Aristoteles bezweifelt, ohne im einzelnen gegen sie zu argumentieren, die Richtigkeit der These von der Einheitsmethode. Er gibt zu verstehen, daß für jeden Gegenstandsbereich die hier geeignete Methode der Wesensbestimmung erst zu ermitteln ist.

An vielen Stellen erklärt Aristoteles, daß es für die Richtigkeit von Definitionen keinen Beweis gibt. Es ist umgekehrt: Beweise beruhen letztlich auf Definitionen (An. post. II 3, 90b 29–33).

Zwar lehrt Aristoteles in der ›Topik‹ Definitionsregeln, jedoch so, daß er zeigt, unter welchen Bedingungen Definitionen als widerlegt zu gelten haben (Top. VI–VII). Die erfolgreiche Verteidigung gegen Angriffe ist kein Beweis. Die gegebenen Regeln sind Minimalbedingungen für korrektes Definieren; ihre Befolgung garantiert nicht, daß die Definition adäquat angibt, »was etwas ist«.

Die Einteilung ist oft ein guter Weg, zu Definitionen zu gelangen. Aristoteles bemüht sich, über Platon und seine Schule hinausgehend, die Bedingungen zu präzisieren, unter denen richtig klassifiziert wird (vgl. Top. VI 6). Eine korrekt klassifizierende Eingrenzung eines Gegenstands aber ist noch nicht das, was Aristoteles unter »Wesensbestimmung« versteht. Ein Subjekt S kann gekennzeichnet werden durch eine Reihe von Prädikaten, deren jedes zwar auch anderen Subjekten zukommen mag, die aber zusammengenommen nur S zukommen. Einen Schritt über diese rein extensionale Betrachtung hinaus führt die Forderung, jedes dieser Prädikate müsse S so zugehören, daß ohne es S nicht mehr als das, was es ist, bestehen könnte. Gesetzt, es wäre gesichert, daß in der Prädikatreihe nur definitorische Bestimmungen, die S notwendig zukommen, aufgeführt sind und daß S durch die Konjunktion der Prädikate zugleich hinreichend bestimmt ist, dann ist doch auch diese Konjunktion noch nicht die gesuchte Wesensbestimmung. Für die Definition von Substanzen ist gefordert, daß das Definiens das Definiendum als ein in sich Einheitliches aufweist (vgl. An. post. II 6, 92a 27–33). Dazu sind die definitorischen Prädikate so zu wählen und zu ordnen, daß das jeweils hinzukommende das frühere bestimmt; spätere Differenzen müssen Differenzierungen der früheren Differenz sein. Das Definiens macht die substantielle Einheit des Definiendum genau dann kenntlich, wenn sich die nächste Gattung zur letzten Differenz verhält wie der Stoff zu dessen Form. »Der nächste Stoff und die Form« nämlich »sind dasselbe und eines, nur das eine der Möglichkeit nach, das andere der Wirklichkeit nach.« (Met. H 6, 1045b 18–19)

Ist der hier mit Bezug auf die ›Zweite Analytiken‹ und die ›Metaphysik‹ skizzierte Weg als die Aristotelische Version der schon von seinen Vorgängern gesuchten »einheitlichen und gemeinsamen Methode zur Wesensbestimmung« zu beurteilen? Diese Frage ist wohl glattweg weder zu bejahen noch zu verneinen. Es handelt sich um kein Verfahren, das bei korrekter Durchführung als Ergebnis eine adäquate Wesensdefinition verbürgt, sondern um eine Forschungsanweisung, die den Blick auf die Eigengesetzlichkeit des jeweiligen Gegenstands lenkt.

Vielleicht will Aristoteles mit dem Schlußsatz des Abschnitts gerade hierauf hinweisen. Er räumt ein, daß es eine Methode zur Wesensbestimmung geben mag. Aber, so setzt er fort, auch wenn die Methode klar wäre, wäre damit doch nicht zugleich die Sache klar. Es bleiben »viele Zweifel und Unsicherheiten« über den richtigen Ausgangspunkt der jeweiligen Untersuchung und – so kann man hinzufügen – auch über jeden ihrer Schritte. Mit »Ausgangspunkt« sind Prinzipien gemeint. Am Beispiel von »Zahl« (diskrete Quantität) und »Fläche« (kontinuierliche Quantität) gibt Aristoteles zu verstehen, daß schon Arithmetik und Geometrie, also zwei nah verwandte Wissenschaften, je ihre eigentümlichen Prinzipien und Axiome haben (vgl. An. post. I 7, 75 b 2–7).

Warum macht Aristoteles auf diese methodischen Probleme gerade in der Einleitung zu seiner Schrift über die Seele aufmerksam? Seine Ausführungen sind allgemein gehalten; doch wird man davon ausgehen müssen, daß die Frage nach der Substanz und dem Was-sein der Seele besondere methodische Probleme stellt und daß ferner die Frage nach den Prinzipien und Axiomen, auf denen die Seelentheorie aufzubauen hat, besonders schwierig zu beantworten sein wird. Die Gründe, warum es so »außerordentlich schwierig ist, sich über die Seele eine feste Meinung zu bilden«, lassen sich aus dem bisher Dargelegten vermuten:

(1) Es wird nicht nur darum gehen, zu klären, was für eine Substanz die Seele ist, sondern darum, in welchem Sinn die Seele Substanz ist, ob als immanentes Strukturprinzip in jedem Lebewesen oder ob als etwas, was für sich selbständig existieren kann.

(2) Es wird zu klären sein, ob es überhaupt einen einheitlichen Begriff der Seele gibt, wenn sich doch die einzelnen Arten von Lebewesen gerade in den Vollzügen, die sie nur »vermittels der Seele« haben, voneinander unterscheiden.

(3) Es wird zu untersuchen sein, in welchem Sinn die Seelenlehre als eine Einzelwissenschaft mit eigentümlichen inhaltli-

chen Axiomen aufzufassen ist und in welchem Verhältnis sie zur Metaphysik als allgemeiner Prinzipienwissenschaft steht.

E. Probleme der Seelenlehre

Im folgenden ist der Stil der Darlegung in Gedankenführung und Begrifflichkeit verändert. Die Vorrede ist abgeschlossen. Aristoteles hat das Interesse seiner Hörer geweckt, indem er den wissenschaftlichen Wert betont hat, den die Seelenlehre sowohl in sich als auch nach ihren Auswirkungen auf andere Wissenschaftsbereiche besitzt. Er hat seinen Hörern eine erste Orientierung über die Fragestellungen seiner Abhandlung und über deren Anordnung gegeben. Er hat schließlich die Aufmerksamkeit seiner Hörer gefordert, indem er die Schwierigkeit der Thematik hervorgehoben hat. Die Vorrede ist in gehobenem Stil geschrieben; die Worte sind so gewählt, daß zu ihrem Verständnis Vertrautheit mit Aristoteles' eigener Philosophie nicht vorausgesetzt ist. Jetzt aber wird die Sprache nüchterner und zugleich in höherem Grad schulmäßig. Aristoteles zählt die Fragen über die Seele auf, die sich aus seiner eigenen Philosophie ergeben. Er nimmt dabei auf zeitgenössische Kontroversen Bezug, jedoch nicht referierend, sondern so, daß er deren Streitfragen sogleich in die eigene philosophische Sprache übersetzt; er benutzt das selbst erarbeitete wissenschaftliche Instrumentarium, um das die Seele betreffende Problemkonglomerat in Einzelfragen zu zerlegen.

Die bereits interpretierte Passage, in der Aristoteles den Themenbereich der Untersuchung formal vorzeichnet (402 a 7–10), gibt das Gliederungsprinzip der gesamten folgenden Problemübersicht. Aristoteles beginnt mit Fragen nach dem Wesen der Seele (402 a 22 – b 16). Es folgt eine Zwischenüberlegung, in der Aristoteles darlegt, daß die Untersuchung des Wesens und die Untersuchung der charakteristischen Attribute von etwas nicht voneinander trennbar sind (402 b 16 – 403 a 2). Schließlich arbeitet Aristoteles die Frage aus, ob die Unterscheidung zwischen Eigenschaften, die der Seele und nur ihr eigen sind, und Eigenschaften, die durch die Seele auch dem zukommen, was eine Seele hat, haltbar ist – eine Frage, die zu wissenschaftstheoretischen Erörterungen über die der Seelenlehre angemessene Art des Definierens Anlaß gibt (403 a 3 – b 19).

1. Was ist die Seele?

»Zuerst müssen wir wohl auseinandersetzen, in welche der (höchsten) Gattungen die Seele gehört und was sie ist. Ich meine hiermit: ob sie ein bestimmtes Einzelnes und eine Substanz ist oder ob sie etwas Qualitatives oder etwas Quantitatives ist oder in eine andere der Kategorien gehört, welche unterschieden worden sind. Ferner (müssen wir bestimmen), ob sie zu dem gehört, was der Möglichkeit nach ist, oder ob sie eher eine Erfüllung ist; dies macht nämlich keinen geringen Unterschied.« (De an. I 1, 402 a 22 – b 1)

Die Fragen nach der kategorialen Einordnung und nach dem Seinsmodus sind Aristoteles' Grundfragen, durch die er sich den Zugang zu einer genauen Bestimmung des jeweils fraglichen Gegenstands eröffnet.

a. Kategoriale Einordnung

Aristoteles bezieht sich auf seine Unterscheidung der höchsten Gattungen: »Jedes ohne Verbindung Gesagte bezeichnet entweder eine Substanz oder ein Quantitatives oder ein Qualitatives oder eine Relation oder ein Wo oder ein Wann oder eine Lage oder ein Haben oder ein Wirken oder ein Leiden.« (Kat. 4, 1 b 25–27)

Wenn man den Sinn der inhaltlichen Bestimmungen, welche einem Subjekt in einer Aussage zugesprochen werden können, analysiert und dabei verallgemeinernd immer weiter zurückfragt (»S ist P« – »Und was ist P?« – »P ist eine Art von ...« usw.), dann erreicht man höchste Gattungen, und zwar in jeder Fragereihe genau eine, so daß es Überschneidungen zwischen diesen höchsten Gattungen nicht gibt. Über diese Gattungen, die Kategorien, hinaus noch allgemeinere Bestimmungen zu suchen, erweist sich als sinnlos: Die scheinbar mögliche Verallgemeinerung »ist seiend« ist bereits im Ausgangspunkt jeder Fragereihe mitbehauptet (»S ist, und zwar (als) P«). Zu klären ist in der Fragereihe gerade, in welcher allgemeinsten Bedeutung von »seiend« das Subjekt in der Anfangsaussage angesprochen wird.

Wenn man von etwas, von einem Menschen, einem Tier oder einer Pflanze, sagt, es habe eine Seele oder es sei beseelt, dann gleicht eine solche Aussage grammatisch Aussagen wie »dieser Vogel hat eine bestimmte Größe und Farbe« (oder »... ist so und so groß und so und so gefärbt«). Aber nicht jedes als Adjektiv verwendbare Wort bezeichnet eine akzidentelle Bestimmung. Zwar gebraucht Aristoteles in einem Maß wie kein Denker vor ihm und wenige nach ihm die Sprache als Leitfaden für ontologische Analysen, aber er sieht auch klar, daß es oft nötig ist, zwischen der grammatischen Oberflächenstruktur einer Aussage und der gemeinten Tiefenstruktur zu unterscheiden. Es wird zu begründen sein, daß »ist beseelt« eine Antwort auf die Frage ist, was etwas seinem Wesen nach ist, und in keinem Sinn eine Antwort auf die Frage, wie beschaffen etwas akzidentell ist.

Wenn aber erwiesen ist, daß »beseelt« ein substantiales Prädikat ist, dann ist damit noch nicht entschieden, ob die Seele für sich eine vollständige Substanz ist. »Lebendig« z. B. ist ein substantiales Prädikat, doch existiert nichts, was man als »dieses Leben da« – im Unterschied zu »dieses Lebendige da« – benennen könnte. Substanz im vollen Sinn des Wortes (»erste Substanz«, Kat. 5, 2a 11–19) ist aber nur ein als »dieses da« Ansprechbares. Alle Prädikate sind letztlich auf solche individuellen Substanzen bezogen. Wie steht es in dieser Hinsicht mit »Seele«? Verlangt sie – wie »Leben« – ein Subjekt, von dem Beseeltheit prädiziert wird, oder ist »Seele« selbst ein letztes Subjekt für Prädikate – Substanz im Sinne eines »dieses da»?

b. Möglichkeit – Erfüllung

Aristoteles fragt weiter, ob die Seele zu dem gehört, was der Möglichkeit nach ist, oder ob sie eher eine Erfüllung ist. Die vorsichtige Formulierung »eher eine Erfüllung« ist sinnvoll gewählt. Das von Aristoteles in die Philosophie eingeführte Begriffspaar »Möglichkeit – Erfüllung« nämlich ist vielfältig anwendbar. Es erscheint nötig, einen Überblick über Aristoteles' Verwendungen zu geben, um dann erörtern zu können, in welchem Sinn die hier bezüglich der Seele gestellte Frage präzisiert werden kann.

(1) Das Problem, das ursprünglich zur Einführung der genannten ontologischen Modalunterscheidung geführt hat, ist das Problem der Bewegung. Wissen, so war vor Aristoteles gesagt worden, kann es nur vom Bleibenden und Beständigen geben. Mit grundsätzlich demselben Argument, mit dem Aristoteles bestreitet, daß ein Wissen vom Zufällig-Akzidentellen als solchen möglich sei, war bestritten worden, daß es ein Wissen vom Wandelbaren als solchen geben könne. Das Veränderliche galt als das Unbestimmte und Unbestimmbare. Über Konstatierungen von Zuständen – »jetzt hier, jetzt da«; »jetzt klein, jetzt groß«; »jetzt warm, jetzt kalt«; »jetzt da, jetzt nicht da« –,

so schien es, kann man in diesem Bereich nicht hinauskommen. Aristoteles erst schafft eine Theorie der Prozessualität, und er macht so Naturwissenschaft (oder Naturphilosophie) möglich. Veränderung wird von Aristoteles von ihren Fixpunkten her beschrieben. Dabei hat das Woraufhin begrifflichen Vorrang vor dem Wovonher; wir unterscheiden und bestimmen Prozesse primär nicht in bezug auf deren Ausgangspunkt, sondern in bezug auf deren Zielpunkt. Vom Ausgangspunkt aus gesehen nämlich ist es unbestimmt, welche Veränderung stattfinden wird. Prozesse werden begrifflich erfaßbar, indem man ihren Richtungssinn angibt, und das geschieht durch vorwegnehmende Angabe des Ziels, auf das hin das im Wandel Befindliche unterwegs ist. »Entelechie (Erfüllung)« heißt wörtlich »das im Ziel Haben« oder »das (sich) im Ziel Halten«. Vom Zielpunkt aus gesehen erweist sich der Ausgangspunkt als Möglichkeit; ein Zustand, der in einem Prozeß realisiert wurde, *konnte* zuvor realisiert werden. In gewissem Sinn kann man sagen, daß das im Wandel Befindliche im Ausgangspunkt und im Zielpunkt dasselbe ist, nämlich im Sinne der Unterscheidung »der Möglichkeit nach – der Wirklichkeit nach«.

Das, an dem sich ein Prozeß vollzieht, ist ein wirklich Seiendes. »In Möglichkeit« ist es nur hinsichtlich der Prozesse, die an ihm stattfinden können. Der wirklich stattfindende Prozeß ist die Verwirklichung *eines* Möglichkeitsmoments. Damit er stattfinde, ist eine Ursache nötig; nichts überführt sich selbst aus einer Möglichkeit in eine Wirklichkeit. Diese Ursache muß ihrerseits wirklich sein; und sie muß im Falle von qualitativen Veränderungen und von substantialem Werden genau das wirklich sein, wozu das, worauf sie einwirkt, erst durch ihre Einwirkung gebracht wird (z. B. Erwärmung durch Feuer; Fortpflanzung durch Samen, der von einem ausgereiften Lebewesen stammt).

Gegen Parmenides' (und weithin auch Platons) These, Bewegung (Veränderung, Werden) gehöre nicht zum Sein, sondern zum Nichtsein und sei deshalb unwißbar, hebt Aristoteles die Wirklichkeitsmomente hervor, die zur Bewegung gehören: die Wirklichkeit des Substrats, an dem eine Veränderung geschieht, die Wirklichkeit des Verursachenden, welches eine Veränderung bewirkt, und die – vorweggenommene – Wirklichkeit des Resultats, auf das ein Prozeß gerichtet ist. Gegen die These, man könne immer nur je andere momentane Zustände feststellen, nicht aber den Wechsel der Zustände selbst erfassen, macht

Aristoteles geltend, daß zwischen dem Ausgangszustand und dem, was aus ihm wird, ein Zusammenhang besteht: Der Ausgangszustand ist nicht beliebig veränderbar, sondern er muß das, wozu er veränderbar ist, was er also (noch) nicht wirklich ist, doch der Möglichkeit nach sein.

(II) Das Begriffspaar »Möglichkeit – Erfüllung« oder »Möglichkeit – Wirklichkeit« dient Aristoteles nicht nur dazu, Prozesse zu erfassen. Auch für eine Konstitutionsanalyse der Prinzipienmomente von Seiendem ist es erhellend. »Energie (Wirklichkeit)« bedeutet wörtlich »am Werk sein, Wirksamkeit, Tätigkeit«. In seinen Prinzipienanalysen verwendet Aristoteles die Begriffe »Entelechie« und »Energie« weitgehend synonym; er bevorzugt einen der beiden Begriffe, je nachdem ob er die Vollendetheit oder die Aktivität des Wirklichkeitsmoments stärker betonen will.

Ausgehend von Beispielen handwerklicher Formung eines Materials legt Aristoteles dar, daß sich nicht nur jedes Werden, sondern auch das Seiende als solches in die Prinzipienmomente »Stoff« und »Form« analysieren läßt. Der Stoff ist das für vielfältige Bestimmungen Offene, für sich aber Unbestimmte. Erkennbar ist das stoffliche Moment nur vergleichsweise, sofern es Materie für Form ist, nicht aber in sich. Alle Erkenntnis geht auf Bestimmungen; was aber etwas – substantial oder akzidentell – ist, das ist es durch eine Form. Insofern kann Aristoteles, obwohl im Bereich der Natur nur das aus Stoff und Form konstituierte Ganze selbständig existiert, sagen, daß die Form die Substanz im vorrangigen Sinn ist (Met. Z 7, 1032b 1–2).

Stoff und Form verhalten sich zueinander wie Möglichkeit und Wirklichkeit. Denn der Stoff ist ja das, was bestimmt werden *kann,* und die Form ist das, wodurch ein Jegliches als das, was es ist, *ist.* Wie bei der Analyse des Werdens betont Aristoteles auch bei der Analyse des Seienden als solchen den Vorrang der Wirklichkeit vor der Möglichkeit. Was überhaupt ist, ist bereits als Geformtes. Der Begriff einer reinen Möglichkeit, einer gänzlich unbestimmten und daher jeder Bestimmung offenen »ersten Materie« ist lediglich ein gedachter Grenzbegriff. Dagegen versteht Aristoteles Gott als reine Form und als reine, nicht mit Potentialität vermischte Aktualität (Met. Λ 6). Indem Aristoteles die Begriffe »Stoff« und »Form« durch die Begriffe »Möglichkeit« und »Wirklichkeit« interpretiert, wendet er sich gegen die Trennung der Welt der Ideen von der Welt der sinnlichen Erscheinungen, die er bei Platon findet. Eine Form ist nichts für sich Existierendes, an dem dann sekundär – auf welche Weise auch immer – Erscheinendes »teilhat«, sondern sie ist Prinzipienmoment *im* Seienden; sie kommt den natürlichen Dingen nicht gleichsam fremd und von außen zu, sondern sie ist deren bestimmte Wirklichkeit. Wenn Natürlich-Seiendes in »Stoff« und »Form« analysiert wird, dann wird ein und dasselbe Seiende gewissermaßen in entgegengesetzten Richtungen befragt: »Was ist es, welche Erfüllung besitzt es wirklich?« und »Was ist der für diese bestimmte Erfüllung vorausgesetzte Bestimmbarkeitshorizont?«. Der Rückgang auf die Möglichkeit läßt, da der Möglichkeitshorizont normalerweise einander konträren Bestimmungen Raum gibt, die wirkliche Bestimmtheit von etwas in ihrer Spezifizität erkennen (vgl. Met. Γ 5, 1009 a 32–36).

(III) Wenn man die prinzipientheoretische Unterscheidung von Möglichkeit und Wirklichkeit mit der Verwendung derselben Begriffe zur Analyse von Prozessen zusammennimmt, so stellt sich heraus, daß die Unterscheidung auf verschiedenen Stufen wiederholt angewendet werden kann. Das, woran eine Veränderung stattfindet, ist ein Wirkliches. Es ist aber noch nicht das, was es im Veränderungsprozeß wird. Also ist das Wirkliche zugleich eine Möglichkeit hinsichtlich dessen, was an ihm geschehen kann und was Ergebnis solcher Veränderungen sein kann.

Aristoteles unterscheidet zwischen substantialen (Werden und Vergehen), quantitativen (Zu- und Abnahme), qualitativen und lokalen Veränderungen (vgl. Phys. V 2). Die Unterscheidung »möglich – wirklich« ist – als Unterscheidung von »seiend« – transkategorial; sie ist in verschiedenen Kategorien jeweils »verhältnismäßig« (analog) anzuwenden.

Nicht jede Veränderung, die an einem Wirklichen stattfindet, ist ein nur-akzidenteller Vorgang. Wenn z. B. ein zum Wahrnehmen fähiges Wesen wirklich wahrnimmt oder ein zum Erkennen fähiges Wesen wirklich erkennt, dann ist dies ein Vollzug, in dem das betreffende Wesen das erfüllt, was spezifisch zu seinem Was-sein gehört. Andererseits ist dieser nicht-akzidentelle Prozeß jedoch auch von dem Prozeß zu unterscheiden, in welchem eine Substanz als solche sich (unter bestimmten Umweltbedingungen) aus dem Samen zu ihrer Endgestalt entwikkelt. Aristoteles unterscheidet im substantialen Bereich zwischen der »ersten« und der »zweiten Erfüllung« eines Wesens. Erste Erfüllung ist die substantiale Form, zweite Erfüllung der Vollzug von in der Form angelegten Fähigkeiten.

In einigen Fällen ist ein Vermögen unmittelbar bereit zur Betätigung. Was Augen hat, braucht z. B. nicht erst sehen zu lernen (wohl aber muß es lernen, unterscheidend und verstehend zu sehen). In anderen Fällen bedarf eine Fähigkeit erst einer Ausbildung. Aristoteles nennt die Form, die einer Fähigkeit im Ausbildungsprozeß gegeben wird, eine »Haltung«, und er betont, daß eine Fähigkeit, z. B. die Erkenntnisfähigkeit, in vielfältiger Weise formbar ist. Die Tätigkeiten, die zu einer bestimmten Haltung führen, und die Tätigkeiten, welche aus ihr erfolgen, sind dem Typus nach identisch; man lernt z. B. ein Instrument nur, indem man es spielt, und Tiere lernen sich zu verteidigen nur, indem sie im Rudel übend kämpfen. Dennoch – und auch obwohl die Grenzen fließend sind, weil Haltungen kontinuierlich perfektionierbar sind – ist es sinnvoll, zwischen Einübungs- und Ausübungstätigkeiten zu unterscheiden. »Zweite Erfüllung« im Vollsinn ist für diese Fallgruppe die Betätigung einer habituell geformten Tätigkeit. Solche Betätigung wieder ist dann letzte Vollendung eines Wesens, wenn sie nicht mehr auf ein Werk außer ihr zielt (wie z. B. das Bauen), sondern ihren Sinn und Zweck in sich selbst hat.

Wie läßt sich, wenn man die skizzierten vielfachen Verwendungen der Modalunterscheidung beachtet, Aristoteles' Frage, ob die Seele der Möglichkeit nach ist oder ob sie eine Erfüllung ist, präzisieren?

Die Seele kann (I) – Aristotelisch gedacht – sicherlich nicht als Endergebnis eines Werdeprozesses verstanden werden. (Evolutionstheoretische Überlegungen über die Entstehung von Leben überhaupt liegen nicht in Aristoteles' Blickfeld, und es ist überdies fraglich, ob sie mehr aufweisen können als die für das Leben nötigen stofflichen Vorbedingungen.) Was eine Seele hat, das hat sie, sobald es überhaupt existiert. Und wenn eine Seele als ein »dieses da« existiert – ob dies der Fall ist, ist noch nicht ausgemacht –, dann gibt es zuvor kein Möglichkeitsstadium, aus dem dieses Wirkliche allmählich geworden wäre. Die Seele ist, wenn sie überhaupt ist, »der Wirklichkeit nach«.

Andererseits bestimmen wir bestimmte Vollzüge als »psychisch«. Wir bringen damit zum Ausdruck, daß das Wesen, das dieser Vollzüge fähig ist, entweder eine Seele haben oder selbst eine Seele sein muß. Im Hinblick auf diese Vollzüge ist die Seele also, wenn unsere Redeweise berechtigt ist, (III) in Möglichkeit.

Die von Aristoteles gestellte Frage wird demnach nicht einfach so zu entscheiden sein, daß eine der vorgelegten Alternativen als richtig und die andere als falsch erwiesen wird. Es wird vielmehr zu klären sein, in welchem Sinn genau die Seele (a) »eine Erfüllung« ist und in welchem Sinn sie (b) »zum in Möglichkeit Seienden gehört«.

(a) Ist die Seele vollendende Erfüllung von etwas anderem? Gibt es etwas Bestimmbares, als dessen Bestimmung die Seele verstanden werden kann? Im dynamisch-prozessualen Sinn wurde diese Frage verneint. Ist sie im ontologischen Sinn (II) zu bejahen? Oder ist die Seele reine Wirklichkeit, der keine Potentialität zugrundeliegt? Sie wäre dann nur mit Gott vergleichbar. Unterscheidbar von Gott wäre sie, sofern mindestens einige der Vollzüge, deren Möglichkeitsbedingung die Seele ist, dieser nicht ständig und nicht notwendig zukommen (vgl. die erste am Schluß von Abschnitt D gestellte Frage).

(b) Was die psychischen Vollzüge betrifft, ist erstens an die bereits zum Begriff der psychischen Eigenschaften getroffene Unterscheidung und die hierzu gestellten Fragen zu erinnern (siehe oben C 2): Kann man zwischen (A) Vollzügen der Seele und (B) Vollzügen, deren das Beseelte fähig ist, weil es eine Seele hat, unterscheiden? Wenn ja, welchen genauen Sinn hat diese Unterscheidung? Zweitens ist – gegebenenfalls betreffs beider durch die erste Unterscheidung gebildeten Klassen – zu unterscheiden zwischen Vollzügen, zu denen (α) jede Seele bzw. jedes Beseelte fähig ist, und Vollzügen, zu denen (β) Seelen bzw. beseelte Wesen von jeweils einem besonderen Typus fähig sind (vgl. die zweite am Schluß von Abschnitt D gestellte Frage). Drittens fragt sich betreffs aller durch diese beiden voneinander unabhängigen Unterscheidungen gebildeten Klassen: Gibt es (1) Vollzüge, die (Aα) jeder Seele als solcher oder (Bα) jedem Beseelten als solchen oder (Aβ) jeder Seele einer bestimmten Art oder (Bβ) jedem Beseelten einer bestimmten Art unaufhebbar und beständig zukommen, so daß das betreffende Wesen ohne einen solchen Vollzug aufhörte zu sein? Ist z. B. leben ein Vollzug dessen, was Leben hat? In diesem Fall wäre die Unterscheidung zwischen Vermögen und Vollzug lediglich begrifflicher Art. Zu welchen Vollzügen ist ein Wesen der Wesensbeschaffenheit Aα, Bα, Aβ oder Bβ (2) genau dank seiner Wesensbeschaffenheit fähig, so daß der betreffende Vollzug eine wesentliche Erfüllung seines Könnens ist, und wie sind hiervon Vollzüge zu unterscheiden, die (3) für das betreffende Wesen akzidentell sind? Schließlich viertens: Wie verhält sich zu dieser Unterscheidung die Unterscheidung zwischen Vollzügen, die erlernt werden müssen und die durch Erwerb einer »Haltung« perfektionierbar sind, und Vollzügen, bei denen dies nicht der Fall ist? Welches Verhältnis besteht genau zwischen einer Anlage und ihrer Betätigung?

2. Ist die Seele einheitlich oder vielheitlich und teilbar?

»Wir müssen auch untersuchen, ob sie teilbar oder ohne Teile ist und ob jede Seele zur selben Art gehört oder nicht; wenn aber nicht zur selben Art, ob dann (die verschiedenen Seelen) der Art nach oder der Gattung nach unterschiedlich sind. Denn heutzutage scheinen zwar jene, die über die Seele sprechen und forschen, nur die menschliche Seele in Betracht zu ziehen; doch ist darauf zu achten, daß nicht verborgen bleibe, ob es von der Seele einen einheitlichen Begriff gibt – wie es (einen einheitlichen Begriff) des Lebewesens (gibt) – oder ob der Begriff für jede Seele, wie (für die) des Pferdes, des Hundes, des Menschen, des Gottes, verschieden ist – der Allgemeinbegriff ›Lebewesen‹ ist doch entweder nichts oder ein Späteres, ebenso wenn sonst etwas allgemein ausgesagt werden sollte.

Ferner, gesetzt es gebe nicht viele Seelen, sondern viele Seelenteile: Hat man zuerst die ganze Seele zu untersuchen oder (zuerst) die Teile? Auch ist bezüglich der Seelenteile schwierig zu bestimmen, welche von Natur voneinander verschieden sind und ob man zuerst die Teile oder (zuerst) deren Leistungen zu untersuchen hat, z. B. ob zuerst das Denken oder (zuerst) den denkenden Geist, ob zuerst das Wahrnehmen oder das Wahrnehmungsvermögen, und ebenso bei dem übrigen. Wenn (man) zuerst die Leistungen (zu untersuchen hat), dann kann man wieder im Zweifel sein, ob man zuerst deren Gegenstände untersuchen muß, z. B. das Wahrnehmbare vor dem Wahrnehmungsvermögen und den Gegenstand des Denkens vor dem Denkvermögen.« (De an. I 1, 402b 1–16)

Wahrscheinlich nimmt Aristoteles hier Fragestellungen der Akademie auf; die Leitbegriffe »Einheitlichkeit – Vielheitlichkeit«, »Einfachheit – Teilbarkeit« lassen dies vermuten. Aristoteles sondert sogleich zwei ganz verschiedene Problemstellungen voneinander, nämlich zum einen die Frage, ob es einen einheitlichen Begriff – als Art- oder als Gattungsbegriff – der Seele gibt, zum andern die Frage, ob man, wenn man mit Platon und seinen Nachfolgern von »Seelenteilen« spricht, an reale Teile denken dürfe oder nicht.

Die erste Frage wird nach Aristoteles' Urteil von seinen Zeitgenossen entweder übergangen oder unzulässig mit der zweiten Frage vermischt. Diese Frage stellt sich nämlich nur dann – dann aber auch unausweichlich –, wenn man den Untersuchungsgegenstand »Seele« in der gehörigen Weite nimmt. Dies nicht zu tun, wirft Aristoteles seinen Zeitgenossen vor: Sie sprechen immer nur über die menschliche Seele, beschränken ihre Überlegungen also, ohne dies zu reflektieren, auf *einen* Typus von Seele. Die Frage, wie sich die Menschenseele von der Seele anderer Wesen unterscheidet und worin alle Seelen übereinstimmen, bleibt unbedacht. Nun kann allerdings niemand die Augen davor verschließen, daß einige psychische Funktionen des Menschen denen der Tiere und einige sogar denen der Pflanzen ähneln. So kehrt die nicht gestellte Frage an anderer systematischer Stelle wieder: als Lehre von den verschiedenen Teilen der menschlichen Seele. Diese Problemverschiebung aber ist folgenschwer. Innerhalb der menschlichen Seele wird nur der »höchste Seelenteil«, nämlich der zum Denken fähige, als »eigentlich« menschlich gewertet. Die Theorie tendiert dazu, diesen von den »unteren« Schichten, von dem zum Überwinden von Schwierigkeiten fähigen, dem begehrenden und dem zur Erhaltung der physischen Existenz von Individuum und Art fähigen Seelenteil, zu isolieren. Die Beschränkung auf die Frage nach der menschlichen Seele führt geradewegs zu einer Anthropologie, in der der Mensch in Schichten zerfallen ist, von welchen zudem noch nur eine als eigentlich menschlich bewertet wird, während die anderen allenfalls als notwendiges Übel anerkannt werden.

Aristoteles stellt hier wie auch in der Ausarbeitung seiner eigenen Theorie sehr betont die begriffliche Frage nach Gleichförmigkeit und Ungleichförmigkeit der Seelen vor die Frage nach den einzelnen real unterscheidbaren Seelenvermögen. Er baut ferner die Untersuchung der Seelenvermögen so auf, daß er mit denjenigen psychischen Vollzügen beginnt, die allen beseelten Wesen gemeinsam sind, nämlich Ernährungs- und Fortpflanzungsvermögen, und daß er sich über eine differenzierte Theorie der sinnlichen Wahrnehmung schrittweise zur Untersuchung des Verstandesvermögens hocharbeitet. Auf diese Weise wird nicht nur die von Aristoteles erstrebte systematische Vollständigkeit der Seelenlehre besser gesichert als bei einem umgekehrt absteigenden Untersuchungsgang. Aristoteles' Vorgehen ermöglicht auch eine ganzheitliche Anthropologie, in welcher die niederen psychischen Funktionen, die der Mensch auf noch näher zu bestimmende Weise mit den Tieren gemein hat, als Voraussetzung der höheren Funktionen begriffen werden.

a. Gibt es einen einheitlichen Begriff der Seele?

Aristoteles fragt zunächst (1), ob die Einzelseelen sämtlich derselben Art zugehören, also nur numerisch-individuell verschieden sind. In der Fortsetzung des Satzes läßt er durchblicken, daß er diese Frage verneinend beantwortet. Der Begriff der Seele ist jedenfalls nicht als Begriff einer »letzten Art« zu fassen. Menschen und Tiere sind nicht nur stofflich voneinander unterschieden, während sie in der substantialen Formbestimmtheit sämtlich übereinkämen, sondern sie unterscheiden sich auch und gerade in der Art ihrer Beseeltheit. Es muß also mindestens verschiedene Seelenarten geben. Überraschenderweise geht Aristoteles nun noch weiter. Es sei (2) auch zu untersuchen, so schreibt er, ob Seelen nicht nur der Art nach, sondern sogar der Gattung nach verschieden sind. Wie radikal ist diese Frage gemeint? Deutet Aristoteles (A) lediglich an, daß vielleicht nicht alle Seelenarten derselben »nächsten Gattung« angehören? Oder läßt er (B) weitergehend offen, ob es überhaupt einen in Untergattungen bzw. Oberarten bis hin zu letzten Arten spezifizierbaren Gattungsbegriff von »Seele« gibt? Wenn dies aber nicht der Fall wäre, welches Recht könnten wir dann haben, Entitäten, die nicht einmal Vertreter derselben »entfernten Gattung« sind, sämtlich mit demselben Wort »Seele« zu benennen?

(A) Auch der Satz, in dem Aristoteles die gestellte Frage weiter expliziert, läßt beide Interpretationsansätze zu. Entsprechend der innerhalb des logischen Verallgemeinerungsschemas bleibenden Interpretation wäre folgendermaßen zu übersetzen: ». . . ob es von der Seele (d. h. von jeder Seele) nur genau einen Begriff gibt, der dem Begriff des Lebewesens zuzuordnen wäre, oder ob der Begriff für jede Seele (spezifisch) verschieden ist, wie der Begriff von ›Pferd‹, ›Hund‹, ›Mensch‹, ›Gott‹ spezifisch verschieden ist – mit diesen verglichen ist doch ›Lebewesen im allgemeinen‹ wie auch sonst alles gemeinsam von ihnen Ausgesagte entweder nichts oder ein (durch Abstraktion gewonnenes) Späteres.« (Ich gebe der Übersetzung »Lebewesen« vor »Sinnenwesen« den Vorzug, weil sonst die Erwähnung von Gott ganz unverständlich wäre. Daß Gott sinnlich wahrnehme, hat in Aristoteles' Zeit niemand angenommen, während man ihn doch wohl als »lebend« bezeichnen muß.)

Aristoteles würde hier folgende Thesen einander gegenüberstellen: (1) Die Seele ist Lebensprinzip. Der Begriff der Seele ist also dem Begriff des Lebewesens zuzuordnen. Wie sich auch immer Lebewesen spezifisch voneinander unterscheiden lassen mögen, diese Unterscheidung betrifft jedenfalls nicht das psychische Moment. Der Begriff der Seele ist nicht weiter spezifizierbar. – (2) »Lebewesen« ist ein Gattungsbegriff. Er bezeichnet eine Bestimmung, die Individuen verschiedener Arten, z. B. Pferden und Menschen, gemeinsam zukommt. Es gibt kein Individuum, dem nur die Bestimmung »Lebewesen«, nicht aber irgendeine differenzierende Weiterbestimmung zukommt; was Lebewesen ist, das ist Lebewesen als ... z. B. Pferd-Lebewesen oder Mensch-Lebewesen. »Lebewesen« ist also nur eine durch Abstraktion gebildete Bestimmung. Auf die gleiche Weise ist »Seele« bloßer Gattungsbegriff. Dieser Begriff ist differenzierend zu spezifizieren. Wenn die Unterschiede, nach denen sich Seelen voneinander unterscheiden, gefunden sind, dann wird deutlich sein, daß alles das, was Seele ist, je auch Seele einer bestimmten Art ist, während »Seele« ohne differenzierenden Zusatz eine nur abstrakt-allgemeine Bestimmung ist.

(B) Dem anderen Interpretationsansatz zufolge wäre die Antithese (2) radikal zu verschärfen. Während nach (A) wenigstens die allgemeine Bestimmung »Seele« allen Seelenindividuen in genau demselben Sinn (univok) zukäme, würde nach (B) gerade dies bezweifelt, ob es einen solchen generischen Allgemeinbegriff »Seele« überhaupt gibt. Die These (2) lautete dann: In bezug auf Pferd, Mensch, Gott bedeutet »Seele« etwas Verschiedenes. Dieser Verschiedenheit kann durch differenzierende Zusätze zu »Seele« nicht hinreichend Rechnung getragen werden. Der Menschenseele kommt kein Prädikat in genau demselben Sinn zu wie der Tierseele (und darüber hinaus noch etwas Eigenes), der Gottesseele kommt kein Prädikat in genau demselben Sinn zu wie der Menschen- und wie der Tierseele. Dennoch muß aber jede Seele einer bestimmten Stufe irgendwie dasselbe sein wie jede Seele einer anderen Stufe, wenn die Bildung eines einzigen Wortes »Seele«, das auch in Fortbildungen wie »Menschenseele«, »Tierseele« oder »vegetative«, »sensitive«, »rationale Seele« erhalten bleibt, überhaupt einen Sinn haben soll. Der nach dem Ansatz (B) Interpretierende muß diese Selbigkeit, die nach dem Ansatz (A) als generische Selbigkeit aufgefaßt wurde, auf neue Weise rechtfertigen. Er kann dies tun, indem er die Hierarchie der Seelenformen mit Hilfe der ontologischen Modalunterscheidung interpretiert. Was auf einer niederen Stufe letzte erfüllende Bestimmung ist, das ist zugleich in bezug auf die höhere Stufe »in Möglichkeit«; die neue erfüllende Bestimmung ist wieder Erfüllung dieser Möglichkeit usw.

Welche dieser beiden Interpretationen Aristoteles' Intention trifft, läßt sich aus der zitierten Textpassage allein nicht entscheiden. Allenfalls könnte man sagen, daß die Erwähnung von »Gott« in der Beispielreihe nach Interpretation (B) besser verständlich ist. Doch genügt dieses Argument sicherlich nicht, die einfachere Interpretation (A) zurückzuweisen. Der Vertreter von (B) könnte seinen Standpunkt etwa folgendermaßen begründen: Was ist es denn, was verschiedenartige beseelte Wesen gemeinsam haben? Nahrungsaufnahme und -assimilation oder Fortpflanzung zum Beispiel, so wird gesagt, in bezug auf Pflanze, Tier und Mensch, Wahrnehmung in bezug auf alle Sinnenwesen. Aber diese Rede trifft nicht genau. Nahrungsaufnahme und Fortpflanzung bedeuten in bezug auf Pflanzen, Tiere und Menschen nicht genau dasselbe, und Wahrnehmung bedeutet in bezug auf Tiere und Menschen nicht genau dasselbe. Vielmehr baut die jeweils neue Formbestimmung auf den jeweils vorausgesetzten Bestimmungen so auf, daß sie das Ganze neu strukturiert. Der logisch spezifizierende Ansatz reicht nicht aus, dies zu verstehen. Er legt nahe, das höhere beseelte Wesen so zu denken, als ob in ihm mehrere Seelenformen additiv zusammenkämen. Die metaphysische Weiterbildung dieses Ansatzes trifft den zu verstehenden Sachverhalt besser: Ein Wesen hat jeweils *eine* substantiale Form, zu der sich alle vorausliegenden Bestimmungsmomente als bestimmbare Möglichkeit verhalten. In sich selbst bzw. an niederen Wesen betrachtet freilich sind ebendieselben Momente das Was-sein ausmachende Formbestimmungen.

b. Wie ist die Theorie von den Seelenvermögen systematisch aufzubauen?

Aristoteles geht im folgenden von der Frage nach der Vielheit der Seelen über zu der Frage nach der Vielheit der Seelenteile. Die Rede von »Seelenteilen« wird Aristoteles später ausdrücklich korrigieren (De an. I 5, 411 b 5–27). Reale Teilbarkeit der Seele jedenfalls kann nicht gemeint sein, da die Seele ja unkörperlich und folglich nicht ausgedehnt ist. Es ist aber sicherlich berechtigt, verschiedene psychische Vermögen zu unterscheiden. Wenn ferner Platon den verschiedenen Vermögen der Seele verschiedene Körperregionen zuordnet, dann darf das nicht so aufgefaßt werden, als sei die Seele in ihren »Teilen« an verschiedenen Stellen plaziert oder als gebe es bezüglich verschiedener Körperpartien verschiedene einigende Formen. Vielmehr wird der Sinn dieser metaphorischen Redeweise in dem richtigen Hinweis liegen, daß die einzelnen psychischen Vermögen, um wirksam zu werden, jeweils körperliche Organe brauchen.

In der hier zu erörternden Passage übernimmt Aristoteles den geläufig gewordenen Begriff »Teile«; er stellt seine Fragen jedoch so, daß aus dieser Übernahme keine Mißverständnisse entstehen können. Der Korrelativbegriff zu »Teil« nämlich ist zwar einerseits »Ganzes«, andererseits aber, bezogen auf jeden »Teil« im einzelnen, »Leistung, Werk«, wodurch klar ist, daß hier von den verschiedenen psychischen Funktionen gehandelt wird.

Aristoteles fragt, wie die Theorie der Seelenvermögen folgerichtig aufzubauen sei. Die Antwort auf die erste Frage, ob der anlaytische Gang vom Ganzen zu den Teilen oder der synthetische von den Teilen zum Ganzen zu bevorzugen sei, wurde bereits referiert: Aristoteles wird zuerst den Sinngehalt von »Seele« im allgemeinen untersuchen und dann mit der Begründung, daß eine gute Definition Erklärungswert für die Einzelphänomene haben muß (De an. II 2, 413 a 15–16), zur Untersuchung der Seelenvermögen übergehen. In dieser Untersuchung wird Aristoteles nicht begriffsanalytisch vorgehen, sondern beschreibend, und zwar so, daß er von einfachen – und als Voraussetzung alles folgenden fundamentalen – Lebensvollzügen zu immer komplexeren voranschreitet.

Zur Untersuchung der einzelnen Seelenvermögen stellt Aristoteles mehrere miteinander verknüpfte Fragen. Was eigentlich soll als ein besonderes Vermögen gelten? Um diese Frage zu beantworten, braucht man ein Kriterium, das wesentliche von akzidentellen Unterschieden zu trennen erlaubt. Betreffs jedes beliebigen psychischen Vollzugs kann man sagen, daß das vollziehende Wesen dieses Vollzugs *fähig* sein muß. Es ist aber nicht sinnvoll, für jeden Vollzug ein entsprechendes Vermögen zu postulieren; das hieße die Vermögenspsychologie ins Unbestimmt-Unendliche treiben. Nun könnte es sein, daß wir gar keine Kriterien haben, zwischen Seelen*vermögen* auf bestimmte Weise zu unterscheiden, wenn wir nicht zuvor Kriterien erarbeitet haben, zwischen Seelen*vollzügen* zu unterscheiden. Vermögen zeigen sich ja jeweils nur im Rückblick aus der Verwirklichung. (Vielleicht ist es auch richtiger zu sagen, daß jeweils das ganze Wesen, z. B. der Mensch, denkt oder wahrnimmt oder begehrt usw., so daß die Rede von »Denkvermögen«, »Wahrnehmungsvermögen« usw. nur eine abkürzende Redeweise für »dieses Wesen, sofern es denken kann«, »sofern es wahrnehmen kann« usw. ist.) Dort, wo Aristoteles seine Untersuchung der einzelnen Seelenvermögen beginnt, entscheidet er die Frage nach der richtigen Vorgehensweise im hier angedeuteten Sinn: »Wenn man nun sagen soll, was ein jedes von diesen (Vermögen) ist, z. B. das Denkvermögen oder das Wahrnehmungsvermögen oder das Ernährungsvermögen, dann ist zuvor zu sagen, was das Denken und was das Wahrnehmen ist; denn dem Begriff nach sind die Tätigkeiten und Handlungen *vor* den Vermögen« (De an. II 4, 415a 16–20). An derselben Stelle geht Aristoteles auch den nächsten Schritt, den er hier in der Problemexposition zunächst versuchsweise bezeichnet. »Denken«, »Wahrnehmen« und auch »Sich-Ernähren« sind relationale Prädikate. Was das Denken, das Wahrnehmen, das Sich-Ernähren ist, kann man nur bestimmen, indem man von dem spricht, worauf sich diese Vollzüge richten, also von dem Denkbaren, dem Wahrnehmbaren, der Nahrung. Aristoteles sagt an der angegebenen Stelle (416a 20–22), die Theorie der verschiedenen Gegenstände habe wiederum der Theorie der verschiedenen Vollzüge vorauszugehen. Tatsächlich aber zeigen seine unmittelbar folgenden wie auch alle weiteren Beschreibungen, daß eins vom anderen nicht zu trennen ist. Zwar sind Akte nur durch Angabe ihres Objekts spezifisch bestimmbar, doch müssen die spezifizierenden Differenzen, durch welche die unterscheidende Bestimmung von Akten erfolgt, Differenzen der Objekte sein, sofern sie Relat für einen Akt sind. Die Gegenstände werden ja ihrerseits vom Akt her als »Wahrnehmbares«, »Denkbares« usw. benannt. Entsprechend muß man, wenn z. B. weiter spezifiziert werden soll, welche Arten von Wahrnehmung (und welche Sinnesvermögen) »von Natur voneinander verschieden sind«, wieder nicht beliebige dingliche Unterscheidungen heranziehen, sondern Unterscheidungen, die Objekten als Wahrnehmungsobjekten zukommen: Sichtbares (Farbe), Hörbares (Geräusch) usw.

3. Zusammenhang zwischen Wesenserkenntnis und Erkenntnis charakteristischer Eigenschaften

»Anscheinend ist nicht nur die Erkenntnis des Was-seins von Nutzen für die wissenschaftliche Betrachtung der Gründe der Eigenschaften, welche den Substanzen zukommen – wie in den mathematischen Wissenschaften die Erkenntnis, was das Gerade und was das Krumme oder was die Linie und was die Fläche ist (von Nutzen ist), um einzusehen, wie vielen rechten Winkeln die Winkel des Dreiecks gleich sind, – sondern umgekehrt tragen auch die Eigenschaften sehr viel zur Erkenntnis des Was-seins bei. Dann nämlich, wenn wir imstande sind, über die charakteristischen Eigenschaften – über alle oder über die meisten –, so wie sie uns erscheinen, Auskunft zu geben, dann werden wir auch imstande sein, etwas ganz Richtiges über die Substanz zu sagen. Das Prinzip jedes Beweises nämlich ist das Was-sein, so daß solche Definitionen, aus denen man die Eigenschaften nicht erkennen kann, ja aus denen man nicht einmal leicht Vermutungen über die Eigenschaften anstellen kann, offenbar allesamt nur dialektisch und nicht sinnvoll aufgestellt werden.« (De an. I 1, 402 b 16 – 403 a 2)

Im letzten Abschnitt ist Aristoteles bereits von der Frage nach dem Wesen der Seele übergegangen zu der Frage nach den psychischen Vermögen und Vollzügen. Diesen Übergang rechtfertigt er hier in einer Methodenreflexion. Begrifflich ist es zwar nötig, beide Fragen voneinander zu trennen. Die Untersuchung dieser Fragen jedoch kann nicht in zwei voneinander reinlich abtrennbaren Schritten geschehen. Aristoteles geht davon aus, daß eine gut gebildete Definition Erklärungswert haben muß. Wenn wir charakteristische Eigenschaften von etwas bestimmen und verstehen wollen, dann suchen wir Aufschluß durch die Frage, was das denn ist, welches diese Eigenschaften charakteristischerweise hat. Die Wesensäußerungen müssen ontologisch im Wesen begründet sein, und sie müssen im Erkenntnisprozeß aus der Wesensbestimmung verstehbar sein. Ein Definitionsvorschlag, der hierzu nicht verhilft, kann nicht als Wesensbestimmung gelten; nicht jede Ausgrenzung, durch welche sich etwas unverwechselbar kennzeichnen und eindeutig identifizieren läßt, ist eine Definition in Aristoteles' Sinn.

Aristoteles verdeutlicht den engen Zusammenhang zwischen Wesenserkenntnis und Erkenntnis von charakteristischen Eigenschaften zunächst am Beispiel der Geometrie. Lehrsätze über Eigenschaften einer Figur werden bewiesen, indem diese

Eigenschaften aus in der Definition der Figur enthaltenen Bestimmungsmomenten abgeleitet werden. Die Definition ist hier also Beweisprinzip.

Nun läßt sich die geometrische Methode nicht auf alle wissenschaftlichen Disziplinen übertragen. Was die Seelenlehre anbelangt, muß eine befriedigende Wesensbestimmung ja erst noch erarbeitet werden. Und nach allem bisher – besonders im unmittelbar vorausgehenden Abschnitt – Ausgeführten ist es sehr zweifelhaft, ob hier überhaupt Definitionen aufstellbar sind, welche so klar und deutlich sind, daß sie alles zur Ableitung von Eigenschaften Notwendige enthalten. Deshalb bezeichnet Aristoteles den Zusammenhang von Wesenserkenntnis und Erkenntnis von Eigenschaften betont auch in umgekehrter Blickrichtung. Die Einsicht in das Wesen muß aus der beschreibenden Untersuchung von Eigenschaften gewonnen werden. Diese sind zunächst einmal so hinzunehmen, wie sie uns erscheinen; die Seelenlehre ist eine an Erfahrung gebundene Wissenschaft. Die Erklärung der Eigenschaften freilich besteht in deren Zurückführung auf das Wesen, welchem diese Eigenschaften zukommen, auf die Substanz. Die Zurückführung jedoch sollte erst dann unternommen werden, wenn hinreichend viele empirische Daten gesammelt sind.

Deduktion einerseits und Empirie und deren Reduktion andererseits sind nur idealtypisch voneinander trennbare wissenschaftliche Methoden. Faktisch wird der Forscher beide Blickrichtungen miteinander verbinden müssen. Die Beschreibung der Phänomene ist von Hypothesen geleitet, und die Hypothesen wiederum werden an Erfahrungen korrigiert. Entsprechend wird Aristoteles vorgehen. Von der im 1. Kapitel des II. Buches gegebenen Wesensbestimmung der Seele wird ausdrücklich gesagt, daß sie nur »im allgemeinen« (412 b 9–10) und »in skizzenhaftem Umriß« (413 a 9–10) angebe, was die Seele ist. Beim Versuch, zu einer differenzierteren Wesensbestimmung zu kommen, bezieht Aristoteles sich auf die unterschiedlichen Lebensfunktionen: Die Seele muß als das begriffen werden, durch was ein lebendes Wesen diejenigen Lebensfunktionen hat, welche es hat. Von diesem Vorblick geleitet, wendet sich Aristoteles der detaillierten Untersuchung der einzelnen Lebensfunktionen zu. In ihr bleiben die begriffliche Frage nach Einheitlichkeit oder Vielheitlichkeit der Seele wie auch die Frage, in welchem Sinn die Seele Substanz und »Erfüllung« ist, stets präsent.

4. Psychophysische Einheit oder Abtrennbarkeit der Seele vom Leib?

»Zweifelhaft ist auch, ob die Beschaffenheiten der Seele sämtlich gemeinsam auch demjenigen zukommen, das eine Seele hat, oder ob es unter ihnen auch solche gibt, die der Seele eigentümlich sind. Dies nämlich zu erfassen ist nötig, aber nicht leicht.

Offenbar erleidet oder tut die Seele in den meisten Fällen nichts ohne den Leib, z. B. zürnen, wagen, begehren, überhaupt wahrnehmen. Am ehesten der Seele eigentümlich scheint das Denken zu sein. Wenn aber auch dieses ein Vorstellen ist oder nicht ohne Vorstellen statthat, dann wird auch das Denken nicht ohne Leib statthaben.

Wenn nun irgendeine Leistung oder Erleidung der Seele ihr eigentümlich ist, dann wird es auch möglich sein, daß die Seele (vom Leib) getrennt existiert. Wenn ihr aber nichts eigentümlich ist, dann wird sie auch nicht getrennt existieren. (Es stünde dann) vielmehr (mit der Seele so,) wie mit der Geraden. Dieser kommt, sofern sie gerade ist, vieles zu, z. B. daß sie die eherne Kugel in einem Punkt berührt. Doch berührt die Gerade nicht abgetrennt auf diese Weise; sie ist nämlich unabgetrennt, da sie ja doch immer zu einem Körper gehört.

Auch die Beschaffenheiten der Seele scheinen sämtlich mit dem Leib verbunden zu sein: Heftigkeit, Milde, Furcht, Mitleid, Wagemut, auch Freude und Lieben und Hassen; denn zugleich mit ihnen erleidet auch der Leib etwas. Ein Zeichen hierfür ist, daß man manchmal, wenn man starke und deutliche Einwirkungen erfährt, doch nicht in Erregung oder Furcht gerät, während man ein andermal durch kleine und schwache Einwirkungen bewegt wird, wenn nämlich der Leib hitzig ist und sich so verhält, wie wenn man zürnt. Noch auffälliger ist folgendes: Auch wenn nichts zustößt, was zu fürchten wäre, kommt man in die Beschaffenheit dessen, der sich fürchtet.« (De an. I 1, 403 a 3–24)

Aristoteles kommt hier auf die bereits früher (402 a 9–10) gestellte Frage zurück, ob alle Beschaffenheiten der Seele auch Beschaffenheiten eines Beseelten sind oder ob es auch Beschaffenheiten der Seele gibt, die keinem Beseelten zukommen (siehe oben C 2; der hier gewählte Wortlaut spricht für die einfachere Interpretation (A)).

Aristoteles konkretisiert diese Frage, indem er für »das, was eine Seele hat« (was also beseelt, durch eine Seele belebt ist) »Leib (Körper)« einsetzt. Diese Einsetzung ist konsequent.

Zwar sagen wir auch vom ganzen Wesen, z. B. vom Menschen, es (er) habe eine Seele. Wenn wir jedoch von demselben Wesen dann auch sagen, es habe einen Leib, dann stellt sich die Frage, was denn dieses Wesen ist, welches einerseits eine Seele und andererseits einen Leib hat. Diese Frage ist nach Aristoteles falsch gestellt. Das ganze Wesen ist nichts als die einheitliche Ganzheit aus Leib und Seele. Es besteht aus Leib und Seele; was aber beseelt ist (was Seele hat), ist eben der Leib.

Von der Antwort auf die Frage, ob alle psychischen Beschaffenheiten und Vollzüge auch Beschaffenheiten und Vollzüge des Leibes sind (und umgekehrt) oder ob es psychische Funktionen gibt, bei denen der Leib nicht involviert ist, hängt ab, welche Antwort auf die existentiell so bedeutsame Frage zu geben ist, ob die Seele auch ohne Leib existierend gedacht werden, ob sie also unsterblich sein kann. Gesetzt, es gebe irgendeine der Seele eigentümliche Leistung oder Erleidung, eine solche also, die nicht zugleich leibliche Leistung oder Erleidung ist, dann wäre dies etwas, was die Seele unabhängig vom Leib vollzieht. Dann wäre es aber auch nicht ausschließbar, daß eine getrennt vom Leib existierende Seele dies vollzieht. Es wäre also – ohne das Paradox einer funktionslosen, zu keiner Leistung und keiner Erleidung fähigen Seele – möglich, daß die Seele getrennt vom Leib existiert. (Mehr als die Möglichkeit folgert Aristoteles nicht, und mehr folgt auch nicht.) Gesetzt dagegen, bei allen Leistungen und Erleidungen der Seele sei stets auch der Leib im Spiel, dann gäbe es nichts, was die Seele unabhängig vom Leib vollzieht. Dann käme einer getrennt vom Leib gedachten Seele nichts von dem zu, was ihr mit dem Leib verbunden zukommt. Entweder also käme ihr nichts zu, oder man müßte für sie eine vollständig neue Funktion postulieren. Beides ist paradox. Im ersten Fall hätte man eine Substanz ohne Vollzug; im zweiten Fall eine Seele, die nichts mehr mit dem gemein hat, was sie, mit dem Leib verbunden, war, also kein identisch bleibendes Subjekt.

Mit dem Beispiel der Geraden, das Aristoteles hier hinzufügt, meint er wohl folgendes: Auch wenn es Geraden faktisch nur an Körpern gibt, kann man doch, von dieser Gegebenheitsweise abstrahierend, über die Gerade als solche sprechen. Auch wenn die Seele immer zu einem Leib gehören sollte, wenn also bei all ihren Funktionen stets auch der Leib beteiligt ist, könnte es zulässig sein, von der leiblichen Komponente zu abstrahieren und über psychische Vollzüge als solche zu sprechen. Nur müßte man sich darüber klar sein, daß man in diesem Fall eine Abstraktion vornimmt; die abstrahierte Form darf nicht als der selbständigen Existenz fähige Substanz mißverstanden, die Abstraktion vom Stoff nicht zum Urteil, daß es die Form anders als Form eines Stoffs gebe, umgemünzt werden.

Bei den meisten psychischen Erleidungen und Tätigkeiten scheint der Leib mit im Spiel zu sein, und zwar nicht nur beiläufig, sondern so, daß die Seele ohne Leib ihrer nicht fähig wäre. Ganz offenbar gilt dies für Wahrnehmungsakte. Daß es auch für Erleidungen oder Tätigkeiten oder Beschaffenheiten gilt, die man gemeinhin als lediglich psychisch ansieht, nämlich für Gefühlsakte wie zürnen oder sich fürchten und für entsprechende dispositionale Beschaffenheiten, dafür führt Aristoteles Indizien an, die eine bemerkenswerte psychologische Beobachtungsgabe verraten. Ob jemand in Aufregung oder Furcht gerät und in welchem Grad dies der Fall ist, das hängt offenbar nicht nur davon ab, was ihm psychisch widerfährt, sondern auch davon, in welchem Zustand er körperlich ist. Wie wäre es sonst erklärlich, daß wir manchmal auf starke Reize affektiv nicht reagieren, während wir ein andermal auf viel schwächere Reize stark reagieren, ja sogar, ohne daß uns überhaupt etwas zustößt, in eine Stimmung kommen, die wir sonst an uns als Reaktion auf Bedrohung kennen? Die nächstliegende Vermutung ist, daß körperliche Vorgänge uns für bestimmte Gefühle bereit machen, daß sie sie mitverursachen oder unter Umständen sogar allein verursachen. Wenn Aristoteles gerade auf diese Phänomene aufmerksam macht und nicht auf das umgekehrte, daß mit bestimmten Gefühlen auch bestimmte körperliche Reaktionen verbunden sind, dann deshalb, weil der Körper im letztgenannten Fall nur in Mitleidenschaft gezogen sein könnte. Aristoteles will aber eine stärkere These plausibel machen: Der Leib ist von psychischen Geschehnissen nicht nur mitbetroffen, sondern an ihnen mitbeteiligt; die Geschehnisse sind an sich und nicht nur beiläufig leiblich-seelisch.

Mit all diesen Hinweisen ist allerdings die eingangs gestellte Frage keineswegs entschieden. Gefragt war ja, ob für alle – nicht, ob für die meisten – psychischen Vollzüge und Beschaffenheiten gilt, daß bei ihnen zugleich leibliche Vollzüge im Spiel sind. Wer aber diese Frage verneinen will, braucht nur einen einzigen Vollzug anzugeben, der der Seele allein zukommt. Ist nicht das Denken ein solcher Vollzug?

Aristoteles macht darauf aufmerksam, daß die These, die Seele allein ohne den Leib könne denken, nicht leicht zu verteidigen ist. Man braucht nicht gerade das Denken mit Sinneswahrnehmung zu identifizieren, um diese These zu bestreiten. Wenn gezeigt werden kann, daß Denken »nicht ohne Vorstellung statthat«, ist dann, da Vorstellungen aus Wahrnehmungen entstehen, nicht auch gezeigt, daß Denken »nicht ohne Leib statthat«?

Man muß beachten, daß Aristoteles die Frage, ob bei allen seelischen Vollzügen der Leib mitbeteiligt ist oder ob es mindestens einen der Seele eigentümlichen Vollzug gibt, hier zunächst nur diskutiert. Die angeführten Argumente reichen nicht aus, diese Frage und die mit ihr verbundene Frage, ob die Seele nur als Seele eines Beseelten bestehen kann oder auch abgetrennt für sich selbst, zu entscheiden. Einerseits ist eine Argumentation aus Zeichen wie die für Gefühlsstimmungen vorgelegte nicht streng beweiskräftig; die angeführten Phänomene könnten auch anders erklärbar sein. Andererseits wird die Vorstellungsgebundenheit des Denkens nicht bewiesen, sondern nur hypothetisch eingeführt. Ferner ist diese Hypothese bisher nur unscharf formuliert. »Kein Denken ohne Vorstellung« könnte heißen: Vorstellungen sind das gegenständliche Material, auf das wir uns denkend beziehen; Denken ist ein verknüpfendes oder trennendes Urteilen über Vorstellungen. Dann wäre Denken, so wie wir es an uns kennen, zwar gegenständlich an Vorstellung gebunden, nicht aber – wie im Fall des Wahrnehmens und vielleicht auch der affektiven Akte – notwendigerweise instrumental. Es könnte sein, daß der vom Leib getrennten Seele die Gegenstände ihres Denkens auf andere Weise gegeben werden als der mit dem Leib verbundenen Seele. Wer diese Möglichkeit vertritt, muß sich allerdings dem Identitätsproblem stellen, inwiefern eine vom Leib getrennte »denkende Seele« überhaupt noch als dieselbe Seele wie die mit dem Leib verbundene »denkende Seele« bezeichnet werden kann. Um dieses Problem zu lösen, müßte er auch bezüglich des Denkens der mit dem Leib verbundenen Seele ein Moment nachweisen, das in keinem Sinn vorstellungs- und leibgebunden ist und ohne das Denken nicht möglich wäre (vgl. De an. III 3–5).

Eines zeigt Aristoteles' Argumentation in diesem Abschnitt mit aller Deutlichkeit: Der die Abtrennbarkeit der Seele vom Leib Behauptende hat die Beweislast. Die Seelentheorie kann von dieser These jedenfalls nicht ausgehen. Ausgangspunkt der Theorie muß der unbestritten vertraute Sachverhalt sein, daß es

Beseeltes gibt und daß es psychische Vollzüge gibt, an denen der Leib beteiligt ist.

5. Wissenschaftstheoretische Überlegungen über Arten des Definierens: Wie soll in der Psychologie definiert werden?

»Wenn dies so ist, dann gehört Stoffgebundenheit offenbar zum Begriff der (seelischen) Beschaffenheiten. Die Definitionen sind dann etwa folgendermaßen (zu bilden): Zürnen ist eine Bewegung des so und so gearteten Leibes oder eines seiner Teile oder eines seiner Vermögen durch die und die Einwirkung mit dem und dem Zweck.

Und dann ist es eben deswegen Sache des Naturforschers, die Seele wissenschaftlich zu betrachten, entweder jede Seele oder die so und so geartete.

Der Naturforscher und der Dialektiker würden aber jede dieser Beschaffenheiten unterschiedlich definieren. Z. B. ›Was ist Zorn?‹ Der eine würde sagen: ›Streben nach Vergeltung einer Kränkung‹ oder etwas derartiges; der andere: ›Sieden des Blutes oder des Warmen in der Herzgegend‹. Von diesen gibt der eine den Stoff wieder, der andere die Form und den Begriff. Der Begriff der Sache ist nämlich deren Form; doch muß er in einem so und so beschaffenen Stoff sein, wenn er Existenz haben soll. So ist der Begriff des Hauses: ›Obdach zur Verhütung von Schaden durch Wind, Regen und Hitze‹. Ein anderer wird sagen: ›Steine, Ziegel und Holz‹. Wieder ein anderer: ›die Form in diesen zu diesem Zwecke‹.

Wer von diesen ist nun der Naturforscher, der, welcher über den Stoff spricht, den Begriff aber nicht kennt, oder der, welcher nur über den Begriff spricht, oder eher der, welcher (über das spricht, was) aus beidem (besteht)? Wer aber ist dann jeder der beiden Erstgenannten? Oder gibt es niemanden (besonders), der über die Beschaffenheiten des Stoffs handelt, welche nicht trennbar sind und auch nicht als abtrennbar (behandelt werden), sondern der Naturforscher handelt über all das, was Leistung und Erleidung eines so und so gearteten Körpers und eines so und so gearteten Stoffs ist? Was aber nicht als ein solches (behandelt wird), (darüber spricht) ein anderer, über einiges gegebenenfalls der Techniker, z. B. der Baumeister oder der Arzt. Was aber zwar nicht abtrennbar ist, jedoch (behandelt wird), sofern es (gerade) nicht Beschaffenheit eines so und so gearteten Körpers ist, sondern durch Abstraktion (gewonnen wird), darüber handelt der Mathematiker. Sofern aber (etwas) abtrennbar (ist), (handelt hierüber) der das Erste philosophisch Betrachtende.

Aber wir müssen zum Ausgangspunkt unserer Erörterung zurückkehren. Wir hatten gesagt, die Beschaffenheiten der Seele seien vom natürlichen Stoff der Lebewesen nicht irgendwie abtrennbar, (jedenfalls) sofern es sich um Beschaffenheiten wie Heftigkeit und Furcht handelt, und (sie seien) nicht so etwas wie Linie und Fläche.« (De an. I 1, 403 a 24 – b 19)

Die zuletzt plausibel gemachte These, die affektiven Beschaffenheiten und Vollzüge der Seele seien sämtlich nicht rein psychisch, sondern leiblich-seelisch, nimmt Aristoteles zum Anlaß, Überlegungen über die angemessene Art, solche Beschaffenheiten und Vollzüge zu definieren, anzustellen. Zur Diskussion steht damit auch die Frage, zu welcher Wissenschaft die Seelenlehre überhaupt gehört.

Der ganze Abschnitt hat immer noch deutlich disputativen Charakter. Er steht generell unter dem Vorbehalt »wenn dies so ist«. Die Hypothese, von der Aristoteles ausgeht, ist plausibel gemacht, aber noch längst nicht zureichend begründet und gesichert. Ferner läßt Aristoteles ausdrücklich offen, ob die Stoffgebundenheit, welcher man in den Definitionen Rechnung zu tragen hat, von jeder seelischen Beschaffenheit und von jeder Seele gilt oder nur von einem bestimmten Typus von Beschaffenheit und von Seele. Auch ist zu beachten, daß Aristoteles die verschiedenen Wissenschaften, die er erwähnt, personifiziert einführt: Er setzt ein Vorverständnis von dem voraus, worauf der Naturforscher, der Dialektiker, der Techniker, der Mathematiker und der Grundlagenwissenschaftler (der Erste Philosoph) ihre Aufmerksamkeit richten; an dem Punkt jedoch, an dem er präzise Unterscheidungen zwischen Wissenschaften zu treffen beginnt, bricht er die Diskussion ab.

In der ersten Hälfte des Abschnitts erörtert Aristoteles am Beispiel des Zürnens verschiedene Definitionsversuche für Phänomene, deren Bestimmung der Psychologie obliegt. Verallgemeinernd und das Gemeinte an einem Fall aus einem inhaltlich ganz anderen Bereich exemplifizierend verdeutlicht er den prinzipiellen Unterschied dieser Definitionsversuche. In der zweiten Hälfte des Abschnitts ist die Perspektive verändert. Gefragt wird nun, zu welcher Wissenschaft Definitionen der skizzierten Art jeweils gehören.

a. Wie sind psychische Beschaffenheiten zu definieren? Naturwissenschaft und Lebenserfahrung (Dialektik)

Von »Zürnen« werden insgesamt drei Definitionsversuche diskutiert. Der erste ist, genauer gesagt, eher ein Definitionsschema, das in jedem der erwähnten Punkte erst noch inhaltlich gefüllt werden muß. Um diese inhaltliche Füllung bemühen sich dann die beiden folgenden Definitionsversuche in unterschiedlicher Hinsicht. (1) Der im Definitionsschema angegebene Gattungsbegriff lautet »Bewegung«. Bereits diese Angabe ist zu allgemein. Die folgenden Versuche gehen von näher bestimmten Bewegungsarten als »nächster Gattung« aus. (2) Nach der plausibel gemachten Voraussetzung sind bei psychischen Vollzügen – wenn auch vielleicht nicht bei allen – bestimmte körperliche Faktoren kausal mitbeteiligt. Die Definition wird spezifizieren müssen, welche Organe und/oder leiblichen Vermögen jeweils für die zu definierende Tätigkeit, Erleidung oder Beschaffenheit notwendige kausale Bedingungen sind. (3) Zur Bestimmung von Prozessen gehört die Angabe derjenigen Wirkursache, welche erforderlich ist, um den Prozeß in Gang zu bringen und in Gang zu halten. (4) Zur Spezifikation von Prozessen gehört die Angabe des Prozeßziels, auf das der Prozeß gerichtet ist. Lebensprozesse insbesondere sind innerlich auf etwas gerichtet; sie finden statt »wegen ...«; nur wer ihre Funktion und ihren Zweck versteht, wird auch das Muster, nach dem sie typischerweise ablaufen und ihr Ende finden, verstehen.

Aristoteles betont bei der Angabe des Definitionsschemas das Moment (2) der leiblichen Bestimmtheit, indem er wenigstens hier erste Anleitungen zur inhaltlichen Ausfüllung gibt. Diese Akzentsetzung entspricht der Argumentationstendenz des vorigen Abschnitts. Begründungspflichtig ist nicht der, welcher die psychophysische Einheit behauptet, sondern der, welcher sie bestreitet. Kann aber aus der Feststellung, daß Stoffgebundenheit zum Begriff mindestens der Wahrnehmungsvollzüge und der Gefühlsakte und -beschaffenheiten gehört, gefolgert werden, daß die Theorie der Seele (oder wenigstens derjenigen Art von Seele, in deren Beschaffenheiten der Leib involviert ist) zur Naturwissenschaft gehört? Überzieht Aristoteles nicht seine Argumentation? Die Folgerung ist jedenfalls nicht zureichend begründet; sie wird zunächst eher versuchsweise gezogen. Aristoteles problematisiert sie gleich im nächsten Schritt, indem er einem »naturwissenschaftlichen« Versuch, »Zorn« zu definieren, einen »dialektischen« gegenüberstellt.

»Dialektisch« nennt Aristoteles die nicht streng wissenschaftliche Argumentation (vgl. Top. I 1). Die Grundsätze, auf die sich eine solche Argumentation stützt, sind keine allgemeingültigen Sätze mit Notwendigkeitscharakter, sondern reputable, von kompetenten Beurteilern vertretene Meinungen. Die Definitionen, von denen dialektische Untersuchungen ausgehen, orientieren sich am Sprachgebrauch; es ist Aufgabe der Wissenschaft, zu prüfen, ob die vorgeschlagenen Definitionen das Wesen der Sache erfassen und ob sie hinreichen, charakteristische Eigenschaften der Sache zu erklären.

So scharf Aristoteles einerseits die dialektische Disputation für und gegen strittige Thesen von der Wissenschaft absetzt, so sehr betont er andererseits ihren Wert als vorwissenschaftliche Untersuchungsmethode. Zweck dieser Untersuchung ist, möglichst viele in Sätzen formulierbare Informationen über einen Sachverhalt zu sammeln und diese Informationen logisch zu ordnen. Die ›Topik‹ ist der Versuch, das Instrumentarium, von dem in dialektischen Argumentationen Gebrauch gemacht wird, in seinem ganzen Reichtum darzulegen und seine Argumentationsfunktion genau zu klären.

Es gibt einen ganzen Bereich philosophischer Reflexion, der prinzipiell nicht streng wissenschaftlich abgehandelt werden kann. Dies ist der Bereich der *praktischen Philosophie.* Das rechte Handeln ist stets Handeln im Einzelfall, und der Einzelfall kann durch allgemeine Sätze und Regeln nicht erfaßt werden. »Allgemein sprechen« heißt hier »skizzenhaft sprechen, Orientierungen für gelingendes Handeln angeben, welche vom Handelnden selbst auf die jeweilige Handlungssituation anzupassen sind«. In diesem Bereich sind Meinungen prinzipiell nicht in Wissen überführbar; sie sind Reflexionen der Handelnden auf Handeln, Versuche, sich Erfahrungen gelingenden und mißlingenden Handelns bewußt zu machen und das anzugeben, wonach man sich handelnd richten soll. Die praktische Philosophie bezieht sich auf Lebenserfahrung und deren Formulierung in Bewertungsurteilen; sie hat die Aufgabe, die Meinungen durchzusprechen und die impliziten Bewertungskriterien zu reflektieren, den wahren Kern der Meinungen darzulegen und sie kritisch von Irreführendem zu reinigen. Sie behält, da Meinungen in diesem Bereich nicht Vorform von Wissen sind, eine eigentümliche Nähe zur dialektischen Untersuchung.

Der Definitionsversuch von »Zorn«, den Aristoteles dem Dialektiker in den Mund legt, entstammt der alltäglichen Lebenserfahrung; als »Streben nach Gegenkränkung« wird Zorn auch in der ›Rhetorik‹ gefaßt (II 2, 1378a 31–33). Von dem vorausgeschickten Definitionsschema werden in dieser Bestimmung (1) die Art von Bewegung und (4) deren Richtung und Funktion inhaltlich spezifiziert; man kann in der Vorsilbe »gegen« ferner (3) den Reiz erkennen, dessen Wirkung das Streben nach Vergeltung ist. Die dem Naturforscher in den Mund gelegte Definition dagegen spezifiziert außer (1) der Bewegungsart (2) die körperlichen Bedingungen. Zweifellos ist hier wie auch im Parallelbeispiel von Antworten auf die Frage, was ein Haus ist, die dem Naturforscher zugeschriebene Definition weniger befriedigend als die dem Dialektiker zugeschriebene.

Die bloße Aufzählung materieller Bedingungen führt nicht zum Begriff der Sache; die Frage »Was ist das?« kann nur beantwortet werden, indem die »Form«, das Gestaltungsprinzip angegeben wird. Die Form ist in den beiden erwähnten Beispielen identisch mit der Funktion und dem Zweck der Sache. Aber der Definitionsvorschlag des Dialektikers verdient nur vergleichsweise den Vorzug. Seine Einseitigkeit ist zu überwinden, indem beide Definitionsvorschläge miteinander verbunden werden. Zwar verschafft im praktischen Kontext die Angabe des funktionalen Zwecks der affektiven Beschaffenheiten ein zum Umgang mit ihnen hinreichendes Verständnis, so daß sich Redner, Erzieher und Ethiker nicht (oder nur elementar) um die Erfassung der leiblichen Bedingungen zu bemühen brauchen. Wenn jedoch *wissenschaftlich* nach psychischen Beschaffenheiten gefragt wird, dürfen die leiblichen Bedingungen nicht ausgeklammert werden. Wann immer es die Form nicht ohne einen bestimmten Stoff gibt, wird erst eine beide Momente, das form- und zweckhafte und das stoffliche, verbindende Definition die Frage »Was ist das?« wirklich beantworten.

b. Naturwissenschaft, Mathematik, Metaphysik

Welcher Wissenschaft, so fragt Aristoteles weiter, sollte nun diese Stoff und Form verbindende Definitionsweise zugeschrieben werden? Die zunächst in Form einer rhetorischen Frage nahegelegte und wenig später durch Abgrenzungen präzisierte Antwort lautet: Wann immer in einer Definition das stoffliche Moment als begriffliches Merkmal vorkommt, gehört diese Definition in die *Wissenschaft von der Natur.* Während es zunächst in der Gegenüberstellung gegen die dialektische Definition des Zorns so schien, als wäre die Naturwissenschaft auf den stofflichen Aspekt eingeschränkt, wird nun verdeutlicht, daß sich wahre Naturwissenschaft erst erfüllt, indem sie das stoffliche und das formhaft-zweckhafte Moment in ihrer Zusammengehörigkeit erfaßt. Diese Konzeption von Naturwissenschaft (oder, was für Aristoteles dasselbe ist, von Naturphilosophie) ist zwingend auf der Grundlage des Aristotelischen Verständnisses von »Form« und »Materie«. Es gibt keinen ungeformten Stoff und also auch keine Wissenschaft von der Materie als solcher; was ist, ist, wenn es nicht reine Form ist, Einheit von Form und Stoff. Wenn eine solche Einheit begriffen werden soll, dann ist die Sonderung des stofflichen Moments vom Formmoment nötig, aber doch nur als Vorstufe zum Begriff von deren jeweils spezifischer Einheit und Ganzheit.

Nun gibt es außer der Naturwissenschaft auch andere Disziplinen, die mit Beschaffenheiten befaßt sind, welche real nur an stofflich-körperlichen Dingen vorkommen. Aristoteles präzisiert sein Verständnis von Naturwissenschaft, indem er die Naturwissenschaft einerseits von der Sachkunde technischer Disziplinen und andererseits von der Mathematik absetzt.

Das sprachliche Instrument, mit dessen Hilfe die Abgrenzung durchgeführt wird, sind durch die Partikel »als« eingeleitete Phrasen. Das Konnektiv »als« bzw. »nicht als«, das Aristoteles nicht nur – wie einige Philosophen vor ihm und fast alle nach ihm – bemerkenswert oft gebraucht, sondern dessen Verwendungsregeln er auch erforscht hat, dient dazu, den Gesichtspunkt zu bezeichnen, unter dem über etwas gesprochen wird (z. B. »der Mensch als Mensch« ; »dieser Baum, aber nicht als lebender Baum, sondern als geeignetes Holz für ...«; »ich schätze ihn als Freund, aber nicht als Arzt«). Der Naturwissenschaftler, der Kunstfertige und der Mathematiker handeln alle über Beschaffenheiten von Körpern; aber sie tun dies unter ganz verschiedenem Gesichtspunkt; mag auch ihr Materialobjekt dasselbe sein, so ist doch ihr Formalobjekt verschieden.

Der *Kunstfertige* richtet seine Aufmerksamkeit auf das, was er aus einem bestimmten Stoff machen oder was er an ihm verändern kann. Seine Intention geht auf ein ganz bestimmtes Werk. Unter dieser Intention betrachtet er Materialien und deren Beschaffenheiten, aber nicht im allgemeinen, nicht »als« Beschaffenheiten dieser Art von Körper, sondern im besonderen, »als« Beschaffenheiten gerade dieses Körpers. Auch interessieren ihn die Körperbeschaffenheiten und -formen nicht »als solche«, sondern nur als Ausgangspunkt für die Formbestimmtheit, die er dem vorliegenden Material zu geben beabsichtigt. Die Naturwissenschaft dagegen erforscht aus Stoff und Form zusammengesetzte Substanzen mit ihren jeweils charakteristischen Eigenschaften; ihr Formalobjekt ist all das, was »Leistung und Erleidung« (oder Beschaffenheit) einer so und so gearteten stofflichen Substanz ist.

Die Gegenstände *mathematischen Wissens* existieren real nur als Beschaffenheiten von Körpern; es gibt Gerade und Winkel nur als Kanten und Ecken an Körpern. Aber der Mathematiker abstrahiert gerade von der stofflichen Existenzweise. Die geometrischen Definitionen und Lehrsätze gelten nicht von Beschaffenheiten einer so und so gearteten stofflichen, sinnlich gegebenen Substanz, sie gelten nicht von der Substanz, welche diese Beschaffenheiten hat, sondern von den Beschaffenheiten selbst, als ob sie Gegenstände und nicht Größenbeschaffenheiten von Gegenständen wären (vgl. Met. M 3).

Gegenstand der Naturwissenschaft sind Formbestimmtheiten, welche nur als Bestimmtheiten von etwas Stofflichem existieren, und zwar sofern sie nur als Bestimmtheiten von etwas Stofflichem existieren (»nicht abtrennbar« sind). Gegenstand der Mathematik sind Größen- und Gestaltbestimmungen, welche zwar nur als Bestimmungen von etwas Stofflichem existieren, die aber gedanklich »abgetrennt« werden; Größe und Figur werden ohne Bezug auf das, woran sie vorkommen, erforscht, als ob es sie abgetrennt von jedem wahrnehmbaren Stoff gäbe (vgl. Phys. II 2, 193b 22 – 194a 15). Von beiden Wissenschaftsdisziplinen unterscheidet Aristoteles eine dritte Disziplin, die er *»erste Philosophie«* nennt. Ihr Gegenstand sind Formen, die ohne Stoff existieren können; »Abtrennbarkeit« ist hier eine ontologische Kennzeichnung – wie »Nichtabtrennbarkeit« in bezug auf die Gegenstände der Physik – und nicht nur eine Kennzeichnung der Betrachtungsweise – wie »Abtrennbarkeit« in bezug auf die Gegenstände der Mathematik (vgl. Met. E 1).

c. Die Seelentheorie als Thema der Naturphilosophie und als Thema der Metaphysik

Es scheint, daß Aristoteles die »erste Philosophie« hier nur erwähnt, um die Naturphilosophie auch von ihr zu unterscheiden. Er bricht die wissenschaftstheoretisch en Überlegungen ab und lenkt die Betrachtung zurück auf den »Ausgangspunkt der Erörterung«: Sofern die Wissenschaft von der Seele über »Beschaffenheiten der Seele« handelt, die »vom natürlichen Stoff der Lebewesen« nicht einmal durch gedankliche Abstraktion »abtrennbar« sind, gehört diese Wissenschaft zur Naturwissenschaft oder Naturphilosophie.

Diese Zuordnung ist durch die zuletzt vorgetragenen Überlegungen einsichtig gemacht worden. Der vertiefte Begriff von Naturwissenschaft und die konkrete Erörterung von Lebensfunktionen und -vollzügen schließen sich zusammen. Einerseits wurde gezeigt, daß die Naturwissenschaft nicht nur Wissenschaft vom Stoff sein kann; zur ihr gehört auch und vor allem die Erfassung der Form und der funktional-zweckhaften Einheit des jeweiligen Forschungsgegenstandes. Wenn die Naturwissenschaft Lebendiges erforscht, dann kann sie das, was die jeweils thematischen Lebensvollzüge ermöglicht, nicht ausklammern. Das, was das Lebendigsein des Lebendigen ausmacht, aber ist die Seele. Andererseits sind Lebensvollzüge – wenn auch vielleicht nicht alle, so doch jedenfalls die meisten – an leibliche Organe gebunden, ohne welche sie nicht sein könnten. Gegen Platon betont Aristoteles, daß die Seele nicht nur beiläufig mit einem Leib verbunden ist. Zwar können wir über psychische Beschaffenheiten und Vollzüge sprechen, ohne deren leibliche Bedingtheiten zu erwähnen; Aristoteles tut dies, wie erwähnt, selbst ganz bewußt in den Schriften zur praktischen Philosophie. Doch muß solch pragmatisches Absehen von etwas streng von der wissenschaftlichen Abstraktion unterschieden werden. Weil Leiblichkeit nicht nur zur Gegebenheitsweise, sondern zum Begriff psychischer Vollzüge wie Wahrnehmen, Begehren, Fühlen gehört, deshalb ist der Frage nach dem Was-sein solcher Lebensphänomene nicht so beizukommen, daß man das Psychische vom Physischen theoretisch abtrennt.

Stoff und Form, Vermögen und Erfüllung sind in diesem Bereich Verhältnisbegriffe, und zwar in zweifachem Sinn. Zum einen ist die Entelechie nur im Verhältnis zu einer bestimmten Möglichkeit bestimmbar; sie ist deren vollendende Erfüllung, und die Möglichkeit ist Möglichkeit für sie. Eine – auch nur gedankliche – Abtrennung der Form, wie sie für die Mathematik charakteristisch ist, verfehlt hier das Phänomen grundsätzlich. Der Leib, das Ganze der Organe, ist das für bestimmte Lebensvollzüge Geeignete, und diese Vollzüge sind – wir können auch sagen: die Seele ist – der Leib als lebend. Zum anderen ist immer nur für eine bestimmte Stufe »verhältnismäßig« fixierbar, was das Möglichkeits- und was das Erfüllungsmoment ist. Ein bestimmter Stoff S_1 ist geeignet für eine bestimmte aktualisierende Formbestimmung und Funktion F_1; das Ganze von S_1 und F_1 ist wiederum als S_2 geeignet für F_2 usw. Das niedere Vermögen kann ohne das höhere vorkommen – z. B. das Ernährungs- und Reproduktionsvermögen in Pflanzen, der Tastsinn in niederen Tieren –, das höhere aber nicht ohne das niedere. Was im Vergleich zu einer niederen Stufe Lebenserfüllung ist, das ist im Vergleich zur höheren bloße Vorform einer gesteigerten Erfüllung. Die Steigerung selbst ist nicht so zu verstehen, daß neue Formen oder »Seelenteile« zu den bereits vorhandenen hinzugefügt würden, sondern so, daß das Leben, dessen Prinzip wir »Seele« nennen, sich fortschreitend ausdifferenziert.

Aristoteles hat zweifellos recht gesehen, was Leben für Natur-Seiendes ist, wenn er in der ganzen Problemexposition die Aufmerksamkeit immer wieder auf diejenigen psychischen Beschaffenheiten und Vollzüge richtet, die leibgebunden sind. Eine auf systematische Vollständigkeit angelegte Wissenschaft von der Seele darf die naturwissenschaftliche Dimension keinesfalls vernachlässigen. Aber diese entschiedene Konzentration auf die naturwissenschaftliche Dimension der Seelentheorie darf doch nicht so verstanden werden, als wäre bereits ausgemacht, daß die Psychologie vollständig und ausschließlich Thema der Naturwissenschaft sein kann. Immer wieder hat Aristoteles ja auch ausdrücklich die Fragen offen gelassen, ob *alle* Beschaffenheiten der Seele leibgebunden sind und ob *jede* Seele notwendig Seele eines Beseelten (eines Leibes) ist. Wenn sich herausstellen sollte, daß es auch eine Seele geben kann, die ohne Leib existieren und tätig sein kann, dann gehört – nach den wissenschaftstheoretischen Erörterungen – die Erforschung dieser Seelenart nicht zum Gegenstandsbereich der Naturphilosophie, sondern zum Gegenstandsbereich der »ersten Philosophie«.

In der Tat lehrt Aristoteles, daß das Studium des Intellekts oder der Seele, sofern sie denkt, nicht mehr zur Naturwissenschaft gehören kann (vgl. De an. III 4 – 5). Die Argumente können hier nicht mehr dargelegt werden. Es muß genügen, das Problem zu formulieren, das Aristoteles dazu geführt hat, im Intellekt ein nicht organgebundenes, »abtrennbares« Moment anzunehmen. Aristoteles geht aus vom Vergleich zwischen Wahrnehmen und Denken. Wahrnehmen wird nur dann wirklich, wenn Wahrnehmungsgegenstände im Wahrnehmungsfeld gegeben sind. Denken dagegen ist von solchem Gegebensein nicht abhängig. Zwar bedarf der Mensch zum Denken eines aus Wahrnehmungen stammenden Vorstellungsmaterials; ob er aber wirklich, indem er über etwas nachdenkt, an diesem Material aktiv wird oder nicht, das steht ganz bei ihm und bei nichts außer ihm. Es muß also ein ursprünglich tätiges (nicht durch etwas anderes getätigtes) Moment in der Vernunft geben. Ohne die Annahme eines solchen Prinzips, das reines Tätigsein ist, wäre Denken als realer Vorgang, der manchmal statthat und manchmal nicht, unerklärbar.

d. Das Problem der Einheit der psychologischen Theorie

Kann man von einer einheitlichen Aristotelischen Seelentheorie sprechen, wenn diese Theorie zwischen zwei grundsätzlich verschiedenen wissenschaftlichen Disziplinen aufgeteilt wird? Diese Frage hat uns bereits in den ersten Abschnitten unserer Untersuchung beschäftigt; sie hat, in dieser oder in anderer Form gestellt – z. B. als Frage nach Antidualismus oder Dualismus in Aristoteles' Behandlung des Leib-Seele-Problems –, zu Schulbildungen innerhalb der Aristoteliker geführt. Ich will versuchen, indem ich die wichtigsten im Verlauf dieser Untersuchung gestellten Fragen wieder aufnehme, Thesen zu ihrer Lösung zu formulieren.

1. Die Lösung der Frage, ob die Aristotelische Psychologie zu den biologisch-naturwissenschaftlichen Abhandlungen oder zur Methaphysik gehöre (vgl. oben A. 2; B), besteht nicht in der Entscheidung für eine der Positionen (weder grundsätzlich, noch im Sinne einer chronologischen Schichtentheorie).

1.1. Wenn die Kommentatoren glaubten, sich für eine der alternativen Positionen entscheiden zu müssen, dann deshalb, weil sie davon ausgingen, daß es eine einheitliche konsistente Seelentheorie nur geben könne, wenn es einen einheitlichen Begriff von »Seele« gebe.

1.2. Einen einheitlichen Begriff der Seele könnte es nur geben, entweder wenn allgemeingültig jede Seele strukturierendes und belebendes Prinzip für einen organisch differenzierten Körper wäre oder wenn gerade dies, Form eines solchen Körpers zu sein, allgemeingültig kein Merkmal des Seelenbegriffs wäre.

2. Es gibt keinen einheitlichen Begriff von »Seele« (vgl. oben C. 2; D; E. 2. a). Im Unterschied zu »Lebewesen« ist »Seele« kein Gattungsbegriff. Die vegetative, die sensitive und die rationale Seele sind, genau gesprochen, keine Seelenarten.

2.1. Die Frage, was die Seele ist, ist begrifflich nur »im Umriß« zu beantworten: Für jegliches Leben ist Seele das Prinzip (De an. II 2, 413b 10–13). Die Ausarbeitung dieser »Umriß«-Antwort besteht in der Erforschung der Lebensfunktionen.
2.1.1. Das geeignete Instrumentarium für diese Analyse ist nicht die begrifflich-kategoriale Unterscheidung zwischen »Wesen« und »Eigenschaften«, sondern die analogisch anzuwendende Unterscheidung zwischen »Dynamis« und »Entelechie«.
2.1.2. Im Verhältnis zu der je höheren Lebensverwirklichung sind alle früheren insgesamt geeignet disponierte Möglichkeit. Die höhere Verwirklichung strukturiert die niederen von Grund auf durch. (Nahrungsaufnahme, Begattung, Wahrnehmung usw. sind für den Menschen nicht dasselbe wie für andere Lebewesen.)
2.1.3. Was eine Seele ist, ist erkennbar aus dem, was sie vollzieht (vgl. oben E. 3). Das Verhältnis von Was-sein und Vollzug ist das von erster zu zweiter Entelechie.
2.2. Die Frage, ob alles, was von der Seele (oder von einer Seele eines bestimmten Typs) gilt, auch von einem Beseelten gilt, ist unterschiedlich zu beantworten, je nachdem, was als »beseelt« angesetzt wird.
2.2.1. Geht man davon aus, daß das Beseelte der Leib ist, dann muß man sagen: Es gibt einen psychischen Vollzug, der nicht zugleich ein leiblicher Vollzug ist; dies ist der Vollzug des »tätigen Intellekts«.
2.2.2. Geht man davon aus, daß das Beseelte das Lebewesen ist, dann ist jeder psychische Vollzug Lebensvollzug eines Lebewesens. Jedoch ist zu beachten: Das Lebewesen ist nicht etwas, das eine Seele hat, sondern die Seele ist die Wirklichkeit des Lebewesens, ist sein Lebendig-sein.
3. Die Aristotelische Theorie der Seele ist einheitlich als Theorie der Kontinuität von Lebensmanifestationen. Diese erschließen sich der funktional-zweckhaften Betrachtung; die morphologische Betrachtung ist nachgeordnet.
3.1. Der Aufstieg zu immer reicheren und komplexeren Lebensvollzügen führt zuletzt an einen Punkt, der – anders als die zu ihm führenden Stufen – nur als vollendetes, veränderungsfreies Sich-im-Ziel-Haben, als reiner Selbstvollzug faßbar ist.
3.2. Diesen Übergang zur metaphysischen Dimension begründet Aristoteles damit, daß ohne ihn unbegreifbar bliebe, wie das mögliche Erkennen zu wirklichem Erkennen werden kann. Der Übergang entspricht aber strukturell so genau dem Übergang

von der Naturphilosophie zur Metaphysik generell, daß man seine Bedeutung wohl allgemeiner kennzeichnen darf: Ohne die Fundierung in einem wesenhaft Wirklichen und Tätigen wäre der ganze Ansatz der Aristotelischen Psychologie – »Natur« und »Leben« als das, was das Prinzip der Bewegung in sich selbst hat; Priorität der Wirklichkeit vor der Möglichkeit; »Seele« als Tätigkeitsprinzip – nur heuristisch durch das, was er an Lebensstrukturen beschreibbar macht, gerechtfertigt. Erst in der höchsten Seelenwirklichkeit zeigt sich, wodurch alle übrigen psychischen Vollzüge ermöglicht sind, eben durch die Fundierung in einem Tätigsein, das nicht mehr Aussein auf ..., sondern vollkommenes Sich-im-Ziel-Haben ist.

3.3. Aristoteles betrachtet nur die lebendigen Wesen als Substanzen (Met. Z 16, 1040 b 5–16). Von allen lebendigen Wesen aber handelt die Seelentheorie. (Die Probleme, die Aristoteles' Himmelstheorie stellt, können hier nicht erörtert werden.) Die Seelentheorie ist also nichts anderes als die Konkretion der Aristotelischen Ontologie. Sie ist zugleich in der Lehre vom Geist, der »alles denkt«, auch sich selbst, Reflexion auf die Möglichkeit einer allgemeinen Theorie des Seienden und der Substanz. Sowohl gnoseologisch als auch ontologisch ist Aristoteles' Behauptung über die erschließende Kraft der Seelentheorie (vgl. oben B) gerechtfertigt. Die von den Kommentatoren und Interpreten geführte Kontroverse, ob Aristoteles' Schrift ›Über die Seele‹ eine biologische Forschungsarbeit oder eine philosophische Prinzipientheorie darstelle, ist verfehlt. Aristoteles' Denken widersteht einer solchen Trennung von Wissenschaft und Philosophie.

Literaturverzeichnis

Aristoteles' Werke

Aristotelis Opera. Ex recensione I. Bekkeri. Edidit Academia Regia Borussica. 5 Bde. Berlin 1831–1870; Nachdruck 1955 ff. Nach dieser Ausgabe wird mit Seiten-, Spalten- und Zeilenzählung zitiert.

Philosophische Werke. Hrsg. v. E. Rolfes. 13 Bde. Leipzig 1920–1924 (Philosophische Bibliothek)

Werke. In deutscher Übersetzung hrsg. v. E. Grumach. Berlin, Darmstadt 1958 ff. Mit Einleitungen in den Forschungsstand und reichhaltigen Anmerkungen. Aus dieser Ausgabe wird zitiert: Bd. 13: Über die Seele. Übers. v. W. Theiler. 1959

Gesamtdarstellungen (meist ebenfalls mit Bibliographie)

Allan, D. J.: The philosophy of Aristotle. Oxford 1952, ²1970; deutsch: Hamburg 1955

Bröcker, Walter: Aristoteles. Frankfurt a. M. ³1964

Düring, Ingemar: Aristoteles. Darstellung und Interpretation seines Denkens. Heidelberg 1966

Ders.: Aristoteles. In: Pauly-Wissowa. Realencyclopädie der Classischen Altertumswissenschaft, Suppl.-Bd. XI. Stuttgart 1968

Jaeger, Werner: Aristoteles. Grundlegung einer Geschichte seiner Entwicklung. Berlin 1923, ²1955

Ross, William David: Aristotle. London 1923, Nachdruck der 5. Aufl. 1960 und öfter

Zeller, Eduard: Die Philosophie der Griechen in ihrer geschichtlichen Entwicklung. Bd. II, 2: Aristoteles und die alten Peripatetiker. Leipzig ³1879, Nachdrucke 1921, 1963

Aufsatzbände (geeignet zur Einarbeitung in die Aristoteles-Forschung)

Aristotle on mind and the senses. Proceedings of the Seventh Symposium Aristotelicum. Hrsg. v. G. E. R. Lloyd und G. E. L. Owen. Cambridge, London, New York, Melbourne 1978

Aristote et les problèmes de méthode. Communications présentées au Symposium Aristotelicum tenu à Louvain 1960. Hrsg. v. A. Mansion. Löwen, Paris 1961

Autour d'Aristote. Recueil d'études de philosophie ancienne et médiévale, offert à Msgr. A. Mansion. Löwen 1955

Plato and Aristotle in the mid-fourth century. Hrsg. v. I. Düring und G. E. L. Owen. Göteborg 1960

Articles on Aristotle. Hrsg. v. J. Barnes, M. Schofield und R. Sorabji. Bd. 1: Science. London 1975; Bd. 2: Ethics and politics. 1977; Bd. 3: Metaphysics. 1979; Bd. 4: Psychology and aesthetics. 1979

Aristoteles in der neueren Forschung. Hrsg. v. P. Moraux. Darmstadt 1968 (Wege der Forschung, Bd. LXI)

Metaphysik und Theologie des Aristoteles. Hrsg. v. Fr.-P. Hager. Darmstadt 1969 (Wege der Forschung, Bd. CCVI)

Ethik und Politik des Aristoteles. Hrsg. v. Fr.-P. Hager. Darmstadt 1972 (Wege der Forschung, Bd. CCVIII)

Die Naturphilosophie des Aristoteles. Hrsg. v. G. A. Seeck. Darmstadt 1975 (Wege der Forschung, Bd. CCXXV)

Logik und Erkenntnislehre des Aristoteles. Hrsg. v. Fr.-P. Hager. Darmstadt 1972 (Wege der Forschung, Bd. CCXXVI)

Bibliographien

Schwab, Moïse: Bibliographie d'Aristote. Paris 1896
Mansion, A.: Chronique de litterature aristotélicienne. In: Revue néoscolastique de philosophie 40 (1937) und 41 (1938)
Tijdschrift voor Philosophie 2 (1940) und 7 (1945)
Scott, J. W.: A synoptic index to the proceedings of the Aristotelian Society, 1900–1949, Oxford 1954
Long, H. S.: A bibliographical survey of recent works in Aristoteles (from 1945 onwards). In: Classical Weekly 51 (1957–1958)
Berti, E.: La filosofia del primo Aristoteles. Padua 1962
Totok, Wilhelm: Aristoteles. In: Handbuch der Geschichte der Philosophie. Bd. 1: Altertum. Frankfurt a. M. 1964

Thomas von Aquin

von Albert Zimmermann

1. Einleitung

Thomas von Aquin wurde Ende 1224 oder Anfang 1225 auf dem Schloß Roccasecca bei Aquino, etwa auf halbem Weg zwischen Rom und Neapel, als Sohn eines Grafen geboren. Kaiser Barbarossa war sein Großonkel und Kaiser Friedrich II. sein Halbvetter. 1230 geht er als Schüler nach Montecassino. 1235 wird er Student an der von Friedrich II. einige Jahre vorher gegründeten Universität von Neapel. 1244 tritt er dort in den erst einige Jahrzehnte bestehenden Orden der Predigerbrüder oder Dominikaner ein. Von 1245 bis 1248 studiert er in Paris an der damals bedeutendsten europäischen Hochschule. Der Lehrer, der ihn am nachhaltigsten beeinflußt, ist der aus Schwaben stammende Naturforscher, Philosoph und Theologe Albertus Magnus. Dieser nimmt Thomas 1248 mit nach Köln, wo er eine Ordenshochschule gründet und leitet. Thomas setzt in Köln die Studien fort, bis er dann 1252 wieder nach Paris geschickt wird. 1256 erhält er trotz des Widerstands einflußreicher Kreise der Universität die »licentia docendi«. Drei Jahre lang wirkt er als Professor der Theologie in Paris. Nachdem er 1259 an einem Generalkapitel seines Ordens in Valenciennes teilgenommen hat, geht er als Theologe an die päpstliche Kurie, zuerst in Anagni, dann in Orvieto. Von 1265 bis 1267 hält er sich in Rom auf, und danach folgt er erneut einem Ruf an die Kurie, die sich inzwischen in Viterbo befand. Auf Geheiß seiner Ordensoberen begibt er sich 1268 wieder als Professor nach Paris. Seine Hauptaufgabe ist es nun, in die heftigen Auseinandersetzungen an der theologischen und der philosophischen Fakultät einzugreifen und durch seine wissenschaftliche Arbeit den Streit der Meinungen, der zu einer schweren Gefährdung der angesehenen Universität geworden ist, beizulegen. Seine Lehrtätigkeit, vor allem die öffentlichen Disputationen, und seine Schriften verschaffen ihm höchstes Ansehen, nicht zuletzt bei den Philosophen, die seine Kommentare zu den Werken des Aristoteles als äußerst hilfreich für ihre Lehrtätigkeit schätzen. 1272 übernimmt er in Neapel die Leitung der dortigen theologischen Fakultät, nachdem er es abgelehnt hat, Erzbischof dieser Stadt zu werden. Auf der Reise zum Unionskonzil in Lyon erkrankt er schwer, und am 7. März 1274 stirbt er im Zisterzienserkloster Fossa Nuova. 1323 wird er von der Kirche heiliggesprochen und 1567 zum Kirchenlehrer erklärt. Sein Grab befindet sich in der Kirche St. Severin zu Toulouse.

Die knapp 50 Jahre seines Lebens spielen sich also nahezu vollständig im damaligen akademischen Bereich ab. Die Welt des Thomas sind der Orden, dem er dient, und die Universität. Als Ordensmann folgt er seinem Entschluß, dem Ideal eines am Evangelium orientierten »alternativen« Lebens nachzustreben, und als Wissenschaftler sieht er seine Aufgabe darin, die vielen neuen Lehren und Ideen, die durch das Bekanntwerden der Aristotelischen Philosophie und der reichen griechischen und arabischen Gelehrsamkeit den traditionellen Rahmen der christlichen Schulen und Hochschulen in Mitteleuropa sprengten, aufzugreifen und aus dem Geist der Offenbarung heraus zu deuten. Beides, die vorbildliche Verwirklichung evangelischen Lebens und die Verteidigung der Wahrheiten des Glaubens gegen einseitige Interpretationen der neuentdeckten Philosophie, stellt höchste Anforderungen an die Person und den Denker. Das nach außen hin ruhige und fast ereignislose Leben des Thomas ist in Wahrheit ein beständiges Ringen: mit den Gegnern der neuen Orden, mit dem Mißtrauen gegen eine Wissenschaft, die sich vorbehaltlos der Wirklichkeit zuwendet, und mit Philosophen, die in der möglichst getreuen Wiederholung der Lehren des Aristoteles das Ziel philosophischer Arbeit sehen. Thomas versteht seine Bemühungen als Beitrag zum stetigen Wachsen menschlicher Erkenntnis, und er hat – wie überliefert wird – gegen Ende seines Lebens die Begrenztheit und Unzulänglichkeit seines gewaltigen philosophischen und theologischen Werkes schmerzlich empfunden: »Alles, was ich geschrieben habe, erscheint mir wie Spreu, verglichen mit dem, was ich geschaut habe«, soll er gesagt haben, als er endgültig die Feder aus der Hand legte.

Thomas von Aquin auf wenigen Seiten als Philosophen vorzustellen, ist aus drei Gründen schwierig: Er ist Theologe, der sein Denken bewußt in den Dienst der hl. Wissenschaft stellt. Seine Schriften sind außerordentlich umfangreich. Schließlich lebte er in einer Zeit und Umwelt, die uns in mancherlei Hinsicht fremd ist. Aber diese Schwierigkeiten machen einen Versuch, Grundgedanken seiner Philosophie nachzugehen, nicht unmöglich. Natürlich kann dabei nur exemplarisch vorgegangen werden. Die folgende Darstellung ist geleitet von der Absicht, trotz der Einseitigkeiten, die jede Auswahl mit sich bringt, einige wesentliche Lehren des Thomas zu vermitteln. Vielleicht wird dabei deutlich werden, wie wenig es philosophischem Denken angemessen ist, stärker auf den zeit- und gesellschaftsbedingten Charakter eines Werkes zu achten als auf das immer wieder erstaunliche Phänomen, daß das philosophische Gespräch Abstände von Zeit und Geschichte zu überbrücken vermag.

2. Über Ziel und Grenze der Philosophie

Thomas von Aquin ist Theologe, und er läßt nie einen Zweifel daran aufkommen, daß er seine Aufgabe darin sieht, die Wirklichkeit dem menschlichen Verstehen im Licht der christlichen Offenbarung soweit wie möglich zu erschließen. Als Theologe stützt er sich nun auf Aussagen, deren Wahrheit nicht durch Erfahrung und Vernunft verbürgt ist, sondern im Glauben an die Botschaft des Evangeliums angenommen wird.

Kann dann aber Thomas überhaupt einer philosophischen Weltsicht den ihr gebührenden Raum geben? Die Philosophie zeichnet sich doch gerade dadurch aus, daß sie nur die Erkenntnisse gelten läßt, die der Mensch durch Beobachtung der Natur und seiner selbst, durch Erfahrung und durch Nachdenken zu gewinnen vermag. Werden die geistige Anstrengung und die Disziplin, die dem Philosophen um seiner Einstellung willen abverlangt werden, nicht von vornherein entwertet, ja verraten, wenn man sie für vereinbar hält mit der Anerkennung von Wahrheiten, die eine andere Quelle haben? Werden damit der Philosophie nicht willkürlich Schranken gesetzt, die dem philosophischen Frageimpuls nicht gerecht werden?

Thomas schätzt die Bedeutung des menschlichen Strebens nach Erkenntnis und Einsicht viel zu hoch ein, als daß er nicht Rechenschaft über die Vereinbarkeit seines Suchens nach Wissen mit seinem Glauben abgelegt hätte. Wer seine Haltung begreifen will, muß mit ihm die folgende Überlegung anstellen: Was das philosophische Denken tatsächlich zu leisten vermag, entspricht nicht dem im Menschen liegenden Wissensdrang, dem dieses Denken selbst erwächst und der es in Bewegung hält. Der Philosophierende wird, wenn er sich dem Streben nach Wissen vorbehaltlos überläßt, nachdenkend über die Philosophie hinausgedrängt, so daß ihm die Anerkennung einer Belehrung, die eine andere Herkunft hat als eigene Erfahrung und Einsicht, keineswegs sinnlos erscheinen muß. »Den Glauben zu haben, liegt nicht in der menschlichen Natur; aber es liegt in der menschlichen Natur, daß der Geist des Menschen sich nicht dem inneren Antrieb und der von außen kommenden Verkündigung der Wahrheit widersetzt.« (S. th. II–II, 10, 1, ad 1) Der christliche Glaube ist also gewiß etwas anderes als philosophisches Wissen. Aber wer im Glauben deshalb eine dem Philosophen nicht zumutbare Haltung sieht, verkennt, wie tief die menschliche Wahrheitssehnsucht ist, aus welcher gerade die Wissenschaften und die Philosophie leben.

Die Notwendigkeit einer Aufklärung des Menschen über sich selbst und über seine Bestimmung läßt sich nach Thomas deutlich erkennen. Allem menschlichen Handeln, allen vielfältigen Bemühungen der Menschen, vor allem derjenigen, welche die Werke des Geistes hervorgebracht haben, liegt ein Streben zugrunde, ein rastloses Suchen und Schaffen. Wann immer der Mensch etwas tut, ist er dabei von einem Ziel geleitet, das er verfolgt. Es gibt nun mannigfache und sehr verschiedene Ziele, die wir uns setzen und zu erreichen suchen. Eigenartig ist jedoch, daß – wie jeder immer wieder erfährt – keines der Ziele, die er verfolgt und erreicht, geeignet ist, sein Streben zur Ruhe zu bringen. Dieses ist offenbar über jeden Horizont hinaus gerichtet, es ist buchstäblich grenzenlos. Ständig erleben wir, daß wir uns nach mehr sehnen, als wir jeweils erreicht haben, daß wir nach mehr ausgreifen. Das Fragen und das Forschen des Wissenschaftlers und des Philosophen sind ein besonders deutliches Zeichen dieses menschlichen Drängens, welches jede Grenze hinter sich läßt. Es gibt keine Lösung eines wissenschaftlichen Problems, die nicht neue Fragen entstehen ließe, und es gibt keine Generation, die sich nicht zu Recht berufen wüßte, für den Fortschritt der Erkenntnis zu arbeiten und zu wirken. Thomas sieht deshalb »die Zeit gewissermaßen als die Erfinderin und gute Mitarbeiterin« im Werdegang der Wissenschaften (In Ethic, I, l. 11).

Jeder Mensch verlangt offensichtlich – so beschreibt Thomas diesen Befund – danach, seine Vollendung und Erfüllung zu finden. Dieses Verlangen läßt sich als der tiefste Antrieb des vielfältigen menschlichen Strebens erkennen, es hält die Tätigkeiten in Gang, und in ihm haben sie alle eine letzte einheitliche

Wurzel. Es ist jedoch so umfassend und reicht in eine solche Weite, daß keine konkrete Zielsetzung ihm zu entsprechen vermag. Keines der Ziele, die wir zu verfolgen und zu verwirklichen imstande sind, ist dem Streben, durch das unser Tun erst möglich wird, wirklich angemessen. Wir erkennen also, daß wir auf ein Ziel gerichtet sind, das wir zwar in gewisser Weise umschreiben können, das wir aber seinem Inhalt nach nicht zu begreifen vermögen. Eine zutreffende Benennung ist etwa: »letztes Ziel«; denn sie bringt zum Ausdruck, daß es geeignet ist, unserem Streben die ihm entsprechende Vollendung zu geben. Man kann auch von »Glückseligkeit« sprechen, die in der Erreichung des letzten Ziels liegt, oder vom »vollendeten Guten, welches das Verlangen zur Ruhe bringt« (S. th. I–II, 2, 8, c). Wenn aber auch eingesehen werden kann, daß der Mensch stets und ständig vom Ausgreifen nach diesem letzten Ziel angetrieben ist – wie sonst wäre zu begreifen, daß nichts von uns jemals Erreichtes unserem Streben ein Ende setzt –, so gelingt es uns doch nicht zu erkennen, worin das letzte Ziel, worin die Vollendung oder die Glückseligkeit besteht.

Dies zeigt sich einmal darin, daß die verschiedenen Menschen durchaus verschiedene Güter als ihr letztes Ziel ansehen, sei es Reichtum, Macht, Ehre oder Lust. Kein Versuch, eines dieser Güter als das dem Menschen voll und ganz gemäße Ziel aufzuweisen, vermag jedoch einer Kritik standzuhalten, die sich nur auf die zweifelsfrei erkennbare Dynamik dieses Strebens zu stützen braucht. Thomas beschreibt dies so: »Der Gegenstand des Willens, des menschlichen Strebevermögens, ist das uneingeschränkte Gute, so wie der Gegenstand des Verstandes das uneingeschränkte Wahre ist. Woraus einleuchtet, daß nichts das Wollen des Menschen zur Ruhe bringen kann, es sei denn das uneingeschränkt Gute. Dieses aber ist in keinem Geschöpf zu finden, sondern nur in Gott; denn jedes Geschöpf besitzt nur eine mitgeteilte (und damit eingeschränkte) Gutheit. Darum kann nur Gott den Willen des Menschen ausfüllen«. (S. th. I–II, 2, 8, c.)

Das zeigt sich auch, wenn man die Auskünfte der Philosophen über Ziel und Bestimmung des Menschen durchmustert. Die Philosophen sahen sicherlich ihre wichtigste Aufgabe darin, dieses Rätsel zu lösen, und zwar mit Hilfe der Erfahrung und des Denkens. Ihre Antworten bieten jedoch ein enttäuschendes Bild. Sie enthalten nicht nur mancherlei Irrtümer, sondern sie verwirren uns auch, weil kaum zwei oder drei eine übereinstimmende Auskunft über die Bestimmung des Menschen geben. Auch die großen Philosophen entgingen also nicht dem Dilemma, zwar das Streben des Menschen durchaus in seiner unbegrenzten Weite und Tiefe zu erkennen, dessen Ziel jedoch nicht erfassen zu können. Am deutlichsten hat Aristoteles dem Ausdruck gegeben, indem er das dem Menschen in seinem irdischen Leben mögliche Glück von einer vollkommenen Glückseligkeit unterscheidet, die nur den Göttern vorbehalten sei. Die hervorragenden Geister erkannten also, daß der Mensch sich nach einer Erfüllung sehnt, die er in seinem Leben nicht erreichen kann, und darum litten sie unter einer Not, die durch keine philosophisch begründete Hoffnung gelindert zu werden vermochte (S. c. g. III, c. 48).

Es ist nun nach Thomas auch tatsächlich nicht möglich, mit den Mitteln des philosophischen Denkens zu einer hinreichend klaren Einsicht in das letzte Ziel menschlicher Existenz zu gelangen. Man kann zwar einiges über dieses Ziel ausmachen, so etwa, daß die Glückseligkeit, die dem Menschen als einem vernunftbegabten Wesen gemäß sein soll, in einer Betätigung seines höchsten Vermögens bestehen muß. Allerdings ist das nicht dasselbe wie der Besitz der spekulativen Wissenschaften, in welchem einige Philosophen die Glückseligkeit sahen. Man vermag einzusehen, daß die Erfüllung des Menschen nicht im Wissen über irgendein Geschöpf liegen kann, sondern nur in einer schauenden Begegnung mit dem Ursprung und der Quelle aller Dinge; denn nur dadurch kann das im Menschen wache Verlangen nach vollendetem und endgültigem Wissen befriedigt werden. Es läßt sich auch erkennen, daß die tiefste Kraft des Willens, die Liebe, ihre Erfüllung finden muß, wenn anders der Mensch glückselig sein soll. Aber wenn diese Beschreibungen des letzten Zieles auch sinnvoll und begründbar sind, so gehen sie doch einher mit der Einsicht, daß dieses Ziel die im Menschen liegenden naturhaften Fähigkeiten überragt. Die göttliche Wesenheit ist, da unendlich, jedem geschaffenen und damit endlichen Wesen aus dessen eigener Kraft unzugänglich. Es bleibt also dabei, daß das philosophische Denken nur dazu gelangt, die wahre Bestimmung des Menschen in gewissen Umrissen zu erahnen. Es genügt aber alleine nicht, den Menschen hinreichend über diese Bestimmung aufzuklären und ihm den rechten Weg zu weisen.

Ist nun das Streben nach einer in jeder Hinsicht erfüllten Vollendung mit dem Menschen untrennbar verbunden, dann muß ihm alles daran gelegen sein herauszufinden, worin dieses sein höchstes Gut besteht. Jedes Handeln erfordert ja ein Ziel, und das Ziel vermag dem bewußten Tun nur insoweit Richtung und Sinn zu geben, wie es erkannt ist. Das Richtmaß für sein Leben und sein Handeln findet der Mensch also nur, wenn er weiß, wozu er überhaupt da ist. Dies begreifen wir aus eigener Kraft jedoch nicht in einer Weise, die es uns möglich macht, unser Wollen und Handeln sicher darauf auszurichten. Darum war es um des vom Menschen ersehnten Heils willen notwendig, durch den Schöpfer über Wahrheiten belehrt zu werden, die unserer Einsicht nicht zugänglich sind, die wir jedoch brauchen, damit wir in der rechten Weise leben können (S. th. I, 1, c). Unser Heil hängt so sehr von der Erkenntnis der Wahrheit über Gott ab, daß die Offenbarung auch Wahrheiten enthält, die mittels der Vernunft erkannt werden können; denn diese dem philosophischen Denken zugänglichen Wahrheiten sind nur von wenigen Menschen und erst nach langen Anstrengungen einzusehen. Alle Menschen aber, nicht bloß die Philosophen, sind zum Heil berufen.

Die Antwort des Menschen auf eine Belehrung, die seine natürliche Fassungskraft übersteigt, kann nun nur der Glaube sein, durch welchen er im Vertrauen auf den, der ihn belehrt, die Wahrheit des Mitgeteilten anerkennt. Ein solcher Glaube ist natürlich kein Wissen, das zur Zustimmung zwingt, sondern ein freiwilliger Akt. »Der Verstand des Glaubenden ist festgelegt nicht durch Begründungen, sondern durch den Willen.« (S. th. II–II, 2, 1, ad 3) Darum muß mit Sorgfalt darauf geachtet werden, Gewußtes und Geglaubtes nicht miteinander zu verwechseln. Aber der Glaube an die christliche Offenbarung entspringt derselben Wahrheitsliebe, von der die Philosophen beseelt waren und sind. Er entspricht dem für die Vernunft bestürzenden Befund, daß der Mensch sich unwiderstehlich zu etwas hingezogen fühlt, das ihm, solange er sich nur auf sein eigenes Vermögen zu erkennen und zu wissen verläßt, verschlossen bleibt.

Damit sind wir übrigens nicht der Aufgabe enthoben, auch danach zu fragen, in welcher Weise der Mensch in diesem irdischen Leben glücklich zu werden vermag. Hier ist den Philosophen zuzustimmen, die dieses Glück in der sittlichen Vollendung sehen, und es ist notwendig zu untersuchen, welche anthropologischen und gesellschaftlichen Bedingungen die Erreichung dieses Zieles möglich machen und erleichtern. Es bleibt jedoch dabei, daß auch die Verwirklichung eines so großartigen Lebensideals nicht alles ist, wozu der Mensch fähig ist und wonach ihn verlangt. Wir sind angelegt auf die Erlangung des durch keine Begrenzung und durch kein Ende eingeschränkten Guten, und danach streben wir. »Das zeigt sich darin, daß unser Verstand das umfassende und vollendete Gute erkennen und der Wille es erstreben kann.« (S. th. I–II, 5, 1, c) Gemessen an dieser tiefsten Anlage des Menschen erweist sich auch das größte Glück irdischen Lebens als eine »unvollkommene Glückseligkeit«; denn abgesehen davon, daß niemals das Übel und das Böse vollständig vermieden werden können, bleibt vor allem ein Ärgernis: Der erkennbaren Sehnsucht nach einem dauerhaften Glück steht der Tod im Weg, den der Mensch von Natur aus flieht, ohne ihn indessen vermeiden zu können. »Die Güter des gegenwärtigen Lebens sind vergänglich; denn es vergeht auch das Leben selbst, welches wir naturhaft erstreben und dessen Dauerhaftigkeit wir wollen, weil der Mensch den Tod naturhaft flieht. Daher ist es unmöglich, daß in diesem Leben die wahre Glückseligkeit besessen wird«. (S. th. I–II, 5, 3, c)

Welche Bedeutung aber hat philosophisches Fragen und Erkennen, wenn es einmal darüber aufgeklärt ist, daß es für die endgültige und maßgebende Antwort auf die Frage nach dem Sinn des Menschen und der Welt aus eigener Kraft nicht zuständig ist? Thomas weiß, daß manche Christen aus dieser Belehrung die Folgerung ziehen, unser Wissen über die geschaffenen Dinge sei belanglos, solange wir nur annehmen können, richtig von Gott zu denken. Er hält diese Folgerung aber für grundfalsch. Warum? Aristoteles hat Recht mit seiner Feststellung, alle Menschen strebten von Natur aus nach Wissen. Unwissenheit wird darum auch von allen als ein Übel angesehen, das zu meiden ist. Das den Menschen auszeichnende Vermögen ist der Verstand. Dieses Vermögen befähigt uns, uns der ganzen Wirklichkeit ohne irgendeine Einschränkung zuzuwenden, es ist »der Möglichkeit nach alles«. Wir verwirklichen diese unsere Anlage aber nur, indem wir immer mehr und immer besser erkennen. Fortschritt der Erkenntnis trägt also ganz gewiß zu der Vollendung des Menschen bei, auf die hin er angelegt ist.

Der Christ erfaßt die Tragweite dieser im Menschen liegenden Neigung besonders klar, weil er den Kosmos als Schöpfung begreift. Die Dinge besitzen ja, gerade weil sie geschaffen sind, eine Eigennatur und ein selbständiges Sein, das ihnen Größe und Würde gibt. Wer vermöchte durch eigene Macht Wesen und Sein der Welt aufzuheben? Selbst die schlimmste Zerstörung, die Menschen anrichten können, reicht an den Kern der Dinge nicht heran, ja sie ist immer angewiesen auf die Kräfte, die wir vorfinden und die wir nur gebrauchen oder mißbrauchen können. Deshalb zeigen jede Mißachtung und jede Vernachlässigung der uns gegebenen und zugänglichen Wirklichkeit, daß deren Kreatürlichkeit gerade nicht richtig gesehen wird, und sie verraten letzten Endes eine Geringschätzung des Schöpfers. Wer sich also weigert, Bestand und Wirken der Natur zu erforschen, weil er meint, es genüge ja, in allem die Tätigkeit des Schöpfers zu sehen, der denkt in Wahrheit gering von Gott, weil er zu gering von seinen Werken denkt. »Den Dingen ihre eigene Wirksamkeit zu bestreiten heißt, die göttliche Gutheit einzuschränken.« (S. c. g. III, c. 69) Niemand kann und darf den Christen demnach an Hochschätzung der Welt und des Menschen übertreffen. Aus ihr ergibt sich aber die Notwendigkeit der wissenschaftlichen und philosophischen Welterkenntnis.

Der Theologe schließlich ist in ganz besonderer Weise auf diese Erkenntnis angewiesen. Seine Absicht ist es, die Wahrheit über Gott möglichst zuverlässig zu erkennen. Er muß also alles meiden, was ihn in die Irre führen kann. Nun leuchtet aber ein, daß eine unzureichende oder gar fehlerhafte Sicht der unserem Wissen zugänglichen Schöpfung nicht ohne Auswirkungen auf unsere Vorstellungen vom Schöpfer bleiben kann. Mit großem Nachdruck weist Thomas auf diesen engen Zusammenhang zwischen wissenschaftlicher Erforschung der Welt und Theologie hin: »Ein Irrtum über die Geschöpfe mündet in ein falsches Wissen über Gott und führt den Geist des Menschen von Gott fort.« (S. c. g. II, c. 3) Das Wort des Psalms: »Weil sie die Werke des Herrn nicht erkannten, wird er sie vernichten« (Ps. 27, 5) versteht er als eine ernste Warnung an diejenigen, die meinen, es sei für Glauben und Leben des Christen letztendlich belanglos, was dieser von der Welt und vom Menschen aufgrund eigener Anstrengung zu erkennen vermag. Gewiß, der Theologe betrachtet alle Dinge, mit denen sich auch die Philosophie befaßt, in ihrer Hinordnung auf Gott, während der Philosoph sich auf die Erschließung ihres natürlichen Eigenseins konzentriert. Aber die angemessene Unterscheidung beider Sichtweisen gelingt nur, wenn beiden ihr volles Recht zugestanden und eingeräumt wird.

3. Das Verhältnis von Wissen und Glauben

Der Philosoph, der sich einzig und allein dem Ziel zu wissen verschrieben hat und der sich deshalb nur auf Erfahrung und Vernunft verlassen darf, wird allerdings mit einer Unterscheidung von Wissen und Glauben nicht zufrieden sein. Er muß die Frage stellen, welches Verhältnis zwischen dem, was der Christ aufgrund seines Glaubens als wahr bekennt, und den philosophisch begründeten Wahrheiten besteht. Selbst wenn er sich seiner Grenzen schmerzlich bewußt ist, wird er darauf bestehen, daß jeder, den er als Gesprächspartner akzeptieren soll, mit ihm darin übereinstimmt, nichts als wahr anzuerkennen, was den Wert und die Würde der Vernunft zu zerstören droht. Es kann für ihn jedenfalls nichts wahr sein, was geeignet wäre, dem philosophischen Denken den Grund zu entziehen. Wird aber nicht vom Christen genau dies dem Philosophen zugemutet, indem Wahrheit für eine Offenbarung in Anspruch genommen wird, die sich der Einsicht entzieht?

Thomas versteht die Tragweite dieser Frage voll und ganz, und seiner Antwort ist zu entnehmen, daß seine Haltung als gläubiger Christ ihn für das vorurteilsfreie philosophische Gespräch tauglich macht. Diese Antwort lautet: »Die Wahrheit des Verstandes widerspricht nicht der Wahrheit des Glaubens.« (S. c. g. I, c. 7) Der Christ, mag er also auch an Wahrheiten glauben, die wir nicht zu durchschauen vermögen, verwickelt sich dadurch nicht in einen Widerspruch zur Vernunft, er verwirft oder mißachtet sie nicht, und er setzt sich nicht in einen unüberbrückbaren Gegensatz zu dem, was wir als zweifelsfrei wahr erkennen. Wahrheiten anzuerkennen, die unsere Fassungskraft übersteigen, ist nicht dasselbe wie etwas als wahr auszugeben, was im Widerspruch zu wahren Einsichten steht.

Die These, daß die Wahrheiten des christlichen Glaubens den Vernunftwahrheiten nicht widersprechen, begründet Thomas durch folgende Überlegungen:

1. Die mit der menschlichen Vernunft untrennbar gegebenen und ihr als solcher innewohnenden Erkenntnisse sind, da notwendige Grundlage jeglichen Wissens, in höchstem Maß wahr; denn es ist nicht möglich, sie überhaupt als falsch zu denken. Grundsätze, in denen diese naturhaft als wahr erfaßten Sachverhalte ausgedrückt sind und die allem Wissen und jeder Wissenschaft zugrunde liegen, sind etwa das Kontradiktionsprinzip, der Satz »Jedes Ganze ist größer als irgendeiner seiner Teile«,

oder der Satz »Sind zwei Größen einer dritten gleich, so sind sie auch einander gleich«. Was nun der Christ im Glauben als zweifelsfrei von Gott offenbart anerkennt, kann nicht als unwahr angenommen werden. Dem Wahren ist jedoch nur das Falsche oder das Nichtwahre entgegengesetzt. Also kann die Wahrheit des Glaubens nicht im Gegensatz zu jenen von der Vernunft naturhaft als wahr erkannten Grundsätzen stehen.

2. Das einem Schüler vom Lehrer vermittelte Wissen ist Teil dessen, was der Lehrer weiß, es sei denn, der Lehrer täusche. Es ist jedoch ein Frevel, von Gott zu sagen, er täusche uns. Nun ist aber die in den Grundsätzen enthaltene Erkenntnis dem Menschen insofern von Gott gegeben, als er Schöpfer der menschlichen Natur und damit der menschlichen Vernunft ist. Diese Grundsätze sind also auch Bestandteil des göttlichen Wissens. Was ihnen entgegengesetzt ist, ist demnach der Weisheit Gottes entgegengesetzt, und es kann infolgedessen nicht von ihm kommen. Da die Offenbarung von Gott mitgeteilt ist, kann sie also nichts der Vernunft Entgegengesetztes enthalten.

3. Die menschliche Vernunft wird, wie wir oft erfahren, durch einander entgegengesetzte Gründe so gefesselt, daß sie nicht fähig ist, die von ihr gesuchte Wahrheit zu erkennen. Hätte der Schöpfer uns nun Erkenntnisse eingegeben oder mitgeteilt, die zueinander im Gegensatz stehen, so hätte er uns dadurch an der Wahrheitserkenntnis gehindert. Das aber kann nicht der Fall sein.

Die Behauptung, den Menschen werde von Gott eine Meinung oder ein Glaube zugemutet, welcher dem, was wir in jeder Betätigung unserer Vernunft als wahr anerkennen, entgegensteht, ist also unhaltbar. Wenn viele dies auch annehmen, so liegt das daran, daß sie nicht zwischen einem die Vernunft übersteigenden Glaubensinhalt und einer der Vernunft widerstreitenden Aussage zu unterscheiden vermögen.

Diese Überlegungen des Thomas sind gewiß nicht rein philosophisch; denn er stützt sich ja von vornherein auf die Wahrheit der Offenbarung, und er argumentiert vom Standpunkt des gläubigen Christen. Dennoch sind sie auch für den Philosophen von großer Bedeutung. Sie zeigen nämlich, daß der Christ und Theologe Thomas der Vernunft und der philosophischen Erkenntnis ihren Rang nicht streitig macht. Im Gegenteil: Wer so nachdrücklich den Menschen und seine Vernunft als von Gott gewollte Schöpfung begreift und darin die Würde der menschlichen Natur sieht, dessen Achtung und Hochschätzung der natürlichen Kräfte des Menschen und seines Erkenntnisvermögens wird von niemandem übertroffen werden können. Thomas zieht aus seiner Lehre von der Widerspruchslosigkeit zwischen christlichem Glauben und Vernunft zwei wichtige Folgerungen: *Erstens* folgt aus ihr, daß kein Argument, das im Namen der Wissenschaft oder der Philosophie gegen die Glaubensinhalte geltendgemacht wird, aus den Grundsätzen der Vernunft richtig abgeleitet ist. Es kann sich also bei einem solchen Argument nicht um einen Beweis handeln, der uns zur Zustimmung zwingt, sondern entweder um bloße Wahrscheinlichkeitsgründe oder um Trugschlüsse. In jedem Fall sind derartige Begründungsversuche also widerlegbar. Der christliche Philosoph steht demnach vor einer Aufgabe, die seinen Wirklichkeitssinn und seine Denkkraft aufs höchste herausfordern; denn für ihn haben nicht-aufgeklärte philosophische Irrtümer besonders schwerwiegende Konsequenzen. Er kann aber dem menschlichen Erkenntnisvermögen dabei prinzipiell vertrauen. Eine *zweite* Folgerung betrifft die Theologie: Die schwere Verantwortung des Theologen besteht darin, zu prüfen, was zweifelsfrei Inhalt der göttlichen Offenbarung ist und was somit als wahr anerkannt werden muß. Thomas spricht darum eine Warnung an die Adresse der Theologen aus: »Man darf nicht alles, was man für wahr und richtig hält, ohne weiteres als Glaubenswahrheit hinstellen, obwohl es kein Dogma ist. Die Wahrheit unseres Glaubens wird bei den Ungläubigen zum Gespött, wenn ein nicht mit den nötigen Kenntnissen ausgestatteter Christ etwas als Dogma ausgibt, was in Wirklichkeit keines ist, ja was sich im Licht einer wissenschaftlichen Prüfung als Irrtum erweist«. (Quaest. disp. De pot. 4, 1, c)

Anhand einer zur Zeit des Thomas (und auch heute noch) vielumstrittenen Frage läßt sich am besten dartun, wie er das Programm zu verwirklichen sucht, das sich aus seiner Überzeugung von der Widerspruchslosigkeit zwischen der christlichen Offenbarung und der Vernunft ergibt. Offensichtlich sind die von den großen Philosophen vertretene Lehre, der Kosmos sei ohne Anfang, und das Wort der Genesis »Im Anfang schuf Gott Himmel und Erde« nicht miteinander zu vereinbaren. Nur eine dieser beiden Thesen kann wahr sein. Nun führen die Philosophen eine Reihe gewichtiger Argumente ins Feld, die großen Eindruck machen, und es ist nicht verwunderlich, daß von christlichen Denkern nicht nur Widerlegungen versucht werden, sondern daß auch große Anstrengungen unternommen werden, die biblische Aussage als denknotwendig zu erweisen. Aufgrund des Zeugnisses der Bibel nimmt Thomas einen Anfang der Welt an. Er ist außerdem davon überzeugt, daß diese Aussage der Schrift nicht im Widerspruch zur Vernunft steht. Daraus ergibt sich, daß die Argumente für eine anfanglose, immerwährende Welt nicht zwingend sein können. Also muß es möglich sein, die Fehler aufzudecken, die sie enthalten. Thomas kann aber auch nicht einfach davon ausgehen, die biblische Lehre sei mit philosophischen Mitteln als wahr zu erweisen. Er muß infolgedessen ebenso prüfen, ob die Versuche, einen Anfang der Welt zu beweisen, ihren Zweck erfüllen.

Er hat es also mit zwei Parteien zu tun, die im Namen der Vernunft im Streit miteinander liegen: Die eine hält die Ewigkeit der Welt für bewiesen, die andere behauptet, daß ein Anfang der Welt philosophisch zwingend dargetan werden könne. Er tritt beiden Positionen entschieden entgegen: Man kann weder die Ewigkeit noch einen Anfang der Welt mit philosophischen, auf Erfahrung und Vernunft beruhenden Gründen beweisen. Um dies zu zeigen, erörtert Thomas alle ihm bekannten Argumente sowohl der einen wie der anderen Seite (S. c. g. II, 31–38). Wie er dabei vorgeht, soll an drei ausgewählten Beispielen gezeigt werden.

Die Behauptung, die Welt habe keinen Anfang, wird wie folgt begründet: Wenn die hinreichende Ursache einer Wirkung gegeben ist, dann besteht notwendigerweise auch das von ihr Bewirkte. Sonst nämlich wäre die Wirkung bloß möglich. Eine bloß mögliche Wirkung erfordert aber, um verwirklicht zu werden, ein Wirkliches, durch welches sie verwirklicht wird. Es müßte also neben die Ursache, durch die eine Wirkung nur möglich wird, eine weitere treten, die das Wirklichsein hervorruft. In diesem Falle wäre also erstere nicht die hinreichende Ursache. Nun ist Gott die hinreichende Ursache der geschaffenen Dinge, und es ist undenkbar, daß er die Geschöpfe nur durch Mitwirkung einer weiteren Ursache hervorbringt. Gott aber ist ewig, also auch von Ewigkeit her hinreichende Ursache der Schöpfung. Demnach muß auch das Erschaffene ewig sein.

Thomas gibt zu, daß die beiden Prämissen, nämlich daß Gott allein die hinreichende Ursache der Schöpfung ist und daß er ewig ist, zweifellos wahr sind. Dennoch hält er die Schlußfolgerung nicht für zwingend; denn man muß, wenn man das Verhältnis von Ursache und Wirkung richtig beurteilen will, immer die Art der Ursächlichkeit berücksichtigen. Handelt es sich bei der Ursache um eine solche, die willentlich wirkt, dann ist das Verursachte genau das, was gewollt ist. Haftete dem Verursachten irgend etwas an, das nicht auf den ursächlichen Willen zurückgeht, dann ließe sich dies nicht als durch den Willen verursacht ansehen, es müßte vielmehr durch eine andere Ursache bewirkt sein. Eine Besinnung auf unser eigenes Wollen läßt nun erkennen, daß wir nicht nur imstande sind, etwas als so oder so Beschaffenes zu wollen, sondern daß wir auch durch unseren Willen bestimmen können, *wann* das Gewollte eintritt. Grundsätzlich erstreckt sich also, wie wir an unserem eigenen Wollen und Handeln erfahren, die Ursächlichkeit eines Willens auch auf den Zeitpunkt, zu dem das Gewollte eintritt. Zwar sind wir nie durch unser Wollen allein hinreichende Ursache einer Wirkung, aber wir vermögen immerhin zu begreifen, daß dem Willen auch die zeitliche Bestimmung des von ihm Bewirkten unterliegt. Es läßt sich also einsehen, daß ein Wille, der hinreichende Ursache ist, auch in völliger Freiheit darüber verfügt, ob die Wirkung – von uns aus gesehen – einen Anfang hat oder anfangslos ist. Der Fehler, der sich in dem Argument versteckt, liegt darin, daß man das, was für eine naturhaft wirkende Ursache zutrifft, auf eine willentliche Ursache überträgt. Bei einer naturhaft wirkenden Ursache, die hinreichend für eine Wirkung ist, gibt es nur ein Zugleich. Sie muß wirken gemäß der Weise, wie sie *ist.* Ein Wille hingegen wirkt gemäß der Weise, wie er *will.* Macht man diesen Fehler nicht, beachtet man vielmehr, daß die Schöpfung auf den Willen des Schöpfers zurückgeht, dann erkennt man, daß dieses Argument für die Ewigkeit der Welt nicht zwingend ist.

Ein weiteres Argument stützt sich auf das, was wir über Zeit und Zeitlichkeit wissen. Zeit gibt es nur, insofern es Bewegung oder Veränderung gibt; denn Zeit ist ja Maß der Bewegung. Bewegung wiederum setzt voraus, daß etwas da ist, das sich bewegen kann. Ist also die Zeit ohne Anfang, dann muß es auch immer bewegliche Dinge, also Welt im weitesten Sinne gegeben haben. Nun ist aber die Zeit anfanglos. Zeit kann nämlich überhaupt nur gedacht werden, indem Zeitpunkte oder Augenblicke mitgedacht werden. Ein Augenblick ist jedoch immer als Endpunkt einer abgelaufenen und Anfang einer folgenden Zeitreihe gedacht. Demnach muß jedem Augenblick Zeit voraufgegangen sein, und folglich kann es einen Anfang der Zeit oder einen ersten Augenblick nicht geben. Also kann es auch keinen Anfang der Welt geben.

Auch dieses Argument ist nach Thomas nicht schlüssig. Das läßt sich durch folgende Überlegung einsehen: Wenn man den Augenblick als Ende einer abgelaufenen und Anfang einer folgenden Zeitreihe definiert, dann entspricht das gewiß der Art und Weise, wie wir Zeit und Bewegung erkennen. Gegeben sind uns tatsächlich immer nur Zeitpunkte, die zu Recht so definiert werden. Aber daraus folgt nicht die Allgemeingültigkeit einer solchen Definition. Wer diese behauptet, hat damit in Wahrheit die Anfanglosigkeit schon vorausgesetzt, und darum begeht er, wenn er mit Hilfe dieser Definition die Ewigkeit der Welt beweisen will, einen Trugschluß. Wer nämlich annimmt, die Welt habe einen Anfang, der wird die angeführte Definition des Augenblicks nicht für ausnahmslos gültig ansehen; denn er kann den Anfang zureichend als Zeitpunkt begreifen, nämlich als denjenigen, dem keine Zeit vorausgeht, sondern nur Zeitpunkte folgen, also als »ersten Augenblick«. Das aber ist ohne Widerspruch möglich.

Daraus, daß diese und andere Argumente für die Ewigkeit der Welt nicht schlüssig sind, folgt natürlich nicht, es lasse sich ein Anfang beweisen. Thomas hält alle ihm bekannten Versuche, in diesem Punkt den Glauben durch eine einsehbare philosophische Begründung zu ersetzen, für ebenso untauglich. Auch dazu ein Beispiel. Es verdient nicht zuletzt deshalb Aufmerksamkeit, weil es der Sache nach mit dem von Kant angeführten »Beweis« für die Thesis des ersten Widerstreits der Antinomie der reinen Vernunft übereinstimmt.

Die Notwendigkeit eines Anfangs wird wie folgt begründet: Hätte die Welt keinen Anfang, dann wäre bis zu jedem Zeitpunkt, den man betrachtet, eine unendliche Folge von Ereignissen – man nehme etwa Sonnenumläufe – oder Zeitabschnitte, etwa Tage, abgelaufen. Nun ist es aber unmöglich, eine unendliche Folge als durchlaufen oder durchmessen zu denken. Die Annahme einer immerwährenden Welt enthält also einen Widerspruch, und sie ist darum unhaltbar. Also muß ihr kontradiktorisches Gegenteil wahr sein: Die Welt hat einen Anfang.

Thomas verwirft diese Argumentation. Sie enthält nämlich einen Fehlschluß, wie sich durch folgende Überlegung erkennen läßt: Zunächst einmal ist eine unendliche Folge ohne Widerspruch denkbar. Dabei handelt es sich um eine Folge, bei welcher ein Glied dem anderen folgt, und zwar so, daß jeweils eines verwirklicht ist, während die anderen nicht mehr sind oder noch nicht sind. Von dieser Art ist die Sukzession der

Gestirnbewegungen und entsprechender Zeitabschnitte. Wer die Anfanglosigkeit der Welt behauptet, behauptet nun nicht, es gebe eine aktual bestehende unendliche Menge, also eine, deren Glieder zugleich wirklich sind. Wirklich sind ja stets nur der jeweilige Zeitpunkt und der jeweilige Zustand. Ferner muß man bedenken, daß von einem Durchmessen oder Durchlaufen nur dann sinnvoll gesprochen werden kann, wenn es sich um eine Folge oder Reihe mit einem ersten und einem letzten Glied handelt, also um eine solche, die als etwas Ganzes erfaßt werden kann. Man fasse nun einen beliebigen Zeitpunkt ins Auge. Wer die Anfanglosigkeit der Welt vertritt, wird dann seine Behauptung so formulieren: Gehe ich in Gedanken von diesem Zeitpunkt aus rückwärts, so ist, bei welchem Punkt ich auch haltmache, jede so erfaßte verflossene Zeitreihe endlich. Von jeder dieser Reihen gilt also, daß sie – da sie ein erstes und ein letztes Glied hat und also endlich ist – durchmessen werden konnte. Ebenso aber gilt, daß es unter den verflossenen Zeitreihen keine größte gibt, und genau dies meine ich, wenn ich behaupte, die Welt habe keinen Anfang. Anders gesagt: Jeder beliebige angebbare Zeitraum ist endlich und konnte durchlaufen werden, aber zu jedem läßt sich auch wieder ein größerer angeben. Nun soll der Widerspruch sich angeblich dadurch zeigen, daß man die verflossene Zeitreihe als ganze ins Auge faßt, die durchmessen wurde. Thomas erwidert darauf: Wer die Ewigkeit der Welt behauptet, sagt damit, daß die verflossene Zeitreihe als ganze genommen gerade dadurch ausgezeichnet ist, daß sie kein erstes Glied hat. Er behauptet damit selbstverständlich auch, daß es nicht möglich ist, von einem Durchmessen der ganzen verflossenen Zeit zu sprechen. Ein Widerspruch ergäbe sich nur, wenn die Anfanglosigkeit der Welt und die Durchmeßbarkeit der Vergangenheit als ganze genommen behauptet würden; denn das liefe darauf hinaus, zugleich ein erstes Glied zu bestreiten und anzunehmen. Die These von der Ewigkeit der Welt ist aber so nicht gemeint. Der angebliche Widerspruch ergibt sich also durch die Unterstellung, die Totalität der verflossenen Zeit müsse als durchmessene begriffen werden. Wer sie aber so begreift, hat sie damit als endliche gesetzt, und daran zeigt sich, daß er die These von der Anfanglosigkeit der Welt nicht recht begriffen hat. Das mag verständlich sein, da ja in der Tat eine unendliche Vergangenheit als ganze nicht begriffen werden kann. Aber daraus folgt nicht, daß die Behauptung, die Welt habe keinen Anfang, einen Widerspruch enthalte. Es ist nicht ungereimt, daß wir immer nur endliche Teile der Vergangenheit zu erfassen vermögen und dennoch von der Vergangenheit als ganzer sagen, sie sei unendlich.

Natürlich ist die Darlegung der Widerspruchslosigkeit der These auch hier keineswegs mit einem Beweis ihrer Wahrheit zu verwechseln. Es bleibt vielmehr dabei, daß es nicht gelingt, mit den Mitteln der philosophischen Erkenntnis die Frage, ob die Welt einen Anfang hat oder nicht, zu entscheiden. Keines der von Vertretern beider Seiten ins Feld geführten Argumente hält einer kritischen Prüfung stand und verdient es, als Beweis bezeichnet zu werden. Darum liegt es Thomas auch fern, diesen Streit als Zeichen einer »Veruneinigung der Vernunft mit sich selbst« (Kant, Kritik der reinen Vernunft, B 492) aufzufassen. Was sich in ihm zeigt, sind die Grenzen dessen, was wir wissen können. Diese werden nach Thomas nicht dadurch sichtbar, daß wir von zwei einander widersprechenden Thesen jede beweisen können, sondern dadurch, daß wir offenbar für keine einen zwingenden Beweis zu führen imstande sind.

Warum die menschliche Erkenntniskraft hier nicht ausreicht, läßt sich im übrigen erklären. Jeder mögliche Beweis für oder gegen einen Anfang der Welt ist entweder ein solcher, der von der Ursache ausgeht und aus einer hinreichenden Kenntnis der Ursache auf die Wirkung schließt, oder ein solcher, der von der Wirkung ausgeht und etwas über deren Ursache erschließt. Da nun die Welt im ganzen keinerlei Wirkung außer sich hat, da jede derartige Wirkung wiederum Teil der Welt ist, kann es keinen Beweis der zweiten Art geben. Also bleibt nur ein Beweis der ersten Art übrig. Dabei gibt es wiederum zwei Möglichkeiten: Es könnte sich aus den wesentlichen Beschaffenheiten der Dinge oder gar der Welt im ganzen ein Schluß auf die Dauer oder die zeitliche Erstreckung ergeben. Es könnte sich auch aus dem Wissen über die Wirkursache der Welt, also über den Schöpfer, ein solcher Schluß ergeben. Beide Wege sind jedoch der philosophischen Erkenntnis verschlossen. Was den ersten angeht, so mag man sich die Welt denken, wie man will, es schließt keinen Widerspruch ein, sie als nur eine endliche Zeit dauernd oder als immerwährend zu denken. Hier gilt dasselbe wie für jede begriffliche Erkenntnis der Dinge. Der Inhalt eines Begriffs ist indifferent gegenüber dem zeitlichen Modus der Existenz des Dinges. Er schließt weder ein, daß das Erkannte nur eine begrenzte Zeit existiert, noch daß es ständig währt. Selbst wenn man die Welt als eine Folge von Abläufen und

Ereignissen, als evolutiv oder geschichtlich begreift, so ergibt sich daraus nichts über ihre Dauer. Jede Ereignisfolge, jede Entwicklung kann zyklisch verlaufen und sich beliebig oft wiederholen. Der einzige Weg, der uns zu einem Wissen über Anfang und Ende eines Dinges führt, ist die Erfahrung, die letzten Endes auf Wahrnehmung beruht. Es gibt aber keine Erfahrung irgendeines Menschen oder der Menschheit als ganzer in bezug auf die Weltentstehung.

Auch der zweite Weg ist menschlichem Erkennen verschlossen. Die Wirkursache der Welt im ganzen ist der Wille des Schöpfers. Ihn vermögen wir aber aus eigener Kraft nicht zu erkennen. Wir können höchstens dadurch etwas über ihn erfahren, daß der Schöpfer uns belehrt. Der Christ kennt das Wort der Schrift »Im Anfang schuf Gott Himmel und Erde«, und er glaubt es. Der Sachverhalt übersteigt jedoch das, was wir wissen können; denn keine auf Erfahrung und Nachdenken gegründete Wissenschaft kann die Frage nach einem Anfang der Welt schlüssig beantworten.

4. Zur Ontologie

Der die Philosophie bewegende und unstillbare Frageimpuls erreicht von alters her einen Höhepunkt, wenn wir darauf aufmerksam werden, daß allen Gegenständen unseres Forschens, Suchens und Wissens etwas gemeinsam ist, das wir allerdings wegen seiner Selbstverständlichkeit meist zu übersehen pflegen, weil unser Staunen ja gerade durch die Vielfalt und Verschiedenheit dessen, was ist, am ehesten erregt wird. Diese Gemeinsamkeit läßt sich sprachlich bezeichnen, indem wir sagen, alles und jedes, mit dem wir es erkennend und handelnd zu tun haben, sei etwas »Seiendes«. Die Frage, die sich dann einstellt, lautet demgemäß: »Was meinen wir, wenn wir etwas ein ›Seiendes‹ nennen?« Auch die gegenwärtige Philosophie übersieht diese Frage nicht, wann immer sie sich aus vordergründigeren Interessen löst und sich auf den Weg begibt, den schon die großen griechischen Denker eingeschlagen haben. Allerdings ruft dies nicht selten Befremden hervor. Darüber nachzudenken, welchen Sinn Ausdrücke wie »Seiendes«, »sein«, »das Sein«, »seiend« enthalten, scheint manchen Kritikern die Folge eines schlichten Mißverständnisses der Sprache und ihres Gebrauchs zu sein. Kein Geringerer als einer der Begründer der modernen Logik, Gottlob Frege, hat dieser Kritik mit der Bemerkung die Richtung gegeben: »Das Wort ›seiend‹ ist nur eine Verlegenheitsschöpfung der Sprache, um die Form des partikulären Urteils zur Anwendung bringen zu können. Wenn die Philosophen von dem ›absoluten Sein‹ sprechen, so ist dies eigentlich eine Vergötterung der Kopula.« (Nachgelassene Schriften. Hamburg 1969, 71) Ein zeitgenössischer Vorwurf an die Adresse der Philosophen gipfelt gar in der Behauptung, als Mittel zur »Befriedigung unabgesättigter emotionaler Bedürfnisse« schüfen sie »Wortattrappen«. »Die imposanteste dieser Attrappen ist wohl der Terminus ›das Sein‹. Dieser ist nur grammatisch, nicht jedoch logisch konstruierbar . . . da kein Gegenstand existiert, den er bezeichnet.« (Topitsch, Mythos, Philosophie, Politik. Freiburg 1969, 18)

Thomas von Aquin hält die Denker, welche – der großen philosophischen Tradition folgend – die Frage stellten, was das Wort »Seiendes« bezeichnet, nicht für Opfer undurchschauter emotionaler Bedürfnisse, und er achtet die Sprache, bei aller Vorsicht und Umsicht im Umgang mit ihr, doch zu sehr als unmittelbaren Ausdruck menschlichen Verstehens der Wirklichkeit, als daß er sich unzureichend durchdachte Urteile leichtfertig zu eigen machte. Es ist einfach ein gar nicht zu leugnendes Phänomen, daß wir alles und jedes, was auch immer wir erkennen, als etwas Seiendes erfassen. »In jedwedem von uns Erfaßten ist Seiendes als eingeschlossen miterfaßt.« (S.th. I–II, 94, 2, c) Dies ist uns so vertraut, daß wir nur selten darauf achten. Aber eine Reflexion auf jeden beliebigen Inhalt unseres Bewußtseins fördert zutage: Es handelt sich stets um etwas, von dem – räumen wir zunächst ruhig ein: trivialerweise – gesagt werden muß, daß es ist oder daß es etwas Seiendes ist. Nicht einmal solches, von dem wir erkennen, daß es nicht oder noch nicht oder nicht mehr existiert, können wir anders denken denn als etwas Seiendes. Daran erkennt man übrigens sofort, daß »sein«, »seiend« und verwandte Wörter offenbar nicht eindeutig sind, sondern in mehrfachem Sinn ausgesagt werden. Der wichtigste Unterschied, den es dabei zu beachten gilt, ist der zwischen einem bloß Gedachten und solchem, das wir auch als von unserem Denken unabhängig existierend erkennen. Jedes Subjekt einer bejahenden Aussage kann »Seiendes« genannt werden, auch wenn ihm keine eigenständige denkunabhängige Wirklichkeit entspricht; denn als dem Subjekt einer Prädikation wird ihm in gewisser Weise Sein zugesprochen, wie sich an dem

Wort »ist«, welches als Kopula Subjekt und Prädikat miteinander verbindet, erkennen läßt. Aber nicht jeder Gegenstand einer Aussage ist etwas, das auch wirklich ist. Wir können und müssen also unterscheiden zwischen einem auf unser Denken zurückgehenden Sein und einem von diesem Denken unabhängigen Sein, dem wir – wie übrigens auch unserem eigenen – vernehmend und es hinnehmend begegnen.

Auch auf einem anderen Weg läßt sich einsehen, daß unser Verstehen und Denken auf einem zunächst impliziten Erfassen des mit dem Wort »Seiendes« Benannten beruht. Der oberste Grundsatz, der bei unserem Fragen, Denken und Schlußfolgern maßgebend ist und dieses ständig leitet, ist das Prinzip vom ausgeschlossenen Widerspruch: »Es ist unmöglich, daß etwas zugleich und in derselben Hinsicht ist und nicht ist.« In seiner reinen Form, die allerdings erst durch eine philosophische Besinnung deutlich wird, drückt es nichts aus als den Unterschied zwischen »seiend« und »nicht seiend«, zwischen »ist« und »ist nicht«, der von uns verstanden sein muß, damit jegliche andere Unterscheidung einen Sinn hat. Dieses der Sache nach erste und ursprünglichste aller Urteile, dessen Wahrheit unmittelbar einleuchtet, entspringt der Erkenntnis dessen, was der Verstand als erstes erfaßt: »Seiendes«, und es ist eine unmittelbare Entfaltung dieser Erkenntnis in Form einer Aussage (In Met. IV, l. 6, n. 605).

Der Philosoph, der unser Bewußtsein zu erhellen versucht, indem er zu ergründen trachtet, was wir wissen, muß herausfinden und beschreiben, was dieses Ersterkannte und in jedem Denk- und Erkenntnisinhalt Enthaltene ausmacht. Thomas hat sich darum bemüht, und einigen seiner Gedanken soll nun nachgegangen werden.

Stellen wir, hinblickend auf irgendeinen Gegenstand, der unsere Aufmerksamkeit erregt, die Frage, *was* er sei, dann läßt sich darauf eine Menge von wahren Antworten geben. Handelt es sich beispielsweise um einen Menschen, der den Namen »Paul« hat, so ist es sicher richtig, auf die Frage, was er sei, zu antworten: »Paul ist Mensch«, »Paul ist ein Körperwesen«. Es kann auch zutreffen: »Paul ist Vater«, »Paul ist Lehrer«, »Paul ist klug«, »Paul ist musikalisch« usw. Nun lassen sich die Prädikate, die in derartigen Aussagen deren Subjekt zugesprochen werden, unter einem einfachen und jedermann einsichtigen Gesichtspunkt ordnen: Es gibt darunter solche, die etwas bezeichnen, das dem Subjekt auf gar keinen Fall nicht zukommen kann, wenn anders es sich überhaupt um das befragte und gekennzeichnete Subjekt handeln soll. Solche Prädikate sind in dem angeführten Beispiel »Mensch« und »Körperwesen«. Könnte ich nämlich nicht sagen: »Paul ist Mensch«, dann hieße das nicht mehr und nicht weniger, als daß das Subjekt als solches aufgehoben wäre, daß es es nicht gibt. Dagegen sind Klugheit, Musikalität, Größe, Hautfarbe und dergleichen zwar Eigenschaften, die ihm tatsächlich zukommen können oder auch tatsächlich zukommen, die aber auch fehlen könnten oder die es verlieren könnte, ohne daß deshalb gesagt werden müßte, es sei überhaupt nicht mehr. Dabei handelt es sich also um solches, das sich ändern kann. Eine derartige Änderung ist aber stets eine, die sich am Subjekt ereignet, welches selbst dabei in bestimmtem Sinne bleibt, was es ist, zumindest als Träger sich ändernder Eigenschaften.

Es lassen sich also offenbar Aussagen über einen Gegenstand machen, die ihn hinsichtlich seines *wesentlichen* Was-seins kennzeichnen, und es gibt andere, in denen Eigenschaften oder Seinsweisen des Gegenstandes prädiziert werden, die ihm nicht in der beschriebenen Weise wesentlich, sondern nur beiläufig oder »akzidentell« zukommen, da sie auch fehlen könnten, ohne daß er damit selbst aufgehoben wäre. Man kann zwar durchaus darüber streiten, welche Prädikate im Einzelfall in die eine oder die andere Gruppe gehören. Ein Streit dieser Art ist sogar der Vielfalt der Wissenschaften durchaus angemessen; denn was ich für eine wesentliche Bestimmung eines Gegenstandes halte, hängt von dem Gesichtspunkt ab, unter dem ich ihn betrachte und unter dem er also für mich zum Gegenstand wird. So wird der Physiker anderes für wesentlich halten als der Anthropologe, und der Soziologe anderes als der Arzt. Aber gerade daraus erhellt, daß man die Unterscheidung zwischen wesentlichen und beiläufigen Seinsweisen nicht prinzipiell bestreiten kann, solange man ernsthaft nach Erkenntnis des Gegenstandes strebt. Es ist auch einzusehen, daß sie einen Sinn hat, wenn der Gesichtspunkt, unter dem ein Gegenstand betrachtet wird, nicht von vorneherein erkennbar eingeschränkt ist, sondern gemäß der Sichtweise des Philosophen von jeder derartigen Beschränkung freigehalten wird, wenn also nach dem *Wesen* oder der *Wesenheit* des Gegenstandes gefragt wird, aufgrund dessen dieser überhaupt irgendwelchem Erkennen zugänglich ist, weil er ist.

Nun ist in dem Satz »Paul ist Seiendes«, der gewiß keinen Beitrag zu einer wissenschaftlichen Erforschung seines Gegenstandes darstellt, sicherlich etwas ausgesagt, das – soweit überhaupt sinnvoll von Paul die Rede ist – notwendigerweise von ihm gesagt wird. Dasselbe gilt von jedem Ding, das wir erkennen: »Seiendes wird notwendig von der Substanz eines jeden Dinges ausgesagt.« (In Met. IV, l. 2, n. 554–55) Es handelt sich also um ein Prädikat, das etwas jedem Ding aufgrund seiner selbst wesenhaft Zukommendes bezeichnet.

Was aber ist eigentlich gesagt, wenn man etwas als »Seiendes« bezeichnet? Diese Aussage scheint doch nur eine nichtssagende Trivialität, bestenfalls eine Tautologie zu sein. Thomas sagt nun tatsächlich, das Prädikat »Seiendes« füge inhaltlich gar nichts zu dem hinzu, was der Begriff, der die wesenhaften Bestimmungen eines Dinges enthält, an Merkmalen umfaßt: »Wenn von etwas gesagt wird, es sei Seiendes, ... wird dem, wovon dies ausgesagt wird, nichts hinzugefügt, sondern es bedeutet dasselbe wie die Bezeichnung, die von der Wesenheit her genommen ist.« (In Met. IV, l. 2, n. 558) Will ich also in Erfahrung bringen, was ein Ding ist, dann gibt mir die Antwort »ein Seiendes« keine Auskunft, die über das hinausgeht, was ein von der Wesenheit dieses Dinges herrührendes Prädikat, etwa »Mensch«, »Körperwesen« oder »Dreieck«, enthält.

Dennoch bleibt etwas Wichtiges zu bedenken. Die Aussage »Dies ist ein Seiendes« belehrt uns zwar nicht darüber, *was* dasjenige ist, wovon wir sprechen – so wie etwa die Aussagen »Dies ist ein Mensch« oder »Dies ist ein Dreieck« –, aber sie meint doch etwas, nämlich daß es sich um etwas Wirkliches handelt, um etwas, dem es zukommt, zu sein. Die Aussage bezeichnet also den – gewiß selbstverständlichen – Sachverhalt, *daß* der Gegenstand, von dem die Rede ist, was auch immer er im einzelnen an Bestimmungen besitzt, zunächst einmal und zuallererst *ist*. »Das Wort ›Seiendes‹ bezeichnet etwas, das ist« oder »etwas, das Sein hat« (a. a. O. XII, l. 1, n. 2419). Das Verb »ist« oder »sein«, von dem das Wort »Seiendes« stammt, drückt in der Tat keine bestimmte, begrifflich faßbare und inhaltlich umgrenzte Tätigkeit aus (es gilt ja in der Grammatik auch als bloßes Hilfsverb), sondern das Wirklichsein (in actu esse), das jeglichem existierenden Ding zukommt. Was wir mit diesem Verb meinen, verbirgt sich gewissermaßen in den mannigfachen Aktivitäten und Wirkungsweisen, durch welche die Dinge ihr Was-sein und ihre Eigenarten kundtun. Nichtsdestoweniger ist es deren Wurzel und Quellgrund. »Sein ist die Wirklichkeit jeglicher Form und jeglicher Natur« (S. th. I, 3, 4, c), »Sein ist die Wirklichkeit eines jeden Dinges« (S. th. I, 5, 1, c). Ohne das, was wir das Sein eines Dinges nennen, gäbe es keinerlei Wesenheit, keinerlei Weise zu existieren und zu wirken, keinerlei Aktivität und Bewegung. Von dieser ursprünglichen Wirklichkeit hängt alles ab, was ein Ding im einzelnen und im besonderen ausmacht, sie geht in jedes Wirken ein, durchdringt und trägt es als deren notwendige Bedingung. Jegliche Washeit, jegliche Bestimmung, jegliches Tätigsein eines Dinges sind letztlich Ausfluß und Gestaltung seines Seins.

Das mit dem Prädikat »Seiendes« Gemeinte fügt also dem, was ein Ding ist und als was es sich zeigt, kein begrifflich-inhaltliches Element hinzu. Einem Denken, welches im möglichst adäquaten begrifflichen Erfassen das maßgebende Ziel unserer Erkenntnisbemühungen sieht, mag die Behauptung, das Wort »Seiendes« drücke dennoch *mehr* aus als jeder noch so umfassende *Begriff* des Dinges, paradox erscheinen. Das Sein eines Dinges kann doch, wenn es dem, was das Ding ist, keine inhaltliche Bestimmung hinzufügt, nur mit dem wesentlichen Was-sein des Dinges zusammenfallen und als dieses verstanden werden. Bezeichnet »Seiendes« aber ein Mehr als der Wesensbegriff, dann muß es sich bei diesem Mehr um eine für das Ding bloß beiläufige Bestimmung handeln; denn was nicht zur Wesenheit gehört, ist ein Akzidens. Das aber ist undenkbar. Jedes Akzidens setzt einen wirklichen Träger, also eine existierende Wesenheit voraus. Also kann das Sein eines Dinges nicht sinnvoll unterschieden werden von dem, was das Ding seinem Wesen nach ist, und es muß demnach voll und ganz in dessen Wesenheit aufgehen. Thomas, dem dieser Einwand entgegengehalten wird, bleibt dabei, daß man zwischen dem Was-sein und dem Sein unterscheiden muß, ohne daß deshalb das Sein als eine akzidentelle Bestimmung zu verstehen ist. »Das Sein eines Dinges darf, obwohl es nicht mit dessen Wesenheit zusammenfällt, nicht wie eine Bestimmung verstanden werden, die nach Art eines Akzidens hinzukommt. Vielmehr erwächst es gewissermaßen aus den die Wesenheit ausmachenden Prinzipien.« (In Met. IV, l. 2, n. 558) Es hat nur eine gewisse Ähnlichkeit mit einer akzidentellen Bestimmung; denn es ist nicht Teil der Wesenheit und es gehört nicht zum Begriff eines Dinges, und beides gilt auch für die Akzidentien. »Sein ... ist etwas einem Akzidens gewissermaßen Ähnliches, weil es nicht Teil der Wesenheit ist und nicht zum Begriff eines Dinges gehört, wie auch ein Akzidens nicht zum Begriff gehört.« (Quaest. disp. De pot.

5, 4, ad 3) Der Unterschied, auf den es ankommt, liegt also gar nicht auf der Ebene, auf welcher zwischen Wesenheit und beiläufiger Seinsweise eines Dinges unterschieden wird, aber das heißt nicht, daß es ihn nicht gibt: »Jede Wesenheit oder Washeit kann begriffen werden, ohne daß auch ihr Sein dabei im Blick steht. Ich kann nämlich begreifen, was ein Mensch oder ein Phönix ist, und dennoch nicht wissen, ob ihm in Wirklichkeit Sein zukommt. Also ist das Sein offensichtlich anderes als Wesenheit oder Washeit.« (De ente, c. 5)

Was Thomas mit dieser Unterscheidung aufdeckt, entspricht übrigens einer Einsicht, die wir durch eine Reflexion auf den Vollzug unseres Erkennens zu gewinnen vermögen. Wir drükken eine Erkenntnis sprachlich mittels einer Aussage aus, deren Grundstruktur darin besteht, daß zwei Inhalte, von denen jeder zunächst allein erfaßt ist und die durch das Subjekt und das Prädikat repräsentiert sind, zusammengesetzt oder getrennt werden. Die Zusammensetzung oder Trennung sind Akte des Verstandes, und in diesen Akten, dem Urteilen, vollzieht und vollendet sich das Erkennen. Die bloße Hinnahme eines Eindrucks oder das bloße Haben eines Begriffs sind ja in der Tat noch keine Erkenntnis. Das zeigt sich darin, daß wir die Wörter »wahr« und »unwahr«, wenn wir sie bewußt verwenden, stets auf Urteile und deren sprachliche Zeichen, die Aussagesätze, beziehen. Ein Begriffsinhalt hingegen ist weder wahr noch unwahr, eine Widerspiegelung in unserem Bewußtsein ist als solche weder wahr noch unwahr. Erst wenn geurteilt wird, das mittels des Begriffs Erfaßte komme einem Gegenstand zu oder nicht, oder ein Bewußtseinsinhalt sei Widerspiegelung von diesem oder jenem, hat es einen Sinn, zu sagen, dies sei wahr oder unwahr, und dabei beziehen wir uns auf das Urteil. Normalerweise machen wir uns über diesen Gebrauch der Wörter »wahr« und »unwahr« keine Gedanken. Aber nach Thomas zeigt sich in ihm, daß Wahrheit oder Unwahrheit unseres Erkennens ihr Maß nicht nur in dem haben, was vom Gegenstand des Urteils begrifflich erfaßt ist, sondern in dessen Sein, welches erst im Vollzug des Urteils, daß das Erfaßte dem Gegenstand in Wirklichkeit zukommt oder nicht zukommt, erkannt wird. »Einem Ding kommen Washeit und Sein zu. Die Wahrheit gründet jedoch mehr im Sein des Dinges als in der Washeit, wie auch der Ausdruck ›Seiendes‹ vom Sein genommen ist. Und in dem Vollzug des Verstehens, durch den das Sein des Dinges erfaßt wird wie es ist, kommt diejenige Übereinstimmung zustande, in welcher der Sinn des Ausdrucks ›Wahrheit‹ besteht.« (Sent. I, 19, 5, 1, c) Mag man also auch, worauf G. Frege nachdrücklich hingewiesen hat, »wahr« nicht definieren können, so begreift man den eigenen Erkenntnisvollzug nur, indem man des Sinnes dieses Wortes innewird. Dieser erschließt sich nach Thomas, wenn wir bemerken, daß der Akt des Urteilens, der jeweils unser Erkennen vollendet, bei aller Bedeutung der Inhalte, die dabei miteinander verbunden oder voneinander getrennt werden, sich auf das Sein der erkannten Dinge richtet. Dieser Einsicht entspricht übrigens durchaus die Bemerkung Freges, das Wort »wahr« habe einen Sinn, der allerdings zu dem Sinn des ganzen Satzes, in dem es als Prädikat vorkommt, nichts beitrage. (Nachgelassene Schriften, 272) Inhaltlich besteht kein Unterschied zwischen den Sätzen »S ist P« und »›S ist P‹ ist wahr«. Dieser eigenartige Sinn des Wortes »wahr« läßt sich nach der Lehre des Thomas begreifen; denn er rührt daher, daß im Vollzug des Urteilens, welches wir in einem Aussagesatz kundtun, immer das Sein des Gegenstandes erkannt wird, und dieses ist etwas anderes als das im Subjekt und Prädikatbegriff erfaßte Was-sein desselben, mag auch der Unterschied sich nicht in der Weise begrifflicher Unterscheidung darstellen lassen.

Die Besonderheit der Seinslehre des Thomas kann auch durch einen Vergleich mit einem berühmten Lehrstück Kants verdeutlicht werden. In der ›Kritik der reinen Vernunft‹ sagt Kant: »Sein ist offenbar kein reales Prädikat, d. i. ein Begriff von irgend etwas, was zu dem Begriff eines Dinges hinzukommen könnte.« (B 826) Das stimmt durchaus mit der Feststellung des Thomas überein, der Ausdruck »Seiendes« bedeute dasselbe wie der Begriff, der von der Wesenheit her genommen ist. Kant fährt fort: »Es ist bloß die Position eines Dinges oder gewisser Bestimmungen an sich selbst«. Diese Position besteht darin, daß wir den Gegenstand »als in dem Context der gesamten Erfahrung enthalten« denken. Das sogenannte Existentialurteil drückt also eine Beziehung des Gegenstandes zu unserer Wahrnehmung aus: »Das Dasein . . . hat zu tun . . . nur mit der Frage: ob ein solches Ding uns gegeben sei, so daß die Wahrnehmung desselben vor dem Begriff allenfalls vorhergehen könne.« (B 272) Thomas schränkt den Sinn dessen, was er Sein nennt, nicht so ein. Das von Kant formulierte Postulat des empirischen Denkens: »Was mit den materialen Bedingungen der Erfahrung (der Empfindung) zusammenhängt, ist wirklich« (B 266) ist, gemessen an der Lehre des Thomas, eine nicht zureichende Explikation dieses Sinnes. Zu sein oder wirklich zu sein, bedeutet mehr, als möglicher Gegenstand menschlicher Wahrnehmung zu sein. Daß etwas von uns wahrgenommen werden kann, ist eine Folge seines Seins und wird auch von uns so verstanden. Das Sein eines Dinges geht überhaupt nicht in irgendeiner Zuordnung zu menschlichem Erkennen auf. Nach Thomas ist zu beachten, daß die Dinge nicht insofern sind, als wir sie erkennen oder gar weil wir sie erkennen, sondern daß sie von uns nur deshalb erkannt werden können, weil sie sind. Menschliches Erkennen und Verstehen ist wesenhaft passiv; denn es ist auf die Begegnung mit Seiendem angewiesen. Die Erhabenheit des Menschen zeigt sich allerdings darin, daß sein Verstandesvermögen sich auf alles erstreckt, was ist. »Das dem Verstand entsprechende Objekt ist das Seiende.« (S. th. I, 5, 2, c)

Die philosophische Besinnung auf das in jeder Erkenntnis Enthaltene und in jedem Urteil Erfaßte führt also zu folgendem Ergebnis: Auch eine noch so genaue und umfassende begriffliche Darstellung der mannigfachen Inhalte, die wir an den Gegenständen unseres Wissens ausmachen, wird unserem Verstehen der Wirklichkeit, mit der wir es dabei zu tun haben, nicht gerecht. Vollständig ist diese Besinnung erst, wenn uns ausdrücklich bewußt wird, daß alles, was wir zu erkennen trachten, zuerst und zutiefst Seiendes ist, wenn wir also nicht mehr achtlos über das zwar stets Vorausgesetzte, aber auch Bemerkenswerteste hinwegsehen, daß Erkanntes nämlich überhaupt da ist. Der Philosoph engt durch diese Reflexion die Erforschung der Wirklichkeit keineswegs ein, im Gegenteil: Er erhellt unser Bewußtsein, indem er uns klarmacht, daß wir schon immer die Welt, insofern sie ist, und uns selbst, insofern wir sind, als etwas Unbegreifbares oder Wunderbares erfahren, wie es in der »Grundfrage der Metaphysik« zum Ausdruck kommt: »Warum ist überhaupt Seiendes und nicht vielmehr Nichts?«

Nach Thomas läßt sich diese Besinnung noch weiterführen. Ist nämlich das Sein eines Seienden etwas anderes als dessen Was-sein, dann muß sich der Unterschied auch in irgendeiner Weise beschreiben lassen. Dem dient folgende Überlegung: Was sich auch immer an Weisen des Seins oder an Vollkommenheiten in den Dingen findet, nichts davon hätte Bestand, ohne daß ihm Sein zukommt. Alles, was wir als Fülle und Entfaltung in Mensch und Welt erkennen, gründet in deren Sein. Das Sein ist also das Vollkommenste, dessen wir gewahr werden. »Das Sein ist die Wirklichkeit aller Akte, und daher ist es die Vollkommenheit aller Vollkommenheiten.« (Quaest. disp. De pot. 7, 2, ad 9) Es läßt sich nicht denken, daß das Sein irgendeine Prägung erführe, die ihm als solchem betrachtet nicht schon zu eigen wäre; denn jede Bestimmung gründet schließlich in ihm. Nennt man ganz allgemein jedes ein Ding prägende und bestimmende Prinzip eine Form, dann läßt sich keine Form denken, die außerhalb des Seins läge; denn nichts ist prägender und formgebender als das Sein. »Das Sein ist formhaft im Hinblick auf alles, was ein Ding enthält.« (S. th. I, 8, 1, c) »Wenn man vom Sein eines Menschen oder eines Pferdes oder irgendeines anderen Seienden spricht, dann wird dabei Sein wie etwas Formales und Aufgenommenes betrachtet, nicht jedoch wie etwas, dem es (bloß) zukommt, zu sein.« (S. th. I, 4, 1, ad 3) Weil es Wurzel und Grund jeder Bestimmung und Prägung ist, ist es das, was einem jeglichen Seienden am innerlichsten ist. »Sein ist jenes, was einem jeglichen Ding innerlicher ist (als jede inhaltliche Bestimmung) und was allem tiefer zu eigen ist; denn es ist im Hinblick auf alle ein Ding ausmachenden Bestimmungen wie eine Form.« (S. th. I, 8, 1, ad 4) Das Sein schließt alle Vollkommenheiten – wie Leben, Denken, Verstehen – in einer sie um- und übergreifenden Einheit in sich zusammen, »indem es diese alle in gewisser Weise geeint schon immer enthält« (Sent. I, 8, 1, 1, c).

Daraus erhellt, daß Thomas unter »Sein« nicht »bloße Existenz« oder »bloße Wirklichkeit« im Gegensatz zu Möglichkeit versteht. Das auf der Ebene des begrifflichen Erfassens noch nicht als solches erkannte und daher unwesentlich erscheinende Sein ist Grund und Wurzel jeder Art von Verwirklichung und damit des ganzen Reichtums, der sich in den mannigfachen Wesenheiten der Dinge entfaltet und ausbreitet und der von uns begrifflich eingefangen werden kann. Darum ist das Sein, wenn auch in jedem Ding in besonderer und eingeschränkter Weise erscheinend, an sich selbst betrachtet unbegrenzt. »Das Sein in sich selbst betrachtet ist unendlich; denn auf unendlich viele Weisen kann an ihm teilgenommen werden.« (S. c. g. I, 43) Jedes bestimmte Seiende ist begrenzt und endlich, was sich ja schon darin zeigt, daß es außer ihm anderes gibt. Im Hinblick auf das Sein erweist sich aber, daß sogar das Seiende im ganzen die dem Sein eigene Unendlichkeit nicht zu erschöpfen vermag.

5. Zur philosophischen Gotteserkenntnis

Nach Thomas' Überzeugung kann der Mensch mittels des Denkens zu der Einsicht gelangen, daß Gott existiert. Der philosophische Weg zur Erkenntnis Gottes ist jedoch schwierig und verlangt große Anstrengung. Vor allem ist sehr viel Wissen vorausgesetzt, »da die Erwägungen fast der ganzen Philosophie« auf diese Erkenntnis hingeordnet sind (S. c. g. I, c. 4). Darum ist es auch gut, daß den Menschen diese Mühe erspart wird, wenn sie an die Offenbarung glauben. Daß Gott existiert, hat er selbst mitgeteilt. Aber es handelt sich dabei doch um eine Wahrheit, die auch ohne Berufung auf die Offenbarung eingesehen werden kann. Vom Standpunkt einer wissenschaftlichen Theologie betrachtet geht diese Wahrheit also in gewisser Weise dem Glauben vorauf. Der Theologe muß demnach seine Arbeit, die der gedanklichen Erschließung der Offenbarung dient, mit den Gottesbeweisen beginnen; denn mögen diese auch nicht Voraussetzungen für den Glauben sein, so sind sie dennoch die Grundlage jeder systematisch-wissenschaftlichen Lehre von Gott (S. c. g. I, c. 9).

Nun gibt es die Ansicht, solche Beweise seien überflüssig, weil das, was in dem Satz »Gott ist« ausgedrückt wird, gar nicht beweisbar sei, sondern als »selbstverständlich« (per se notum) unmittelbar einleuchte, und zwar so, daß das Gegenteil nicht gedacht werden könne. Man brauche sich nämlich nur klarzumachen, was man mit dem Wort »Gott« meint, um die Wahrheit des Satzes »Gott ist« einzusehen, ebenso wie man sich nur bewußt zu machen braucht, was die Wörter »Ganzes« und »Teil« bedeuten, um die Wahrheit des Satzes »Jedes Ganze ist größer als ein beliebiger seiner Teile« einzusehen.

Dies soll sich durch folgende Überlegungen ergeben: Mit dem Wort »Gott« meinen wir etwas, über das hinaus ein Größeres nicht gedacht werden kann. Sobald nun aber das Gemeinte verstanden ist, ist es in unserem Denken. Es kann aber wiederum nicht *nur* im Denken sein; denn etwas, das sowohl im Denken wie auch unabhängig vom Denken oder in Wirklichkeit ist, ist größer als ein bloß Gedachtes. Wenn wir nun das, was das Wort »Gott« meint, ernstnehmen, nämlich das, zu dem es ein Größeres nicht gibt, erkennen wir, daß es ihn notwendigerweise geben muß.

Auch eine zweite Überlegung soll zu demselben Ergebnis führen: Es läßt sich denken, daß es etwas gibt, welches als nichtseiend nicht gedacht werden kann. Ein solches ist nun augenscheinlich größer als etwas, das als nichtseiend gedacht werden kann. Könnte also Gott als nichtseiend gedacht werden, dann könnte ein Größeres als er gedacht werden, und darin läge ein Widerspruch zu der Bedeutung, die wir mit dem Wort »Gott« verbinden.

Thomas verwirft die Meinung, aufgrund solcher Überlegungen lasse sich dartun, daß die Existenz Gottes unmittelbar einsichtig sei (S. c. g. I, c. 11). Sie enthalten einen Fehler, weil eine sehr wichtige Unterscheidung nicht berücksichtigt wird, welche den Sinn des Ausdrucks »durch sich selbst bekannt« oder »selbst-verständlich« betrifft. Der in einem Satz ausgedrückte Sachverhalt wird dann von uns unmittelbar, das heißt ohne ein Beweisverfahren, als wahr erkannt, wenn das, was ausgesagt wird, also das Prädikat, in dem, wovon es ausgesagt wird, also im Subjekt, enthalten ist. In diesem Fall kann ja das Subjekt nicht ohne das Prädikat gedacht werden. Der Grund dafür, daß uns ein solcher Satz unvermittelt als wahr einleuchtet, ist der Sachverhalt selbst. Nun ist es aber möglich, daß es Sachverhalte gibt, die an sich betrachtet den beschriebenen Charakter haben, die also an sich betrachtet »durch sich selbst bekannt« sind, ohne daß diese Selbst-verständlichkeit von uns auch erfaßt wird. Voraussetzung dafür, daß wir eine unmittelbare Einsicht in einen solchen Sachverhalt haben, ist nämlich ein hinreichendes Verstehen der Bedeutungen, die mit dem Subjektbegriff und dem Prädikatbegriff verbunden sind. Diese Voraussetzung ist in vielen Fällen zweifelsfrei gegeben. Jedermann besitzt eine so hinreichende Einsicht in die Bedeutung der Begriffe »Ganzes« und »Teil«, daß er unmittelbar die Wahrheit des Satzes »Ein Ganzes ist größer als jeder seiner Teile« einsieht. Ist aber jemand nicht in der Lage, die Bedeutungen von Subjekt- oder Prädikatbegriff zu erfassen, dann ist ihm auch die unmittelbare Einsicht in die Verbindung des von Subjekt und Prädikat Bezeichneten verwehrt. Es gibt dafür im Bereich der menschlichen Erkenntnis Beispiele: Wer nicht begreift, was ein rein geistiges Wesen ist, der wird den an sich selbstverständlichen Sachverhalt, daß ein solches Wesen keinen Ort einnimmt, nicht als selbst-verständlichen verstehen. Oder, um ein modernes Beispiel zu nehmen: Wer den Begriff einer differenzierbaren Funktion nicht erfaßt, wird auch nicht den Zusammenhang begreifen, der in dem Satz »Eine differenzierbare Funktion ist stetig« ausgedrückt ist. Wir müssen also davon ausgehen, daß nicht alle an sich betrachtet selbst-verständlichen Sachverhalte auch unserem Erkennen unmittelbar einleuchten. Infolgedessen müssen wir unterscheiden zwischen dem, was an sich betrachtet und auch für uns »selbst-verständlich« ist, und dem, was an sich betrachtet »selbst-verständlich« ist, nicht aber für menschliches Erkennen.

Wer nun die Existenz Gottes für unmittelbar erkennbar hält, so daß ein Beweis des Satzes »Gott ist« weder notwendig noch möglich ist, der beachtet in diesem äußerst wichtigen Fall die dargelegte Unterscheidung nicht. Gerade hier ist sie jedoch im Interesse der intellektuellen Redlichkeit von größter Bedeutung. Was der Satz »Gott ist« ausdrückt, ist in der Tat ein Sachverhalt, der an sich betrachtet selbst-verständlich ist. Gott ist nämlich nichts anderes als sein Sein, und in dem Satz »Gott ist« enthält das Subjekt das Prädikat. Aber dies ist von uns nicht unmittelbar zu erkennen; denn wir sind nicht in der Lage, zu begreifen, was Gott ist, und daher verfügen wir nicht über eine Einsicht in die Bedeutung des Subjekts des Satzes »Gott ist«, welche uns die Selbst-verständlichkeit des Sachverhalts erfassen ließe. Nur wer zur Gottesschau gelangt ist, erkennt unmittelbar diese klarste und einleuchtendste aller Wahrheiten.

Die Eigenart und die Tragweite dieser Lehre des Thomas gerät erst in den Blick, wenn man folgende, allerdings unumgängliche, Frage stellt: Mit welchem Recht läßt sich überhaupt sagen, die Existenz Gottes sei ein, an sich betrachtet, selbstverständlicher Sachverhalt, wenn er dies nicht für menschliches Erkennen ist, wenn es also keinen Menschen gibt, der diese unmittelbare Einsicht besitzt? Woher soll denn dieses Wissen kommen? Gewiß, es gibt Sätze, die einem Mathematiker unmittelbar einleuchten, weil er die Verbindung von Subjekt und Prädikat aufgrund seiner Kenntnis erfaßt, und die nicht von allen Menschen begriffen werden. Hier ist die Unterscheidung zwischen einem »An-sich« und »für das Erkennen« verständlich. Aber sie ist doch nur deshalb berechtigt, weil es jedenfalls Menschen gibt, welche den Sachverhalt in seinem An-sich-Sein tatsächlich erkennen. Der Satz »Gott ist« kann aber von keinem Menschen so begriffen werden. Wie kann man dann behaupten, er drücke einen unmittelbar erkennbaren Sachverhalt aus? Ist mit dieser Behauptung nicht die Grenze der Philosophie überschritten?

Nach Thomas ist dies nicht der Fall. Wenn auch die Verbindung von Subjekt und Prädikat, die der Satz »Gott ist« ausdrückt, von keinem Menschen so erfaßt wird, wie sie an sich besteht, so läßt sich dennoch beweisen, daß sie an sich betrachtet selbst-verständlich ist. Man kann nämlich durch schlußfolgerndes Denken erkennen, daß in Gott Wesen und Sein zusammenfallen, so daß es notwendig ist, auf die Frage »Was ist Gott?« zu antworten: »Gott ist sein Sein«. Die Grundlage für einen solchen Beweis muß jedoch gelegt werden, indem zunächst einmal, ausgehend von dem, was wir unzweifelhaft wissen, die Existenz Gottes dargetan ist. Dabei sind wir auf die Einsichten angewiesen, die wir von Natur aus besitzen, die also allen Menschen unmittelbar einleuchten; ferner auf eine unvoreingenommene Erkenntnis der uns zugänglichen Wirklichkeit und auf die Kraft unseres Denkens. Selbst wenn nun auf diesem Weg schließlich gezeigt ist, daß in Gott Was-sein und Sein dasselbe ist, daß also der Satz »Gott ist« den selbst-verständlichsten Inhalt hat, so bleibt es dennoch dabei, daß dadurch dieser Satz in der Ordnung unserer Erkenntnis den Rang einer unmittelbar einsichtigen Wahrheit nicht erlangt. Zu beweisen, daß diesem Satz an sich betrachtet die höchste Einsehbarkeit zukommt, heißt also nicht, die in ihm ausgedrückte selbst-verständlichste Wahrheit auch tatsächlich einzusehen oder eingesehen zu haben. Die Reichweite unseres Verstandes macht uns gerade hier zugleich die Grenzen desselben besonders deutlich bewußt.

Die Argumente, mit denen die These von der unmittelbaren Erkenntnis der Existenz Gottes verteidigt wird, halten nun auch einer kritischen Betrachtung nicht stand. Nehmen wir einmal an – und selbst diese Annahme bedarf eigentlich einer besonderen Begründung, die keineswegs einfach ist –, jedermann verstehe unter »Gott« etwas, über das hinaus Größeres nicht gedacht werden kann. Zwingt dieses Begreifen der Bedeutung des Wortes »Gott« zu der Aussage, es existiere unabhängig vom Denken etwas, über das hinaus Größeres nicht gedacht werden kann? Nein. Wieso nicht? Die in einem Urteil vollzogene Behauptung der Existenz bezieht sich, wenn anders sie einen Sinn hat, auf das, was ich als die Bedeutung des Subjekts erfasse. Diese Bedeutung kann und darf sich durch das Existenzurteil nicht ändern: »Es ist notwendig, daß eine Sache auf dieselbe Weise gesetzt wird wie die Bedeutung, die ihrer Benennung eignet.« (S. c. g. I, c. 11) Welches ist nun im vorliegenden Fall diese Bedeutung? »Etwas, über das hinaus Größeres nicht gedacht werden kann.« Das heißt: Diese Bedeutung ist, wie an ihrer Beschreibung erkennbar, ein Denkinhalt, und zwar nur ein Denkinhalt. Setze ich diesen nun, indem ich sage, er sei, so kann diese Setzung nur den Sinn haben, er existiere als etwas Gedachtes, er existiere in meinem Denken. Mehr ergibt sich nicht. Gewiß, dieses Urteil geht über das bloße Erfassen der Bedeutung hinaus, insofern in ihm das tatsächliche Gedachtsein ausdrücklich erkannt und ausgesagt wird. Aber es ist dies keine Erkenntnis der denkunabhängigen Existenz des Gedachten.

Es ist auch nicht korrekt, jemandem, der die Existenz von etwas, über das hinaus Größeres nicht gedacht werden kann, bestreitet, entgegenzuhalten, er verwickle sich dabei in einen Widerspruch. Ein solcher stellt sich nicht ein; denn die Leugnung der Existenz widerspräche nur der tatsächlich erkannten Existenz. Wer aber die Existenz des so Gedachten bestreitet, der bestreitet eben damit, daß es in Wirklichkeit etwas gibt, über das hinaus Größeres nicht gedacht werden kann. Er wird behaupten, es lasse sich zu jedem, sei es etwas Gedachtes, sei es etwas vom Denken Unabhängiges, etwas Größeres denken. Diese Behauptung ist jedoch nur dann falsch, wenn feststeht, daß es in Wirklichkeit etwas gibt, über das hinaus Größeres nicht gedacht werden kann. Gerade dies muß aber ja erst gezeigt werden. Der Vorwurf eines Widerspruchs beruht also auf einer petitio principii.

Auch die andere Begründung verfehlt ihr Ziel. Muß man wirklich sagen, man könne notwendigerweise etwas Größeres als Gott denken, wenn gedacht werden kann, er existiere nicht? Keineswegs; denn wenn wir denken können, Gott existiere nicht, dann handelt es sich um eine Eigenart unseres Verstandes, der nicht in Gottes Wesen einzudringen vermag. Diese Eigenart ist eine Schwäche, und das zeigt sich am deutlichsten, weil wir eben das, was an sich betrachtet das Selbst-verständlichste ist und von dem wir dies sogar beweisen können, dennoch nicht in der angemessenen Weise begreifen. Wir erkennen Gott nicht direkt, sondern nur aus seinen Wirkungen, und diese Erkenntnis ist nun einmal eine vermittelte. Keine so gewonnene Erkenntnis verliert aber ihren Charakter als vermittelte, und sie wird darum in unserer Erkenntnisordnung stets hinter der Einsicht in die obersten Grundsätze zurückbleiben.

Den zahlreichen Untersuchungen der von Thomas vorgelegten Beweisgänge für die Existenz Gottes soll hier keine weitere hinzugefügt werden. Es ist wichtiger, einige Gedanken herauszustellen, durch die Thomas das Vorgehen und das Ergebnis philosophischer Gotteserkenntnis zu erklären versucht. Dabei soll insbesondere folgender Text erläutert werden: »Sein wird in zweifacher Weise ausgesagt: einmal bezeichnet es eine wesenhaft bestimmte Wirklichkeit als wirklich; zweitens bezeichnet es die in der Aussage vorliegende Zusammensetzung, welche die Seele vollzieht, indem sie das Prädikat mit dem Subjekt verbindet. Nimmt man ›sein‹ im ersten Sinne, so können wir Gottes Sein nicht wissen, ebensowenig wie seine Wesenheit. Wir wissen es nur auf die zweite Weise. Wir wissen nämlich, daß die Aussage, die wir über Gott machen, wenn wir sagen ›Gott ist‹, wahr ist. Und das wissen wir aus seinen Wirkungen.« (S. th. I, 3, 4, ad 2)

Diesen Text versteht man nur, wenn man sich die Eigenart der Schlußweise vergegenwärtigt, die für die philosophischen Gottesbeweise maßgebend ist, nämlich die des Erkennens einer Ursache mittels ihrer Wirkung. Zunächst einmal ist klar, daß bei jedem derartigen Schluß die Ursache als solche nicht gegeben ist, sondern nur etwas, das wir als Wirkung begreifen. Es ist jedoch unumgänglich, daß derjenige, der nach der Ursache forscht, diese in irgendeiner Weise benennen muß. Eine solche Benennung ist nicht nur notwendig, sondern auch sinnvoll, auch wenn sie in diesem Falle nicht schon einer Erkenntnis dessen, was das Benannte ist, entspringen kann. Andererseits wird man die Benennung der Ursache nicht willkürlich wählen, sondern man wird mit ihr einen Sinn verbinden, und dieser ist durch eine Seinsweise der Wirkung gegeben. Den mit einer Benennung von etwas verbundenen Sinn nennt Thomas »ratio nominis«, und von einer zu suchenden Ursache kann zunächst nur mittels dieses Namenssinnes die Rede sein. Nun ist jedoch normalerweise schon dadurch, daß die Wirkung gegeben und erkannt ist, auch etwas vom Wesen der Ursache, nach der gesucht wird, bekannt. So weiß ich etwa, daß die Erzeuger eines Kindes Menschen sind, auch wenn ich Vater und Mutter nicht kenne, oder daß die noch nicht bekannte Ursache einer Fährte ein Mensch oder ein Tier ist, jedenfalls also ein Sinnenwesen, oder daß der Erreger einer Krankheit ein Virus oder ein Bakterium ist. Ja, man kann allgemein sagen, daß jede vorläufige Benennung der Ursache in irgendeiner Weise etwas von deren Wesensart ausdrückt, und daß dies umso genauer der Fall sein kann, je mehr Wirkung und Ursache einander entsprechen. Wird also zu Recht auf eine Ursache geschlossen, dann wissen wir normalerweise auch immer etwas über deren wesenhaftes

Was-sein, und die Aussage »Es existiert die Ursache dieser Wirkung« enthält immer auch eine Erkenntnis dessen, was die Ursache ist. Dabei kann es jedoch offenbar erhebliche Unterschiede geben, und zwar gemäß der Art- und Gattungszugehörigkeit von Wirkung und Ursache.

Im Falle der philosophischen Gottesbeweise, wie Thomas sie versteht, ist der Sachverhalt jedoch nicht so einfach. Wiederum wird die Benennung der gesuchten Ursache ganz und gar von dem her genommen, was unserer Erkenntnis gegeben ist, sei es unmittelbar, sei es durch Analyse des unmittelbar Gegebenen. Die Frage, um deren Beantwortung es jetzt geht, ist aber so radikal, daß von der gesuchten Ursache nicht mehr angenommen werden kann, sie gerate ihrem Wesen nach überhaupt in den Blick. Es stellt sich auch heraus, daß, solange wir uns beim Nachdenken mit einer Ursache zufriedengeben, die eine Wesensgleichheit oder -ähnlichkeit mit den Wirkungen hat, die Antwort nicht der Frageintention entspricht. Das Denken, das sich dieser Intention bewußt bleibt, wird über jede solche Ursache hinausgetrieben. Wenn wir etwa nach dem Ursprung einer Bewegung fragen, dann ist als Ursache zunächst ein Beweger denkbar, der seinerseits bewegt ist. Aber kein bewegter Beweger reicht zur Erklärung aus, da ein solcher wiederum dieselbe Frage hervorruft. Der gesuchte Ursprung der Bewegung kann also nur ein erster unbewegter Beweger sein. Dieser wiederum ist, wenn auch mittels des Phänomens der Bewegung benannt, dennoch damit nicht zureichend in dem, was er ist, erschlossen. Ebenso ist es, wenn wir nach Erklärung des notwendig Seienden suchen und dieses schließlich nur in dem durch sich selbst Notwendigen finden. Wiederum benennen wir dieses mittels einer erkennbaren Realität, nämlich des Notwendigseins, aber der letzte Grund dieser Realität muß von anderer Art sein als das, was wir unter Notwendig-Seiendem begreifen.

Man kann nun mit vollem Recht erwägen, welche Erkenntnis eigentlich auf diesem Weg gewonnen wird. Wenn kein Begriff ausreicht, durch den das so erschlossene Sein der Ursache eine faßbare und begreifbare Bedeutung erhält, dann bleibt diese Erkenntnis doch leer, und man vermag ihr im Rahmen einer auf begriffliches Verstehen zielenden Bemühung schwerlich einen Platz zu geben. Thomas sagt dies auch sehr deutlich, wenn er betont, wir wüßten nicht, was Gott seinem Wesen nach ist. Und er meint dasselbe mit der Feststellung, in dem Satz »Gott ist« werde nicht das durch eine von uns erfaßte Wesenheit bestimmte Sein ausgesagt, sondern nur die Wahrheit dessen, was wir mit diesem Satz meinen: Unser Nachdenken läßt uns nämlich zu der Erkenntnis kommen, daß es einen ersten unbewegten Beweger, eine erste unverursachte Ursache, ein durch sich selbst Notwendiges als Grund und Ursprung der uns zugänglichen Wirklichkeit geben muß, und dies ist der Sinn der Aussagen, in denen wir philosophisch von Gott sprechen. Der begriffliche Inhalt dieser Aussagen bleibt voll und ganz dem verhaftet, was wir selbst begreifen können. Aber es wird, gestützt auf diese Inhalte, ausgesagt, daß sie über sich hinausweisen auf einen letzten Ursprung, ohne den sie nicht sein können und ohne den die Wirklichkeit unserem Denken ein ungelöstes Rätsel bleibt.

Ein Schluß dieser Art, dessen Schlußsatz seinen begrifflichen Inhalt ganz von dem her nimmt, was wir als Wirkung zum Ausgangspunkt nehmen, ohne daß dabei das Wesen der Ursache erfaßt wird, hat dennoch seine Berechtigung. Denn trotz seiner Besonderheit hat er eine wesentliche Gemeinsamkeit mit allen anderen auf Ursachenerkenntnis gerichteten Denkschritten. Wann immer wir durch unser Denken die Existenz einer Ursache erweisen, geht es doch zunächst und in erster Linie darum, die Wirklichkeit dieser Ursache zu erschließen, auch dann, wenn zugleich damit wegen ihrer Entsprechung zur Wirkung eine Einsicht in deren Was-sein gewonnen wird. Im Bereich unserer Erfahrung ist also diese erschlossene Wirklichkeit stets auch eine inhaltlich bestimmte und bestimmbare Wirklichkeit. Aber es kommt nicht nur auf diese inhaltliche Bestimmtheit an – ja nicht einmal in erster Linie, sondern auf das mit ihr untrennbar verbundene Wirklichsein der Ursache. Der Anstoß zur Frage nach der Ursache geht immer vom Wirklichsein der Wirkung aus, und die Erkenntnis der Ursache ist immer Erkenntnis des Seins derselben. Es zeigt sich gerade in der Denkbewegung, durch die wir von einer Wirkung zu ihrer Ursache geführt werden, daß unser Erkennen auch schon im Bereich dessen, was wir begrifflich erfassen können, nie restlos in Begriffen aufgeht. Es handelt sich stets darum, mittels und durch das Begreifen dessen, was etwas ist, Sein zu erkennen, das in den verschiedenen Inhalten seine vielfältigen Gestalten hat. Diese Seinserkenntnis ist aber, bei aller Verknüpfung mit dem begrifflichen Erfassen, mehr als dieses.

Die recht verstandene philosophische Suche nach dem Grund der Wirklichkeit setzt also zwar zunächst bei der Frage an, wodurch die Dinge dies oder das sind. Aber sie erhält ihren tiefsten Anstoß durch das Rätsel, dem ein Diskussionspartner des Thomas in der schon erwähnten Frage Ausdruck gibt: »Warum ist überhaupt etwas und nicht vielmehr Nichts?« Thomas kennzeichnet den Kern dieser Denkbewegung in seiner Frühschrift ›De ente et essentia‹ (c. 5): Jegliche Realität, die einem Gegenstand unserer Erkenntnis zukommt, veranlaßt uns zu der Frage, welchen Ursprung sie hat. Dabei müssen wir davon ausgehen, daß dieser Ursprung entweder in dem erkannten Gegenstand selbst oder in etwas von ihm Verschiedenen liegt. Auch und gerade das Sein des Erkannten zwingt zu dieser Frage. Nun kann aber dieses Sein, so sehr seine Prägung als Sein dessen, dem es zukommt, auch mit diesem verwurzelt ist, nicht aus diesem selbst stammen; denn dann wäre etwas Ursache seiner selbst, es brächte sich selbst hervor. Das aber ist unmöglich. Jedwedes Seiende, bei dem Was-sein und Sein voneinander verschieden sind, kann also das Sein nur von einem anderen haben. Ist dieses andere wiederum etwas, das Sein hat, so zwingt es zu derselben Frage. Die letzte Erklärung muß also in einer Ursache liegen, die allem Seienden das Sein gibt. Diese kann jedoch nicht mehr gedacht werden als etwas, das Sein *hat*, sondern sie muß gedacht werden als das, was Sein ist, bei dem also Wesenheit und Sein zusammenfallen. Darum *ist* es angemessen, von Gott zu sagen, er sei das subsistierende Sein selbst: »Gott überragt alles, was existiert, insofern er das subsistierende Sein selbst ist«. (S. th. I, 12, 1, ad 3) Mit dieser Äußerung ist nicht nur vereinbar, sondern aufs tiefste verwandt der Satz des Thomas: »Das Äußerste der menschlichen Erkenntnis Gottes besteht darin, daß der Mensch weiß, Gott nicht zu kennen, insofern er erkennt, daß jenes, was Gott ist, all unser Begreifen übersteigt« (Quaest. disp. De pot. 7, 5, ad 14).

6. Zur Lehre von der praktischen Vernunft

Menschliches Handeln ist bewußtes Handeln. Seine Eigenart im Vergleich zu bloß naturhafter Aktivität besteht darin, daß der Mensch sich auf ein erkanntes und gewähltes Ziel hin selbst bewegt: »Es ist der vernunftbegabten Natur eigen, Ziele anzugehen, indem sie sich gewissermaßen selbst darauf hinlenkt und dazu führt.« (S. th. I–II, 1, 2, c) Diese Ausrichtung und Führung obliegt in erster Linie der Vernunft. Sie wird, insofern sie sich nicht mit dem Erkennen um seiner selbst willen zufriedengibt, sondern handlungsleitend ist, »praktische Vernunft« genannt, da sie Erkanntes auf etwas zu Bewirkendes hinordnet. Der praktische Vernunftgebrauch äußert sich also jeweils in einer Vorschrift: »Dies ist zu tun!« Als Gebot der Vernunft muß eine Vorschrift nun begründet werden können, und mit dieser Begründung ist der Anspruch verknüpft, allgemein eingesehen werden zu können.

Nun wird heute nicht weniger als früher über die Möglichkeit einer vernünftig zu begründenden Praxis nachgedacht und gestritten. Auf dem Spiel steht dabei der Sinn jeder Art von Aufklärung, deren Ziel der mündige, gemäß seiner Einsicht lebende und handelnde Mensch ist. Auch die Forderung nach dem »herrschaftsfreien Dialog« gewinnt ihre Berechtigung nur aus der Überzeugung, daß wir in der Lage sind, uns über das, was richtig ist, mittels der praktischen Vernunft, sollte sie nur ungestört zur Geltung kommen, zu einigen.

Aus den sehr umfangreichen Untersuchungen, die Thomas von Aquin dem ganzen Bereich des menschlichen Handelns gewidmet hat, sei eine Überlegung herausgegriffen, die Licht auf seine Sicht der Rolle und der Tragweite des praktischen Vernunftgebrauchs wirft: »Ist das natürliche Gesetz ein und dasselbe bei allen Menschen?« (S. th. I–II, 94, 4) Das »natürliche Gesetz« besteht aus denjenigen Handlungsvorschriften, welche der praktischen Vernunft unmittelbar als richtig einleuchten. Insofern sind diese Gebote den Grundsätzen der theoretischen, nur auf Erkennen um seiner selbst willen gerichteten Vernunft vergleichbar. So wie diese in jedem Denkakt vorausgesetzt sind und ihn leiten, so stellen jene den Leitfaden jeden praktischen Vernunftgebrauchs dar, und wie diese nicht bewiesen werden können, da ohne sie ein Beweis gar nicht möglich ist, so lassen sich jene nicht auf grundlegendere Gebote zurückführen, weil sie die unmittelbare Entfaltung dessen sind, was jegliche Vorschrift zu einer solchen macht: »Das Gute ist zu tun und das Schlechte zu meiden«. Bei jeder Rechtfertigung einer menschlichen Handlung stoßen wir letzten Endes auf ein Gebot, welches zum Inhalt des natürlichen Gesetzes gehört.

Durch eine philosophische Erwägung läßt sich verständlich machen, warum es neben den Prinzipien der theoretischen Vernunft auch Grundsätze der praktischen Vernunft gibt. Eine solche Reflexion ist natürlich Sache des theoretischen Denkens. Sie dient also nicht dazu, den Gebotscharakter des natürlichen Gesetzes zu begründen, sondern sie kann ihn nur erklären. Die praktische Vernunft erstreckt sich auf den Bereich des menschlichen Handelns. Handeln heißt aber immer, ein Ziel zu verwirklichen. Ziel einer Handlung wiederum kann etwas nur sein, insofern es in irgendeiner Weise als etwas Gutes eingeschätzt wird. Jede menschliche Handlung ist demnach auf die Verwirklichung eines vom Handelnden als gut beurteilten Zieles gerichtet. Nun ist der Mensch vorgängig zu jeder bewußten Entscheidung und selbstmächtigen Verfügung, also – wie Thomas dies sagt – »von Natur aus« auf Ziele hin angelegt. Das ergibt sich aus gewissen untrennbar mit ihm verbundenen Neigungen. Es drängt jeden Menschen danach, sich selbst zu erhalten; es gibt ferner den Drang nach Erhaltung der Art; wir sehnen uns danach, unser Woher und Wohin zu kennen; wir spüren ständige Neigung dazu, mit anderen Menschen in Gemeinschaft zu leben. Diese Finalität ist mit dem menschlichen Dasein gegeben, und sie ist die unverfügbare Basis all unserer Aktivitäten. Sie hat nun zur Folge, daß jeder Mensch Ziele, insofern diese in Einklang mit seinen natürlichen Neigungen stehen, nicht anders denn als gut und damit als erstrebenswert beurteilt. An diesen Urteilen orientiert sich die praktische Vernunft ständig, und jede Begründung der Vernunftgemäßheit einer Handlung führt auf eines oder mehrere von ihnen, in denen die spontane Selbstbejahung des Menschen mit seinen naturhaften Ausrichtungen ihren bewußten Niederschlag findet.

Demnach sind also nicht – wie gelegentlich die Lehre des Thomas mißverstanden wird – die naturhaften Neigungen als solche schon sittliches Gebot. Geboten ist immer nur das, was die praktische Vernunft in jedem einzelnen Fall, und zwar bezogen auf diesen Fall, zu Recht als gut erkennt. Ihr Urteil kommt durch eine Abwägung zustande, bei der die verschiedenen, dem konkreten Handlungsziel eigenen und miteinander konkurrierenden Werte in einer Weise zu ordnen sind, die eine vernunftgemäße Entscheidung ermöglicht. Die praktische Vernunft stützt sich dabei aber notwendigerweise auf Vorschriften, die im natürlichen Gesetz enthalten sind und ohne die eine Begründung des jeweiligen Urteils nicht zustande kommt.

Das natürliche Gesetz umfaßt zwar – entsprechend der Vielfalt der natürlichen Neigungen des Menschen – mehrere Grundsätze. Da aber diese Neigungen nach Thomas zur Verfaßtheit eines jeden Menschen gehören, muß der Inhalt des natürlichen Gesetzes allgemeingültig sein. Folgt daraus aber nicht, daß die Menschen auch zu einer Übereinstimmung in der Beurteilung dessen, was jeweils richtig und geboten ist, kommen müssen? Tatsächlich gibt es eine derartige Übereinstimmung jedoch nicht. Es ist doch unbestreitbar, daß die Urteile über das, was jeweils zu tun oder zu lassen ist, nicht nur unterschiedlich ausfallen, sondern sogar häufig im Gegensatz zueinander stehen, obwohl jedermann für seine Entscheidung die Vernunft in Anspruch nimmt und sich auf sie beruft. Wie ist dieser Widerstreit der Meinungen, dessen Zeugen alle Menschen von jeher sind, zu begreifen, wenn es stets dieselben Grundsätze sind, welche die praktische Vernunft bestimmen? Ist er nicht vielleicht ein deutliches Zeichen dafür, daß die Berufung auf die Vernunft im Feld des menschlichen Handelns überhaupt einer Illusion entspringt?

Nach Thomas ist die Vielfalt praktischer Vernunfturteile und deren Verschiedenheit keineswegs so zu deuten. Man darf eben nicht den Fehler machen, an den praktischen Gebrauch der Vernunft dieselben Maßstäbe zu legen wie an den theoretischen. Ein Vergleich zwischen dem theoretischen und dem handlungsbezogenen Wissen vermag zu zeigen, worin der Fehler liegt.

Notwendige Bedingung für den theoretischen und den praktischen Vernunftgebrauch sind jeweils bestimmte Grundsätze. Die einen enthalten das, was in jedem Erkenntnisvollzug als wahr gesetzt und wenigstens implizit gewußt ist, die anderen solches, das in jedem vernunftbestimmten Gebot, soweit es sich überhaupt auf die Vernunft berufen kann, implizit als gut anerkannt ist. Diese Grundsätze, und zwar sowohl der theoretischen wie der praktischen Vernunft, sind nun stets in gleicher Weise wahr oder richtig, und ihre Inhalte werden auch von allen ihre Vernunft gebrauchenden Menschen erkannt und anerkannt (S. th. I–II, 94, 4, c).

Alle anderen Urteile der theoretischen Vernunft und alle anderen Gebote der praktischen Vernunft lassen sich nun logisch als Folgerungen auffassen, bei denen Grundsätze als Prämissen fungieren. Demnach ist zu fragen, inwieweit sich Wahrheit und Allgemeingültigkeit der Grundsätze auch auf die auf sie zurückführbaren oder von ihnen abgeleiteten Urteile und Gebote erstrecken. Hier zeigt sich indes ein wichtiger Unterschied zwischen dem theoretischen und dem praktischen Vernunftgebrauch. Die theoretische, auf Wissen um seiner selbst willen zielende Vernunft hat zu ihrem Gegenstand das, was notwendig ist und nicht anders sein kann; denn nur Derartiges kann im strengen Sinne gewußt sein. Notwendigkeit kommt nun aber gerade dem einzelnen als einzelnem nicht zu, weil jedes einzelne Seiende als solches auch kontingent ist. Unser theoretisches Wissen stößt darum beim einzelnen an eine Grenze, und es beansprucht gar nicht, diese Grenze zu überschreiten, solange es sich als Wissen versteht. Erkenntnisse, die das einzelne Seiende als einzelnes betreffen, haben stets nur den Charakter einer mehr oder weniger großen Wahrscheinlichkeit. Beim praktischen Vernunftgebrauch liegt nun immer eine Hinordnung des Erkannten auf Handlungen vor. Jede Handlung ist aber etwas einzelnes und damit Kontingentes. Demnach hat die handlungsleitende Vernunft es immer mit Gegenständen zu tun, die gerade, insoweit sie auf das praktische Vernunftvermögen bezogen sind, nur unvollständig gewußt werden können. Infolgedessen ist das Verhältnis zwischen den Grundsätzen und den daraus abgeleiteten Urteilen im Bereich der theoretischen Vernunft anders als im Bereich des Handlungswissens. Was sich durch korrektes Schließen aus den Grundsätzen der theoretischen Vernunft ergibt, ist notwendig wahr. Allerdings kann es vorkommen, daß jemand diese Wahrheit nicht einsieht. Das liegt jedoch dann nicht am Sachverhalt selbst, sondern es hat seinen Grund in der Schwäche des Denkvermögens oder in einem Mangel bei der Darlegung des Beweises. Im Bereich der praktischen Vernunft ist hingegen schon bei den ersten Schlußfolgerungen aus den Grundsätzen des natürlichen Gesetzes nicht mehr gewährleistet, daß sie in jedem Fall eine richtige Handlungsvorschrift darstellen. Zu beurteilen ist die praktische Rechtheit nämlich immer am jeweiligen Einzelfall in seiner unausweichlichen Kontingenz (S. th. I–II, 94, 4c).

Ein Beispiel läßt das Gemeinte deutlich werden. Der Grundsatz, daß vernunftgemäß zu handeln ist, ist immer richtig, und er wird von allen Menschen jederzeit anerkannt. Nun verhält sich das Gebot, daß eine Schuld zu begleichen ist, zu diesem Grundsatz wie eine Folgerung; denn es wäre gewiß nicht in Einklang mit dem Gebot, vernunftgemäß zu handeln, wenn man die Verpflichtung, Schulden zu begleichen, bestritte. Aber es gibt Umstände, die im Einzelfall eine Begleichung verbieten, so etwa, wenn feststeht, daß der Gläubiger das ihm Erstattete dazu verwenden will, Schaden anzurichten. In diesem Fall läßt sich also mit Hilfe desselben Grundsatzes das Gegenteil der normalerweise gültigen Folgerung begründen. Letztere hat demnach nicht den Charakter der Notwendigkeit und Allgemeingültigkeit.

Weil nun jede Handlung einzeln und damit kontingent ist, lassen sich aus den Grundsätzen der praktischen Vernunft keine stets und überall in gleicher Weise richtigen Handlungsvorschriften ableiten. Die richtige, auf den konkreten Fall zutreffende Vorschrift muß nämlich immer die besonderen und zufälligen Umstände dieses einzelnen Falles berücksichtigen. Es kommt hinzu, daß auch damit gerechnet werden muß, daß die der Sache nach einen konkreten Fall betreffende, von allen anzuerkennende Richtigkeit eines Gebotes nicht von allen Menschen in gleicher Weise eingesehen wird. Das kann wie im Bereich des theoretischen Denkens auf mangelndes Denkvermögen oder unklare Ableitung zurückgehen. Es kann aber auch daran liegen, daß die Urteilskraft der praktischen Vernunft durch Leidenschaften oder schlechte Gewohnheiten getrübt ist.

Die Vielfalt der Meinungen über das rechte Handeln und die Schwierigkeiten, die eine Rechtfertigung von Entscheidungen mit sich bringt, sind nach Thomas also kein Beweis für ein fundamentales Versagen der praktischen Vernunft. Sie rühren daher, daß sich keine einzige Handlung vollständig und restlos durch allgemeine Begriffe erfassen und durch allgemeine Maximen beurteilen läßt. Die praktische Wissenschaft – und besonders wichtig ist dies für die Ethik – darf darum nicht demselben Maß unterworfen werden, das dem theoretischen Wissen angemessen ist.

Daraus ergibt sich eine einfache, aber äußerst wichtige Konsequenz: Theoretische Belehrung allein befähigt niemanden, von seiner praktischen Vernunft den rechten Gebrauch zu machen. Zum Erwerb von Handlungskompetenz und von sittlicher Urteilskraft ist eine über die Wissensvermittlung hinausgehende Prägung des Menschen erforderlich. Deren Ziel ist der Erwerb der Tugenden. Was den tugendhaften Menschen auszeichnet, ist vor allem die Klugheit, von der Thomas sagt: »Klugheit bedeutet mehr als praktisches Wissen; denn praktisches Wissen zeigt sich in einem allgemeinen Urteil über das, was zu tun ist ... Selbst wenn dieses Wissen vorhanden ist, kann das Urteil der Vernunft über den konkreten Fall dennoch falsch ausfallen ... Es macht aber die Klugheit aus, über die einzelnen Handlungen richtig zu urteilen« (Quaest. disp. De virt. in comm. 6, ad 1).

Wir verstehen unter einem mündigen Menschen jemand, der gemäß seiner Vernunft zu handeln imstande und willens ist. Nach Thomas wurzelt das Streben nach Mündigkeit in der Natur des Menschen. Es entspricht der natürlichen Neigung, die spezifisch menschlich ist: »Jedem Menschen kommt von Natur aus die Neigung zu, gemäß der Vernunft zu handeln« (S. th. I–II, 94, 3, c.). Er fügt allerdings etwas oft Vergessenes oder Mißachtetes hinzu: »Dies heißt, gemäß der Tugend zu handeln.«

7. Zur Lehre vom »naturhaft Rechten«

Angesichts der großen Veränderungen, denen im Gefolge von Technik und Industrie die Gesellschaft inzwischen weltweit unterworfen ist, ist es verständlich, daß eine menschenwürdige Gestaltung der gesellschaftlichen Verhältnisse im Vordergrund auch des gegenwärtigen philosophischen Interesses steht. Bei den Diskussionen wird hin und wieder an Lehren erinnert, die von Denkern aus der Vergangenheit überliefert sind. Auch Thomas von Aquin findet gelegentlich Erwähnung. Wie sehr man ihn jedoch nicht selten gründlich mißversteht, zeigt vor allem die ständig wiederholte Behauptung, er habe Herrschaft unter Menschen oder gar die Sklaverei als »naturgegeben« sittlich legitimiert. Sie gehört nicht nur in das Arsenal bestimmter zeitgenössischer Ideologien, sondern findet sich auch merkwürdigerweise in seriösen Darstellungen, so etwa im Artikel ›Naturrecht‹ des ›Handbuchs der philosophischen Grundbegriffe‹ (1971). Daß man der Lehre des Thomas dabei nicht gerecht wird, ja sie geradezu verfälscht, macht ein kurzer Blick auf die entsprechenden Texte deutlich. Er mag zugleich dazu dienen, den Begriff des Naturrechts bei Thomas ein wenig besser zu verstehen.

Thomas vertritt nachdrücklich die These, daß die jedem Seienden eigene und eigentümliche Weise zu sein, die als Prinzip der Tätigkeit dessen »Natur« genannt wird, Grundstrukturen der Verhältnisse, die dieses Seiende zu anderem haben kann, in einer letztlich unverfügbaren Weise bestimmt. Diese stellen demnach einen festen und vom Menschen unbeeinflußbaren Maßstab für die Beziehungen dar, die zwischen den Dingen bestehen, entstehen und sich entwickeln, und nach ihnen richtet sich deshalb immer die Angemessenheit oder Rechtheit dieser

Beziehungen. Jede Zuordnung eines Seienden zu einem anderen hat also eine naturhafte Wurzel im jeweiligen Eigensein, und dieses ist zugleich ein unverrückbares Maß für das, was die Bezeichnung »naturhaft angemessen« oder »von Natur aus recht« verdient. Ganz allgemein verstanden findet »naturhaft Rechtes« sich also nicht nur im Verhältnis der Menschen zueinander, sondern es kommt jedwedem Seienden in seiner Hinordnung auf das von ihm Verschiedene zu. Zwei Beispiele machen deutlich, was damit gemeint ist: Ein Acker ist seiner Natur nach fruchtbar, und darum ist es naturhaft recht, wenn er Früchte bringt. Einem Kind ist aufgrund seiner Seinsweise Fürsorge geschuldet, auf die es also einen natürlichen Anspruch besitzt, und diesem unverfügbaren Recht entspricht ebenso ursprünglich eine Pflicht der Eltern, für Ernährung, Pflege und Erziehung Sorge zu tragen.

Allerdings ist dies nicht die einzige Weise, wie die Verhältnisse der Dinge und der Menschen zueinander eine »natürlich« zu nennende Richtigkeit erhalten. In der Tat ist ja bisher nur die Natur des einzelnen Seienden und die mit ihr allein gegebene naturhafte Angemessenheit berücksichtigt. Das jeweilige Seiende ist, wie Thomas sagt, dabei Gegenstand einer »absoluten« Betrachtung durch das menschliche Erkenntnisvermögen. Diese absolute Betrachtung liefert zwar ein Maß für die Angemessenheit von Verhältnissen, aber sie läßt außer acht, daß jede konkrete Gestaltung des Zu- und Miteinander von Menschen und Dingen irgendwelche Folgen hat. Es ist aber unbestreitbar, daß auch diese Folgen einen Einfluß auf die Gestalt der Beziehungen des einen zum anderen haben. Sie müssen also ebenfalls in Betracht gezogen werden, wenn über die Angemessenheit geurteilt werden soll. Wieder läßt ein einfaches Beispiel erkennen, was Thomas meint: Einem Acker ist es gemäß dem, was die »absolute« Betrachtung über seine Eigenart erbringt, angemessen, Früchte zu bringen und entsprechend bebaut zu werden. Es ergibt sich durch diese auf die natürliche Beschaffenheit gerichtete Betrachtung jedoch nicht, wer für diese Bebauung zuständig ist, ob beispielsweise *ein* Mensch oder viele, oder gar ob dieser oder jener bestimmte Mensch. Anders gesagt: Aus dem, was die absolute Betrachtung des Wesens von Grund und Boden an Einsicht liefert, ist eine bestimmte Gestaltung der angemessenen und geschuldeten Verfügung über ihn nicht abzuleiten. Nun hat aber jede Weise dieser Verfügung auch Konsequenzen, und wenn diese nicht mit in Betracht gezogen werden, ist eine hinreichende Erkenntnis der Angemessenheit nicht möglich. Die absolute Betrachtung muß also stets ergänzt werden durch eine Erwägung der Folgen, die sich aus einer bestimmten Regelung ergeben. Es ist demnach nicht nur zu überlegen, welche Art der Verfügung der naturgegebenen Bestimmung des Ackers am besten dient, sondern ebenso, welche Gestaltung der Verfügungsgewalt das friedliche Miteinander der Menschen am meisten fördert. Die Abwägung und Beurteilung der Konsequenzen hat also im Hinblick auf diejenigen Grundsätze zu erfolgen, die einer dem Menschen dienenden Ordnung gemäß sind.

Eine derartige Prüfung der Konsequenzen, welche die konkrete Ausgestaltung eines naturhaft richtigen Verhältnisses hat, ist nun aber Sache der menschlichen Vernunft; denn eine Abwägung von Folgen erfordert ein Vergleichen, und das ist nur mittels der Vernunft möglich. Die jeweils rechte Gestaltung des Miteinander von Dingen und Menschen kann demnach nur durch den Menschen aufgrund einer vernünftigen Überlegung erfolgen. Da nun die Vernunft das die Natur des Menschen bestimmende Vermögen ist, ist das Ergebnis einer solchen Überlegung etwas »Natürliches«, nämlich im Hinblick auf den Menschen, und die Gestaltungen, die in Übereinstimmung mit der praktischen Vernunft stehen, sind in diesem Sinne »natürliches Recht«. Es führt zu groben Mißverständnissen, wenn diese Bedeutung, die Thomas mit dem Begriff der natürlichen Angemessenheit oder des naturhaft Rechten verbindet, durch das Wort »naturgegeben« wiedergegeben wird; denn Thomas stellt ja gerade heraus, daß »natürlich« hier nichts anderes bedeutet als »der menschlichen Vernunft gemäß«. Wenn man sich schließlich vor Augen hält, daß alle Verhältnisse, deren Gestaltung der Einwirkung durch den Menschen unterliegt, gemäß der vernunftgeleiteten Erwägung der Folgen und deren Beurteilung zu regeln sind, erkennt man auch, daß sich für Thomas das »naturhaft Rechte« sehr viel weiter erstreckt als das, was man das »Naturgegebene« nennen kann. Dieses ist zwar eine unverfügbare Grundlage jeder Ordnung und macht eine solche erst möglich, aber es ist Aufgabe des Menschen, auf dieser Grundlage für eine vernünftige und dem Menschen dienende Gestaltung der Welt zu sorgen.

Was nun die Unter- und Überordnung von Personen betrifft, so lehrt Thomas folgendes (S. th. II–II, 57, 3, ad 2): Betrachtet man die Natur eines bestimmten Menschen absolut, dann läßt sich dabei gar nichts darüber ausmachen, ob es angemessen ist, daß dieser Mensch einem anderen untergeordnet ist oder nicht. Die absolute Betrachtung führt zur Erkenntnis der Wesensgleichheit der Menschen, und sie ermöglicht infolgedessen keine Begründung irgendeines Herrschaftsverhältnisses: »Daß dieser bestimmte Mensch eher als ein anderer Diener ist, ist gemäß der absoluten Betrachtung nicht natürlich« (S. th. II–II, 57, 3, ad 2). Über- und Unterordnung im Bereich der Gesellschaft lassen sich vielmehr einzig und allein durch eine Erwägung über die Konsequenzen der konkreten Gestaltung des menschlichen Miteinander legitimieren. Der Gesichtspunkt, der dabei ausschlaggebend ist, ist der Nutzen, den das Miteinander beiden Teilen, dem Untergebenen wie dem Vorgesetzten, bringt. Tatsächlich kann ein beiderseitiger Nutzen dadurch erreicht werden, daß ein bestimmter Mensch die Befugnis hat, einem oder mehreren anderen Anweisungen zu geben, die von diesen ausgeführt werden; denn es ist unbestreitbar dem einen von Nutzen, von einem anderen, der größere Kompetenz hat – Thomas spricht im Anschluß an Aristoteles sogar von einem »Weiseren«, was mehr bedeutet als bloß größere Sachkompetenz – gelenkt zu werden, und ebenso ist es dem, der Anweisungen gibt, nützlich, durch Untergebene Unterstützung zu erfahren. Ist also dieser beiderseitige Nutzen aufgrund vernunftbestimmter Erwägung und Beurteilung gewährleistet, dann ist ein solches Verhältnis »natürlich« im Sinne einer »vernünftigen« und damit der menschlichen Natur angemessenen Rechtheit. Der Spielraum der Beurteilung des beiderseitigen Nutzens ist dabei klar eingegrenzt; denn sie hat unter allen Umständen davon auszugehen, daß jeder Mensch aufgrund seines natürlichen Eigenseins prinzipiell jedem anderen gleich ist, wie die »absolute Betrachtung« ergibt. Wird durch die Herrschaft oder durch deren Gestaltung diese »naturgegebene« Würde und das »naturgegebene« Recht verletzt, dann kann von vornherein von einem beiderseitigen Nutzen gar nicht die Rede sein und darum auch nicht von einem aufgrund der Vernunft rechten Verhältnis.

Demnach ist nach Thomas Herrschaft unter Menschen nicht in der Natur des Menschen, absolut betrachtet, begründet, oder anders gesagt: sie ist keineswegs »naturgegeben«. Vielmehr unterliegt dieser Bereich der Gestaltung der menschlichen Gesellschaft ausschließlich einer vernunftgeleiteten Regelung, bei der sowohl die wesenhafte Gleichrangigkeit der Menschen wie auch die sich ändernden gesellschaftlichen Verhältnisse unter dem Leitbild des Nutzens für alle Betroffenen den Maßstab liefern.

Literaturverzeichnis

Werke des Thomas von Aquin (In Klammern die bei der Darstellung verwendeten Abkürzungen)

Kommentare zu folgenden Werken des Aristoteles: Peri hermeneias; Analytica posteriora; De anima; De caelo et mundo; De generatione et corruptione; De sensu et sensato; Physica; Metaphysica (In Met.); Ethica ad Nicomachum (In Ethic.); Politica

Weitere Kommentare: Zu den Werken des Boethius: De trinitate und De hebdomadibus. Zu den beiden neuplatonischen Schriften De divinis nominibus und Liber de causis. Zu dem theologischen Sentenzenwerk des Petrus Lombardus (Sent.)

Summa contra gentiles (S.c.g.)

Summa theologiae (S.th.)

Aus öffentlichen Disputationen gingen hervor die Quaestiones disputatae (Quaest.disp.)

Kleinere Schriften: De ente et essentia (De ente); De aeternitate mundi; De unitate intellectus; De regimine principum; Compendium theologiae

Von den vielen Einzelausgaben ist vor allem die Edition bei Marietti zu erwähnen.

Die noch nicht fertiggestellte kritische Gesamtausgabe: Opera omnia iussu Leonis XIII edita cura et studio Fratrum Praedicatorum. Rom 1882ff.

Die Deutsche Thomas-Ausgabe. Vollständige, ungekürzte deutsch-lateinische Ausgabe der Summa theologiae. Hrsg. von der Dominikaner-Akademie in Walberberg

Thomas von Aquin, Summe gegen die Heiden. Lateinisch und deutsch. Hrsg., übers. und bearb. von K. Albert und P. Engelhardt. Bd. 1. Darmstadt 1974

Die Philosophie des Thomas von Aquin. In Auszügen aus seinen Schriften. Hrsg. von E. Rolfes, mit einer Einleitung von Karl Bormann. Hamburg ²1977

Des hl. Thomas von Aquino Untersuchungen über die Wahrheit. In deutscher Übertragung von Edith Stein. Löwen, Freiburg i. Br. 1952

Sekundärliteratur

Chenu, Marie-Dominique: Das Werk des hl. Thomas von Aquin. (Deutsche Thomas-Ausgabe, Erg.-Bd. 2) Heidelberg, Graz 1960

Ders.: Thomas von Aquin in Selbstzeugnissen und Bilddokumenten, Hamburg 1960

Chesterton, Gilbert Keith: Der hl. Thomas von Aquin. Freiburg i. Br. ^{2}1960.

Eckert, Willehad Paul (Hrsg.): Thomas von Aquino. Interpretation und Rezeption. Mainz 1974

Grabmann, Martin: Thomas von Aquin. Persönlichkeit und Gedankenwelt. Eine Einführung. München ^{8}1949

Ders.: Die Werke des hl. Thomas von Aquin. Eine literar-historische Untersuchung und Einführung. Münster ^{3}1949

Hayen, A.: Der hl. Thomas von Aquin gestern und heute. Frankfurt a. M. 1954

Meyer, Hans: Thomas von Aquin. Sein System und seine geistesgeschichtliche Stellung. Paderborn ^{2}1960

Oeing-Hanhoff, Ludger (Hrsg.): Thomas von Aquin 1274/1974. München 1974

Pieper, Josef: Über Thomas von Aquin. München ^{2}1949

Ders.: Hinführung zu Thomas von Aquin. München ^{2}1963; als Taschenbuch: Thomas von Aquin. Leben und Werk. München 1981

Sertillanges, Antonin Gilbert: Der hl. Thomas von Aquin. Köln-Olten ^{2}1954

Eine ausführliche *Bibliographie* mit den Titeln sowohl allgemeiner wie spezieller Untersuchungen in:

Totok, Wilhelm: Handbuch der Geschichte der Philosophie. Bd. 2, Frankfurt a. M. 1973.

Ferner vermitteln einen Überblick über die *Thomasforschung* in aller Welt die Bände:

Tommaso d'Aquino, nella storia del pensiero. Atti del Congresso Internazionale Roma-Napoli 17.–24. 4. 1974. Neapel o. J.

Hilfen für das Studium

Schütz, Ludwig: Thomas-Lexikon. Paderborn 1895, Nachdruck Stuttgart 1958

Deferrari, R. J., M. J. Barry und J. McGuiness: A Lexicon of St. Thomas Aquinas. Washington 1948

Petrus de Bergamo: In opera S. Thomae . . . index seu Tabula Aurea. Nachdruck Alba, Rom 1960

René Descartes

von Wolfgang Röd

1. Einleitung

René Descartes war der erste große metaphysische Systematiker der Neuzeit. Der 1596 in der Touraine geborene Landedelmann legte die Fundamente seiner Bildung im Jesuitenkolleg von La Flèche. Später studierte er Jura und volontierte anschließend als Offizier in den Heeren Moritz' von Nassau und später Maximilians von Bayern während der ersten Phase des Dreißigjährigen Krieges. Den größten Teil seines Lebens verbrachte er in dem relativ freiheitlichen Holland, stets bestrebt, allzu engen persönlichen Bindungen auszuweichen. Gegen Ende seines Lebens folgte er einer Einladung der Königin Christine von Schweden nach Stockholm, wo er zu Beginn des Jahres 1650 an einer Lungenentzündung starb.

Die entscheidende Zäsur in seinem Leben war eine Serie visionärer Träume während der Nacht vom 10. auf den 11. November 1619, durch die er sich zur wissenschaftlich-philosophischen Laufbahn aufgerufen glaubte. Um seiner Berufung gerecht werden zu können, zog er sich, nach einer Zeit Lebenserfahrung vermittelnder Reisen und einem kurzen Zwischenaufenthalt in Paris, in die Niederlande zurück, wo er seit dem Ende der zwanziger Jahre des 17. Jahrhunderts mit der Ausarbeitung eines die Metaphysik wie die Erkenntnistheorie, die Methodologie wie die Psychologie, die Mathematik und die Physik beziehungsweise Naturphilosophie umfassenden Systems beschäftigt war.

Seine Reflexion auf die Methode der mathematisch-wissenschaftlichen Erkenntnis fand einen ersten Niederschlag in der fragmentarischen Abhandlung ›Regulae ad directionem ingenii‹ (wahrscheinlich 1628/29 niedergeschrieben, aber erst posthum publiziert). Von einem vermutlich gleichzeitig entworfenen metaphysischen Traktat wissen wir nur aufgrund von Hinweisen in der Korrespondenz. Ein zu Beginn der dreißiger Jahre geschriebenes naturphilosophisches Werk ›Le monde ou Traité de la lumière‹ blieb unveröffentlicht, da Descartes fürchtete, als Anhänger Galileis zu erscheinen. Erst 1637 entschloß er sich, Teilergebnisse seiner Forschungen zu veröffentlichen, und zwar aus dem Bereich der Mathematik (die ›Géométrie‹, in der er die Fundamente der analytischen Geometrie legte), und aus dem Bereich der Optik (›La dioptrique‹ und ›Les météores‹). Diesen »Versuchen« (»Essais«) hatte er, gleichsam als Einleitung und ursprünglich anonym, den ›Discours de la méthode‹ vorausgeschickt, der nicht nur die Quintessenz des methodologischen Entwurfes von 1628/29, sondern zugleich auch die Grundzüge der Cartesianischen Metaphysik und Physik sowie einige bemerkenswerte Beispiele aus seiner Kosmologie und Physiologie enthält. In einem ersten Teil gab Descartes Rechenschaft über seine gedankliche Entwicklung von den Tagen in La Flèche bis zum Augenblick der Niederschrift des ›Discours‹. Die metaphysische Skizze des vierten Teils des ›Discours‹ baute er später zu einem umfassenden Werk aus, das 1641 unter dem Titel ›Meditationes de Prima Philosophia‹ erschien. Da Descartes den Text einer Reihe zeitgenössischer Philosophen und Theologen mit der Bitte um Stellungnahme zugehen ließ, auf die er ausführlich erwiderte, haben wir in den ›Meditationen‹ den einmaligen Fall eines klassischen Werkes vor uns, das in Form einer zum Teil scharf geführten Diskussion zugleich die Reaktion der Zeitgenossen darbietet. 1644 veröffentlichte Descartes in den ›Principia philosophiae‹ die Summe seines metaphysischen und vor allem naturphilosophischen Denkens, um 1649 mit der Schrift ›Les passions de l'âme‹ seine Psychologie vorzulegen. Neben diesen großen Werken verfaßte Descartes kleinere Schriften philosophischen und wissenschaftlichen Inhalts, z. B. zu Themen der Physiologie. Außerdem war er ein emsiger Briefschreiber. In seiner Korrespondenz finden sich Stücke, die den Charakter kleinerer selbständiger Abhandlungen haben.

Obwohl Descartes stets bestrebt war, die Originalität seiner mathematisch-wissenschaftlichen wie seiner philosophischen Konzeptionen zu betonen, kann nicht übersehen werden, daß er in seinem Denken von verschiedenen zeitgenössischen und historischen Einflüssen abhängig war. Sein Programm einer im Dienst der Menschheit, ihres Nutzens und ihres Fortschritts stehenden Wissenschaft wurde zweifellos von Francis Bacons Überlegungen über die Funktion der wissenschaftlichen Forschung angeregt. Seine Metaphysik läßt deutlich den Einfluß der christlich-platonistischen Tradition erkennen. Seine philosophische Methode wurde ausgehend von der Reflexion auf die Methode der Mathematik und der mathematischen Naturwissenschaften entwickelt, wie er sie bei den Begründern der modernen mathematischen und wissenschaftlichen Analyse vorfand. Selbst seine Idee einer mathematischen Physik übernahm er von einem zeitgenössischen Wissenschaftler, von Isaak Beeckman, den er als Zweiundzwanzigjähriger kennengelernt hatte.

Wenn Descartes trotzdem als einer der großen selbständigen Denker der Neuzeit zu gelten hat, so kommt dies vor allem daher, daß er die Metaphysik (als Philosophia Prima) und damit die metaphysisch begründete Philosophie im allgemeinen in einer durchaus neuen Weise zu fundieren suchte, indem er zur Formulierung der ersten Prinzipien der Philosophie im Ausgang von der Frage gelangte, mit welchem Recht sowohl im Alltag als auch in der Wissenschaft der Anspruch objektiver Gültigkeit von Urteilen erhoben wird. Mit dieser neuen Art der Fragestellung entwickelte er, wie schon E. Husserl (Cartesianische Meditationen) hervorhob, im Ansatz jene Art von Philosophie, die später als »transzendental« bezeichnet werden sollte.

2. Die Idee einer rationalen Praxis

Die Neuformulierung der metaphysischen Ausgangsfrage geht bei Descartes Hand in Hand mit einer Neuorientierung von Philosophie und Wissenschaft im allgemeinen. Wie schon bei Bacon wird auch bei Descartes Wissen nicht allein um des Wissens willen erstrebt, sondern als Mittel zur Bewältigung von Problemen, die im weitesten Wortsinn als praktisch zu bezeichnen sind. Es handelt sich nicht nur um die Bewältigung von Aufgaben der Praxis im engen Wortsinn, obwohl auch sie von Descartes berücksichtigt wurden, wenn er davon sprach, daß die exakte Wissenschaft den Zielen der Arbeitserleichterung mit technischen Mitteln dienstbar gemacht werden sollte. Es handelt sich auch um die Frage der Anwendbarkeit wissenschaftlicher Erkenntnis auf die materielle Wirklichkeit im allgemeinen und schließlich um das Problem der Selbstverwirklichung in einer moralischen Praxis unter der Leitung der Vernunft. Hierbei ist nicht zu übersehen, daß er die praxisleitende Rolle des Verstandes überschätzte, da er sie nicht nur im Sinne der Zweckrationalität, sondern im Sinne der Setzung *letzter* Zwecke anzuerkennen forderte. Indem er auch die Ziele der Befreiung des Lebens von unnötigen natürlichen Belastungen, die

Befreiung von Krankheit, Schmerz, ja sogar vom Tode sowie die Befreiung von der Macht ungeordneter Affekte als »vernünftig« charakterisierte, brachte er den Rationalismus, der seine theoretische Philosophie bestimmte, auch in der Philosophie der Praxis zur Geltung. Die Überzeugung von der praktischen Bedeutung der Wissenschaft begründete ein besonderes wissenschaftliches Ethos: Wissenschaft *soll* betrieben werden, weil sie als das adäquate Mittel zur »richtigen« Lebensführung gilt.

Hier ist nicht nur an die Gestaltung des individuellen Lebens zu denken. Descartes sah vielmehr in der Wissenschaft, ähnlich wie Bacon, auch ein Mittel zur Realisation sozialer Ziele. Eine ausgeführte Sozialethik oder Sozialphilosophie sucht man allerdings bei Descartes vergeblich. Verstreute Äußerungen lassen ihn als Konservativen erkennen, der alle Versuche revolutionärer Veränderungen der Gesellschaft ablehnte, aber gleichzeitig von der langsam verändernden Macht der Erkenntnis überzeugt war. Von größter praktischer Bedeutung war auch die von Descartes proklamierte Trennung von Glauben und Wissen, durch die die Wissenschaft dem Anspruch nach autonom gemacht wurde und bisher ungeahnte Möglichkeiten der Entwicklung und Einwirkung auf die gesamte zeitgenössische Kultur gewann. Gleichzeitig verstärkte diese Einstellung die Motivationskraft der von Descartes proklamierten technischen, medizinischen und ethischen Ziele, deren auch nur teilweise Erreichung auf jeden Fall soziale Folgen haben mußte. Dies wußte Descartes, und weil er in jedem Versuch einer gewaltsamen Veränderung der bestehenden Verhältnisse nur eine Störung der wissenschaftlich-technischen Evolution erblickte, mißbilligte er die revolutionäre Einstellung als solche. Die Bedingtheit der Wissenschaftsentwicklung durch soziale Faktoren scheint er jedoch nicht gesehen zu haben.

In formaler Hinsicht ist das Cartesianische Programm durch die Forderung charakterisiert, die Praxis dadurch gegen Zufälligkeiten und Unsicherheiten abzuschirmen, daß sie rational fundiert, und das heißt als Anwendung metaphysisch begründeter wissenschaftlicher Erkenntnis des Wesens der Wirklichkeit begriffen wird. Hinter dieser Forderung stand auf seiten des Philosophen ein Bedürfnis nach absoluter Sicherheit, das sein Denken von Anfang an prägte.

Das Programm einer rationalen Fundierung des Bereichs der Praxis bestimmte nicht nur Descartes' Konzeption der Metaphysik, sondern auch seine Methodologie, die daher berücksichtigt werden muß, wenn seine Philosophie angemessen verstanden werden soll.

3. Die Cartesianische Methode

Descartes entwickelte eine philosophische Methode, deren Herkunft von der analytischen Methode der Mathematik und Physik nicht zu übersehen ist. Die neuzeitliche Mathematik, wie sie etwa von François Viète repräsentiert wurde, knüpfte methodisch an der antiken Mathematik an. Wie in dieser wurde in der Mathematik des 17. Jahrhunderts zwischen synthetischer (das heißt axiomatischer) und analytischer Methode unterschieden. Die analytische (oder regressive) Methode dient dem Beweis eines Satzes durch dessen Zurückführung auf akzeptierte (im Grenzfall evidente) Sätze (Resolution) und seiner Ableitung aus denselben (Komposition). Diese Methode ist die Methode der neuen Astronomie (Johannes Kepler), der neuen Physik (Galileo Galilei) und der von Descartes in der Auseinandersetzung mit Pappus begründeten analytischen Geometrie. Im naturwissenschaftlichen Bereich ist die Analyse – anders als in der Mathematik – eine Methode der Erklärung von Tatsachen durch deren Subsumtion unter allgemeine Gesetzmäßigkeiten. Die analytische Methode der Erklärung führte in der Wissenschaft, deren rasche Entwicklung Descartes beobachten konnte, zur polemischen Distanzierung gegenüber der aristotelisch-scholastischen Physik beziehungsweise Naturphilosophie: Man wollte physikalische Tatsachen nicht mehr mit Hilfe der Annahme substantieller Formen, Potenzen, Kräfte oder ähnlichem erklären, sondern mit Hilfe der Gesetze der Mechanik, das heißt letzten Endes mit Hilfe der Gesetze von Druck und Stoß. Deshalb spielten auch in Descartes' Naturphilosophie die Stoßgesetze eine entscheidende Rolle. Alle nicht im Rahmen mechanischer Theorien deutbaren Begriffe wurden als »okkult« verworfen.

Descartes verband, ähnlich wie Galilei, mit der mechanistischen Naturauffassung gewisse Elemente einer platonistischen Erkenntnismetaphysik. Seiner Ansicht nach wohnen dem menschlichen Geist »Samen aller Erkenntnisse« inne, so daß die Funken der Erkenntnis aus ihm hervorsprühen wie die Funken aus dem Feuerstein (Œuvres 10, 217; vgl. 373, 376; ferner 6, 64 u. ö.). Wir könnten, wie Descartes mit allen platonistisch eingestellten Denkern überzeugt war, dic Wahrheit nicht finden, wenn wir sie nicht schon in gewisser Weise besäßen, das heißt wenn sie uns nicht »eingeboren« wäre (wobei hier selbstverständlich nicht an ein aktuales Eingeborensein zu denken ist, wie besonders deutlich Œuvres 11, 655 ausgesprochen wird).

Da die Methode der Mathematik beziehungsweise der mathematischen Naturwissenschaft nicht unmittelbar auf die Philosophie übertragen werden kann, sah sich Descartes veranlaßt, sie so zu modifizieren, daß sie auch als Verfahren philosophischer Erkenntnisgewinnung aufgefaßt werden kann. Dies geschah im ›Discours de la méthode‹, wo die Quintessenz der von Descartes früher im Hinblick auf die Mathematik und die mathematischen Naturwissenschaften entwickelten Methode in Form von vier Regeln komprimiert ist, die so vage gehalten sind, daß ihre Anwendung in einem weit über die genannten Wissenschaften hinausgehenden Bereich möglich wird (Œuvres 6, 18f.). Dies gelang Descartes allerdings nur um den Preis des Verzichts auf jene Präzision, die von den Regeln einer Methode, die diesen Namen verdient, erwartet werden darf. Die spöttische Bemerkung, Descartes habe mit diesen Regeln im Grunde nur gesagt: »Nimm, was du brauchst, tu, was du sollst, und du wirst erreichen, was du willst«, ist keineswegs völlig verfehlt.

Die erste der im zweiten Teil des ›Discours de la méthode‹ formulierten Regeln fordert, nur solche Sätze zuzulassen, die auf Grund ihrer Einsichtigkeit absolut unbezweifelbar sind. In der zweiten Regel wird verlangt, komplexe Probleme so weit zu zerlegen, daß hinreichend einfache Teilprobleme isoliert werden, deren jedes unmittelbar durchschaut werden kann. Descartes' dritte Regel enthält die Forderung, von der Lösung der Teilprobleme stufenweise zur Lösung der komplexeren überzugehen und selbst dort Ordnung vorauszusetzen, wo sich unmittelbar keine Ordnung zeigt. Schließlich wird in der vierten Regel die Vollständigkeit der Synthese des aus den Teilproblemen bestehenden Gesamtproblems gefordert.

Der Verdacht, daß diese Regeln nur Triviales forderten, läßt sich ausräumen, wenn man bedenkt, daß sie sich ursprünglich auf das Verfahren der Mathematik, näherhin der Gleichungsreduktion, bezogen. Hier ist es wesentlich, Gleichungen höheren Grades in mehrere Gleichungen niedrigeren Grades zu zerlegen, um dann aus ihnen stufenweise die ursprüngliche Gleichung wieder »zusammenzusetzen«, nachdem die Lösung der einfacheren Teilgleichungen in evidenter Weise gewonnen wurde. Die Frage, wie diese Regeln im philosophischen Bereich angewandt werden können, ist weniger leicht zu beantworten, doch ist ohne weiteres klar, daß der methodische Zweifel, der die Ausschaltung aller zweifelhaften Sätze aus dem Bereich der Philosophie erzwingt, der Regel der Evidenz folgt, die die Elimination aller nicht evidenten Sätze vorschreibt. Sofern durch den methodischen Zweifel das Problem der gegenständlichen Erkenntnis auf eine Reihe von Teilproblemen reduziert wird, die das Wesen des Subjekts und des Gegenstands sowie der Erfahrung als Subjekt-Objekt-Relation betreffen, kann der Zweifel als Anwendungsfall der Regel der Zerlegung begriffen werden. Der Aufbau des philosophischen Systems erfolgt schließlich in der Weise, daß die beiden letzten der im ›Discours‹ genannten Regeln respektiert werden (vgl. Röd, Erste Philosophie, 94 ff.).

4. Das philosophische System und seine Teile

Obwohl Descartes überzeugt war, daß sich seine Philosophie und insbesondere deren Grundlagen auf »geometrische« Weise (more bzw. ordine geometrico) darstellen lasse (Œuvres 9/1, 121 ff.), war er der Ansicht, daß die von Euklid und seinen Nachfolgern in der Geometrie angewandte axiomatische Methode der Darstellung in der Philosophie fehl am Platze sei. Die Grundlegung der Philosophie erfolgt analytisch, und da die Methode, nach der Erkenntnisse gewonnen wurden, auch am besten zu deren Darstellung geeignet ist, bekannte sich Descartes zur analytischen Form der Exposition, namentlich in bezug auf sein metaphysisches Hauptwerk, die ›Meditationen‹. Gleichzeitig hielt er aber an der Möglichkeit der axiomatischen Darstellung fest, das heißt er glaubte, daß die Sätze der Philosophie vollständig in zwei Teilklassen eingeteilt werden können, deren erste die (eines Beweises weder bedürftigen noch fähigen) Axiome und deren zweite die aus den Axiomen logisch gefolgerten Theoreme enthält. Bei der axiomatischen Darstellung würden die Sätze der »Ersten Philosophie« (Philosophia Prima, d. h. Metaphysik) an erster Stelle stehen. Sätze der Ersten Philosophie würden dann die Prinzipien bilden, aus denen die Theoreme anderer Teildisziplinen der Philosophie, wie der Naturphilosophie mit ihren verschiedenen Teilbereichen, der Ethik oder der Psychologie, abzuleiten wären.

Der wesentliche Grund der Ablehnung der axiomatischen Darstellungsweise ist nicht ein didaktischer, sondern ein prinzipieller. Da in Descartes' Philosophie die obersten Prinzipien im Zusammenhang mit dem Versuch gewonnen werden, die Tatsache der gegenständlichen Erkenntnis im Rahmen einer geeigneten erkenntnismetaphysischen Theorie zu erklären, sollen die Grundsätze, nämlich die letzten Prämissen dieser Theorie, in ihrem Verhältnis zum erklärungsbedürftigen Sachverhalt aufgewiesen werden, wie es bei der analytischen Darstellungsweise geschieht. Bei der axiomatischen Darstellung kann dagegen der Eindruck entstehen, die ersten Prinzipien hätten unabhängig vom erkenntnismetaphysischen Erklärungsziel eine in ihrer Evidenz begründete Geltung. Eine derartige Auffassung entspricht nicht der Grundintention der Cartesianischen Metaphysik.

Die Erste Philosophie bildet als Lehre von den allgemeinsten Prinzipien die Basis der Philosophie im weiten Wortsinn. Sie ist nach Descartes' berühmtem Bild in der Vorrede zu den ›Prinzipien der Philosophie‹ (Œuvres 9/2, 15) die Wurzel eines Baums, dessen Stamm die Physik (das heißt die Naturphilosophie beziehungsweise der allgemeine Teil der Naturwissenschaft) und dessen Äste Anatomie (mit Physiologie), Mechanik und Psychologie (als Psychophysik) sind. Die Früchte lassen sich beim Baum der Wissenschaften, wie bei jedem Baum, nicht von den Wurzeln, dem Stamm oder den Hauptästen, sondern nur von den Zweigen ernten. Das heißt, daß die Metaphysik ebenso wie die Naturphilosophie als solche unfruchtbar ist. Ihre Fruchtbarkeit ist nur eine indirekte, sofern ohne sie die Zweige keine Früchte hervorbringen könnten.

Die Mathematik hat im Cartesianischen System keinen Platz, da sie keine Realwissenschaft ist. Auch die Logik gehört nicht zum Wissenschaftssystem. Descartes war bestrebt, die herkömmliche Logik, namentlich die Syllogistik, in ähnlicher Weise abzuwerten wie Bacon es getan hatte. Da logische Ableitungen dem Transport des Wahrheitswerts der Prämissen auf die Konsequenzen dienen, können mit ihrer Hilfe keine neuen Erkenntnisse, die nicht von den Prämissen logisch impliziert wären, gewonnen werden. Das letztere könnte nur eine inventive Logik leisten, in der Descartes mit vielen seiner Zeitgenossen ein wichtiges Desiderat erblickte. Modell einer inventiven Logik war in seinen Augen das Verfahren der Mathematik, von dem er annahm, daß es zur Gewinnung inhaltlich neuer Erkenntnisse führe. Die Erkenntnistheorie faßte Descartes nicht als eigene Disziplin auf, sondern behandelte sie im Rahmen der Methodologie. Selbstverständlich gehört auch die Methodologie nicht zum System der Philosophie, obwohl dieses mit Hilfe der Regeln der Methode aufgebaut sein soll. Wohl aber enthält das System moralische Sätze, namentlich eine Tugendlehre, und Ratschläge, die die Beherrschung der Affekte im Interesse eines der Tugendlehre entsprechenden Lebens betreffen. Die Philosophie, wie sie Descartes vor Augen hatte, ist nach der Vorrede zu den ›Prinzipien der Philosophie‹ nicht nur sapientia, sondern zugleich auch prudentia (Œuvres 9/2, 2).

Als Bestandteile des Systems kommen nach Descartes nur Sätze in Betracht, die auf Grund ihrer Evidenz beziehungsweise ihrer logischen Abhängigkeit von evidenten Sätzen notwendig wahr sind. Das bedeutet, daß innerhalb des voll entwickelten Systems des Wissens im allgemeinen hypothetische Sätze nicht vorkommen können. Dasselbe gilt für die Naturphilosophie als Basis der Naturwissenschaften, ja im Idealfall sogar für die Naturwissenschaften selbst. Zwar hat Descartes selbst spezielle wissenschaftliche Theorien als hypothetisch erkannt, aber stets mit dem Vorbehalt, daß sie ihren hypothetischen Charakter verlieren würden, sobald ihre Einbeziehung in das System aller Erkenntnisse gelingen sollte. Theorien, die nicht in das System einbezogen sind, müssen dieser Auffassung nach als provisorisch angesehen werden; erst als Teile des Systems erhalten sie den Charakter definitiver Erkenntnis. Das Cartesianische System erweist sich somit als Anwendungsfall der rationalistischen Erkenntnis- und Wissenschaftskonzeption, zu deren reinsten Vertretern Descartes gehörte.

5. Erkenntnistheoretische Voraussetzungen

Descartes nahm im Sinne der oben genannten »Regel der Evidenz« an, daß Sachverhalte unter Umständen intuitiv (oder evident), das heißt in unmittelbarer vernünftiger Anschauung, erfaßt werden können. Was »Intuition« (oder »Evidenz«) bedeutet, vermochte Descartes infolge der Undefinierbarkeit dieser Begriffe nicht präzis anzugeben. Er nannte aber als Indizien für das Vorliegen der Intuition *Klarheit* und *Deutlichkeit* des Denkens und führte damit Begriffe ein, die ihrerseits nach einer Definition verlangen.

Die intuitive Gewißheit (Evidenz) kann von doppelter Art sein: Einmal betrifft sie die Tatsache, daß ein Objekt – sei es der inneren Anschauung, wie eine Idee oder ein Phantasma, sei es der intellektuellen Anschauung, wie ein idealer Sachverhalt, z. B. der Mathematik – gegeben ist; zum anderen betrifft sie die Beziehungen, die einen Sachverhalt konstituieren. Im zweiten Fall ist die Intuition an die Bedingung hinreichender Einfachheit der fraglichen Beziehungen gebunden. Mit absoluter Evidenz werden nach Descartes die absolut einfachen idealen Sachverhalte (die »einfachen Naturen«) durchschaut, aus denen sich nach der von ihm vertretenen platonistischen Auffassung alle komplexen Sachverhalte (»Naturen«) aufbauen und auf die sie sich daher auch reduzieren lassen müssen.

Neben der Intuition ist als zweite Art der Erkenntnisbegründung die Deduktion zu berücksichtigen, mit deren Hilfe wir mittelbare Erkenntnis gewinnen, indem wir Sätze aus vorausgesetzten Sätzen logisch korrekt ableiten. Da Descartes keine Ableitungsregeln formulierte, mußte er die Forderung aufstellen, daß jeder einzelne Schritt einer Ableitung intuitiv gesichert (evident) sein müsse. Damit wird die Deduktion zu einem gegenüber der Intuition sekundären Verfahren der Erkenntnisbegründung.

Im Lichte der von Descartes vertretenen platonistischen Erkenntnismetaphysik wird begreiflich, daß die Hauptaufgabe der Methode darin erblickt werden muß, Sätze beziehungsweise die ihnen entsprechenden Sachverhalte so zu ordnen, daß die späteren durch die früheren begründet werden. Im Rückgang zu immer einfacheren Sätzen beziehungsweise Sachverhalten gelangt man zu einfachen Prinzipien, die als evident einsichtig und daher schlechthin unbezweifelbar sind. Nur die Herstellung einer solchen Ordnung ist Aufgabe der Methode, nicht die Herbeiführung intuitiver Einsicht, die sich vielmehr auf Grund der angemessenen Ordnung von selbst einstellt.

Die von Descartes als Objekt der Intuition postulierten »(einfachen) Naturen«, die dem Denken vorgegeben, somit nicht Konstrukte der Denktätigkeit sein sollen, gelten infolgedessen als unabhängig von der kontingenten Tatsache ihres Gedacht- beziehungsweise Erkanntseins. Einfache Naturen sind z. B »Ausdehnung«, »Bewußtsein«, »Existenz«, »Dauer« sowie gewisse formale Prinzipien (z. B. das Prinzip der Transitivität der Gleichheitsbeziehung), wie sich den Ausführungen zur zwölften Regel der »Regulae ad directionem ingenii« entnehmen läßt

(Œuvres 10, 419). Einfache Naturen können infolge ihrer Einfachheit nur entweder vollkommen oder gar nicht erfaßt werden. Die unmittelbare Intuition einfacher Sachverhalte wird daher in notwendig wahren Urteilen ausgedrückt, deren Evidenz objektive Einsichtigkeit der beurteilten Sachverhalte, und nicht primär die in der Urteilsnötigung bestehende subjektive Evidenz ist. Dem Zusammenhang idealer Sachverhalte (»wahrhafter und unveränderlicher Naturen«) entspricht daher der Zusammenhang evidenter Urteile, in denen die Intuition der Sachverhalte ausgedrückt wird und umgekehrt, so daß unter Descartes' Voraussetzungen die Annahme der Parallelität von Denk- und Seinsordnung (allerdings beschränkt auf das klare und distinkte Denken) gerechtfertigt erscheint.

Die Intuition ist für Descartes Einsicht des reinen (das heißt des von materiellen – namentlich neurophysiologischen – Prozessen unabhängigen) Intellekts, der als Vermögen einer immateriellen Substanz aufgefaßt wird (res cogitans, mens, anima). Der reine Intellekt vermag nach Descartes infolge seiner Unabhängigkeit von neurophysiologischen Prozessen Ideen zu bilden, die nicht durch Sinneseindrücke (direkt oder indirekt) veranlaßt sind. Diese Ideen heißen in diesem und nur in diesem (also nicht im wörtlichen) Sinne »eingeboren«. Von einer Kritik am Innatismus, wie sie Locke vortrug, wird Descartes nicht getroffen, da er ausdrücklich nur das potentielle Angeborensein grundlegender Begriffe und Prinzipien lehrte, das heißt annahm, daß wir sie prinzipiell (wenn vielleicht auch nicht immer faktisch) unabhängig von Beobachtungen bilden können. Indem gesagt wird, daß wir sie *bilden,* ist zugleich klargestellt, daß sie nicht von vornherein als Denkinhalte aktualisiert sind.

Den Intellekt charakterisierte Descartes als ein auf Grund seiner inneren Natur auf die Wahrheit gerichtetes Vermögen. In diesem Sinne sprach er von der Erleuchtung des reinen Verstandes durch das *lumen naturale.* Die Wahrheit wird bei Descartes durchgehend im Sinne der Adäquationskonzeption bestimmt, das heißt in jedem wahren Urteil wird etwas »abgebildet«. Der Ausdruck »Abbildung« darf hier allerdings nicht im Sinne qualitativer Ähnlichkeit verstanden werden, sondern ist im Sinne der eindeutigen Zuordnung von perzipierten und subsistierenden Beziehungen aufzufassen. Wenn Descartes gelegentlich so spricht, als wären Urteile wegen der Unmöglichkeit für wahr zu halten, sie anders als in einer bestimmten Weise zu fällen, so ist dies dahingehend zu interpretieren, daß die Urteilsnötigung *Indiz*, nicht Grund der Wahrheit ist.

Nicht nur die Ideen des Intellekts sind »Abbilder« (nämlich Abbilder idealer Sachverhalte), sondern auch die Wahrnehmungsideen, die Tatsachen repräsentieren. Daher konnte Descartes alle Vorstellungen (»Ideen« im weiten Wortsinn) »gleichsam als Abbilder der Dinge« auffassen. Im Falle von Wahrnehmungsideen besteht die Zuordnung von Tatsache und Idee auf Grund mechanischer Zusammenhänge in der Außenwelt (physikalische Reize) und im Sensorium (Reizleitung und Reizverarbeitung im Sinnesorgan und im Zentralnervensystem), zu dessen Funktionen Gemeinsinn, Einbildungskraft oder Gedächtnis gehören, die somit nichts im engeren Sinne Psychisches, sondern Funktionen des Zentralnervensystems sind. Allerdings war er überzeugt, daß auch Wahrnehmungsideen nicht ohne Mitwirkung des Intellekts, das heißt der rein geistigen Erkenntniskraft, zustande kommen, da materielle Prozesse als solche niemals von Bewußtsein begleitet sein können. In der Wahrnehmung wirken daher materielle und geistige Prozesse zusammen.

Für Descartes' Philosophie ist die Annahme charakteristisch, daß das direkte Objekt des Denkens immer ein Vorstellungsinhalt (idea) ist. Die Tatsachen oder Sachverhalte, denen die Vorstellungsinhalte zugeordnet sein sollen, lassen sich daher niemals unmittelbar erfassen. Zwischen uns und der denkunabhängigen Wirklichkeit befindet sich gleichsam ein Vorstellungsschleier, dessen Muster wir zwar unter bestimmten Bedingungen auf etwas hinter ihm Liegendes beziehen, ohne hierfür aber zunächst zwingende Gründe angeben zu können.

Schließlich setzte Descartes ohne Beweis voraus, daß alle Eigenschaften, die wir von einem Ding aussagen können, Modi einer unveränderlichen Substanz, und daß alle Vorgänge ausnahmslos und eindeutig kausal determiniert seien. Als Substanzen galten ihm die (dreidimensionale, homogene) Räumlichkeit (extensio) und das Bewußtsein (cogitatio). Alle Bestimmungen, die sich von irgend etwas prädizieren lassen, sind spezielle räumliche oder gedankliche Verhältnisse, wie z. B. bestimmte räumliche Gestalten (etwa »Quadrat«) oder bestimmte Bewußtseinsweisen (etwa »Gefühl«). Das Prinzip der durchgängigen kausalen Determination allen Geschehens wird nicht nur für Tatsachen der Natur, sondern auch für Tatsachen des Bewußtseins, namentlich auch für die Tatsache, daß dieser oder jener Vorstellungsinhalt gedacht wird, in Anspruch genommen.

Descartes hat die genannten (und wohl noch andere) Voraussetzungen nicht explizit formuliert und infolgedessen auch nicht zu begründen versucht. (Zu den von ihm stillschweigend gemachten ontologischen Voraussetzungen vgl. Marion, Ontologie.) Er hat daher auch nicht daran gedacht, sie in Zweifel zu ziehen. Wenn er forderte, vor der Grundlegung des philosophischen Systems durch Formulierung unbezweifelbarer Grundsätze an *allem* zu zweifeln, kann das somit nicht heißen, daß *schlechthin* alles bezweifelt werden soll.

6. Rationalistische Wissenschaftskonzeption und methodischer Zweifel

Auf Grund der rationalistischen Wissenschaftskonzeption nahm Descartes an, daß die Grundsätze des Systems aller Erkenntnisse den Charakter notwendiger Wahrheiten haben und mithin absolut unbezweifelbar sein müßten. Hieraus ergibt sich unmittelbar, daß kein zweifelhafter Satz als Grundsatz fungieren kann. Um Sätze zu finden, die als Grundsätze in Frage kommen, kann man nicht so verfahren, daß man alle Sätze daraufhin prüft, ob sie bezweifelt werden können oder nicht, da es offensichtlich unmöglich ist, alle einzelnen Sätze daraufhin zu untersuchen, ob sie in Zweifel gezogen werden können. Deshalb ging Descartes so vor, daß er alle in Betracht kommenden Sätze in Klassen einteilte und sich auf die formalen Eigenschaften jeder Klasse von Sätzen konzentrierte. Die allgemeinste Einteilung ist hierbei die in empirische und erfahrungsunabhängige (apriorische) Sätze. Von der Klasse der empirischen Sätze läßt sich feststellen, daß der Wahrheitsanspruch, der natürlicherweise mit solchen Sätzen verbunden ist, von der Bedingung abhängt, daß unsere Wahrnehmungen absolut zuverlässig sind. Daß dies nicht der Fall ist, läßt sich leicht plausibel machen. Es genügt, sich Fälle vor Augen zu halten, in denen eine zuverlässige Wahrnehmung vorzuliegen scheint, ohne daß dies der Fall ist; Illusionen, Halluzinationen, Träume, Wahnvorstellungen sind geeignete Beispiele. Wer z. B. halluziniert, glaubt eine zuverlässige Wahrnehmung zu haben; daß dies nicht der Fall war, kann aber immer erst nachträglich konstatiert werden. Infolgedessen kann niemand im Augenblick des Erlebnisses selbst völlig sicher sein, eine zuverlässige Wahrnehmung zu haben, das heißt nicht zu halluzinieren. Damit besteht aber die Möglichkeit, alle auf Wahrnehmungen bezogenen Urteile beziehungsweise alle empirischen Sätze insofern als zweifelhaft aufzufassen, als ihre Zuverlässigkeit nicht absolut gesichert werden kann. Descartes hat selbstverständlich nicht die absurde Behauptung aufgestellt, alle empirischen Urteile seien falsch, sondern er erklärte viel vorsichtiger, ihre Wahrheit könne nicht verbürgt werden, weshalb sie nicht als Grundsätze in Betracht kämen. (Zum methodischen Zweifel vgl. unter anderen Gueroult, Descartes, Kap. 2.)

Apriorische Sätze (das heißt Sätze, die sich unabhängig von Wahrnehmungen als wahr erkennen lassen) sind sicherlich dann nicht unbezweifelbar, wenn sie hinreichend komplex sind (wie z. B. verwickelte mathematische Sätze). Es könnte aber so scheinen, als ließen sich sehr einfache apriorische Sätze, namentlich Tautologien (Descartes verwendet als Beispiel den Satz »Das Quadrat hat vier Seiten«) nicht mehr in Zweifel ziehen. Dennoch gibt es unter den Voraussetzungen der Cartesianischen Philosophie eine Möglichkeit, auch solche Sätze zu bezweifeln. Da Descartes nämlich annahm, daß in der Intuition ideale Sachverhalte erfaßt werden, diese Annahme aber nicht mehr begründet werden kann, läßt sich widerspruchsfrei fingieren, es gebe zwar einen Bereich idealer Sachverhalte, unsere Intuitionen könnten ihn aber nicht erreichen. Die Gewißheit als subjektives Phänomen bliebe zwar bestehen, aber es bestünde keine Entsprechung zwischen evidentem Urteil und idealem Sachverhalt mehr, so daß »Evidenz« nur noch eine Urteilsnötigung ohne objektiven Grund bedeuten würde. Descartes hat diese Annahme mit Hilfe der Metapher eines ebenso mächtigen wie bösen Geistes (genius malignus) eingeführt, von dem sich denken läßt, er habe den Menschen so geschaffen, daß er immer dann, wenn er ganz sicher zu sein glaube, irre. Dieses »metaphysische« Zweifelsargument soll als denkbar erscheinen lassen, daß wir zwar nach wie vor z. B. urteilen, das Quadrat habe vier Seiten, jedoch nicht mehr mit absoluter Sicherheit annehmen dürfen, diesem Satz entspreche ein idealer Sachverhalt. »Zweifeln« bedeutet hier nicht mehr, als daß in einem Satz möglicherweise keine »wahrhafte Natur« ausgedrückt wird. So wie nur absolut sichere – nicht bloß wahrscheinliche – Sätze als »Wissen« im strengen Wortsinn gelten dürfen, so kann von »Wissen« auch nur dann die Rede sein, wenn in einem Satz ein Urteil über etwas Denkunabhängiges (sei es eine reale Tatsache, sei es ein idealer Sachverhalt) ausgedrückt wird. Durch den methodischen Zweifel werden alle hypothetischen Sätze sowie alle Sätze ohne gegenständlichen Bezug aus der Klasse der Sätze, die als Grundsätze in Betracht kommen, ausgeschlossen. Das heißt (in positiver Wendung), daß ein Grundsatz nur ein evidenter (intuitiv gewisser) objektiv gültiger Satz sein kann.

7. Erkenntnismetaphysik und methodischer Zweifel

Nach der im Abschnitt 5 erwähnten Auffassung der Erkenntnis ist das unmittelbare Objekt des Denkens immer eine »Idee« (im Sinne eines Vorstellungsinhalts). Sowohl im Falle von Wahrnehmungsideen wie im Falle von deutlichen Perzeptionen des reinen Intellekts werden die Vorstellungsinhalte nach Descartes als Abbilder erfahren, das heißt, sie werden mit dem Anspruch erlebt, etwas Denkunabhängiges zu repräsentieren. Der Anspruch objektiver Gültigkeit mag noch so natürlich sein – er ist zunächst, wie Descartes bemerkte, weder evident noch rational begründet. Deshalb darf er bei der Grundlegung des philosophischen Systems nicht berücksichtigt werden. Seine (provisorische) Aufhebung ist daher eine wesentliche Aufgabe des methodischen Zweifels, der somit keineswegs nur die Funktion hat, bloß wahrscheinliche, das heißt nicht absolut sichere Sätze (und damit natürlich auch traditionsbedingte Vorurteile) zu eliminieren, sondern der zugleich zu dem Zweck inszeniert wird, den bloß natürlichen beziehungsweise instinktiven Anspruch objektiver Gültigkeit, der sich mit gewissen Perzeptionen verbindet, als fragwürdig erscheinen zu lassen.

In diesem Zusammenhang bediente sich Descartes des oft mißdeuteten Traum-Arguments, demzufolge nicht auszuschließen sein soll, daß das Wahrnehmen eine Art Traum sei, das heißt eine Vorstellungsweise, die durch das Vorhandensein anschaulicher Bewußtseinsinhalte mit Objektivitätsanspruch charakterisiert ist, ohne daß ein Objektbezug vorhanden wäre. Man würde dem Cartesianischen Argument nicht gerecht, wenn man es dahingehend interpretierte, daß es besagt, wir träumten immer. Im Normalfall können wir, wie Descartes genau wußte, mit hinreichender Sicherheit zwischen Wacherleben und Traumerleben unterscheiden. Der entscheidende Punkt des Arguments betrifft nicht die psychologische Frage der Unterscheidbarkeit von Träumen und Wahrnehmen im Wachzustand, sondern die erkenntnistheoretische Frage der Rechtmäßigkeit des Objektivitätsanspruchs im Hinblick auf Wahrnehmungsideen. Wenn uns im Traum ebenso wie in der Wahrnehmung anschauliche Ideen gegenwärtig sind und wenn sich mit diesen ebenso wie mit Wahrnehmungsvorstellungen ein natürlicher Objektivitätsanspruch verbindet, dann ist die Reflexion auf die Tatsache, daß dieser Objektivitätsanspruch erlebt werden kann, ohne daß er durch eine Beziehung der Vorstellung auf denkunabhängige Objekte gerechtfertigt wäre (nämlich im Traum), geeignet, auch den mit Wahrnehmungsideen verbundenen Objektivitätsanspruch fragwürdig erscheinen zu lassen. Es ist mit anderen Worten nicht evident, daß die Wahrnehmungsideen etwas Denkunabhängiges repräsentieren.

Was das Traumargument in bezug auf Wahrnehmungsideen leistet, soll das Argument des Betrüger-Gottes (dieu trompeur) beziehungsweise des bösen Geistes (genius malignus) in bezug auf Ideen des reinen Intellekts leisten: Wenn uns ein höchst mächtiger, zugleich aber höchst boshafter Geist so geschaffen hätte, daß wir mit Naturnotwendigkeit glaubten, in deutlichen Ideen des Verstandes unabhängig von uns bestehende (ideale) Sachverhalte zu erfassen, ohne daß dies wirklich der Fall wäre, dann wäre unser vernünftiges Denken als eine Art rationalen Traums zu charakterisieren. Wir würden, ähnlich wie in bezug auf den Objektivitätsanspruch, der sich mit Wahrnehmungen verbindet, auch in bezug auf den Objektivitätsanspruch der Vernunftideen die Möglichkeit in Rechnung zu stellen haben, daß ihnen nichts Denkunabhängiges korrespondiert. (Um nur einen Autor unter den zahlreichen zu nennen, die sich mit der Annahme eines »malin génie« auseinandersetzten, sei auf Gouhier, Essais, Kap. IV, hingewiesen.)

Der auf die Annahme der Bewußtseinsimmanenz des unmittelbaren Erkenntnisinhalts gestützte Zweifel hat somit primär die Funktion, den natürlichen Realismus der Alltagserfahrung zu erschüttern. Er soll mit anderen Worten den Gedanken nahelegen, daß die realistische Position des natürlichen Bewußtseins auf einem Vorurteil beruht, für das es zunächst keine rationale Rechtfertigung gibt. Am Vorhandensein von Vorstellungsinhalten (Ideen) läßt sich zwar nicht zweifeln, denn daß wir hier und jetzt dies oder jenes sehen, hören, tasten usw., ist unbezweifelbar gewiß; daß das Gesehene, Gehörte, Getastete usw. jedoch etwas Denkunabhängiges ist, kann prinzipiell in Zweifel gezogen werden.

Der Zweifel hat aber nicht die Funktion, den naiven Realismus zu widerlegen; er ist bei Descartes im Gegenteil das Mittel, zu einer kritischen Grundlegung eines eingeschränkten Realismus zu führen. So wie es verfehlt ist, Descartes' Zweifel als Argumentation zugunsten des erkenntnistheoretischen Idealismus zu interpretieren, so ist es verfehlt, dem Philosophen die Forderung zuzuschreiben, im Zweifel die Möglichkeit der Wahrheit selbst in Frage zu stellen. Eine solche Forderung aufzustellen wäre absurd, da ohne die prinzipielle Annahme der Möglichkeit von Erkenntnis nicht mehr sinnvoll von »Zweifel« die Rede sein könnte. »Zweifeln« bedeutet nämlich »unsicher in bezug darauf sein, ob ein Urteil eine Erkenntnis oder ein Irrtum ist«. Der Unterschied von Erkenntnis und Irrtum beziehungsweise von wahr und falsch ist also immer schon vorausgesetzt, wenn vom Zweifel gesprochen wird. Der Zweifel betrifft also nicht die prinzipielle Möglichkeit der Erkenntnis, sondern nur die Frage, ob spezielle Urteile den Charakter von Erkenntnissen haben oder nicht.

8. Der Zweifel als Ausgangspunkt der metaphysischen Reflexion

Der Zweifel dient nicht nur der »Einklammerung« aller nicht absolut sicheren Sätze und auch nicht nur der Erschütterung der realistischen Erkenntnishaltung, sondern er ist darüber hinaus, ja vor allem Ausgangspunkt jener Reflexion, die die Formulierung der Prinzipien der Metaphysik ermöglicht. Er hat somit neben der eliminativen und der korrektiven auch eine systematische Funktion. Auf diese Funktion zu achten, ist deshalb so wichtig, weil nur ihre angemessene Berücksichtigung die Aufdeckung der Tiefenstruktur des Cartesianischen Systems möglich macht.

Wenn im Sinne des eliminativen und des korrektiven Zweifels nicht nur traditionsbedingte Vorurteile, sondern alle gegenständlich gerichteten Urteile, sofern sie auf denkunabhängige Tatsachen beziehungsweise Sachverhalte bezogen sind, als Kandidaten für die Rolle philosophischer Prinzipien ausscheiden, dann muß auf der Suche nach potentiellen Grundsätzen vom objektiven zum subjektiven Bereich übergegangen werden. Oben wurde bereits bemerkt, daß am Vorhandensein von Bewußtseinsinhalten nicht gezweifelt werden kann. Ein Satz, der dies feststellte, hätte daher als absolut sicher zu gelten. Tatsächlich hat Descartes, indem er das »Ich denke« für unbezweifelbar erklärte, einen entsprechenden Ansatz gewählt. »Ich denke« (cogito) ist nämlich eine unvollständige Wendung, die nach Ergänzung verlangt und die vollständig lauten müßte: »Ich denke *etwas*« (cogito aliquid). Da nun das gedachte Etwas unter Descartes' Voraussetzungen (wie im Abschnitt 7 angedeutet) den Charakter einer Idee hat, eine Idee aber immer Bewußtseinsinhalt eines denkenden Subjekts oder Ich ist, kann vom »Ich denke etwas« (cogito aliquid) zum »Ich bin« (sum) übergegangen werden: »Ich denke (etwas), also bin ich«.

Dieser Satz hat die Form eines Enthymems, das sich durch Hinzunahme einer Prämisse folgendermaßen zu einem Syllogismus vervollständigen läßt: »Um denken zu können, muß man sein; ich denke, also bin ich« (beziehungsweise »Wenn ich denke, bin ich; ich denke, also bin ich«). Eine andere Möglichkeit der Vervollständigung ist die folgende: »Alles, was denkt, ist; ich denke, also bin ich«.

Descartes wollte aber sicherlich nicht einen logisch-wahren Satz zum obersten Prinzip seiner Philosophie machen. Er hat sich (z. B. in der Debatte über die ›Meditationen‹; vgl. Œuvres 7, 140) auch ausdrücklich dagegen verwahrt, »Cogito ergo sum« als verkürzten Syllogismus zu deuten, obwohl er einräumte, daß sich der diesem Prinzip zugrundeliegende Gedanke *nachträglich* als Syllogismus formulieren lasse. *Ursprünglich* drückt aber seiner Ansicht nach die angeführte Wortverbindung keine Schlußfolgerung aus. (Dies hat Descartes gegenüber Burman klar ausgesprochen; vgl. Œuvres 5, 147).

Um zu verstehen, was Descartes meinte, muß man sich wieder seine erkenntnismetaphysischen Voraussetzungen vor Augen halten: Ausgehend von der Annahme, daß der unmittelbare Erfahrungsgegenstand immer eine Idee sei und gestützt auf die Begriffsschemata von Substanz – Modus und Ursache – Wirkung, sah er es für notwendig an, die (unbezweifelbar vorhandenen) Ideen entweder als Modi des Denkens auf eine denkende Substanz oder als Wirkungen der Denktätigkeit auf ein denkendes Subjekt als Ursache zu beziehen. In diesem Sinne setzt das gedachte Etwas notwendig ein denkendes Ich voraus. Die Beziehung zwischen Ich und Denkinhalt soll hierbei nicht erschlossen, sondern intuitiv erfaßt werden: Der Satz »Ich denke (etwas), also bin ich« soll mit anderen Worten eine Einsicht in die »Natur« der Erfahrungen beziehungsweise des Denkens im allgemeinen zum Ausdruck bringen.

An entscheidenden Stellen seiner Werke hat Descartes nicht vom Denken im allgemeinen, sondern von einer bestimmten Denkweise, nämlich dem Zweifel, gesprochen. Tatsächlich bietet die Ersetzung des »Cogito ergo sum« durch »Dubito ergo sum« nicht nur didaktische Vorteile, sondern erweist sich an bestimmten Punkten der Systemkonstruktion als notwendig. Descartes selbst hat gelegentlich angedeutet, daß die Grundlegung seiner Metaphysik als Analyse des Zweifels verstanden werden könne.

Offensichtlich kann das soeben in bezug auf das »cogito« Festgestellte auf das »dubito« übertragen werden: Auf Grund des oben vom Zweifel Ausgeführten ist klar, daß unter den Bedingungen der Cartesianischen Erkenntnismetaphysik der Zweifel stets das Vorhandensein von Ideen voraussetzt. Ausgehend von der Unbezweifelbarkeit der Präsenz von Ideen, die auch im Zweifel gegeben sind, kann – ähnlich wie oben angedeutet – zur Feststellung der Existenz des denkenden Subjekts übergegangen werden. Daß der – und sei es noch so radikal – Zweifelnde zweifelt, kann nicht bezweifelt werden. Mag auch alles in irgendeiner Weise Bezweifelbare bezweifelt werden – an der Tatsache des Zweifels kann der Zweifelnde nicht zweifeln. »Können Sie« – läßt Descartes den Wortführer seiner eigenen Position in dem Dialog ›La recherche de la vérité‹ fragen – »an Ihrem Zweifel zweifeln und im Ungewissen darüber sein, ob Sie zweifeln oder nicht?« So wie nur denken kann, wer existiert, so kann man nur unter der Voraussetzung der Existenz zweifeln: »Es ist auch wahr, daß Sie, der Sie zweifeln, existieren, und das ist so wahr, daß Sie daran in keiner Weise mehr zweifeln können.« (Œuvres 10, 512)

9. Die Grundgedanken der Ersten Philosophie

Der Satz, der die Unbezweifelbarkeit des Zweifelns im universalen Zweifel feststellt, könnte aber nicht Grundsatz sein, wenn nicht mit seiner Hilfe andere Sätze abgeleitet werden könnten. Tatsächlich bezeichnete Descartes den Zweifel als »festen und unbeweglichen Punkt«, von dem aus die Erkenntnis des Ich, Gottes und aller Dinge der Welt gewonnen werden soll (Œuvres 10, 515). Zunächst wird durch die Analyse des Zweifels die Voraussetzung aufgewiesen, daß der Unterschied von »wahr« und »falsch« bekannt sein muß, da »Zweifeln« ja bedeutet,

»nicht feststellen können, ob ein Urteil wahr oder falsch ist«. Wer zweifelt, setzt voraus, daß es Wahrheit geben kann. Darüber hinaus gewinnt Descartes durch die Einsicht in die Unaufhebbarkeit der Selbstgewißheit im Zweifeln einen faktisch wahren Satz, dessen Analyse zur Formulierung des Kriteriums der Wahrheit führt. Ebenfalls als Ergebnis eines analytischen Raisonnements stellt Descartes den Satz auf, daß das denkende Ich nur durch Bewußtseinsqualitäten charakterisiert sein könne, das heißt, daß von seinem Begriff alle quantitativen Bestimmungen ausgeschlossen werden müßten. Sofern das Ich, dessen Existenz und Wesen damit festgestellt ist, ein zweifelndes Ich ist, muß es ein endliches Wesen sein, da nur ein solches zweifeln kann. Ein unendliches intelligentes Wesen wüßte alles, könnte also nicht zweifeln. Ähnlich ist in bezug auf das Begehren zu argumentieren: Ein Wesen, das mancherlei begehrt, erweist sich eben dadurch als ein endliches, weil einem unendlichen Wesen nichts mangeln würde, es also auch nichts begehren könnte. Wenn wir uns selbst als ein endliches denkendes Wesen erkennen, so müssen wir auch über die Idee eines unendlichen denkenden Wesens verfügen, weil – wie Descartes annahm – das Endliche immer nur als Einschränkung des Unendlichen begriffen werden kann. Infolgedessen kann auch der Begriff des endlichen Subjekts nur gebildet werden, wenn wir über die Idee des Unendlichen – das heißt unter Descartes' Voraussetzungen: des absolut vollkommenen geistigen Seienden oder Gottes – verfügen. Die Analyse der Selbstgewißheit ermöglicht somit die Explikation der nach Descartes stets implizit vorhandenen Gottesgewißheit. Dieser Platonische Gedanke liegt den Beweisen der Existenz Gottes, ausgehend vom Vorhandensein der Gottesidee, im Bewußtsein zugrunde. Auf ihn weist auch Descartes' Vergleich der uns »eingeborenen« Gottesidee mit dem Prägestempel hin, durch den ein Künstler ein Werk als das seine kennzeichnet (siehe Œuvres 9/1, 41). Im Lichte des soeben angedeuteten Gedankens ergibt sich auch ohne weiteres die richtige Deutung der Cartesianischen These, daß die Gottesidee »eingeboren« sei: Diese Idee ist die meist unbemerkte Bedingung der Bildung aller Begriffe endlicher Seiender, somit auch des Begriffs, den das endliche Subjekt von sich selbst bildet.

Könnte die so bestimmte Gottesidee, die Voraussetzung jeder anderen Idee ist, aber nicht *bloße* Idee (etwa im Sinne der Kantischen Ideenlehre) sein? Nach Descartes ist das ausgeschlossen. Da das Unendliche als Inbegriff aller positiven irreduziblen Bestimmungen (»Vollkommenheiten«, wie Descartes sagt) aufgefaßt wird und da »Existenz« als eine dieser Bestimmungen gilt, kann das Unendliche nicht anders denn als existent gedacht werden. Dies ist der Grundgedanke des von Kant später »ontologisch« genannten Gottesbeweises, den Descartes bei verschiedenen Scholastikern finden konnte und der von nun an zu einem zentralen Lehrstück der rationalistischen Philosophie wurde. Das unendliche Sein ist unter den Cartesianischen Voraussetzungen aber nicht nur Inbegriff aller Vollkommenheit, sondern auch Inbegriff der Wahrheit, da Descartes' Überzeugung nach die Wahrheit wesentlich im Sein, die Unwahrheit im Nichtsein besteht. Damit ist einerseits Gott als das wahrste Wesen, andererseits die Gottesidee als die wahrste Idee bestimmt, deren »Eingeborensein« zur Folge hat, daß das Denken des endlichen Subjekts unter gewissen Bedingungen durch die göttliche Wahrheit garantiert wird. Dies ist immer dann der Fall, wenn wir auf Grund klarer und distinkter Begriffe urteilen, weil wir dann infolge der höchstgradigen Evidenz des Urteils nicht anders als in einer bestimmten Weise urteilen können. Wären unkorrigierbare Urteile falsch, so hieße das, daß wir keine Möglichkeit ihrer Berichtigung hätten und infolgedessen unausweichlich irrten. Dies wäre mit der Teilhabe unseres Denkens am Sein, also mit unserer Wahrheitsfähigkeit, unverträglich, so daß wir annehmen dürfen, stets richtig zu urteilen, wenn wir auf Grund distinkter Begriffe urteilen. Die Annahme unausweichlicher Irrtümer stünde mit anderen Worten mit der Voraussetzung der prinzipiellen Wahrheitsfähigkeit im Widerspruch, die bereits mit dem Zweifel implicite gegeben ist. Descartes deutet sie im Sinne der Teilhabe des endlichen Denkens am unendlichen Sein und faßt die Distinktheit von Ideen als Kennzeichen dieser Teilhabe auf, wogegen die Dunkelheit oder Verworrenheit auf die Seite des Nichtseins zu stellen ist, so daß der Mensch als ein Wesen bestimmt erscheint, das sowohl am Sein wie am Nichtsein teilhat, wie Descartes in der vierten Meditation andeutet (Œuvres 9/1, 43).

Die im Zweifeln (wie im Begehren) erfahrene Endlichkeit des Ich verbietet schließlich die Annahme, daß alle unsere Ideen (als Bewußtseinsinhalte) vom Subjekt hervorgebracht seien. Sofern wir nicht umhin können, unsere Rezeptivität gegenüber gewissen Bewußtseinsinhalten, nämlich den Empfindungen (also etwa Farb-, Geräusch-, Geruch-, Temperatur-Eindrücken), anzuerkennen, sind wir gezwungen, eine von uns verschiedene

Ursache dieser Empfindungen anzuerkennen. Die Annahme einer unbewußten und nicht bewußt zu machenden Verursachung der Empfindungen scheidet unter Descartes' Voraussetzungen aus, weil sie die durch die Wahrhaftigkeit Gottes ausgeschlossene These implizieren würde, daß es prinzipiell unkorrigierbare Irrtümer gebe, namentlich den Irrtum in bezug auf die Annahme der Abhängigkeit unserer Empfindungen von Ursachen außerhalb des Subjekts. Wir müssen daher die Existenz von etwas annehmen, das Ursache unserer Empfindungen ist und das nicht von der Art des denkenden Ich, somit materiell beziehungsweise räumlich ist, da auch das von ihm Verursachte, nämlich die Empfindung, Empfindung von Räumlichem ist. Wegen der bereits bewiesenen objektiven Gültigkeit aller Urteile, die auf Grund distinkter Begriffe gefällt werden, kann von den Urteilen der mathematischen Physik, die nach Descartes diesen Charakter haben, objektive Gültigkeit behauptet werden. Damit ist das der Metaphysik als Erster Philosophie (Philosophia Prima) gesetzte Ziel der kritischen Rechtfertigung des realistischen Erkenntnisanspruchs der grundlegenden Sätze der mathematischen Physik erreicht. Die von Descartes aus taktischen Gründen hervorgehobenen Ziele der Gotteserkenntnis und der Erkenntnis der Realdistinktion von Körper und Geist haben demgegenüber als Nebenziele zu gelten. »Gott« ist in der Cartesianischen Philosophie nicht primär ein Begriff der Religion, sondern ein philosophischer, näherhin ein erkenntnismetaphysischer Begriff. Als Synonym für »vollkommenes Sein« bildet er den Schlußstein eines Systems, dessen Grundgedanke die Annahme der Übereinstimmung des klaren und distinkten Denkens und des Seins, namentlich der denkunabhängigen materiellen Wirklichkeit, ist.

Offensichtlich kann das erste Prinzip der Cartesianischen Philosophie – gewöhnlich in der Form »Ich denke, also bin ich« diskutiert – nicht unabhängig von der Funktion beurteilt werden, die es innerhalb des Systems hat. Die Beschränkung der Analyse auf die Erörterung der sprachlichen Gestalt dieses Satzes, wie sie bei Vertretern des Positivismus und der Analytischen Philosophie verbreitet ist, hat sicherlich interessante Aspekte hervortreten lassen; sie ist aber nicht geeignet, die Rolle dieses Satzes innerhalb des Cartesianischen Systems sichtbar werden zu lassen. Löst man, wie es manche Kritiker tun, das »Cogito ergo sum« aus dem systematischen Zusammenhang heraus, so mag in der Tat der Eindruck entstehen, Descartes habe, wenn schon nicht einen Pseudo-Satz, so doch einen aus rein sprachlichen Gründen wahren Satz zum ersten Prinzip seiner Philosophie erklärt. Daß diese Interpretation dem Cartesianischen Ansatz nicht gerecht wird, zeigt sich, sobald man das »Cogito ergo sum« im Zusammenhang mit seinen Voraussetzungen und mit seinen Konsequenzen, mit einem Wort: im systematischen Kontext, betrachtet, wie es soeben in aller Kürze versucht wurde.

10. Der erkenntnistheoretische Dogmatismus

Die Annahme, daß alles das tatsächlich zum Wesen einer Art von Dingen gehört, was wir klar und distinkt als zu ihrem Wesen gehörig erkennen, charakterisiert den erkenntnistheoretischen Dogmatismus nicht allein Descartes', sondern des Rationalismus im allgemeinen. Um diese Annahme zur Geltung bringen zu können, muß festgestellt werden, unter welchen Umständen eine dem Urteil zugrundeliegende Idee die Bestimmungen der Klarheit und Distinktheit hat. Merkwürdigerweise hat Descartes erst spät, nämlich in den ›Prinzipien der Philosophie‹, die Bedeutung von »klar« und »distinkt« anzugeben versucht (Œuvres 9/2, 44). Früher begnügte er sich mit der Feststellung, daß wir in Verbindung mit dem Urteil »Ich denke, also bin ich«, an dessen Wahrheit nicht gezweifelt werden könne, auch erkennen könnten, daß seine Unbezweifelbarkeit beziehungsweise Wahrheit auf seiner Klarheit und Distinktheit beruhe und es deshalb einer Definition dieser Charakteristika evidenter Urteile nicht mehr bedürfe. Als er sich endlich doch entschloß, »klar« und »distinkt« explizit zu definieren, tat er das in einer Weise, die nicht völlig befriedigend ist.

Zunächst ist festzuhalten, daß »Klarheit« und »Distinktheit« primär Bestimmungen von Ideen sind. Die Klasse der Ideen ist eine der drei Klassen psychischer Phänomene, die Descartes unterschied, indem er die Bewußtseinserscheinungen in Ideen, Urteile und emotionale beziehungsweise voluntative Phänomene einteilte. Urteile und Willensakte sah er gegenüber den Ideen dadurch charakterisiert, daß in ihnen stets Ideen vorausgesetzt seien, zu denen bejahend oder verneinend, behauptend oder leugnend, billigend oder mißbilligend Stellung genommen wird. Wegen dieser Gemeinsamkeiten glaubte er schließlich, das Urteil als eine Art Willensakt auffassen zu können.

Eine Idee heißt nach Descartes »klar«, wenn ihr Inhalt dem aufmerksamen Geiste gegenwärtig oder offenbar ist. Dies dürfte von allen hinreichend lebhaften Vorstellungen gelten, auf die sich die Aufmerksamkeit richtet. »Distinkt« heißt eine Idee, deren sämtliche Merkmale klar erfaßt werden, so daß die fragliche Vorstellung von allen anderen (namentlich den ihr ähnlichen) Vorstellungen genau unterschieden werden kann. So ist die Vorstellung eines Schmerzes zwar klar, aber nicht distinkt, da die Abgrenzung des Schmerzes gegenüber anderen Empfindungen, z. B. gegenüber Druck- und Temperaturempfindungen, nicht immer möglich ist. Bei einer bestimmten Intensität geht eine Druckempfindung in eine Schmerzempfindung über, ohne daß sich eine scharfe Grenze ziehen ließe. Ähnlich können die Vorstellungen eines regelmäßigen Neunundneunzigecks und eines regelmäßigen Hundertecks völlig klar, das ist »gegenwärtig und offenbar« sein, wenn die entsprechenden geometrischen Gebilde nebeneinander (z. B. auf derselben Buchseite) abgebildet sind. Es dürfte aber schwer fallen, anzugeben, welches von ihnen die größere Seitenzahl hat. Verfügt man jedoch über die mathematischen Begriffe (das heißt über distinkte Ideen) beider Arten von Vielecken, so kann man sie, etwa durch Berechnung ihrer unterschiedlichen Winkelsumme, präzis unterscheiden. Dies klingt plausibel. Da aber die distinkte Idee als eine solche bestimmt wird, deren sämtliche Merkmale klar sind, und da »Klarheit« unter Descartes' Voraussetzungen ein psychologischer Begriff ist, erweist sich das Cartesianische Wahrheitskriterium im Grunde als psychologistisch, während es Descartes doch auf einen Objektivismus der Wahrheit ankam.

Die Schwierigkeiten, die sich bei dem Versuch, »klar« und »distinkt« zu definieren, zeigen, hängen damit zusammen, daß Descartes nicht mit Hilfe dieser Merkmale zur Abgrenzung einer Klasse von Ideen gelangte, sondern daß er umgekehrt eine Klasse von Ideen als objektiv gültig auszeichnete und sich dann erst über ihre wesentlichen Charakteristika klar zu werden suchte. Die fragliche Klasse ist die der Grundbegriffe der mathematischen Physik sowie der Grundbegriffe der Metaphysik. Es handelt sich um Begriffe von einfachen Ausdehnungs-, Lage- und Zeitverhältnissen beziehungsweise von einfachen Bewußtseinsphänomenen. Distinkte Begriffe sind demnach Begriffe wie »Größe«, »Zahl«, »Bewegung« (im Sinne von »Änderung der Lagebeziehungen eines Körpers«), aber auch »Vorstellung« oder »Urteil«.

Offensichtlich paßt Descartes' Definition von »distinkt« am besten auf mathematische Begriffe, wie auch Descartes zunächst in bezug auf mathematische Urteile von klarem und distinktem Einsehen sprach. Als »distinkt« haben natürlich auch die Grundbegriffe der Physik zu gelten, da die Cartesianische Physik im Grunde nur angewandte Geometrie ist. Ob die Grundbegriffe der Metaphysik in demselben Sinne als »distinkt« bezeichnet werden dürfen, muß als fraglich gelten.

Obwohl Descartes die Korrespondenz von distinkten Ideen und Wesen der Dinge ursprünglich bloß voraussetzte, besteht doch eine wesentliche Aufgabe seiner Philosophie darin, diese Voraussetzung zu einem beweisbaren Satz zu machen. Dies glaubte er nur leisten zu können mit Hilfe der Annahme eingeborener, in der Natur des menschlichen Geistes begründeter Ideen. Der menschliche Geist ist nach Descartes durch sein Verhältnis zur Natur des göttlichen Geistes bestimmt. Descartes sprach zwar davon, daß Gott die Natur des menschlichen Geistes *geschaffen* habe, aber man wird nicht übersehen dürfen, daß im Hintergrund seines Denkens die Überzeugung von der Gleichartigkeit aller – endlichen wie unendlichen – geistigen Wesen steht: Die ohne Begrenzung gedachte geistige Natur (natura intellectualis) ist die Natur Gottes, die begrenzt gedachte die Natur des menschlichen Ich. Man wird daher Descartes so interpretieren dürfen, daß man die eingeborenen Ideen als im Grunde göttliche Ideen auffaßt, an denen die endliche geistige Natur des Ich wegen ihrer Wesensverwandtschaft mit dem göttlichen Intellekt teilhat. Vom Intellekt Gottes hängen gleichzeitig aber auch die Wesensformen der Wirklichkeit ab, so daß den eingeborenen Ideen die Essenzen der Dinge notwendig entsprechen und umgekehrt.

Da die Entsprechung von eingeborenen Ideen (darüber hinaus von distinkten Ideen im allgemeinen) und Wesensformen der Dinge durch Gott vermittelt sein soll, hängt die angedeutete Argumentation zugunsten der Korrespondenz von Ideen und Wirklichkeit von der Annahme ab, daß Gott existiert. Descartes' Versuche, die Existenz Gottes zu beweisen, sind daher nicht müßiges Beiwerk der Erkenntnismetaphysik, auch nicht konformistische Anlehnung an die herkömmliche theologisierende Metaphysik, sondern unentbehrliche Elemente der philosophischen Grundlegung der (wissenschaftlichen) Erkenntnis. Die Form, in der die Gottesbeweise in Descartes' Schriften vorgetragen werden, ist allerdings im höchsten Grade anfechtbar.

Sowohl für die Beweise auf Grund des Kausalitätsprinzips als auch für den apriorischen (»ontologischen«) Gottesbeweis muß nämlich vorausgesetzt werden, daß gewisse Prinzipien, die als Prämissen der Gottesbeweise fungieren, objektiv gültig sind. Da aber die objektive Gültigkeit im Sinne der Korrespondenz von Ideen und Wesensformen der Dinge nur auf Grund der Vermittlung beider Bereiche durch Gott angenommen werden kann, wie Descartes überzeugt war, wird die Argumentation zirkulär: Die objektive Gültigkeit der Beweisprämissen setzt die Existenz Gottes voraus, jeder Beweis der Existenz Gottes setzt aber die objektive Gültigkeit gewisser Prämissen voraus. Dieser circulus vitiosus läßt sich nicht vermeiden, solange man in der angedeuteten Weise argumentiert.

Descartes' Argumentation zugunsten der Annahme einer Entsprechung von distinktem Denken und Wesen der Wirklichkeit leistet, wenn man die entsprechenden Voraussetzungen macht, nicht nur das, was sie leisten soll, sondern mehr als das; das heißt, sie leistet zuviel: Descartes hat zu guter Letzt Mühe, begreiflich zu machen, wie es überhaupt möglich ist, daß wir auch irren können. Seiner Ansicht nach besteht die Gefahr, falsch zu urteilen, nur dann, wenn wir auf Grund von Ideen urteilen, die nicht distinkt, somit verworren, oder nicht einmal klar, somit dunkel sind. Der gegenüber den Ideen freie Wille führt unter Umständen auch bei dunklen oder mindestens verworrenen Vorstellungen zum Urteilsakt, wobei das Urteil wegen des Fehlens der Evidenz bestenfalls zufällig wahr ist. Beschränken wir die Zustimmung im Urteil aber auf den Bereich distinkter Vorstellungen, so sind wir, wie Descartes überzeugt war, gegen die Gefahr des Irrtums geschützt. Gott »garantiert« dann gleichsam die Zuverlässigkeit unseres Urteilsvermögens, weil er, wie gesagt, die Übereinstimmung von distinkten Ideen und Wesen der Dinge begründet.

11. Grundgedanken der Naturphilosophie

Auf der Grundlage der skizzierten erkenntnismetaphysischen Voraussetzungen entwickelte Descartes eine Physik, deren allgemeinste Sätze aus metaphysischen Sätzen als Prämissen abgeleitet sein sollen. Sätze der letzteren Art sind die Sätze über Existenz und Wesen Gottes, namentlich über die Unveränderlichkeit des göttlichen Willens, über die Existenz denkunabhängiger materieller Dinge und über deren Wesen sowie Sätze über das Verhältnis von materieller Wirklichkeit und Gott. Eine wichtige Rolle spielt hierbei der Satz, daß Gott die materielle Welt nicht nur erschaffen und dann sich selbst überlassen habe, sondern daß er sie erhalte, das heißt in jedem Augenblick von neuem erschaffe. Auf Grund der Vollkommenheit Gottes muß auch das göttliche Wollen vollkommen, das heißt konstant und invariabel sein. Hieraus glaubte Descartes folgern zu können, daß der Naturablauf vollkommen gleichförmig sei und daß sich die Bewegungsmenge im Universum nicht ändere. Wegen der Identifikation der Begriffe »Materie« und »Ausdehnung« sah sich Descartes ferner veranlaßt, der Materie dieselbe indefinite Teilbarkeit zuzuschreiben wie der Ausdehnung, mit der es die Geometrie zu tun hat. Infolgedessen lehnte er die atomistische Konzeption der Materie ab. Er operierte zwar mit der Vorstellung von Korpuskeln, behauptete aber deren indefinite Teilbarkeit.

Auf Grund des Satzes der Erhaltung des Bewegungsquantums ergab sich eine Formulierung des Trägheitsprinzips, wonach jedes Ding in seinem jeweiligen Zustand verharrt, solange es nicht irgendwelchen Einwirkungen ausgesetzt ist. Beim Zusammenstoß absolut starrer Körper ändert sich das Quantum ihrer Bewegungen nicht, sondern nur die Richtung ihrer Bewegungen, wie im zweiten Teil der ›Prinzipien der Philosophie‹ ausgeführt wird (Œuvres 9/2, 84ff.). In der Tendenz eines Körpers, in seinem jeweiligen Zustand so lang als möglich zu verharren, besteht das, was man »Kraft« nennt. »Kraft« ist also ein Begriff, der sich rein geometrisch definieren läßt.

Die objektive Gültigkeit der Urteile über das Wesen der materiellen Wirklichkeit läßt sich unter Voraussetzung der dogmatischen Erkenntnismetaphysik leicht begründen. Wenn alle auf Grund distinkter Begriffe gefällten Urteile objektiv gültig sind und wenn die Grundbegriffe der Naturphilosophie und der Physik als distinkt gelten müssen, dann ist an der objektiven Gültigkeit der naturphilosophischen und naturwissenschaftlichen Prinzipien nicht zu zweifeln. Descartes ließ im Bereich der Naturphilosophie und Physik nur Begriffe zu, die quantitative Verhältnisse und deren Veränderung betrafen, das heißt Begriffe von Ausdehnungsbeziehungen und Bewegungen (als Änderungen von Lagebeziehungen). Seine Physik stellt sich infolgedessen als Kinematik beziehungsweise, wie er selbst es sah, als angewandte Geometrie dar. Als Wesen physikalischer Körper kann demgemäß nur gelten, was sich von ihnen distinkt erkennen läßt, und das sind die mathematisch ausdrückbaren Beziehungen. Das Wesen der materiellen Wirklichkeit besteht mit anderen Worten in Ausdehnungsverhältnissen, und »Materie« bedeutet nichts anderes als »Ausdehnung«. Ungeachtet der Einseitigkeit dieser Konzeption der materiellen Wirklichkeit hatte sie in der damaligen Zeit eine wichtige Funktion, da sie die Elimination aller jener Vorstellungen erzwang, die die scholastische Naturphilosophie wie die Naturphilosophie der Renaissance gehindert hatten, sich zur exakten Naturwissenschaft weiterzuentwickeln, nämlich der Vorstellungen von Naturzwecken, quasi-psychischen Vermögen der Dinge (wie des horror vacui oder des Strebens der Körper nach ihrem »natürlichen Ort«) und substantiellen Formen. Zwar operierte auch Descartes noch mit dem Begriff der Wesenheit (»essentia«) beziehungsweise der Form (»forma«), aber dieser Begriff ist von dem Begriff der »forma substantialis« prinzipiell dadurch unterschieden, daß er ausschließlich durch quantitative Beziehungen bestimmt ist. Die Wesensformen im Sinne der substantiellen Formen sollten dagegen qualitative Formen sein. So wurde z. B. die Tatsache, daß ein Ding rot ist, durch die Annahme erklärt, daß es die substantielle Form der Röte habe. Unter Descartes' Voraussetzungen ist es grundsätzlich unzulässig, materiellen Dingen Eigenschaften wie »rot« (oder andere qualitative Bestimmungen) beizulegen, da sich Qualitäten nicht in Form quantitativer Beziehungen darstellen lassen. Dinge erscheinen lediglich unter gewissen Bedingungen als rot, das heißt: auf Grund quantitativer physikalischer Reize, die durch die mathematisch beschreibbare Struktur der Dinge mitbedingt sind, wird im wahrnehmenden Subjekt die Empfindung »rot« hervorgerufen. Wenn aber auch das rot erscheinende Ding nicht selbst rot ist, besteht doch zwischen der Rot-Empfindung und der Korpuskularstruktur des so erscheinenden Dinges eine konstante Beziehung, die zwar nicht als Relation der Ähnlichkeit, wohl aber als Relation der eindeutigen Zuordnung zwischen Empfindungsqualität und quantitativ bestimmter Struktur des Dings (beziehungsweise dem »Wesen« des Dings) zu charakterisieren ist. Auf Grund der eindeutigen Zuordnung von Empfindung und Wesen der Dinge können wir uns mit Hilfe der Empfindungen in unserer Umwelt orientieren. Somit hat die Empfindung, obwohl sie keine Wesenserkenntnis der Wirklichkeit ermöglicht, dennoch eine positive Funktion, sofern sie biologisch nützlich, ja unentbehrlich ist. Das Wesen der Wirklichkeit erschließt uns – selbstverständlich innerhalb gewisser Grenzen – nur die Vernunft, sofern sie Vermögen wissenschaftlicher Erkenntnis ist.

Da die »geometrische« Physik Descartes' konsequent mechanistisch ist, in ihrem Rahmen also alle Vorgänge durch Zurückführung auf Zusammenhänge von Druck und Stoß zu erklären sind, ist unter ihren Voraussetzungen die Annahme von Fernkräften ausgeschlossen. Deshalb suchte Descartes z. B. die Schwere auf den Druck zurückzuführen, den die Atmosphäre beziehungsweise der Äther auf alle Körper auf der Erdoberfläche ausüben. Mechanistische Erklärungen beruhen auf Prinzipien, die unter Descartes' Voraussetzungen vollkommen rational sind, das heißt ausschließlich mit Hilfe distinkter Ideen formuliert werden können. Jede andere Betrachtungsweise gilt dagegen als dunkel, die in ihr vorkommenden Bestimmungen (wie »Zweckmäßigkeit« oder »Schwerkraft«) werden als »okkulte Qualitäten« zurückgewiesen.

Besondere Bedeutung für die Wissenschaft des 17. Jahrhunderts gewann die Cartesianische Kosmologie, in der sich die antike Vorstellung wiederfindet, daß die Himmelskörper als Zentren von Materiewirbeln aufzufassen seien. Descartes skizzierte eine Theorie, nach der sich das Sonnensystem aus einer homogenen Materie, die einen zu einer Wirbelbewegung führenden Impuls erfuhr, entwickelt hat.

12. Die Psychophysik

Parallel zur mechanistischen Physik entwarf Descartes eine mechanistische Psychophysik, in deren Rahmen Affekte und Gefühle Vorgängen im Nervensystem zugeordnet und die letzteren rein mechanistisch zu erklären gesucht werden.

Descartes' Psychologie, die sich zutreffend als eine Psychophysik kennzeichnen läßt, ist in der Schrift über die ›Leidenschaften der Seele‹ (1649) dargestellt. An diesem Werk ist nicht so sehr der Versuch bemerkenswert, die Mannigfaltigkeit der Affekte auf sechs Grundaffekte – nämlich Staunen, Liebe und Haß, Begierde, Freude und Trauer – zurückzuführen, als vielmehr die Tendenz zur mechanistischen Erklärung der Gemütsbewegungen, die nach Descartes auf materiellen Vorgängen im Nervensystem beruhen. Descartes konnte natürlich noch keine der heutigen vergleichbare Kenntnis des Funktionierens von Nervenzellen haben. Seine Vorstellung von der Natur nervöser Prozesse mutet vielmehr vom Standpunkt der Gegenwart aus gesehen primitiv an. So betrachtete er die Nerven als dünne Schläuche, die von einer feinen, nicht wahrnehmbaren Materie, den sogenannten Lebensgeistern (spiritus animales), erfüllt sind. Bewegungen dieser Lebensgeister ermöglichen die Reizleitung; sie liegen auch den Gemütsbewegungen zugrunde. Wie sich Descartes den Zusammenhang zwischen Bewegungen der Lebensgeister und Affekten im einzelnen dachte, ist heute kaum mehr interessant; wichtig ist allein die Tatsache, daß er überzeugt war, die Affekte nur als psychophysische Phänomene verstehen zu können, das heißt als Erscheinungen, die weder rein psychisch, noch rein physisch sind, sondern nur bei Berücksichtigung sowohl des psychischen wie des physischen Bereichs befriedigend erklärt werden können. Im Hinblick auf den psychischen Aspekt der Affekte zeigt sich keine Möglichkeit einer wissenschaftlichen Erklärung, da sie als Bewußtseinserscheinungen rein qualitativ bestimmt sind; dagegen gehören sie im Hinblick auf ihren physischen Aspekt dem materiellen Bereich an und sind in dieser Hinsicht wissenschaftlich faßbar. Geht man von den Nervenprozessen aus, die sich als Affekte äußern, so können wir diese, wie Descartes überzeugt war, rein mechanistisch begreifen. Die Bedeutung der Cartesianischen Psychologie liegt mit einem Wort darin, daß sie sich als Versuch darstellt, die Psychologie zum Rang einer Wissenschaft – und das heißt unter Descartes' Voraussetzungen: einer Naturwissenschaft – zu erheben.

Descartes' psychophysische Betrachtungsweise leidet unter einem schweren Mangel: Das Verhältnis von psychischem und physischem Bereich bleibt letzten Endes unbegriffen. Descartes hat nämlich einerseits Psychisches und Physisches in schroff dualistischer Weise voneinander unterschieden, so daß keine einzige Eigenschaft, die materiellen Dingen und Vorgängen beigelegt wird, einer psychischen Erscheinung zugeschrieben werden kann und umgekehrt. Unter den Voraussetzungen der Cartesianischen Naturphilosophie dürfen aber Kausalbeziehungen nur zwischen Zuständen oder Vorgängen angenommen werden, die mindestens in einem Attribut übereinstimmen. Dennoch behauptete Descartes das Bestehen einer Wechselwirkung zwischen psychischen und physischen Vorgängen. Die Annahme der psychophysischen Wechselwirkung sprengt somit den

Rahmen des Systems, indem sie gewissen seiner grundlegenden Voraussetzungen widerspricht. Da Descartes' Versuch, die Schwierigkeiten mit Hilfe der Hypothese zu überwinden, daß die Wechselwirkung über ein bestimmtes Organ, nämlich die Zirbeldrüse, erfolge, nicht zu überzeugen vermochte, ist begreiflich, daß verschiedene Cartesianer nach anderen Wegen der Lösung des psychophysischen Problems suchten. Hier ist vor allem an den Okkasionalismus zu erinnern, der die Annahme der Wechselwirkung fallen ließ und den psychophysischen Zusammenhang mit Hilfe der spekulativen Hypothese einer göttlichen Vermittlung zwischen den fraglichen Bereichen zu erklären suchte. Eine Weiterentwicklung der okkasionalistischen Theorie stellt Leibnizens Konzeption der prästabilierten Harmonie dar. Auch Spinozas psychophysischer Identismus muß als Antwort auf das von Descartes aufgeworfene Problem angesehen werden.

13. Provisorische und definitive Moral

Da es Descartes nicht darum ging, Wissen um des Wissens willen allein, sondern um des Nutzens der Menschheit willen zu erwerben, spielten Fragen der Praxis in seinem Denken von vornherein eine große Rolle. Der Intellektualist Descartes, der überzeugt war, daß es genüge, richtig zu urteilen, um daraufhin auch richtig zu handeln, sah in der Entwicklung der Vernunft die oberste Maxime der praktischen Philosophie, freilich nicht als Selbstzweck, sondern zum Zweck einer rationalen, das heißt dem handlungsleitenden Intellekt unterworfenen Praxis, die ihrerseits auf die Ziele der Sicherheit, der Zufriedenheit und des allgemeinen Nutzens gerichtet sein sollte (vgl. Œuvres 6, 27–28; 61 ff.).

Zweifellos schwebte Descartes eine wissenschaftliche Moral vor, deren Ansätze in der Schrift ›Les passions de l'âme‹ und in der Korrespondenz der vierziger Jahre zu erkennen sind. Zur Ausarbeitung seiner Ethik kam Descartes jedoch nicht mehr. Deshalb könnte es scheinen, als wären seine Äußerungen über eine »provisorische Moral« im dritten Teil des ›Discours de la méthode‹ sein letztes Wort in Sachen der Ethik. Dies ist sicher nicht der Fall, wie schon aus dem Umstand hervorgeht, daß die provisorische Moral auf den Zustand eines Philosophierenden Bezug nimmt, der erst an die Grundlegung des philosophischen

Systems herangehen soll, also noch nicht über metaphysisch gesichertes Wissen verfügt, das es ihm ermöglicht, optimale zweckrationale Entscheidungen zu treffen. Steht dagegen ein System gesicherten Wissens zur Verfügung, wie es nach Descartes auf Grund der metaphysischen Grundlegung durch die Erste Philosophie und auf Grund der systematischen Entwicklung der Naturphilosophie und Naturwissenschaft der Fall ist, dann ist eine bloß provisorische Moral nicht nur nicht mehr nötig, sondern im Grunde gar nicht mehr möglich, da dann die Situation der theoretischen Unsicherheit, das heißt der Zweifelhaftigkeit aller theoretischen Grundlagen, in der die provisorische Moral die einzige Orientierungshilfe darstellte, im Prinzip überwunden ist. Das muß nicht besagen, daß die Forderungen der provisorischen Moral absolut hinfällig werden müßten; es bedeutet aber, daß sie ihren Charakter ändern, sofern sich durch die Beziehung auf das System des Wissens die Bedingungen, unter denen sie stehen, ändern.

Da unter den von der provisorischen Moral vorausgesetzten Bedingungen der theoretischen Unsicherheit objektive Kriterien des richtigen Handelns nicht verfügbar scheinen, ist es in gewissem Sinne vernünftig, ein konformistisches, angesichts übermächtiger äußerer Umstände resignierendes Verhalten zu empfehlen und bei unausweichlichen Entscheidungen mindestens Konsequenz in der Durchführung der einmal getroffenen Entscheidungen zu fordern, solange keine objektiven Gründe zugunsten der Revision dieser unter Unsicherheit gefällten Entscheidungen sprechen. Sobald jedoch ein philosophisch-wissenschaftliches System vorliegt, ist es abwegig, Anpassung an die Meinungen und Verhaltensweisen anderer zu fordern, da nunmehr die Orientierung des Handelns und Verhaltens an der eigenen Einsicht allein als angemessen erscheint.

Obwohl Descartes niemals von definitiver Moral gesprochen hat – er selbst deutete seine Zurückhaltung in diesem Punkte als Ausdruck seiner Vorsicht in allen weltanschaulich relevanten Fragen –, ist nicht zu übersehen, daß er in der zweiten Hälfte der vierziger Jahre nicht mehr die provisorische Moral meinte, wenn er von Moral sprach. Die Ansicht, derzufolge Descartes keine andere als eine provisorische Moral für möglich gehalten habe, läßt sich daher, obwohl sie gelegentlich vertreten wurde, nicht aufrecht erhalten.

14. Definitive Moral und Affektenlehre

In dem als Vorwort zur französischen Übersetzung der ›Prinzipien der Philosophie‹ fungierenden Brief an Picot betonte Descartes, daß man sich vor dem Eintritt in die Philosophie eine Moral bilden müsse, um sein Verhalten in jenen Angelegenheiten zu regulieren, die keinen Verzug dulden und die somit erledigt werden müssen, bevor systematisch begründete Erkenntnis zur Verfügung steht. Sobald das philosophische System aber zur Vollendung gelangt ist, verfügt man auch über eine Moral, die ein Teil des Systems (und infolgedessen – wie man ergänzen muß – nicht mehr provisorisch) ist. Diese Moral wurde von Descartes als »höchste und vollkommenste Sittenlehre« beziehungsweise als letzte Stufe der Weisheit (sagesse) charakterisiert, sofern sie die gesamte Erkenntnis voraussetzt.

Die *Weisheit* stellte sich Descartes unter den Bedingungen der natürlichen Vernunft (also ohne Berücksichtigung der Offenbarungsreligion, von der er im philosophischen Kontext immer abstrahierte) als das höchste Gut dar. Es ist typisch für den Cartesianischen Intellektualismus, daß die Erkenntnis aus den ersten Ursachen (in Verbindung mit einem an ihr orientierten habituellen Verhalten) selbst als Wert, ja als höchster Wert, erscheint.

Welche Erkenntnisse als Fundament der Weisheit in Betracht kommen, hat Descartes ausdrücklich gesagt. An erster Stelle nannte er die Erkenntnis, daß Gott existiert und daß alle endlichen Dinge von der immensen Macht und Intelligenz Gottes abhängen. An zweiter Stelle führte er die Erkenntnis der Natur unserer Seele und der Unabhängigkeit des Geistes von der Materie an. Schließlich nannte er als ethisch relevant die Einsicht in die Geschöpflichkeit aller endlichen Dinge und partikulären Wahrheiten.

Die moralische Bedeutung dieser Erkenntnisse erblickte er darin, daß sie den Menschen veranlassen, Gott zu lieben und sich als Teil eines Ganzen und in Abhängigkeit von diesem Ganzen zu sehen. (Vgl. Œuvres 4, 290ff.) An anderer Stelle sprach Descartes von vier ethisch relevanten Grundwahrheiten, nämlich: daß Gott existiert, daß die Seele vom Körper verschieden ist, daß die Welt indefinit unendlich und daß jeder Einzelne Teil einer Gemeinschaft – der Familie, des Staates, der Menschheit – ist. (Œuvres 4, 265)

Neben diesen Fundamentalsätzen der Metaphysik sollen auch

Sätze der Physik (beziehungsweise der Naturphilosophie) für die Moral von Bedeutung sein. Descartes war nämlich überzeugt, daß ihm die Kenntnis der Physik, wie er sie verstand, bei der Begründung der Moral sehr geholfen habe (vgl. Œuvres 4, 441). Und er fügte hinzu, daß er von der wissenschaftlich begründeten Moral mehr befriedigt sei als von der Medizin, da *diese* nur die Mittel der Lebenserhaltung an die Hand gebe, *jene* aber lehre, den Tod nicht zu fürchten (ebd. 442).

Das Wesen der Tugend im allgemeinen besteht nach Descartes in dem festen Willen, gut zu handeln, verbunden mit dem ein solches Handeln begleitenden Gefühl der Befriedigung (vgl. Œuvres 5, 82). Die *reine* Tugend geht *ausschließlich* aus der Erkenntnis des moralisch Richtigen hervor (vgl. Principia philosophiae, Widmung an Prinzessin Elisabeth), das heißt sie ist durch keinerlei nicht-intellektuelle Faktoren bedingt. Hier zeigt sich Descartes' Intellektualismus in aller Deutlichkeit.

Wenn Descartes von speziellen Tugenden sprach, so meinte er immer bestimmte Aspekte der Tugend im allgemeinen, da er überzeugt war, daß die Tugend im Grunde nur *eine* sein könne. Unter den speziellen Tugenden stehen die Unterwerfung unter den Willen Gottes, die Einsicht in die untergeordnete Bedeutung alltäglicher Vorgänge, der Altruismus, die Entschlossenheit und schließlich als höchste Tugend die Generosität (was hier nicht Freigebigkeit, sondern die Entschlossenheit bedeutet, das Verhalten an der Erkenntnis auszurichten) im Vordergrund. Die Unterwerfung unter den Willen Gottes beruht auf der Erkenntnis, daß der Mensch Teil des von Gott geschaffenen Universums ist. Wenn sich der Mensch zur Einsicht erhebt, daß seine Seele gottähnlich, ja eine »Emanation« der höchsten Intelligenz ist (vgl. Œuvres 4, 600ff., insbesondere 608), dann ergibt sich aus dieser Einsicht die Tugend der Liebe zu Gott. Die Erkenntnis der Abhängigkeit jedes einzelnen von einem Ganzen, namentlich einem gesellschaftlichen Ganzen, führt zur Überwindung des Egoismus, beziehungsweise zur Entwicklung einer altruistischen Einstellung. Auch die Tugend der Entschlossenheit, die innerhalb der provisorischen Moral angesichts von Entscheidungen unter undurchschaubaren Bedingungen gefordert worden war, spielt in Descartes' entwickelter Auffassung eine Rolle. Sie besteht in einer Einstellung, die sich aus dem höchsten jeweils erreichbaren Grad kritischer Einsicht in die entscheidenden Zusammenhänge der Situation ergibt (vgl. Œuvres 5, 83f.). Dementsprechend konnte Descartes die

Unentschlossenheit als Mangel an distinkten Begriffen charakterisieren (Œuvres 11, 460). Die Erkenntnis auf Grund sicherer und bestimmter Urteile über alle sich darbietenden Dinge ist auch das entscheidende Mittel zur Herstellung beziehungsweise zur Aufrechterhaltung des affektiven Gleichgewichts, das, wie Descartes feststellte, immer dann gefährdet ist, wenn man auf Grund willkürlicher, somit nicht hinreichend begründeter Meinungen handelt. Hat man alles Mögliche getan, um eine Entscheidungssituation zu durchschauen, und ist man gewillt, das als gut Beurteilte zu verwirklichen, so darf man überzeugt sein, seine Pflicht erfüllt zu haben (Œuvres 11, 460).

Die Regel des Konformismus, die die provisorische Moral geprägt hatte, taucht unter den Regeln der entwickelten Cartesianischen Moral nicht mehr auf. Dies ist folgerichtig, da die Anpassung an die Meinungen anderer nicht empfohlen werden kann, wenn die eigene Einsicht zum Kriterium des moralischen Urteils gemacht wird. Ungeachtet aller die entwickelte von der provisorischen Moral trennenden Differenzen bleibt der intellektualistische Grundzug stets erhalten, wie sich darin äußert, daß Descartes im ›Discours de la méthode‹ ebenso wie in der Korrespondenz der Jahre ab 1645 stets besonderen Nachdruck auf die Forderung legte, den Intellekt so weit als möglich zu entwickeln.

Descartes' Schrift über die Affekte (›Les passions de l'âme‹) umspannt den Bereich von der Physik über die Psychologie, die als Psychophysik ein Teilgebiet der Physik im weiten Wortsinn ist, bis zur Moral. Sie ist somit einem der drei Äste des Baums der Wissenschaften gewidmet, von dem Descartes in der Vorrede zu den ›Prinzipien der Philosophie‹ sprach (s. o.), einschließlich der Früchte, die dieser Ast zu tragen bestimmt ist. Die Physik erweist sich als Grundlage der Moral, sofern diese auf der Psychologie beruht und die Psychologie eine Anwendung der allgemeinen physikalischen beziehungsweise naturphilosophischen Prinzipien darstellt. So wie die Moral im Hinblick auf den Begründungszusammenhang durch die Psychologie und die Physik bedingt ist, so ist sie unter dem Gesichtspunkt der praktischen Zielsetzung der Zweck, auf den die Psychologie der Affekte gerichtet ist, sofern diese die Verwirklichung der Tugend ermöglicht. In der Schrift über die Affekte zeigt sich so ein Verhältnis von Theorie und Praxis, das für die Cartesianische Philosophie im allgemeinen typisch ist.

15. Die Weisheit als Ziel der philosophisch-wissenschaftlichen Bemühungen

Descartes hatte, wie deutlich geworden sein dürfte, einen sehr weiten Begriff von Philosophie, sofern nicht nur die Metaphysik (als Erste Philosophie), die Erkenntnistheorie und die Methodologie zur Philosophie gerechnet werden, sondern, neben der Naturphilosophie (beziehungsweise der Physik), auch Psychologie, Mechanik und Anatomie. Da er aber auch die von den genannten speziellen Wissenschaften abhängigen praktischen Disziplinen, nämlich Moral, Technik und Medizin, unter den Begriff der Philosophie subsumierte, ist klar, daß er die Philosophie nicht auf den – und sei es auch noch so weit gespannten – theoretischen Bereich einschränken wollte. Zur Philosophie im umfassenden Sinne gehört vielmehr auch die Grundlegung einer rationalen Praxis, weshalb Descartes die Philosophie überhaupt mit der Weisheit identifizieren und als das vollkommene Wissen aller Dinge bestimmen konnte, die der Mensch zum Zweck der Lebensführung, der Erhaltung der Gesundheit und der Beherrschung der Naturkräfte mit den Mitteln der Technik erkennen kann (Œuvres 9/2, 2).

Die Bestimmung der Philosophie als »Weisheit« ist nicht erst Ergebnis der Entwicklung von Descartes' Denken auf seinem Höhepunkt, sondern schon für dessen Anfänge kennzeichnend. Bereits in den ›Regeln zur Leitung des Geistes‹ hatte Descartes die fundamentale Einheit aller Wissenschaften betont und die Meinung geäußert, daß es leichter sei, die Wissenschaften in ihrer Gesamtheit zu ergreifen, als eine einzige Wissenschaft isoliert zu erlernen. Entscheidend ist gar nicht das einzelwissenschaftliche Wissen als solches, sondern die Einsichtsfähigkeit im allgemeinen, das »natürliche Licht«, das nicht so sehr dazu dienen soll, diese oder jene spezielle Schwierigkeit aufzulösen, als vielmehr in konkreten Lebenslagen dem Willen zu zeigen, welche Wahl er zu treffen hat.

Die Einheit der Wissenschaften beruht nach Descartes auf der Einheit der Vernunft, und da die Weisheit als Einheit des theoretischen und praktischen Wissens von der Einheit der Wissenschaften abhängt, ist der Grund der universellen Weisheit (universalis sapientia), die Descartes vorschwebte und die er in seiner Reifezeit mindestens in den Grundzügen erreicht zu haben meinte, die Vernunfteinheit als Einheit der intuitiv erkennenden wie der werterfassenden Vernunft.

Der Cartesianische Intellektualismus, dessen klarster Ausdruck die Idee der »sagesse« ist, bildete die Grundlage einer optimistischen Einstellung, die der Entwicklung der Philosophie wie der Wissenschaften im höchsten Grade förderlich war, wie die rasche Entwicklung Cartesianischer Ansätze im Bereich der Philosophie, der Mathematik und der Naturphilosophie beziehungsweise Naturwissenschaft zeigte, wobei vor allem die Physik vielfach andere Wege als Descartes ging, jedoch noch im Widerspruch häufig ihre Abhängigkeit von den Cartesianischen Anstößen verriet.

Unbegrenzt war aber der von Descartes erhobene radikale Rationalisierungsanspruch keineswegs. In bezug auf das Verhältnis der Vernunft zur Offenbarungsreligion erlegte er sich bewußt Zurückhaltung auf. Immer wieder betonte er, daß er den Bereich des religiösen Glaubens respektiere. So wollte er weder den methodischen Zweifel auf Sätze der Religion angewendet wissen, noch sollte ein Widerspruch zwischen seinen philosophischen Lehren und religiösen Dogmen zugelassen werden, noch sollten Forderungen der Moral mit Forderungen der religiösen Ehtik konkurrieren. Ungeachtet dieser prinzipiellen Begrenzung des rationalistischen Anspruchs, ungeachtet der Gläubigkeit Descartes', an der (trotz den Argumenten von Leroy und Caton) nicht leicht gezweifelt werden kann, ungeachtet auch der Bemühungen des Philosophen, die Übereinstimmung seiner Lehren mit dem Dogma zu erweisen, ist der Cartesianische Rationalismus und Intellektualismus der Tendenz nach universell, da die Weisheit ihrem Wesen nach nur *eine* sein kann. Wegen der Einheit der Vernunft darf es keine doppelte Wahrheit geben, so wie es wegen der Universalität der Weisheit keinen Bereich des Fürwahrhaltens geben kann, der von ihr unabhängig wäre. Bei Descartes hat sich die in Richtung auf die universelle Weisheit gehende Tendenz noch nicht völlig durchgesetzt; aber sie prägte seine Philosophie so nachhaltig, daß sie von seinen Nachfolgern nicht übersehen werden konnte. Sie wirkte weiter und kennzeichnete das rationalistische Denken vor allem des 18. Jahrhunderts immer deutlicher. In dem Ideal der universellen Vernünftigkeit wirkte Descartes' Denken nachhaltiger fort als in irgendwelchen speziellen Lehren, von denen keine in der Folgezeit von Widerspruch verschont geblieben ist.

Literaturverzeichnis

Schriften Descartes'

Œuvres de Descartes. Hrsg. von Ch. Adam und P. Tannery. 12 Bde. (hiervon Bd. 1–5: Correspondance). Paris 1897–1910. Neuausgabe Paris 1964–1974. Nach dieser Ausgabe wird zitiert.

Œuvres philosophiques. Hrsg. von F. Alquié. 3 Bde., Paris 1963–1973

Regulae ad directionem ingenii. In: Œuvres 10. Deutsch: Regeln zur Ausrichtung der Erkenntniskraft. Übers. von L. Gäbe. Hamburg 1972

Discours de la méthode. In: Œuvres 6. Deutsch: Von der Methode des richtigen Vernunftgebrauchs und der wissenschaftlichen Forschung. Übers. von A. Buchenau und L. Gäbe. Hamburg 1978

Meditationes de prima philosophia. In: Œuvres 7; französische Fassung in: Œuvres 9/1. Deutsch: Meditationen über die Grundlagen der Philosophie mit den sämtlichen Einwänden und Erwiderungen. Übers. von A. Buchenau. Hamburg 1915, Neudruck 1972

Principia philosophiae. In: Œuvres 8; französische Fassung in: Œuvres IX/2. Deutsch: Prinzipien der Philosophie. Übersetzt von A. Buchenau. Hamburg 1965

Recherche de la vérité. In: Œuvres 10.

Les passions de l'âme. In: Œuvres 11. Deutsch: Über die Leidenschaften der Seele. Übersetzt von A. Buchenau. Leipzig ^{3}1911

Sekundärliteratur

Alquié, Ferdinand: La découverte métaphysique de l'homme chez Descartes. Paris 1950

Armogathe, Jean-Robert: Theologia Cartesiana. L'explication physique de l'eucharistie chez Descartes et dom Desgabets. Den Haag 1977

Beck, Leslie J.: The method of Descartes. Oxford 1952, ^{2}1967

Ders.: The metaphysics of Descartes. Oxford 1965

Caton, Hiram: The origin of subjectivity. An essay on Descartes. New Haven 1973

Gäbe, Lüder: Descartes' Selbstkritik. Untersuchungen zur Philosophie des jungen Descartes. Hamburg 1972

Gilson, Etienne: Descartes, Discours de la méthode. Texte et commentaire. Paris 1925

Ders.: Etudes sur le rôle de la pensée médiévale dans la formation du système cartésien. Paris 1930

Gouhier, Henri: Essais sur Descartes. Paris 1937

Ders.: La pensée métaphysique de Descartes. Paris 1962

Gueroult, Martial: Descartes selon l'ordre des raisons. 2 Bde. Paris 1953
Hamelin, Octave: Le système de Descartes. Paris 1921
Husserl, Edmund: Cartesianische Meditationen und Pariser Vorträge. Den Haag 1960 (Husserliana I)
Kemp Smith, Norman: New studies in the philosophy of Descartes. London 1952
Kenny, Anthony: Descartes. A study of his philosophy. New York 1968
Leroy, Maxime: Descartes, le philosophe au masque. 2 Bde. Paris 1929
Marion, Jean-Luc: Sur l'ontologie grise de Descartes. Paris 1975
Ders.: Sur la théologie blanche de Descartes. Paris 1981
Marshall jr., David J.: Prinzipien der Descartes-Exegese. Freiburg, München 1979
Milhaud, Gaston: Descartes savant. Paris 1921
Röd, Wolfgang: Descartes. München ^{2}1982
Ders.: Descartes' Erste Philosophie. Bonn 1971
Rodis-Lewis, Geneviève: L'œuvre de Descartes. Paris 1971
Scholz, Heinrich: Die Philosophie im Zeitalter der Mathesis universalis. Descartes, Pascal, Leibniz (Vorlesung 1933–1934). Hrsg. von der mathematischen Fachschaft der Universität Münster
Schmidt, Gerhard: Aufklärung und Metaphysik. Die Neubegründung des Wissens bei Descartes. Tübingen 1965
Serrus, Charles: La méthode de Descartes et son application à la métaphysique. Paris 1933
Vuillemin, Jules: Mathématique et métaphysique chez Descartes. Paris 1960

Bibliographie und Indizes

Sebba, Gregor: Bibliographia Cartesiana 1800–1960. Den Haag 1964 (Archives internationales d'histoire des idées)
Armogathe, Jean Robert und Jean-Luc Marion: Index des Regulae ad directionem ingenii de René Descartes. Rom 1976 (Lessico intellettuale europeo, 10)
Cahné, Pierre-Alain: Index du Discours de la méthode. Rom 1977 (Lessico intellettuale europeo, 12)

Baruch de Spinoza

von Wolfgang Röd

1. Einleitung

Baruch de Spinoza wurde 1632 in Amsterdam geboren. Er entstammte einer jüdischen Familie, die sich dem in ihrem Herkunftsland Spanien herrschenden weltanschaulich-religiösen Druck durch die Emigration in die relativ freiheitlichen Niederlande entzogen hatte. Der junge Spinoza sollte, wie sein Vater, Kaufmann werden. Schon während seiner Ausbildung an der jüdischen Schule in Amsterdam zeigte sich jedoch seine Eignung zum Studium. Allerdings machte sich auch bald sein Hang zu intellektueller Selbständigkeit bemerkbar, der ihn an traditionellen theologischen Lehren zweifeln ließ und schließlich in einen unüberwindbaren Konflikt mit der Synagoge führte. Um die durch die traditionell-religiöse Ausbildung gezogenen Schranken zu durchbrechen, erlernte Spinoza die lateinische Sprache, deren Kenntnis die notwendige Bedingung des Zugangs zur zeitgenössischen Philosophie und Wissenschaft war. Sein Lateinlehrer war ein freier Geist, der die kritische Einstellung des jungen Mannes sicherlich noch verstärkt hat.

Nach dem endgültigen Bruch mit der jüdischen Gemeinde zog sich Spinoza zu einer Gruppe von christlichen Sektierern, den Kollegianten von Rijnsburg bei Leiden, zurück (1661), die das Ideal einer auf geistig-religiöser Gemeinsamkeit beruhenden Gemeinschaft zu realisieren suchten. Das zurückgezogene Leben in Rijnsburg füllte ihn jedoch nicht aus. 1663 übersiedelte er nach Voorburg bei Den Haag (heute ein Teil von Den Haag) und 1670 nach Den Haag selbst. Das Motiv der Übersiedlung dürfte der Wunsch gewesen sein, Kontakt zu politischen Kreisen zu finden. Tatsächlich unterstützte Spinoza zusammen mit einer Reihe anderer Theoretiker die liberale Politik des Ratspensionärs Jan de Witt, der damals das Schicksal der Niederlande maßgeblich bestimmte, dabei aber auf den Widerstand der konservativen Kräfte stieß, die die Rückkehr des Hauses Oranien an die Macht forderten und unter dem weltanschaulichen Einfluß der kalvinischen Prädikanten standen. Als Jan de Witt 1672 der Opposition zum Opfer fiel, verlor Spinoza seinen politischen Rückhalt. Seine Beurteilung der Möglichkeit einer rational determinierten Politik wurde deutlich skeptischer, wie sein letztes Werk, der Fragment gebliebene ›Politische Traktat‹, erkennen läßt. 1677 starb der Philosoph, ohne daß er sein Hauptwerk, die ›Ethik‹, veröffentlicht hätte. Es erschien jedoch noch im Jahre seines Todes, zusammen mit dem ›Traktat über die Verbesserung des Intellekts‹, dem ›Politischen Traktat‹ und dem philosophischen Briefwechsel.

Der ›Traktat über die Verbesserung des Intellekts‹ (De intellectus emendatione tractatus) dürfte zu Beginn der sechziger Jahre entstanden sein. Obwohl Fragment, ist er für das Verständnis der Spinozanischen Philosophie von größter Bedeutung, da er erkennen läßt, wie Spinoza zu jenen Definitionen und Grundsätzen gelangt ist, die er den Ableitungen in seinem Hauptwerk, der ›Ethik‹, zugrundelegte. Die ›Ethik‹ (Ethica ordine geometrico demonstrata) steht im Mittelpunkt von Spinozas Philosophieren – nicht nur der Bedeutung nach, sondern auch in genetischer Hinsicht. Seit der ›Kurzen Abhandlung von Gott, dem Menschen und dessen Glückseligkeit‹ (Korte Verhandeling van God, de mensch en deszelfs welstand, erst im 19. Jahrhundert aufgefunden), die als die Ur-Ethik bezeichnet werden kann, hat Spinoza unermüdlich an der Begründung und systematischen Verbindung seiner zentralen metaphysischen und ethischen Gedanken gearbeitet, die in seinem Hauptwerk enthalten sind. Die in den soeben genannten Werken entwickelten, eigentlich philosophischen Gedanken wurden bemerkenswerterweise zu Spinozas Lebzeiten nicht publiziert. Als erstes Buch veröffentlichte der Philosoph eine Darstellung der Cartesianischen Philosophie, nämlich ›René Descartes' Prinzipien der Philosophie nach geometrischer Art bewiesen‹ (1663, zusammen mit den ›Cogitata metaphysica‹). Erst 1670 erschien das zweite Werk, zu dessen Publikation er sich entschloß, nämlich der ›Theologisch-politische Traktat‹ (Tractatus theologico-politicus, anonym).

Wie man sieht, hat Spinoza kein umfangreiches Œuvre hinterlassen. Die Wirkung seiner Ideen war nichtsdestoweniger groß. Nicht nur entfachte der ›Theologisch-politische Traktat‹, dessen Verfasser bald identifiziert wurde, eine heftige Diskussion; auch die Gedanken der ›Ethik‹, die als Manuskript in Spinozas Freundeskreis kursierte, begannen noch vor Spinozas Tod auszustrahlen. So hörte z. B. der junge Leibniz von dem unveröffentlichten Werke und versuchte, Einblick in dasselbe zu erhalten, was ihm allerdings nicht gelang, da der Verfasser seine Zustimmung verweigerte. Wie groß der Einfluß der Spinozanischen Philosophie im ausgehenden 17. und im 18. Jahrhundert wirklich war, ist nicht leicht zu sagen, da der Philosoph des Pantheismus beziehungsweise des pantheistisch getarnten Atheismus bezichtigt wurde und damit weltanschaulich geächtet war. Sein Name wurde in der Folgezeit daher vornehmlich in polemischer Absicht genannt, bis gegen Ende des 18. Jahrhunderts Lessing den Bann brach und Spinozas Denken zu neuer Wirkung verhalf, namentlich in der Philosophie des Deutschen Idealismus.

2. Spinozas Auseinandersetzung mit Descartes

In seiner Darstellung von Descartes' ›Prinzipien der Philosophie‹ nach »geometrischer« Methode hat Spinoza wie Descartes den Satz, daß das Ich als denkende Substanz existiert, als einen der ersten Lehrsätze abgeleitet. Die Art, in der er es tat, unterscheidet sich aber deutlich von der Beweisart, deren sich Descartes bediente. Spinoza stützte sich nämlich bei der Ableitung des Satzes »Ich bin« auf zwei Voraussetzungen: auf den Satz, daß *an sich* bekannt sein muß, was nicht auf Grund der Erkenntnis eines anderen Dinges erkannt wird, und den (nach Spinoza evidenten) Satz, daß wir von nichts unbedingte Gewißheit haben können, wenn wir nicht unserer eigenen Existenz gewiß sind. Aus diesen Voraussetzungen folgt, daß der Satz »Ich bin« unmittelbar als wahr erkannt sein muß. Wäre seine Erkenntnis nämlich von einem anderen Satz abhängig, dann müßte dessen Erkenntnis der Erkenntnis des Satzes »Ich bin« vorhergehen, was im Widerspruch zu den angedeuteten Voraussetzungen steht.

Obwohl sich hier insofern ein deutlicher Unterschied gegenüber Descartes zeigt, als Spinoza die von Descartes im Bereich der Philosophie geringgeschätzte axiomatische Methode anwandte, folgt er in den ›Principia philosophiae Cartesianae‹ doch weitgehend Descartes' Gedankengang, wie es angesichts des Charakters dieses Werkes ganz natürlich ist. Allerdings darf nicht verschwiegen werden, daß Spinoza selbst nicht immun gegenüber Bedenken gegen die von ihm bevorzugte Methode war. So räumt er ein, daß bei durchgängiger Anwendung der mathematischen Methode die Darstellung so weitläufig hätte sein müssen, daß das Verständnis eher erschwert als erleichtert worden wäre. Dazu kommt, daß das erste von Spinoza formulierte Theorem überhaupt nicht abgeleitet wird, wie es von einem Theorem zu erwarten wäre. Es wird nämlich als evidenter Satz ohne Begründung eingeführt. Ferner finden sich unter den Definitionen Sätze, die nicht den Charakter von Definitionen, sondern von Axiomen haben. Und schließlich verwendet Spinoza eine Reihe von undefinierten Begriffen – namentlich »Ich« –, während doch seinen methodischen Grundsätzen zufolge alle fundamentalen Begriffe mit Hilfe expliziter Definitionen einzuführen sind.

An einem wichtigen Punkt zeigt sich die beginnende Distanzierung gegenüber Descartes besonders deutlich: Descartes bedurfte, um seine Gottesbeweise führen zu können, eines objektiven Wahrheitskriteriums. Vor der Demonstration der Existenz Gottes und dem Beweis, daß Gott als absolut vollkommenes Wesen den Menschen nicht in unentrinnbare Irrtümer geraten lassen könne, verfügte Descartes aber nur über das subjektive Kriterium der Urteilsnötigung, das nicht ausreicht, um die objektive Gültigkeit irgendwelcher Urteile – also auch der Urteile, auf denen die Gottesbeweise beruhen – zu gewährleisten. Diese Schwierigkeit, die unter dem Namen des Cartesianischen Zirkels bekannt ist, sah Spinoza und er fand ihren Grund in der Annahme, daß wir keine objektiv gültige Erkenntnis haben könnten, solange wir Gott nicht adäquat erkannt hätten. Seiner Ansicht nach muß man daher diese Annahme fallen lassen. Sie ist überflüssig, da z. B. mathematische Wahrheiten auch dann über jeden Zweifel erhaben sind, wenn wir nicht wissen, ob Gott existiert und welche Eigenschaften er hat. Um die Wahrheit von Urteilen behaupten zu können, die auf Grund distinkter Begriffe gefällt werden, bedürfen wir mit anderen Worten keines außerhalb der Begriffe liegenden Wahrheitskriteriums. Wahre Ideen erweisen sich vielmehr unmittelbar als wahr beziehungsweise ihre Wahrheit ist nach der ›Ethik‹ ihr eigenes Kriterium und damit zugleich das Kriterium des Falschen (Opera 2, 124); sie offenbart sich selbst und bedarf keines äußeren Kennzeichens, wie Spinoza im ›Traktat über die Verbesserung des Intellekts‹ sagt (Opera 2, 15 ff.), auf dessen Gedanken er sich in der Einleitung der ›Principia philosophiae Cartesianae‹ stillschweigend bezogen haben dürfte. Im Sinne seiner Wahrheitskonzeption konnte Spinoza in seiner Darstellung der Cartesianischen ›Prinzipien der Philosophie‹ den Satz, daß alle in klaren und distinkten Begriffen enthaltenen Beziehungen objektiv gültig seien, als Definition einführen. Die Darstellung der Cartesianischen Gottesbeweise ist nunmehr zirkelfrei möglich.

Die Differenz gegenüber der Cartesianischen Philosophie, die schon in deren Darstellung durch Spinoza sichtbar wird, läßt erkennen, daß sich Spinoza Denken schon früh in eine Richtung entwickelte, die von derjenigen Descartes' verschieden war. So stark Spinozas auch von Descartes beeinflußt war, so war er doch ein viel zu selbständiger Denker, als daß er jemals bloß Cartesianer hätte sein können.

3. Spinozas Methode

Die »geometrische« Ordnung (ordo geometricus), die Spinoza bei der Darstellung nicht nur der Prinzipien Descartes', sondern auch seiner eigenen Philosophie zur Geltung brachte, ist für sein Denken zwar charakteristisch, konstituiert jedoch nicht eigentlich die Methode seiner Philosophie. »Nach geometrischer Methode« zu verfahren, wurde im 17. Jahrhundert bekanntlich Mode. Descartes hatte gelegentlich angedeutet, wie seine Metaphysik der Form nach an Euklids Elemente der Geometrie angeglichen werden könne. Hobbes hat im ›Kurzen Traktat über erste Prinzipien‹ die »geometrische« Darstellungsweise gewählt, Leibniz bediente sich ihrer sogar in einer Abhandlung politischen Charakters. Vor allem aber denkt man, wenn von der geometrischen Methode die Rede ist, an Spinoza, der sie in seinem Hauptwerk auf weite Strecken anwandte.

Die Faszination, die die »geometrische« Darstellungsweise ausübte, hängt offenbar mit der rationalistischen Überzeugung zusammen, daß es oberste evidente Prinzipien der Philosophie gebe, aus denen sich alle übrigen philosophischen Sätze deduzieren ließen. Im Grenzfall wurde sogar der Anspruch erhoben, sämtliche philosophischen Theoreme ausgehend von einem einzigen Axiom deduzieren zu können. Die Vorliebe für die »geometrische Ordnung« erklärt sich also mindestens zum großen Teil aus der Wirksamkeit des Ideals einer apriorischen Erkenntnis, das das Denken der rationalistischen Philosophen, und mit besonderer Deutlichkeit das Denken Spinozas, beherrschte.

Wenn man sich aber unabhängig von der Form der Darstellung über den Charakter der Spinozanischen Methode Klarheit verschaffen will, muß man davon ausgehen, daß die »geometrische Ordnung« gar nicht eigentlich eine Methode ist, namentlich nicht die Methode, mit deren Hilfe Spinoza die Grundsätze und Begriffe entwickelt hat, aus denen er nachträglich seine Theoreme deduzierte. Das geht klar aus den methodologischen Äußerungen im ›Traktat über die Verbesserung des Intellekts‹ hervor, wo es ausdrücklich heißt: »Die Methode ist die reflexive Erkenntnis selbst.« (Opera 2, 15f.) Um die Philosophie grundzulegen, ist es hiernach wesentlich zu erkennen, was eine wahre Idee ist. Es kommt daher darauf an, die klaren und distinkten Ideen aufzufinden, die aus dem reinen Denken hervorgehen und als solche nicht von zufälligen Prozessen im Körper (namentlich im Großhirn) abhängen. Jede Idee ist nach Spinoza etwas, das für sich einsichtig ist, das heißt etwas an sich Intelligibles. Deshalb kann, wie Spinoza überzeugt war, die Gewißheit nichts anderes als die objektive Wesenheit der Idee sein, das heißt die Art, in der wir die formale Wesenheit erfassen. Um uns der Wahrheit zu vergewissern, bedürfen wir keines besonderen Kriteriums, sondern es genügt, die wahre Idee zu haben. (Als konsequenter Rationalist hat Spinoza »Idee«, das heißt Begriff, immer scharf von »anschaulicher Vorstellung« unterschieden. Dies darf man keinen Augenblick außer acht lassen.)

Da nach Spinoza die Erkenntnis keines Wahrheitskriteriums bedarf, es vielmehr genügt, wahre Ideen zu haben und auf deren Form zu reflektieren, kann die Methode nicht in Anweisungen bestehen, die auf die Gewinnung von Erkenntnissen hinauslaufen. Sie hat vielmehr die Aufgabe, in der Reflexion auf wahre Ideen oder mindestens auf eine wahre Idee eine Idee der Idee, einen Begriff des Begriffs (idea ideae), zu bilden. Die Methode besteht, um es in aller Kürze zu sagen, nicht darin, Wege zur Wahrheit zu weisen, sondern darin, sich der Wahrheit, die wir in impliziter Weise immer schon kennen, zu vergewissern.

Von »Falschheit« sprechen wir nach Spinoza, wenn von einer Sache etwas behauptet wird, das nicht in ihrem Begriff enthalten ist. Dies ist eine auf den ersten Blick befremdliche Auffassung, denn sie hätte zur Folge, daß z. B. der Satz »Spinoza starb im Jahre 1677« falsch ist, da sein Prädikat nicht im Begriff »Spinoza« enthalten ist. Da dem Philosophen in diesem Punkt kein offenkundiger Nonsens unterstellt werden darf, muß nach einer Interpretation Ausschau gehalten werden, die nicht in eine Paradoxie mündet. Eine befriedigende Deutung bietet sich aber nur unter der Voraussetzung an, daß wir annehmen, »Begriff« bedeute im vorliegenden Kontext soviel wie »adäquater Begriff«, das heißt »Begriff, der alle Bestimmungen einer Sache enthält«. Hätten wir einen adäquaten Begriff von Spinoza, so würde auch die Bestimmung »starb 1677« zu ihm gehören. Alle wahren Sätze würden somit analytisch, wie es Leibniz ausdrücklich gelehrt hat.

Unter einer adäquaten Idee ist, wenn wir der ›Ethik‹ (Opera 2, 85) folgen, eine Idee zu verstehen, die, unabhängig von ihrer Beziehung auf ein Objekt betrachtet, alle Eigenschaften beziehungsweise inneren Bestimmungen einer wahren Idee aufweist. Diese Definition ist nicht nur deshalb wichtig, weil sie bestätigt, daß Spinoza mit dem Begriff der adäquaten Idee operiert hat, sondern auch deshalb, weil sie erkennen läßt, daß er es vermied, die Adäquatheit als Übereinstimmung von Idee und Ideat zu bestimmen. Spinoza wollte der Auffassung ausweichen, daß diese Relation eine Kausalrelation sei. Nach seiner Ansicht sind die Ideate nicht als Ursachen der Ideen anzusehen. Die Ideen sind vielmehr ausschließlich von Gott verursacht, so wie auch die Dinge, die Ideate unserer Ideen sind. Allerdings ist hier genau zu berücksichtigen, daß Gott nicht insofern als Ursache einer Idee gilt, als er absolut denkt, sondern sofern er durch eine bestimmte Idee affiziert denkt. Das heißt: Irgendeine Idee des endlichen Bewußtseins ist durch eine andere Idee des Bewußtseins bedingt usw., alle Ideen insgesamt beziehungsweise das Bewußtsein als solches aber sind Äußerungen Gottes oder der absoluten Substanz. In diesem Sinn erklärte Spinoza in der ›Ethik‹, der menschliche Geist sei »Teil« des unendlichen Intellektes Gottes (Opera 2, 88). Die Feststellung der Wahrheit als Übereinstimmung von Idee und Ideat hat Spinoza freilich nicht ausgeschlossen, aber sie ist nicht Ausgangspunkt, sondern Endpunkt einer Argumentation, die von der Adäquatheit von Ideen im oben angedeuteten Sinne ausgeht.

Durch Analyse der adäquaten Idee, auf die wir reflektieren, können wir erkennen, daß jede adäquate Idee auf Gott bezogen ist. Die Adäquatheit der Idee enthält implizit bereits den Bezug auf die aktual existierende Sache (als ihr Ideat), aber nicht direkt, sondern vermittelt durch die Ideen in Gott. Die Eine Idee, die von Gott gedacht wird und die Alles einschließt, ist die implizite Bedingung der Adäquatheit beziehungsweise der Evidenz von Ideen im allgemeinen. Nur sofern unser Denken im Grunde Denken Gottes ist, können unsere Ideen adäquat sein. Diese Überzeugung hatte Spinoza schon früh gewonnen, wie aus der ›Kurzen Abhandlung‹ hervorgeht, wo »Wissen« als »unmittelbare Vereinigung mit der Sache selbst« bestimmt worden war (Opera 1, 59). Auch die Auffassung, daß Gott selbst die Wahrheit sei, findet sich bereits in jenem frühesten Werk Spinozas (Opera 1, 63).

Das mit Hilfe der Methode verfolgte Ziel, nämlich die vernünftige Erkenntnis, wird erreicht, wenn eine Sache entweder aus ihrem eigenen Wesen oder aus ihrer nächsten Ursache erkannt wird. In beiden Fällen muß man sich auf eine Definition des Erkenntnisgegenstandes stützen, die nicht bloße Nominaldefinition, sondern Realdefinition ist, weil nur eine solche die der Sache eigene Wesensnotwendigkeit ausdrückt, während die Nominaldefinition auf abstrakten Allgemeinbegriffen beruht, die nach Spinoza entia rationis sind. Nominaldefinitionen sind in Spinozas Augen deswegen in philosophischer Hinsicht untauglich, weil sie nicht als Grundlage eines Begriffssystems dienen können, das die Verknüpfung der Dinge im Denken abbildet. Die Bedingungen, denen »gute« (Real-) Definitionen zu unterwerfen sind, sind verschieden, je nachdem ob es sich um Definitionen geschaffener oder um Definitionen ungeschaffener Dinge handelt. Im ersteren Fall muß es sich um genetische Definitionen handeln, bei denen die Art angegeben wird, in der etwas aus seiner nächsten Ursache entstanden ist (z. B. der Kreis durch die Bewegung eines Punktes mit konstantem Abstand von einem gegebenen Punkt). Im letzteren Fall muß die Definition die Sache ohne Beziehung auf anderes eindeutig bestimmen. Da es sich um die Definition von etwas Ungeschaffenem handeln soll, ist klar, daß die Definition nicht genetisch sein kann, da ja keine kausale Abhängigkeit ins Spiel gebracht werden darf. Außerdem muß die Definition bereits die Frage der Existenz des Definierten entscheiden. In diesem Sinne stellte Spinoza im ersten Teil der Ethik die Definition des Begriffs »causa sui« als »das, dessen Wesenheit die Existenz enthält beziehungsweise dessen Natur nicht anders denn als existent begriffen werden kann« an die Spitze der Voraussetzungen, auf denen das System beruhen soll (Opera 2, 45).

Schon im ›Traktat über die Verbesserung des Intellekts‹ wird als einzig geeigneter Ausgangspunkt des Systems die Idee einer Ursache aller Dinge genannt, die zugleich auch »Ursache« aller Ideen sein soll. So wie alle Dinge von der ersten Ursache abhängen, so hängen alle Ideen von der Idee jener Ursache ab. Man muß im vorliegenden Zusammenhang allerdings beachten, daß Spinoza die Begriffe »Ursache« und »(logischer) Grund« für austauschbar hielt. Wenn er die Idee einer ersten Ursache für die »Ursache« aller anderen Ideen erklärte, so meinte er offensichtlich, daß sie deren Grund sei. Spinoza war überzeugt, durch die Forderung der Ableitung aller Ideen von der Idee einer ersten Ursache eine begriffliche Ordnung festgelegt zu haben, die der Ordnung der Dinge – und zwar der »festen und unveränderlichen Dinge« – entspräche (Opera 2, 36). Dies wäre unverständlich, wenn er an Dinge im Alltagssinn gedacht hätte, von denen er selbst ausdrücklich erklärte, daß ihre Ordnung für uns nicht erkennbar sei. Die Einzeldinge als kontingente Seiende brauchen von der Philosophie nicht berücksichtigt zu werden, da sie kein selbständiges und unabhängiges Sein haben. Wenn die »festen und unveränderlichen Dinge« von den kontingenten Einzeldingen unterschieden werden, dann kann es sich bei ihnen nur um die »Naturen« oder »Wesenheiten« handeln, von denen die kontingenten Dinge abhängen (Opera 2, 36).

Die Forderung, von den kontingenten Dingen abzusehen und sich ausschließlich auf die »Naturen« und ihre notwendige Verknüpfung zu konzentrieren, das heißt die Wirklichkeit »sub specie aeternitatis« – unter dem Gesichtspunkt der Ewigkeit – zu betrachten, ist für Spinozas Philosophie entscheidend. Es geht nämlich in ihr niemals um irgendwelche bestimmten Dinge und deren Zusammenhänge, die nur mit empirischen Mitteln erkannt werden können, sondern es geht immer um den Wesenszusammenhang der Wirklichkeit, der in den kontingenten Dingen zum Ausdruck kommt. »In den festen und ewigen Dingen sind die Gesetze der Ordnung des Geschehens des Einzelnen enthalten«. (Opera 2, 37) Um den Zusammenhang der »festen und ewigen Dinge« zu erfassen, ist es nötig, das erste dieser »Dinge« zu erkennen. Grundlage ist hierbei die Erkenntnis der Form der Wahrheit beziehungsweise des Verstandes und seiner Vermögen. Von dieser Grundlage aus, die wir in der Reflexion erreichen, sind wir in der Lage, zur Erkenntnis der »festen und ewigen Dinge« aufzusteigen.

4. Die Grundlegung der Erkenntnis

Die Reflexion (cognitio reflexiva), von der Spinoza spricht, erweist sich als Analyse der Erfahrung. Hierbei wird davon ausgegangen, daß jede Idee eine Idee von etwas ist, also einen Gegenstand hat, der gewußt wird. Gleichzeitig mit dem Gegenstand wissen wir aber, daß wir etwas wissen. Wir haben mit anderen Worten nicht nur eine Idee des Gegenstands, sondern auch eine Idee der Idee, und diese ist die Form der (gegenständlichen) Idee. Da (nach Opera 2, 109) unter »Form der Idee« ein Bewußtseinsmodus unter Absehung von der Beziehung der Idee auf ein Objekt zu verstehen ist, wird in der Reflexion auf die Idee der Idee die Idee als Bewußtseinsinhalt unabhängig von dem Anspruch betrachtet, in der Idee ein Objekt erfaßt zu haben.

Die Isolation der »Form der Idee« kann aber nicht definitiv sein, sondern das isoliert betrachtete Moment der Erfahrung, das hier als »Form der Idee« bezeichnet wird, muß zu den anderen Erfahrungsmomenten, nämlich zum Objekt der Idee, in Beziehung gesetzt und diese Beziehung im Sinne der Repräsentation bestimmt werden. Erst durch den Zusammenhang von Idee, Gegenstand und Repräsentationsbeziehung wird die Erfahrung vollständig charakterisiert.

Der gedachte Gegenstand kann nun, wenn er den Charakter der Notwendigkeit hat (wie es bei evident eingesehenen Sachverhalten beziehungsweise bei den »festen und ewigen Dingen« der Fall ist), nicht als Erzeugnis des endlichen vorstellenden Subjekts gelten (wie es bei den Inhalten der Imagination möglich ist), sondern ihm muß ein vom Subjekt unabhängiges Sein zuerkannt werden. Daher kann auch die in der Erkenntnis vorhandene Beziehung zwischen dem notwendigen Inhalt der Idee und der Idee als Form des Bewußtseins nicht vom Subjekt konstituiert sein, sondern muß auf einen vom endlichen Subjekt verschiedenen Grund bezogen werden. Dieser Grund muß Grund sowohl des Denkens als auch des Seins der Objekte sein. Der letzte Grund unserer Ideen, der zugleich die letzte Ursache der Dinge ist, heißt bei Spinoza »Gott«. Im Sinne dieser Auffassung konnte Spinoza sagen: »Eine jede Idee eines aktuell existierenden körperlichen Dinges beziehungsweise einer singulären Sache involviert notwendig die ewige Idee und unendliche Wesenheit Gottes.« (Opera 2, 127)

Sofern die Grundlegung der Philosophie in Form der Erfahrungsanalyse erfolgt, ist die „Tatsache", daß es Erfahrung beziehungsweise Erkenntnis beziehungsweise eine wahre Idee gibt, immer schon vorausgesetzt. Spinoza weist somit der Philosophie nicht die Aufgabe zu, zur Wahrheit hinzuführen, sondern die Bedingungen zu explizieren, unter denen allein Wahrheit beziehungsweise systematische wissenschaftliche Erkenntnis möglich ist. Die entscheidende Bedingung, auf die wir nach Spinoza bei der Analyse der Erfahrung stoßen, ist das Moment der Ordnung. Der Weg, den die Philosophie einzuschlagen hat, führt zur Ordnung der Ideen, die der Ordnung der objektiven Wesenheiten entspricht. Diese Ordnung wird bei Spinoza – anders als bei Kant – nicht als Leistung des Subjekts und seiner erkenntniskonstitutiven Akte aufgefaßt, sondern als objektiv bestehend. Die Ordnung, die als Bedingung der Möglichkeit begründeter Erkenntnis gilt, ist die Ordnung der Wirklichkeit selbst. Spinoza glaubte nur unter der Voraussetzung, daß »die Idee sich in ›objektiver‹ Weise so verhält, wie sich ihr Ideat realiter verhält« (Opera 2, 16), sagen zu können, daß eine Wesensordnung der Wirklichkeit besteht, der die Ordnung der Ideen korrespondiert. Unzusammenhängende Ideen ergeben keine Erkenntnis. Der Zusammenhang beziehungsweise die Ordnung der Ideen muß aber auf den Zusammenhang beziehungsweise die Ordnung der Wirklichkeit selbst bezogen werden. Daher ist diese Ordnung Bedingung der Möglichkeit rationaler Erkenntnis. Die Ordnung der Ideen wie die der Gegenstände beruht aber letzten Endes auf jener Idee, »die den Ursprung und die Quelle der ganzen Natur bildet« (Opera 2, 17), das heißt auf der Idee Gottes oder des Absoluten. Diese Idee ist somit das erste Prinzip einer vollkommenen, auf adäquaten Ideen beruhenden Wissenschaft, die die Wesensverhältnisse der Wirklichkeit abbildet, und zu dieser Idee gelangt man durch Analyse der Erfahrung.

Die vollkommene Wissenschaft steht nach Spinoza der Erfahrungswissenschaft gegenüber, die daher als unvollkommen zu gelten hat. Sie entspricht teils dem, was Spinoza »rationale Erkenntnis« genannt hat, teils dem, was bei ihm »intuitives Wissen durch die Vernunft (intellectus)« heißt, während die Erfahrungserkenntnis, auf der die Erfahrungswissenschaft beruht, als untergeordnete Erkenntnisweise erscheint. (Zur Unterscheidung der Erkenntnisarten vgl. Opera 2, 122). Den Mangel der empirischen Erkenntnis erblickte Spinoza in ihrer Unfähigkeit, Wesenszusammenhänge zu erfassen. Wenn wir z. B. erkennen, daß alle Menschen sterblich sind, so wissen wir dies auf Grund induktiver Verallgemeinerung ausgehend von der Tatsache, daß bisher kein Mensch über ein bestimmtes Alter hinaus gelebt hat. Wir können diese Erkenntnis aber weder aus einer allgemeinen Wesensgesetzlichkeit ableiten, wie es bei der rationalen Erkenntnis geschieht, noch auf eine unmittelbare Wesenseinsicht stützen wie bei der intuitiven Erkenntnis. Eine rationale Erkenntnis liegt z. B. vor, wenn wir erkennen, daß alle materiellen Dinge teilbar sind. Wir erkennen dies, sofern wir das Wesen der materiellen Dinge in der Ausdehnung erblicken und von der Ausdehnung einsehen, daß zu ihr die Teilbarkeit gehört.

Worin aber besteht die intuitive Erkenntnis? Spinoza hat den Charakter der scientia intuitiva anhand eines mathematischen Beispiels zu verdeutlichen gesucht: Wenn wir eine Proportion $a : b = c : x$ vor uns haben, dann ist es möglich, x zu berechnen. Sind aber die Zahlen a, b, c hinreichend klein, so bedarf es keiner Berechnung in Form einer Folge von Argumentationsschritten, sondern wir erkennen den Wert von x mit einem Blick, also intuitiv. Da die Fähigkeit zu dieser Art intuitiver Erkenntnis von der Intelligenz und der Übung des Rechnenden abhängt, wird die Grenze zwischen intuitiver und rationaler Erkenntnis beziehungsweise zwischen Vernunft und Verstand fließend, da für den einen noch intuitiv erkennbar ist, was ein anderer nur diskursiv berechnen kann. Macht man sich aber von dem wenig glücklichen mathematischen Beispiel frei, so wird man bemerken, daß Spinoza das Wissen Gottes und seiner Wesensattribute als »intuitiv« kennzeichnen wollte. Die Idee der absolut unendlichen Substanz oder Gottes muß nämlich unabhängig von anderen Ideen gebildet sein. Wenn daher nicht angenommen würde, daß wir diese Idee in direkter Weise, und nicht auf Grund einer rationalen Begründung mittels irgendwelcher Prinzipien, erfassen, dann würde dies heißen, daß wir sie überhaupt nicht erfassen können. Die Gotteserkenntnis kann daher, wenn sie überhaupt möglich sein soll, nur intuitiv sein. Und Analoges gilt für die Erkenntnis von »Ausdehnung« und »Bewußtsein«. Spinoza hat somit nicht nur das Ideal einer intuitiven Erkenntnis konzipiert, ohne klar angeben zu können, worin diese Erkenntnisart bestehe, sondern die Annahme dieser Art der Erkenntnis ist für seine Philosophie wesentlich.

Wie zu Beginn dieses Abschnittes angedeutet wurde, ist der Weg zum intuitiven Wissen derjenige der Reflexion auf die wahre Idee, die vorausgesetzt werden muß, damit das philosophische Denken überhaupt einsetzen kann. Tatsächlich aber wird das intiutive Wissen des Absoluten in der cognitio reflexiva nicht etwa erzeugt, sondern lediglich expliziert. Es verhält sich unter Spinozas Voraussetzungen nicht so, daß wir das intuitive Wissen entweder erreichen können oder auch nicht; sondern sofern wir überhaupt etwas wissen, verfügen wir immer schon über das intuitive Wissen des Absoluten, wenn auch nur in impliziter Weise. Die wahre Idee, ohne die philosophisches Denken gar nicht möglich wäre, ist nicht irgendeine beliebige Idee, sondern die schlechthin wahre Idee des Absoluten. Spinozas Überzeugung läßt sich demnach dahingehend zusammenfassen, daß man sagt: Wir könnten nicht nach Wahrheit suchen, wenn wir die Wahrheit nicht schon in gewisser Weise hätten beziehungsweise wenn wir nicht immer schon in der Wahrheit wären. Die Philosophie hat nur die Aufgabe, deutlich zu machen, was wir undeutlich immer schon wissen: daß das Absolute als Grund aller Wirklichkeit und aller Wahrheit existiert und daß wir durch das Absolute und im Absoluten sind. Das Absolute (wie hier kurz für »absolut unendliche Substanz« gesagt wird) läßt sich selbstverständlich nicht in derselben Weise erkennen, in der wir beliebige endliche Objekte und Beziehungen von Objekten erkennen, weil es uns nicht wie ein endliches Objekt gegenübersteht. Wir können es nur erkennen, sofern wir zugleich erkennen, daß wir von ihm im Grund nicht verschieden sind, daß also wir, als Erkennende, in gewisser Weise zugleich das Erkannte sind. Eine solche Erkenntnis ist von der rationalen Erkenntnis dadurch unterschieden, daß sie Teilhabe des Erkennenden am Erkannten ist, wie Spinoza schon im ›Kurzen Traktat‹ sagte, oder daß sie liebende Vereinigung des Erkennenden mit dem Erkannten, »amor Dei intellectualis«, ist, wie Spinoza in der ›Ethik‹ formulierte (Opera 2, 300).

Stellt man die kritische Frage nach der Berechtigung der Annahme intuitiven Wissens, so wird bei der Antwort davon auszugehen sein, daß Spinoza eine Voraussetzung machte, die alles andere als selbstverständlich ist: Die Annahme nämlich, daß es vollkommene, das heißt definitive und damit prinzipiell unkorrigierbare Wirklichkeitserkenntnis aus reiner Vernunft, somit grundsätzlich unabhängig von Beobachtungen, gebe. Um die Möglichkeit einer solchen apriorischen Wirklichkeitserkenntnis behaupten zu können, forderte er die Übereinstimmung von Denk- und Wirklichkeitsordnung; und diese Forderung konnte er wiederum nur aufrechterhalten, indem er sie auf die Annahme eines gemeinsamen Grundes der beiden Ordnungen stützte. Da er diese fundamentale Annahme jedoch nicht als eine Annahme zum Zweck der Stützung seiner Erkenntniskonzeption anzuerkennen bereit war, mußte er sie als eine letzte Erkenntnis interpretieren, die als solche nicht aus anderen Erkenntnissen erfließen sollte, das heißt als intuitives Wissen.

5. Die Grundlagen der Metaphysik

Im ersten Teil der ›Ethik‹, in dem die Fundamente der Metaphysik nach axiomatischer Methode gelegt werden, geht Spinoza von einer Reihe von Definitionen aus, unter denen – nach der bereits erwähnten Definition von »causa sui« – die Definitionen von »Substanz«, »Attribut« und »Modus« eine besondere Rolle spielen. Unter »Substanz« versteht Spinoza etwas, das aus sich existiert und durch sich begriffen wird; »Attribut« bedeutet eine Bestimmung, die der Intellekt als etwas das Wesen der Substanz Konstituerendes begreift; und »Modus« soll eine »Affektion« der Substanz, das heißt einen Zustand derselben hinsichtlich eines ihrer Attribute bezeichnen. Die Attribute sind Wesensbestimmungen der Substanz (wie »Ausdehnung« und »Bewußtsein«, die Spinoza ursprünglich wie Descartes als Substanzen aufgefaßt hatte). Modi sind nähere Bestimmungen von Attributen, in bezug auf die der Grundsatz »Omnis determinatio est negatio« gilt. So ist z. B. ein beliebiges Dreieck ein Modus des Attributes der Ausdehnung, sofern es als durch einschränkende Bestimmungen der Ausdehnung als solcher entstanden anzusehen ist. Anders ausgedrückt: Das Attribut der Ausdehnung im allgemeinen wird durch einschränkende Determination zur bestimmten Ausdehnungsgestalt z. B. eines Dreiecks. Analog besondert sich das Attribut »Bewußtsein« zu bestimmten Bewußtseinsphänomenen, etwa zu einer bestimmten Vorstellung.

Mit dem Prinzip »Omnis determinatio est negatio« hängt auch die Definition von »endlich« zusammen, derzufolge ein Ding endlich ist, wenn es durch ein anderes Ding derselben Art begrenzt werden kann. Hieraus folgt unmittelbar, daß alles das endlich ist, was Gleichartiges neben sich hat oder mindestens haben kann. So sind Körper endlich, da es eine Mehrheit körperlicher Dinge gibt; ebenso sind Bewußtseinsphänomene endlich, sofern es eine Mehrzahl von Bewußtseinsphänomenen gibt, denn wo eine Mehrheit gleichartiger Seiender ist, da gibt es Begrenzung, also Endlichkeit. Weil die Begrenzung von etwas immer nur durch etwas diesem Gleichartiges erfolgen kann, ist es ausgeschlossen, daß ein materielles Ding von einer Idee oder eine Idee von einem materiellen Ding begrenzt wird.

Die Definition von »Gott« erfolgt mit Hilfe einiger der angeführten Definitionen. »Gott« bedeutet nämlich nach Spinoza »Substanz mit unendlich vielen Attributen, deren jedes die ewige und unendliche Wesenheit ausdrückt« oder kurz »absolut unendliches Wesen«. Schließlich werden noch die Begriffe »frei« als »nur auf Grund der Notwendigkeit des eigenen Wesens bestehend beziehungsweise wirkend« und korrelativ hierzu »unfrei« eingeführt. Unter den Axiomen sind diejenigen, die die Kausalbeziehung betreffen, besonders wichtig. Die Axiome sind im ersten Teil der ›Ethik‹ allgemeine Sätze, die ontologische Voraussetzungen ausdrücken. Sie betreffen die Form der Wirklichkeit im allgemeinen.

Im Anhang des ›Kurzen Traktats‹ findet sich eine erste Skizze des axiomatischen Systemaufbaus, wobei es noch keine Definitionen, sondern nur Axiome gibt, die jene Begriffe enthalten, auf die sich die Definitionen am Beginn der ›Ethik‹ beziehen. So besagt Axiom I, daß die Substanz früher sei als die Modifikationen; Axiom II, daß verschiedene Dinge entweder real oder modal verschieden sind; Axiom III, daß real verschiedene Dinge entweder verschiedene Attribute haben oder verschiedenen Attributen zugeordnet werden; Axiom IV, daß Dinge, die im Sinne von Axiom III verschieden sind, nichts miteinander gemein haben; Axiom V, daß nichts Ursache eines Dinges sein kann, das mit diesem nichts gemeinsam hat, das heißt mit diesem nicht in einem Attribut übereinstimmt. Axiom VI stellt fest, daß etwas, das unverursacht ist, sich nicht selbst beschränken kann. Schließlich wird in Axiom VII erklärt, daß dasjenige, durch welches die Dinge erhalten werden, seiner Natur nach das Erste in der Ordnung der Dinge sein muß. Einige dieser Sätze werden in der ›Ethik‹ als Theoreme abgeleitet, was namentlich in bezug auf Axiom VI des ›Kurzen Traktats‹ durchaus gerechtfertigt erscheint. Ähnlich wird Axiom I in der ›Ethik‹ zu einem Theorem.

Der erste metaphysisch fundamentale Satz der ›Ethik‹ ist die Proposition 7 des ersten Teils, die besagt, daß zur Natur der Substanz die Existenz gehört. Das heißt, daß jede Substanz – angenommen, es gibt eine Mehrzahl von Substanzen – existieren muß. Der Beweis stützt sich auf die vorangegangenen Propositionen 5 und 6; er verläuft im wesentlichen so: (1) Es kann nicht zwei oder mehr Substanzen desselben Attributs geben, da sich Substanzen nur durch ihre Attribute unterscheiden, modale Unterschiede also keine Mehrheit von Substanzen konstituieren können. (2) Substanzen können einander nicht verursachen, da nur dann ein Kausalzusammenhang angenommen werden darf, wenn Ursache und Wirkung mindestens in einem

Attribut übereinstimmen. Aus (1) und (2) folgt, daß jede Substanz unverursacht, das heißt Ursache ihrer selbst, sein muß. Das heißt aber nach der Definition von »causa sui«, daß zu ihrer Wesenheit die Existenz gehört.

Spinoza kam es nicht darauf an, von Substanzen im allgemeinen zu argumentieren, daß die Existenz ein Merkmal ihrer Wesenheit sei, sondern er wollte beweisen, daß Gott, das heißt (nach der Definition Gottes) die Substanz mit unendlich vielen Attributen, notwendig existent ist (Opera 2, 52). Um von dem Satz über Substanzen im allgemeinen zu dem zuletzt angeführten Satz über die absolut unendliche Substanz zu gelangen, ist es nötig zu zeigen, daß es *höchstens* und *mindestens* eine Substanz gibt. Um einzusehen, daß es nicht mehr als eine Substanz geben kann, muß man sich mit Spinoza vergegenwärtigen, daß eine Substanz niemals endlich ist, da sie nicht von etwas derselben Art beschränkt sein kann; darüber hinaus muß man die Voraussetzung akzeptieren, daß eine unendliche Substanz unendlich viele Attribute hat; denn: »Je mehr Realität oder Sein ein jegliches Ding hat, um so mehr Attribute kommen ihm zu.« (Opera 2, 51) Ist der Begriff einer absolut unendlichen Substanz einmal gebildet, dann läßt sich leicht zeigen, daß es nicht mehr als eine Substanz geben kann. Denn da das Wesen einer absolut unendlichen Substanz aus unendlich vielen Attributen besteht, könnte eine von ihr verschiedene Substanz, wenn es sie gäbe, nur entweder dieselben Attribute haben – und dann wäre sie keine von der ersten verschiedene Substanz – oder die Menge ihrer Attribute wäre eine Teilmenge der Attribute, die das Wesen der absolut unendlichen Substanz konstituieren. Dann aber müßte das Wesen der angenommenen Substanz, die von der absolut unendlichen verschieden sein soll, durch den Begriff der letzteren bestimmt werden, was mit der Definition der Substanz unvereinbar ist. Die Annahme einer von der absolut unendlichen verschiedenen Substanz ist daher unhaltbar, das heißt es kann keine Mehrheit von Substanzen geben.

Spinoza mußte aber auch zu zeigen versuchen, daß es *mindestens* eine Substanz gibt. Da die Prämissen, auf die er sich stützt, nur Definitionen und allgemeine ontologische Prinzipien sind, kann die Ableitung eines Existentialsatzes nur gelingen, wenn im Verlauf der Ableitung eine Existenzannahme eingeführt wird. Genau das tut Spinoza, wenn er erklärt, entweder existiere nichts oder das absolut unendliche Wesen existiere notwendig. »Nun sind wir aber entweder seinsunabhängig oder wir existieren auf Grund eines Anderen, das notwendig existiert; also existiert das absolut unendliche Wesen, das ist Gott, notwendig.« (Opera 2, 53) Der Beweis beruht also auf der Voraussetzung, daß wir selbst existieren, und ohne diesen aposteriorischen Satz kann er nicht geführt werden. (Auf eine andere Möglichkeit, zu Aussagen über die Existenz der Substanz zu gelangen, sei hier nur hingewiesen. Sie ergibt sich für Spinoza unter der Voraussetzung, daß jede Wesenheit durch eine Aktualisierungstendenz bestimmt ist, die um so stärker ist, je vollkommener die Wesenheit ist, so daß sie im Falle einer absolut unendlichen Wesenheit unendlich stark sein muß, das heißt zur Aktualisierung dieser Wesenheit führt.)

Wenn Gottes Begriff ausschließt, daß außer Gott irgendeine Substanz existieren oder begriffen werden kann, dann folgt, daß alles, was ist, in Gott sein muß, und ohne Gott nichts sein oder begriffen werden kann (denn die Modi können definitionsgemäß unabhängig von der Substanz weder sein noch begriffen werden). Die Auffassung, daß es eine von Gott verschiedene und von Gott geschaffene Welt materieller Dinge, also eine ausgedehnte Substanz unabhängig von Gott, gebe, ist zurückzuweisen, und zwar nicht nur, weil sie auf einer anthropomorphen Gottesvorstellung beruht, sondern weil sie gegen die Sätze verstößt, daß eine Substanz nicht von einer anderen hervorgebracht werden kann und daß außerhalb Gottes keine Substanz existieren kann. Da es aber eine materielle Wirklichkeit gibt, kann sie nur so gedacht werden, daß die Materialität, das heißt unter Spinozas Voraussetzungen: die Ausdehnung, als Attribut Gottes aufgefaßt wird.

Offensichtlich ist Spinozas Gott nicht der Gott der christlichen Religion. Dies wird womöglich noch deutlicher, wenn Spinozas Antwort auf die Frage nach der Freiheit Gottes berücksichtigt wird. Da »Freiheit« für Spinoza »notwendige Selbstdetermination« bedeutet (Opera 2, 46), folgt, daß Gott nicht anders als frei sein kann, da es nichts gibt, von dem er im Sinne der Fremddetermination bestimmt werden könnte. Gleichzeitig wird aber ausgeschlossen, daß Gott frei im Sinne der Wahlfreiheit sein könnte. Wird Gott die Freiheit im letzteren Sinne zugeschrieben, so wird der Gottesbegriff zerstört, da Gott nur eine beschränkte Wahlfreiheit zuerkannt werden dürfte. Wenn nämlich Wahlfreiheit nur angenommen werden kann, wo Möglichkeiten bestehen, zwischen denen zu wählen ist, dann kann Gott unter der Voraussetzung seiner Wahlfreiheit zwar beliebige der angenommenen Möglichkeiten realisieren – aber er kann eines nicht: *alle* Möglichkeiten realisieren. Denn dann blieben keine unrealisierten Möglichkeiten mehr übrig, und er hörte auf, die Freiheit der Wahl zu haben. Wenn aber die Vertreter der von Spinoza abgewiesenen Auffassung gezwungen sind, die Freiheit, die sie Gott zuschreiben, zugleich zu beschränken, sprechen sie Gott die Unendlichkeit ab und zerstören damit den Gottesbegriff. Spinoza hat der kritisierten Auffassung dadurch das Fundament entzogen, daß er das Bestehen von Seinsmöglichkeiten überhaupt leugnete: Was möglich ist, ist auch wirklich, und nur was wirklich ist, ist möglich. Mögliche Welten, wie sie von Leibniz angenommen wurden, gibt es unter Spinozas Voraussetzungen nicht.

Wenn Gott nicht willkürfrei handelt, dann muß, was von Gott abhängt, mit Notwendigkeit aus ihm hervorgehen, wie es Prop. 16 des ersten Teils der ›Ethik‹ feststellt, die besagt, daß aus der Notwendigkeit der göttlichen Natur Unendliches auf unendlich viele Weisen folge (Opera 2, 60). Spinoza orientiert sich bei der Bestimmung des Verhältnisses von Gott und den von Gott abhängigen Seienden am Verhältnis von Definition und Folgebestimmungen. Die Beziehungen zwischen Gott und den von Gott abhängigen Seienden sind demgemäß sowohl logische als auch Kausalbeziehungen, wie es in der Wendung »ratio sive causa« zum Ausdruck kommt.

Besonders scharf hat Spinoza die Annahme bekämpft, daß die Natur teleologisch zu begreifen sei beziehungsweise daß Gott alles nach Zwecken lenke. Diese anthropomorphe Vorstellung, die auf der Projektion von Handlungsstrukturen auf die Natur beruht und bei der Imaginationen mit Begriffen verwechselt werden, suchte Spinoza dadurch zu kritisieren, daß er ihre Genese rekonstruierte. Da die Menschen im Hinblick auf Ziele handeln, die sie für nützlich halten, interessieren sie sich primär für die Zwecke der Dinge, und weil vieles als Mittel der Befriedigung menschlicher Triebe dienen kann, ohne vom Menschen hervorgebracht zu sein, meint man, eine übermenschliche Macht habe diese Dinge zum Wohle des Menschen geschaffen. Diese Macht wird als Ursache auch der schädlichen Vorgänge gedeutet, die den Menschen treffen, indem man z. B. annimmt, sie zürne ihm und wolle ihn strafen. Diese Annahme ist aber schwer aufrechtzuerhalten, da die nachteiligen Ereignisse die Frommen ebenso treffen wie die Unfrommen, die Guten ebenso wie die Bösen. Deshalb bedient man sich des Auswegs, anzunehmen, daß Gottes Ratschluß dem Menschen auf ewig verborgen sei. Gegen die Annahme einer dem Menschen prinzipiell unzugänglichen Wahrheit wehrte sich aber der Rationalist Spinoza mit allen Mitteln.

6. Geist und Materie

Auf der Grundlage von Spinozas Metaphysik findet das Problem des Verhältnisses von Geist und Materie, mit dem Descartes und die Cartesianer vergeblich gerungen hatten, eine Lösung, der innerhalb der Versuche, das psychophysische Problem zu bewältigen, besondere Bedeutung zukommt. Oberste Voraussetzung von Spinozas Lösungsvorschlag ist die Annahme, daß Geist und Materie, Bewußtsein und körperliche Ausdehnung Attribute der absolut unendlichen und somit einzigen Substanz sind, und folglich beide deren Wesen ausdrücken. Was wir »Körper« nennen und somit auch, was wir als unseren eigenen Körper bezeichnen, ist nur Modus der Substanz unter dem Attribut der Ausdehnung beziehungsweise der Materialität. Analog ist »Idee« ein Modus, der Gottes Wesen unter dem Attribut des Bewußtseins ausdrückt. Weder der Mensch als körperliches Wesen noch der Mensch als bewußtes Subjekt können somit als »Substanz« gelten. (Vgl. die ersten Propositionen des zweiten Teils der ›Ethik‹.) Was wir »Ich« nennen, ist also nicht etwas Substantielles, namentlich keine substantielle Geistseele, sondern ein Zusammenhang von Modi des Attributs »Bewußtsein«, das heißt von Ideen. Jede Idee hat aber einen Inhalt, der unmittelbarer Gegenstand des Bewußtseins ist. Das nächste Objekt unserer Ideen ist nun nach Spinoza der Körper, so daß gesagt werden kann, das Sein des menschlichen Geistes sei durch die Idee eines existierenden besonderen Dinges, nämlich des Körpers, konstituiert (Opera 2, 94–96). Der Körper ist aber ein Modus der Substanz, oder genauer: er ist ein Komplex solcher Modi unter dem Attribut der Ausdehnung, so wie das Subjekt ein Komplex von Modi der Substanz unter dem Attribut des Bewußtseins ist. Da die einen wie die anderen Modi aus dem Wesen der Substanz folgen, ist die Ordnung, nach der sie zusammenhängen, notwendig dieselbe: »Die Ordnung und der Zusammenhang der Ideen ist identisch mit der Ordnung und dem Zusammenhang der Dinge.« (Opera 2, 89)

Der im Bereich der Ideen bestehende Zusammenhang von

Gründen und Folgen entspricht dem in der Natur vorhandenen Zusammenhang der Ursachen und Wirkungen. Jedem Dinge der Natur entspricht eine Idee und umgekehrt (wobei nochmals daran erinnert sei, daß »Idee« hier nicht mit »Vorstellung der Einbildungskraft« verwechselt werden darf). Der Grund dieser Entsprechung ist die Abhängigkeit aller Modi von der Substanz beziehungsweise von Gott: »Zum Beispiel ist ein in der Natur vorhandener Kreis und die Vorstellung des vorhandenen Kreises, welche auch in Gott ist, ein und dasselbe Ding, welches durch verschiedene Attribute ausgedrückt wird. Wir mögen demnach die Natur unter dem Attribut der Ausdehnung oder unter dem Attribut des Bewußtseins ... begreifen, so werden wir ein und dieselbe Ordnung oder ein und dieselbe Verknüpfung von Ursachen, das heißt dieselben Dinge aufeinander folgend, finden.« (Opera 2, 90)

Ebenso verhält es sich im Hinblick auf den Zusammenhang von Ideen und körperlichen Zuständen. Auch hier konstatiert Spinoza einen durchgängigen Parallelismus, wobei dem mechanischen Zusammenhang der Vorgänge auf der Seite des Körpers auf der Seite des Geistes ein assoziativer Zusammenhang von Vorstellungen entsprechen soll. Spinoza brauchte also keinen Kausalzusammenhang zwischen physischen Vorgängen, namentlich nervösen Prozessen, und psychischen Phänomenen anzunehmen, um die Tatsache zu erklären, daß Vorgängen im Organismus psychische Vorgänge entsprechen. Der von ihm vorausgesetzte durchgängige Parallelismus beruht seiner Ansicht nach darauf, daß beide Arten von Vorgängen im Grunde, das heißt im Hinblick auf die Substanz, deren Modi sie sind, gar nicht verschieden sein können.

Daß das menschliche Bewußtsein an bestimmte Vorgänge des menschlichen Körpers gebunden ist, muß wohl als eine empirische Prämisse der Theorie Spinozas angesehen werden. Auch Spinoza nahm an, daß das Auftreten bestimmter Bewußtseinsphänomene mit Reizen zusammenhängt, die den Organismus beeinflussen; er glaubte aber, diesen Zusammenhang nicht kausal interpretieren zu können, weil sich dann jene Schwierigkeiten ergeben, die die (Cartesianische) Wechselwirkungstheorie belasten. (Spinoza hätte allerdings einen psychophysischen Kausalzusammenhang aus prinzipiellen Gründen nicht annehmen können, da er von dem Grundsatz ausging, daß Vorgänge nur dann im Verhältnis von Ursache und Wirkung stehen, wenn sie in einem Attribut übereinstimmen. Physische Prozesse und psychische Vorgänge sind aber Modifikationen verschiedener Attribute.)

Spinozas psychophysischer Identismus kommt klar zum Ausdruck, wenn es in der ›Ethik‹ (Opera 2, 109) heißt, »daß die Idee des Körpers und der Körper, das heißt ... der Geist und der Körper ein und dasselbe Individuum sind, welches bald unter dem Attribut des Bewußtseins, bald unter dem der Ausdehnung begriffen« wird. Spinoza folgert: »Deshalb ist die Idee des Geistes und der Geist selbst ein und dasselbe Ding, welches durch ein und dasselbe Attribut, nämlich das des Bewußtseins, begriffen wird.« Die Idee des Geistes beziehungsweise die Idee der Idee ist ja nichts anderes als die Form der Idee, sofern diese unabhängig von ihrer Beziehung aufs Objekt betrachtet wird. Das wird dahingehend zu verstehen sein, daß »Idee des Geistes« das Bewußtsein bedeutet, das jeder Idee als Form eigen ist. In der reflexiven Erkenntnis wird also nicht ein für sich bestehendes geistiges Wesen (sozusagen ein »Gespenst in der Maschine«) erfaßt, sondern die Bewußtheit als solche.

7. Die Affekte

Da der menschliche Körper mechanischen Gesetzen unterworfen ist, durch die er auch zu Körpern seiner Umgebung in Beziehung steht, und da der menschliche Geist durch die Idee des Körpers konstituiert sein soll, ist klar, daß der Mensch als psychophysische Einheit ein Teil der Natur und nicht etwa gleichsam ein »Staat im Staate« der gesetzlich determinierten Wirklichkeit sein kann. Deshalb muß auch die Psychologie der Affekte als eine Art Naturwissenschaft verstanden werden, das heißt sie muß prinzipiell wertfrei sein. Es kommt nicht darauf an, Affekte als positiv oder negativ zu charakterisieren, sondern darauf, sie und ihren Zusammenhang zu begreifen.

Ausgangspunkt von Spinozas Überlegungen ist die Tatsache, daß der Mensch wie alle Wesen bestrebt ist, sich im Dasein zu erhalten und daß er im Unterschied von anderen Wesen ein Bewußtsein dieses Strebens hat. Der bewußt erlebte Selbsterhaltungstrieb ist der Grundaffekt der Begierde (cupiditas) (Opera 2, 148).

Das Vermögen unseres Körpers, Aktivität auszuüben, kann aber je nach seinem Verhältnis zur Umwelt und gemäß den Gesetzen der Physik größer oder kleiner sein. Wegen des Zusammenhangs von physischen Zuständen und Bewußtseinsphänomenen muß es nun zu jeder Vermehrung beziehungsweise Verminderung der physischen Aktivität eine Vermehrung beziehungsweise Verminderung der psychischen Aktivität geben, und da die Seele in dem Maße aktiv ist, als sie adäquate Ideen hat, das heißt Ideen, die ausschließlich ihrer Natur entspringen, und in dem Maß passiv, als ihre Ideen inadäquat sind, sofern sie nur zum Teil deren Ursache ist, geht mit der Abnahme psychophysischer Aktivität eine Zunahme verworrener Ideen Hand in Hand, mit ihrer Vermehrung eine Zunahme adäquater, logisch kohärenter Ideen, die auf erfahrungsunabhängiger Einsicht, letzten Endes Einsicht in das Wesen Gottes, beruhen. (Vgl. die ersten Propositionen des dritten Teils der ›Ethik‹.) Jedesmal wenn ein Übergang von einem Zustand geringerer zu einem Zustand größerer geistiger Aktivität erfolgt, erleben wir Freude; im entgegengesetzten Falle erleben wir Trauer. Begierde, Freude und Trauer erweisen sich somit als die ursprünglichen Affekte, alle anderen Affekte sind abgeleitet. Dies gilt schon für Lust und Schmerz, die nach Spinoza ihre Ursache darin haben, daß Freude und Trauer nicht auf den Geist allein, sondern auf Körper und Geist bezogen werden. Werden Freude und Trauer auf äußere Ursachen bezogen, ergeben sich die Affekte der Liebe und des Hasses.

Im dritten Teil der ›Ethik‹ hat Spinoza eine Reihe komplexer Affekte analysiert und auf die Grundaffekte zurückzuführen gesucht. Dies ist hier nicht im einzelnen zu verfolgen. Zusammenfassend ist festzustellen, daß nach Spinoza alle Affekte, die den Charakter von Leidenschaften (passiones) haben, als Erleiden unlogischer Vorstellungen aufzufassen sind, die sich dem Geist gegen seinen Willen aufdrängen. Die Affektabhängigkeit des Geistes wird daher nur dadurch überwunden werden können, daß an die Stelle des unlogischen ein logischer Gedankenzusammenhang tritt, das heißt daß das rein assoziative Denken durch ein Denken ersetzt wird, in dem die Ideen nach der Beziehung von Grund und Folge verknüpft sind. Die Überwindung der Knechtschaft, als die sich Spinoza die Abhängigkeit von den Leidenschaften darstellt, erfolgt durch die Erhebung zum vernünftigen Denken.

Spinozas Moralphilosophie beruht auf der Affektenlehre und namentlich auf seiner Theorie der Motivation, derzufolge wir zu verwirklichen trachten, was Freude verspricht, und zu vermeiden, wovon wir annehmen, daß es Trauer mit sich bringt, und zwar nicht nur uns, sondern auch anderen. Freude entspringt aber nicht nur der Betrachtung äußerer Wirkungen, sondern auch der Reflexion auf den eigenen Geist und sein Vermögen, aktiv zu sein. Dementsprechend verlangt der Geist nach Ideen, die sein Vermögen verstärken, das heißt nach adäquaten Ideen.

Im Zusammenhang der Affektenlehre nimmt Spinoza eine Klärung der Bedeutung des Prädikats »gut« vor. Seiner Ansicht nach ist »gut« als eine Abkürzung für »Eigenschaft, durch die ein Objekt Ziel des Strebens sein und Freude hervorrufen kann« aufzufassen. Diese Bedeutung von »gut« enthält offensichtlich keine moralische Komponente. In moralischer Bedeutung würde »gut« soviel wie »vollkommen« heißen, und »vollkommen« wäre zu erläutern als »so, wie ein Ding sein soll«. Von einem Sollen in bezug auf Dinge, die nicht Menschenwerk sind und daher nicht mit Mustern verglichen werden können, zu sprechen, ist aber verfehlt, da hierbei eine Naturzweckmäßigkeit vorausgesetzt wird, die es nicht geben kann: Gott beziehungsweise die Natur wirkt nicht nach Zwecken. Die Prädikate »gut« und »vollkommen« sowie deren Negationen bezeichnen somit nicht Eigenschaften der Dinge. Wie kann aber innerhalb eines Systems, in dem Begriffe wie »Zweckmäßigkeit«, »Sollen«, »Freiheit« keine Rolle spielen, überhaupt von »Moral« die Rede sein?

Nach Spinozas Überzeugung gibt es einen sinnvollen Gebrauch von »gut« als eines Terminus der Ethik, der nicht zur Annahme von Freiheit oder Zweckmäßigkeit in der Natur zwingt. Dieser Gebrauch liegt dann vor, wenn wir »gut« im Sinne von »tugendgemäß« verwenden und unter »Tugend« soviel wie »Kraft«, »Vermögen«, »Tätigkeit« verstehen. Ein Individuum ist demgemäß um so tugendhafter, je aktiver es ist, das heißt je mehr adäquate Ideen es bildet und je mehr es diesen Ideen gemäß handelt. »Untugend« bedeutet analog Inaktivität, das heißt Abhängigkeit von Ideen, die nicht dem eigenen Wesen des Menschen entspringen, sondern diesem von außerhalb aufgedrängt werden. Da alles, was die Aktivität eines Individuums erhöht, für dieses Individuum nützlich ist, kann »gut« auch als Synonym von »nützlich« verwendet werden. Wie wenig diese Auffassung aber mit dem landläufigen Utilitarismus zu tun hat, wird deutlich, wenn man sich vergegenwärtigt, daß »nützlich« unter Spinozas Voraussetzungen soviel bedeutet wie »der Selbsterhaltung des Individuums förderlich«, »der Wesenheit des Individuums angemessen« und letzten Endes soviel wie »der Manifestation der göttlichen Macht im und durch das Individuum dienlich«.

Auf Grund von Spinozas Konzeption der Tugend erscheint es als ausgeschlossen, daß ein endliches Wesen je vollkommen tugendhaft sein kann. Da die Macht eines endlichen Wesens niemals absolut ist, kann es auch niemals völlig von anderen Wesen unabhängig sein und verhält sich daher diesen gegenüber bis zu einem bestimmten Grad passiv, inaktiv. Sofern der Geist Passionen, Leidenschaften unterworfen ist, denkt er nicht rein rational, wie er es müßte, wenn er absolut tugendhaft sein wollte.

Vernünftig zu handeln, vernünftig zu leben, vernünftig sein Dasein zu erhalten, heißt tugendhaft zu handeln. Höchste Tugend ist die höchste Einsicht, das heißt die Einsicht des Wesens Gottes. Das Tugendideal kommt deutlich zum Ausdruck, wenn Spinoza erklärt: »Es ist ... im Leben vor allem nützlich, den Verstand oder die Vernunft, soviel wir können, zu vervollkommnen, und einzig hierin besteht des Menschen höchstes Glück oder die Glückseligkeit. Denn die Glückseligkeit ist nichts anderes, als die Zufriedenheit des Gemüts, die aus der intuitiven Erkenntnis Gottes entspringt; den Verstand vervollkommnen ist aber auch nichts anderes, als Gott und Gottes Attribute, sowie die Handlungen, die aus der Notwendigkeit seiner Natur folgen, verstehen. Demnach ist der letzte Zweck des von der Vernunft geleiteten Menschen, das heißt seine größte Begierde, durch die er alle anderen zu lenken bemüht ist, die, die ihn dazu treibt, sich und alle Dinge, die Objekt seiner Einsicht werden können, adäquat zu begreifen.« (Opera 2, 267)

Damit ist zugleich das Mittel genannt, das uns zur Überwindung der affektiven Abhängigkeit verhilft. Da eine Affektion aufhört, Leidenschaft zu sein, wenn wir uns eine klare und distinkte Idee von ihr bilden, kommt es darauf an, den Zusammenhang einsichtig zu machen, innerhalb dessen die Affekte entstehen. Je vollkommener wir diesen Zusammenhang erkennen, um so mehr erheben wir uns über ihn, das heißt desto weniger verhalten wir uns ihm gegenüber leidend. Da der Zusammenhang der Seienden in der – materiellen und psychischen – Natur eine Manifestation der absolut unendlichen Substanz ist, muß die Erkenntnis dieses Zusammenhangs als Gotteserkenntnis gelten, wie Spinoza auch ausdrücklich sagt: »Je mehr wir die Einzeldinge erkennen, um so mehr erkennen wir Gott.« (Opera 2, 296)

Tugend ist also im Grunde Erkenntnis Gottes, und die Gotteserkenntnis ist, wie gesagt, Liebe zu Gott. Die intuitive Erkenntnis Gottes schließt die Erkenntnis der Dinge ein, sofern deren Ideen in Gott sind. Als in Gott enthalten betrachten wir die Dinge unter dem Gesichtspunkt ihrer Ewigkeit (sub specie aeternitatis). Schließlich ergibt sich als Konsequenz der Gedanke der Alleinheit. Er besagt, daß alles, was ist, in Gott ist – namentlich auch unsere Seele –, daß unser Erkennen, sofern es die Dinge unter dem Gesichtspunkt der Ewigkeit betrifft, Erkennen der Dinge in Gott ist und daß unsere Liebe zu Gott nichts anderes als die Liebe ist, mit der Gott sich selbst liebt.

Im Lichte der soeben angedeuteten Gedanken verschwindet auch der letzte Rest des utilitaristischen Egoismus, der den ersten Grundsätzen der Spinozanischen Ethik anzuhaften schien. Die Macht, auf deren Steigerung die von uns »gut« genannten Handlungen gerichtet sind, ist nicht die Macht des Individuums als solchem, sondern die Macht der absoluten Substanz, die sich im Individuum manifestiert. »Gut« heißt letzten Endes das, was den Einzelnen deutlicher erkennen läßt, daß in seinem Streben nach Selbsterhaltung, in allen seinen Tätigkeiten, Gott wirksam ist, so wie in seinem Denken Gott denkt und in seiner Liebe zu Gott Gott sich selbst liebt. Ist dieser Standpunkt erst einmal erreicht, dann erweist es sich als unmöglich, die Ethik auf den Gedanken von Lohn und Strafe zu stützen. »Die Glückseligkeit ist nicht der Lohn der Tugend, sondern die Tugend selbst« (Opera 2, 307), wie Spinoza sagt. Die Tugend ist um ihrer selbst willen erstrebenswert, denn es gibt nichts, das »nützlicher« wäre als sie und dessentwegen die Tugend erstrebt werden könnte. Ebensowenig wie von Lohn und Strafe kann in der Ethik von Geboten und Verboten die Rede sein, das heißt, in Spinozas Ethik gibt es keine Imperative, kein Sollen, keine Pflicht. Die Sätze der Ethik sagen vielmehr nur aus, wonach der Mensch mit Notwendigkeit strebt (und nicht, wonach er streben soll). Die Ethik sucht darüber hinaus zu erklären, warum die Menschen oft so handeln, daß sie unfrei bleiben, daß sie von Trauer beherrscht werden, daß sie Furcht, Reue, Haß fühlen usw. Die menschliche Knechtschaft, als die sich bei Spinoza die Abhängigkeit von den Leidenschaften darstellt, hat ihren Grund in dem Mangel an Einsicht, dessen sukzessive Überwindung Aufgabe der Philosophie ist.

Hier wird zu fragen sein, ob mit der Forderung, die Unfreiheit so weit als möglich zu überwinden, nicht ein moralischer Imperativ zur Geltung gebracht wird. Obwohl es sich nicht um einen Imperativ handelt, der einzelne Handlungen betrifft, scheint es sich doch um einen Imperativ zu handeln, der eine bestimmte Einstellung positiv auszeichnet. Die sich aus dieser Einstellung ergebenden Handlungen werden ihrerseits positiv gewertet. Tatsächlich spricht Spinoza gelegentlich von einem »Muster (exemplar) der menschlichen Natur«, in bezug auf welches wir etwas »gut« nennen, wenn es uns diesem Muster annähert, und »schlecht«, wenn es uns von ihm entfernt oder die Annäherung verhindert (Opera 2, 208). Mit dieser Auffassung stimmt es überein, wenn Spinoza von »Vorschriften« beziehungsweise »Geboten der Vernunft« spricht. (Opera 2, 222) Allerdings wird angesichts solcher Wendungen zu berücksichtigen sein, daß nach Spinozas Feststellung im ›Theologisch-politischen Traktat‹ die Gebote Gottes, nach denen sich auch die Vernunft richtet, mit der notwendigen Struktur der Wirklichkeit identisch sind. (Opera 3, 83) Der Ausdruck »Gebot der Vernunft« erweist sich, so gesehen, als eine bloße façon de parler. Nichtsdestoweniger verlangt die Frage nach Beantwortung, warum es besser ist, frei als unfrei oder tätig als leidend zu sein beziehungsweise warum die Wahrheit besser als die Unwahrheit ist. Spinoza hätte eine solche Frage vermutlich gar nicht verstanden. Sein Denken war zu tief im Rationalismus des 17. Jahrhunderts verwurzelt, als daß er die Überordnung des sinnlichen Glücksempfindens über das Erkennen, in dem er das wahre Glück erblickte, beziehungsweise die Überordnung eines heteronomen über ein autonomes Handeln überhaupt ernsthaft hätte in Betracht ziehen können.

9. Die Grundlagen der politischen Philosophie

Spinoza hat seine politische Philosophie dreimal dargestellt: im ›Theologisch-politischen Traktat‹ von 1670, im vierten und fünften Teil der ›Ethik‹ und im fragmentarischen ›Politischen

Traktat‹. Die ausführlichste dieser Darstellungen ist die des ›Theologisch-politischen Traktats‹, der noch zu Spinozas Lebzeiten erschien und daher am unmittelbarsten wirkte. Spinoza hat in diesem Werk das philosophische Fundament der Staatsauffassung und der Religionspolitik Jan de Witts gelegt, deren Tendenz er seit jeher gebilligt hatte. Außerdem dürfte in den ›Theologisch-politischen Traktat‹ manches von einer apologetischen Schrift eingegangen sein, in der Spinoza die Gründe seines Bruches mit der Synagoge dargelegt hatte.

Im Traktat von 1670 lassen sich drei gedankliche Linien erkennen: Erstens geht es um eine Rechtfertigung des republikanischen Staatsideals mit den Mitteln der Naturrechtslehre, die ihrerseits in Spinozas Metaphysik wurzelt; zweitens sollte das Problem des Verhältnisses von Wissen und Offenbarungsglauben gelöst werden. Dies geschah durch den Nachweis, daß die rationale Erkenntnis und der Glaube an die biblische Offenbarung auf heterogenen Ebenen liegen und daher einander nicht widersprechen können. Die Sätze der Bibel sollen nicht philosophische oder wissenschaftliche Wahrheiten, sondern sittliche Postulate zum Ausdruck bringen. Drittens behandelt der Traktat Fragen der Religionspolitik, insbesondere die Frage der Religionsfreiheit. Nach Spinozas Ansicht muß der Staat die Freiheit der Religion aus privater Überzeugung unbedingt respektieren. Sofern aber die Religion als Institution mit einem festen Bestand von Dogmen und Vorschriften über kultische Handlungen auftritt, ist sie der Rechtsordnung des Staates unterworfen, dem auch die Kompetenz der Schriftinterpretation zukommen muß, wenn er die religiöse Einheit gewährleisten soll.

Spinozas Konzeption des Staates ist deutlich von der Hobbesschen Staatslehre abhängig. Wie Hobbes war auch Spinoza überzeugt, daß der Staat um der Sicherheit der Individuen beziehungsweise um ihrer Selbsterhaltung willen geschaffen wurde. Der vorstaatliche Zustand (»Naturzustand«) ist ein Zustand der Unsicherheit, da eine Entscheidungsinstanz fehlt, die darüber befindet, was als Recht und was als Unrecht zu gelten hat. In dieser Situation ist der Zusammenstoß der Interessen der Individuen unvermeidlich, das heißt die Existenz eines jeden ist grundsätzlich immer gefährdet, da der Interessenkonflikt mit allen zur Verfügung stehenden Mitteln ausgetragen wird.

Nun hält aber ein jeder die Sicherheit notwendig für gut, da ein jeder auf Grund seiner Natur danach strebt, sich im Dasein zu erhalten. Was aber jemand für gut hält, kann er nicht vernachlässigen, wie sich aus den Voraussetzungen von Spinozas Psychologie ergibt. Wenn sich daher die Überwindung des Naturzustandes beziehungsweise die Instituierung der staatlichen Autorität als vorteilhaft erweist, dann muß sie vernünftigerweise auch gewollt beziehungsweise realisiert werden. Die Konstitution des Staates erfolgt nach Spinoza ebenso wie nach Hobbes durch einen Vertrag, der von den Vertragspartnern mit der Absicht geschlossen wird, jedem Einzelnen die Sicherheit seines Daseins zu garantieren und darüber hinaus die Voraussetzungen dafür zu schaffen, daß alle gut leben können, das heißt die Möglichkeit haben, sich so weit zu entfalten, wie es die berechtigten Interessen der Mitmenschen erlauben. Entfallen die Vorteile, die sich die Vertragspartner vom Sozialkontrakt erwarteten, so ist dieser hinfällig. Der Maßstab, nach dem sich die Individuen richten, ist sowohl im vorstaatlichen wie im staatlichen Zustand der Nutzen, das heißt, es ist gerechtfertigt, zu tun, was der Selbsterhaltung dient und was die Macht des einzelnen steigert. Auch innerhalb des Staates gilt demnach unter Spinozas Voraussetzungen, daß Recht gleich Macht ist. Mit der Errichtung der staatlichen Rechtsordnung wird das natürliche Recht, das durch die Macht des Einzelnen definiert ist, zu tun, was er vermag, nicht hinfällig.

Die Macht, von der hier die Rede ist, ist nicht die brutale Gewalt, auch nicht nur das geistige Vermögen vernünftiger Erkenntnis, sondern das Vermögen des psychophysischen Wesens, seine Wesenskräfte zu entfalten. Das in diesem Sinne als Macht definierte Recht ist daher nicht auf den menschlichen Bereich beschränkt, sondern ein allgemeines »Recht« aller Wesen. Was ein Wesen, sei es vernünftig oder unvernünftig, seiner Natur folgend tut, das tut es mit vollstem Recht (Opera 3, 189f). So wie der Weise das Recht hat, nach den Gesetzen der Vernunft zu leben, so hat der Tor das Recht, seinen unvernünftigen Begierden zu folgen. Sofern das natürliche Recht durch die Macht definiert ist, muß es unabhängig von der Art und Weise sein, in der es zu verwirklichen gesucht wird; es kennt nur eine Schranke: das Unmögliche. Durch Vermittlung des Begriffs der Macht ist die Lehre vom Naturrecht mit der Metaphysik verbunden, da die Macht, von der in der Naturrechtslehre die Rede ist, unter metaphysischen Voraussetzungen als die Macht der Natur beziehungsweise die Macht Gottes (wobei »Gott« ein Synonym für »Natur« ist) erkannt wird, die sich in den endlichen Wesen manifestiert. Somit wird das natürliche

Recht in die universelle kausale Determination allen Geschehens aufgelöst, wie Spinoza ausdrücklich sagt: »Unter *Recht und Gesetz der Natur* verstehe ich nichts anderes als die Regeln der Natur bei jedem einzelnen Individuum, denen zufolge wir ein jedes naturgemäß bestimmt sehen, auf eine gewisse Weise zu existieren und zu wirken.« (Opera 3, 189) Was also ein Wesen auf Grund seiner Naturdetermination tut, tut es mit Recht.

Spinoza war ein Vertreter des Staatsabsolutismus. Seiner Ansicht nach ist der Staat insofern absolut, als das im Staat geltende Recht nicht auf den Staat angewendet werden kann. Das heißt aber nicht, daß die Staatsgewalt ohne Grenzen wäre; im Gegenteil: die Macht des Staates endet da, wo sie nichts mehr zu bewirken vermag, nämlich an der Grenze des weltanschaulichen Bereichs. Mit der Proklamation der Unabhängigkeit der Weltanschauung beziehungsweise der Religion vom Staate erweist sich Spinoza als Vorläufer des weltanschaulichen Liberalismus. So wie der Staat keine absolute Gewalt besitzt, so ist auch nicht alles, was der Inhaber der Staatsgewalt tut, notwendig Rechtens. Er kann ein Unrecht begehen, indem er etwas tut, was Ursache des Untergangs des Staates sein kann. In diesem Falle verletzt er nämlich das natürliche Recht der Selbsterhaltung.

So wie sich Spinozas Metaphysik in der Idee der vernünftigen Gottesliebe vollendet, so spielt auch in seiner Staats- und Rechtslehre die Liebe zu Gott eine entscheidende Rolle. Sie erscheint in diesem Zusammenhang als Inhalt des »natürlichen göttlichen Gesetzes«. Aus der Liebe zu Gott gehen nach Spinoza unmittelbar Gerechtigkeit und Nächstenliebe hervor. Das natürliche göttliche Gesetz hat aber an sich keine Rechtsverbindlichkeit, sondern erhält diese erst auf Grund der Konkretisierung und Positivierung im Rahmen der staatlichen Rechtsordnung. Der Souverän beziehungsweise der Staat haben die Funktion, die Realisation des natürlichen göttlichen Gesetzes zu ermöglichen. Infolgedessen müssen sie auch die Kompetenz seiner Interpretation besitzen. Offensichtlich wird der Souverän damit zur maßgeblichen Autorität auch im Bereich der Religion als Institution, die von ihm abhängig wird.

Da unter Spinozas Voraussetzungen von einem an sich geltenden Sollen nicht gesprochen werden kann, erhebt sich die Frage, welchen Charakter das natürliche göttliche Gesetz hat. Spinoza selbst hat betont, daß von »Gesetz« in doppelter Bedeutung gesprochen werden kann, einmal im Sinne eines Imperativs, zum anderen im Sinne einer Aussage über einen regelmäßigen Zusammenhang von Ereignissen (Opera 3, 57 ff.). Gesetze im letzteren Sinne sind z. B. die Stoßgesetze der Mechanik oder die Assoziationsgesetze der Psychologie; ein Gesetz im ersten Wortsinn liegt dagegen vor, wenn untersagt wird, in das Eigentum anderer gegen deren Willen einzugreifen. Die natürlichen göttlichen Gesetze sind nicht Vorschriften, sondern sie haben deskriptiven Charakter, sofern sie sich auf die Art und Weise beziehen, in der das natürliche Recht am besten verwirklicht werden kann. Es handelt sich mit anderen Worten um Aussagen über Zweck-Mittel-Zusammenhänge, die auch in die Form hypothetischer Imperative gekleidet werden können: Wenn jemand den Zweck A erreichen will, dann muß er auch das im Hinblick auf A notwendige Mittel B wollen. Wer den Zweck-Mittel-Zusammenhang vollkommen durchschaut, wird notwendig im Sinne des Zweckes, der ja nicht in sein Belieben gestellt ist, handeln, und es bedarf außer seiner Einsicht keiner anderen Motivation, um ihn zum richtigen Handeln zu veranlassen. Da aber »der wahre Zweck der Gesetze« nicht allen klar ist (Opera 3, 58), muß für die Uneinsichtigen eine sekundäre Motivation durch die Androhung von Sanktionen geschaffen werden. Je nachdem, ob jemand auf Grund seiner Einsicht in den »wahren Grund« der Gesetze oder auf Grund der Furcht vor Strafen beziehungsweise der Hoffnung auf Lohn handelt, ist er frei oder unfrei, vollkommen gerecht oder nicht. Die allein durch Strafandrohung erreichte Legalität steht weniger hoch als das Handeln infolge von Einsicht, weil nur dieses der Forderung nach Autonomie entspricht. Denn »wer jedem das Seine gibt, weil er den Galgen fürchtet, der handelt nach fremdem Befehl und unter dem Zwange eines drohenden Übels und kann nicht gerecht genannt werden« (Opera 3, 59). Ein analoges Verhältnis im moralischen Bereich konstatierte Spinoza am Ende der ›Ethik‹, indem er zwischen der Moral der Einsichtigen und der Moral der großen vernunftlosen Menge unterschied (Opera 2, 307).

Vergegenwärtigt man sich Spinozas Überzeugung, daß das Recht im wesentlichen auf vernünftiger Einsicht in das Wesen der Natur und namentlich der menschlichen Natur im Zusammenhang der gesellschaftlichen Lebensweise beruht und erst in zweiter Linie als Zwangsrecht auftritt, dann wird verständlich, daß Spinoza erklären konnte, daß das positive Recht und mit ihm der auf Übereinkunft beruhende Staat überflüssig würden, wenn sich alle Menschen rational verhielten. Nur weil die meisten nicht zur Erhebung auf das Niveau des rein rationalen Verhaltens fähig sind, müssen sie mit dem Mittel der Furcht von Gesetzesübertretungen abgeschreckt werden, denn die Masse übt Terror aus, wenn sie nicht in Furcht gehalten wird (Opera 2, 250; ähnlich im ›Tractatus politicus‹, Opera 3, 319).

Neben dem Begriff des zwangsrechtlichen Staats steht bei Spinoza das Ideal einer Gemeinschaft freier, das heißt vernünftig handelnder Menschen, deren Verbindung auf der gemeinsamen Erkenntnis Gottes und daher auf der Liebe zu Gott beruht. So wie die Menschen im allgemeinen nach dem streben, was sie für gut *halten*, so streben die Vernünftigen nach dem, was *in Wirklichkeit gut ist.* Die vernünftig Handelnden tun daher mit Notwendigkeit, was mit der menschlichen Natur übereinstimmt und somit gut ist, und deshalb stimmen sie auch notwendig untereinander überein. Interessengegensätze sind niemals vernünftig bedingt, sondern treten nur als Folge von Leidenschaften auf. Zwar ist kein Individuum von äußeren, insbesondere auch von sozialen Verhältnissen, absolut unabhängig, weshalb sich niemand im Interesse der Selbsterhaltung etwas Besseres wünschen kann als die Vereinigung vieler zu einem sozialen Körper mit einem gemeinschaftlichen Geist. Aber wahrhaft erstrebenswert ist nicht die gesellschaftliche Verbindung als solche, sondern nur die Gemeinschaft vernünftiger Menschen. In diesem Sinne konnte Spinoza sagen, es gebe nichts, das für den Menschen nützlicher wäre als ein Mensch, der vernunftgemäß lebt (Opera 2, 233).

Das Ideal einer Gemeinschaft vernünftiger, von positiven Gesetzen prinzipiell unabhängiger Menschen ist dadurch charakterisiert, daß in ihm der Unterschied von Eigennutz und allgemeinem Nutzen vollkommen aufgehoben ist, da in allen Individuen nur *eine* Macht wirksam wird, die ein jeder vermehrt, der seine eigene Macht steigert. Wer unter der Leitung der Vernunft steht und nach dem Nützlichen strebt, will für sich nichts, was er nicht auch allen anderen wünschte. In dieser Einstellung besteht die wahre Gerechtigkeit. Die aus der Liebe zu Gott erfließende Gerechtigkeit steht höher als jene Gerechtigkeit, die sich definieren läßt als »beharrliche Gesinnung, jedem das zukommen zu lassen, was ihm nach dem bürgerlichen Recht zukommt« (Opera 3, 196). Die Gerechtigkeit ist innerhalb der Vernunftgemeinschaft nicht mehr dasselbe wie die Gerechtigkeit im Sinne des positiven Rechts.

Die Verwirklichung einer Vernunftgemeinschaft ist jedoch, wie Spinoza sah, nicht im größeren Maßstab möglich, da der Großteil der Menschen nicht nach vernünftiger Einsicht, sondern unter dem Eindruck von Leidenschaften handelt. Deshalb ist der Staat unter den gegebenen Bedingungen unentbehrlich. Gleichzeitig aber steht er nach Spinoza nicht in direkter Beziehung zum wesentlichen Ziel des Menschen, sondern er kann allenfalls die Bedingungen schaffen, unter denen der Mensch seine Unfreiheit partiell zu überwinden vermag. Der freie Mensch wird, indem er sich von den Leidenschaften befreit, auch frei vom Staate. In dem Augenblick, wo alle Menschen frei würden, müßte also der Staat verschwinden. Bei Spinoza zeigt sich somit die für die Naturrechtslehre typische Tendenz der Überwindung der Idee des Staates. Wie diese Tendenz mit Spinozas Auffassung in Einklang zu bringen ist, daß der Staat Mittel der Verwirklichung des natürlichen Rechts und daß das natürliche Recht Äußerung der Macht Gottes in den endlichen Wesen sei, ist eine Frage, auf die eine befriedigende Antwort schwerlich zu finden sein wird. Am wahrscheinlichsten ist die Annahme, daß sich in Spinozas Denken zwei Tendenzen überlagerten, die der Philosoph nicht vollkommen zu harmonisieren vermocht hat. Die eine dieser Tendenzen kann als naturalistisch bezeichnet werden. Ihr Vorhandensein in Spinozas Sozialphilosophie ist mit dem Einfluß in Zusammenhang zu bringen, den Hobbes auf Spinoza ausgeübt hat. Allerdings ist Spinozas Naturalismus im Gegensatz zum Hobbesschen spekulativ überhöht, sofern im Rahmen der Spinozanischen Philosophie alle Beziehungen innerhalb der Wirklichkeit, somit auch alle sozialen Beziehungen, letzten Endes als Manifestationen des Absoluten gedeutet werden. Die zweite und mit der ersten nicht vollkommen in Einklang zu bringende Tendenz hat mystisch-religiösen Charakter. Sie weist in Richtung auf eine Gemeinschaftskonzeption, deren Modell die von zwangsrechtlichen Regelungen unabhängige Gemeinschaft von in der Liebe zu Gott verbundenen Individuen ist. Diese zweite Tendenz ist bei Spinoza die ursprünglichere. Als der Hobbessche Einfluß in Spinozas Denken wirksam wurde, kam es zu Interferenzen der beiden Tendenzen, die besonders deutlich den vierten und fünften Teil der ›Ethik‹ prägen, wo sich Spinoza um eine Harmonisierung bemühte, die prinzipiell nicht erreichbar war. Das sonst so geschlossene Spinozanische System weist somit hier eine Bruchstelle auf (vgl. hierzu Röd, Lehre). Es ist kein Zufall, daß es die Rechts- und Staatsphilosophie ist, wo Spinozas grandioser Systematisierungsversuch an seine Grenzen stößt, denn hier und nur hier wurde es notwendig, auf faktische politische Zusammenhänge Rücksicht zu nehmen, die sich, wie alles kontingent Faktische, der »geometrischen« Ordnung entziehen.

10. Rationalismus und Mystik

Spinoza war ein Denker der radikalen Konsequenz, der ohne Kompromiß alle in seinem Ansatz involvierten Folgerungen zog. Da er manche seiner Voraussetzungen von Descartes übernahm, zog er auch aus diesen gelegentlich Folgerungen, die Descartes selber in dieser Schärfe nicht gezogen hatte. Dennoch war er kein Cartesianer, da die allgemeine Richtung seines Denkens eine wesentlich andere als die Richtung der Cartesianischen Philosophie war. Dies zeigt sich in seinem Verhältnis zur Mathematik und den mathematischen Naturwissenschaften, deren Denkweise für seine Philosophie – ungeachtet der »geometrischen« Form – nicht bestimmend war. (Es gibt ein paar kleine Entwürfe mathematisch-physikalischer Art und einige naturwissenschaftliche Lemmata in der ›Ethik‹; aber Spinozas Philosophie bliebe, was sie ist, wenn die Beziehungen zur Naturwissenschaft gänzlich beseitigt würden.)

Auch die Metaphysik ist bei Spinoza nicht Metaphysik der Naturwissenschaft beziehungsweise der von der Wissenschaft berücksichtigten Realität. Zwar hat Spinoza die Bedeutung der mathematischen Naturwissenschaft durchaus anerkannt, so wie er auch die Bedeutung von Technik, Medizin, Politik und Pädagogik keineswegs übersah, wie der Beginn des ›Traktats über die Verbesserung des Verstandes‹ zeigt. Aber äußere Ziele, wie es die Ziele der Wissenschaft und Technik sind, waren für ihn niemals wesentliche Ziele. Entscheidend war in seinen Augen vielmehr nur das Ziel der Glückseligkeit des Menschen, verstanden als Gottseligkeit. Die Dinge, die gewöhnlich als wertvoll gelten, wie Besitz, Ehre, sinnliche Lust, hielt er für nichtig, ja für gefährlich, weil sie von dem fundamentalen Wert ablenken, der in der liebenden Vereinigung mit Gott beziehungsweise in der Überwindung der individuellen Eigenständigkeit des Subjekts zugunsten der Aufhebung des endlichen Ich ins Göttliche besteht. Alles, was sonst wahrhaft wertvoll sein kann, ist dies nur in bezug auf dieses fundamentale Ziel. Nur der Gedanke des höchsten Gutes vermag den Geist vom Einfluß bloß scheinbarer Güter abzulenken und wahrhaft glücklich zu machen, das heißt mit jener Freude zu erfüllen, die im Gegensatz zu der von Scheingütern hervorgerufenen Lust frei von Unlust und unlustbetonten Folgen ist.

Mit der Einsicht in die Nichtigkeit aller endlichen Verhältnisse als solcher wird nach Spinoza der vernünftige Geist frei, indem er die spekulative Enthebung von der empirischen Realität beziehungsweise die Erhebung zur Idee Gottes vollzieht. Diese Befreiung soll zugleich Befreiung vom Einfluß der Leidenschaften sein, sofern die Liebe zu Gott als stärkster Affekt alle anderen Affekte zu beherrschen gestattet. Die Liebe zu Gott setzt aber als intellektuelle Liebe die Erkenntnis Gottes voraus, und zwar nicht in abstracto, sondern im Zusammenhang mit dem System seiner Äußerungen.

Die Vernunft als Mittel der Erkenntnis Gottes ist zugleich das Mittel, um zur liebenden Vereinigung mit Gott zu gelangen. Sofern die Vernunft diese Funktion hat, ist sie von der wissenschaftlichen und der technischen Vernunft zu unterscheiden, die bei Spinoza als »ratio« auch terminologisch der spekulativen Einsicht als der »scientia intuitiva« gegenübergestellt beziehungsweise dieser untergeordnet wird. Die spekulative Intuition, in der die Realität auf ihren ersten Grund bezogen wird, ist aber von der Rationalität nicht unabhängig. Einerseits ergibt sich das entwickelte intuitive Wissen nur auf Grund der rationalen Erkenntnis der allgemeinen Struktur der Wirklichkeit, andererseits kann es rationale Erkenntnis nicht unabhängig von einem mindestens impliziten intuitiven Wissen geben. Sofern jedoch das intuitive Wissen im Unterschied vom rationalen Erkennen zugleich Identifikation mit dem Erkannten, somit Überwindung des Subjekt-Objekt-Gegensatzes, sein soll und sofern die Annahme einer solchen identifizierenden Erfahrungsweise für die Mystik charakteristisch ist, wird man Spinozas Metaphysik in gewissem Sinne als »mystisch« kennzeichnen dürfen.

Die Verbindung von Rationalismus und Mystik ist nur auf den ersten Blick paradox. Tatsächlich ist sie insofern konsequent, als der Rationalismus dem Menschen die Fähigkeit eines perfekten Wissens zuschreibt, das heißt eines Wissens, wie es nur einem göttlichen Intellekt zugeschrieben werden kann, dessen Erkennen nach rationalistischer Ansicht vom menschlichen Erkennen nur dadurch unterschieden ist, daß das letztere quantitativ beschränkt ist, das göttliche Erkennen dagegen nicht. Soll also das endliche Subjekt perfekter Erkenntnis fähig sein, dann muß angenommen werden, daß es im Grunde göttlich ist, das heißt, daß im endlichen Denken letzten Endes Gott selbst denkt. Dies ist aber ein wesentlicher Gedanke der Mystik, die das menschliche Ich wie alles Endliche als Äußerung des All-Einen betrachtet. Der Mensch ist sich zwar im allgemeinen seiner Zugehörigkeit zum All-Einen nicht bewußt, aber die Spekulation vermag die implizite Idee des Absoluten zu explizieren und damit die an sich bestehende Einheit von Gott und Mensch auch für das menschliche Bewußtsein herzustellen.

Spinozas Metaphysik ist somit als eine Form des mystischen Pantheismus charakterisiert, und dies ist der Grund, warum ihre Wirkungen zunächst gering waren, wenigstens soweit es sich um klar feststellbare und von den Betroffenen eingestandene Wirkungen handelt. Der Philosoph wurde ein Jahrhundert lang behandelt »wie ein toter Hund«, um Lessings berühmte Wendung zu gebrauchen. Nachdem Lessing aber mit seinem Bekenntnis zu Spinozas philosophischen Grundgedanken den Bann gebrochen hatte, erfolgte eine stürmische Auseinandersetzung mit ihnen, an der sich Jacobi, Mendelssohn, Herder, Kant und Schelling direkt und viele andere indirekt beteiligten und von der Goethe in ›Dichtung und Wahrheit‹ als von einer »Explosion« sprach. Der nachkantische Idealismus, namentlich in der Form, in der er uns bei Schelling und Hegel entgegentritt, ist, bei allen Differenzen, die nicht zu leugnen sind, mit dem Spinozismus verwandt, der somit nicht, wie es im 17. Jahrhundert scheinen konnte, wo er entweder auf Mißachtung oder auf unqualifizierte Kritik stieß, in eine philosophische Sackgasse führte, sondern der jene spekulative Metaphysik vorbereitete, die im 19. Jahrhundert ihren Höhepunkt erreichte.

Literaturverzeichnis

Schriften Spinozas

Opera. Hrsg. v. C. Gebhardt. 4 Bde. Heidelberg 1925 ff.; Neudruck 1972. Nach dieser Ausgabe wird zitiert.

Korte Verhandeling van God, de Mensch und deszelfs Welstand. In: Opera I (erstmals veröffentlicht 1852). Deutsch: Kurze Abhandlung

von Gott, dem Menschen und seinem Glück. Hrsg. v. C. Gebhardt; Nachdruck Hamburg 1965
De intellectus emendatione tractatus. In: Opera 2 (erstmals in: Opera postuma, 1677). Deutsch: Abhandlung über die Verbesserung des Verstandes. Übers. von C. Gebhardt, Einleitung von K. Hammacher. Hamburg 1977
Principia philosophiae Cartesianae (mit: Cogitata metaphysica). In: Opera 1. Deutsch: Descartes' Prinzipien der Philosophie auf geometrische Weise begründet (mit: Metaphysische Gedanken). Hrsg. von A. Buchenau. Leipzig ⁴1922; Neuausgabe mit einer Einleitung von W. Bartuschat. Hamburg 1977
Tractatus theologico-politicus. In: Opera 3. Deutsch: Theologisch-politischer Traktat. Hrsg. v. G. Gawlick. Hamburg 1976
Ethica ordine geometrico demonstrata. In: Opera 2. Deutsch: Die Ethik, nach geometrischer Methode dargestellt. Übers. v. O. Baensch, Einleitung v. R. Schottlaender. Hamburg 1976
Tractatus politicus. In: Opera 3. Deutsch: Abhandlung vom Staate (mit: Abhandlung über die Verbesserung des Verstandes s. o.). Hamburg 1977
Korrespondenz in: Opera 4. Deutsch: Briefwechsel. Übers. v. C. Gebhardt, Einleitung v. M. Walther. Hamburg ²1977

Sekundärliteratur

Cramer, Wolfgang: Spinozas Philosophie des Absoluten. Frankfurt a. M. 1966 (Die absolute Reflexion, Band 1)
De Deugd, C.: The significance of Spinoza's first kind of knowledge. Assen 1966
Dunin-Borkowski, Stanislaus Spinoza. 4 Bde. Münster 1910–1933
Feuer, Lewis S.: Spinoza and the rise of liberalism. Boston 1958
Freudenthal, Josef: Spinoza. Leben und Lehre. Stuttgart 1904 (²1927)
Gebhardt, Carl: Spinoza. Vier Reden. Heidelberg 1927
Gueroult, Martial: Spinoza. 2 Bde. Paris/Hildesheim 1968 und 1974
Guzzo, Augusto: Il pensiero di Spinoza. Turin ²1964
Hallett, H. F.: Benedict de Spinoza. The elements of his philosophy. London 1957
Ders.: Creation, emanation and salvation. A Spinozistic study. London 1962
Hecker, K.: Spinozas allgemeine Ontologie. Darmstadt 1978
Hubbeling, H. G.: Spinoza's methodology. Assen 1964
Joachim, Harold H.: Spinoza's Tractatus de intellectus emendatione. Oxford 1940
McShea, Robert J.: The political philosophy of Spinoza. London, New York 1968
Naess, Arne und J. Wetlesen: Spinozas Affektenlehre. Oslo 1967

Parkinson, George Henry R.: Spinoza's theory of knowledge. Oxford 1954
Pollock, Frederick: Spinoza. His life and philosophy. London 1880
Richter, Gustav Theodor: Spinozas philosophische Terminologie. Leipzig 1913
Röd, Wolfgang: Spinozas *Lehre* von der Societas. Turin 1969
Roth, Léon: Spinoza, Descartes and Maimonides. New York 1963
Steffen, Hermann: Recht und Staat im System Spinozas. Bonn 1968
Strauss, Leo: Die Religionskritik Spinozas als Grundlage seiner Bibelwissenschaft. Untersuchungen zu Spinozas Theologisch-politischem Traktat. Berlin 1930
Vernière, Paul: Spinoza et la pensée française avant la révolution. Paris 1954
Wolfson, Abraham: Spinoza. A life of reason. New York ^{2}1969
Zac, S.: Spinoza et l'interprétation de l'Ecriture. Paris 1965
Ders.: La morale de Spinoza. Paris ^{2}1966

Bibliographien, Indizes und Lexika

Oko, A. S.: The Spinoza bibliography. Boston 1964
Prepoziet, J.: Bibliographie spinoziste. Paris 1973
Spinoza-Bibliographie 1924–1968. In: N. Altwicker (Hrsg.): Texte zur Geschichte des Spinozismus. Darmstadt 1971
Gueret, Michel, A. Robinet und P. Tombeur: Spinoza. Ehtica: Concordances, Index, Listes de fréquences, Tables comparatives. Louvain-la-Neuve 1977
Giancotti-Boscherini, Emilia: Lexicon Spinozanum. 2 Bände. Den Haag 1970 (Archives internationales d'histoire des idées, 28)
Runes, Dagobert D.: Spinoza dictionary. New York 1951

John Locke

von Arend Kulenkampff

1. Einleitung

John Locke wurde 1632 in Wrington, Somersetshire, geboren. Sein Vater – Rechtsanwalt, mäßig begüterter Grundbesitzer und Anhänger der puritanischen Partei – kämpfte im Bürgerkrieg unter Cromwell. 1646 wurde Locke in die angesehene Westminster School in London aufgenommen. Von 1652 bis 1656 studierte er am Christ Church College in Oxford Philosophie. Daneben betrieb er naturwissenschaftliche und medizinische Studien. Seine Freundschaft mit Robert Boyle und dem Arzt Thomas Sydenham datiert aus dieser Zeit. Zwischen 1661 und 1664 hatte er in Oxford Lehrämter für Griechisch, Rhetorik und Philosophie inne. 1666 lernte er Lord Ashley, den späteren ersten Grafen von Shaftesbury, kennen, einen der einflußreichsten Politiker der Zeit. Es war der Beginn einer lebenslangen Freundschaft. Seit 1667 lebte Locke in London im Hause Ashleys als dessen Leibarzt, Vertrauter und Erzieher seines Sohnes. Von den Frühschriften verdienen hauptsächlich die ›Essays on the law of nature‹ (1663) und ›An essay concerning toleration‹ (1667) Erwähnung. 1675, nach dem Sturz Shaftesburys ging Locke nach Frankreich, wo er bis 1679 blieb, vornehmlich aus Rücksicht auf seine stets schwankende Gesundheit. Ausschließlich politisch motiviert war hingegen der Aufenthalt in Holland von 1683 bis 1689. Nachdem Shaftesbury 1682 des Hochverrats angeklagt worden war, mußte Locke ein Verfahren wegen Mitwisserschaft befürchten. 1689 erschien in Gouda die ›Epistola de tolerantia‹ (Ein Brief über Toleranz), 1690 in London der ›Essay concerning human understanding‹, an dem Locke fast zwanzig Jahre lang gearbeitet hatte, und noch im selben Jahr sein staatsphilosophisches Hauptwerk ›Two treatises of government‹. Kurze Zeit nach der Rückkehr aus holländischem Exil wurde ihm vom König der Posten des Botschafters am kurfürstlich-brandenburgischen Hof angeboten. Locke verzichtete und übernahm statt dessen ein wichtiges Amt im Handelsministerium, das er bis 1700 innehatte. Die letzten Lebensjahre (1691 bis 1704) verbrachte er, mittlerweile eine Persönlichkeit von europäischem Rang und Ansehen, auf dem

Landsitz Oates in Essex – regen Gedankenaustausch pflegend mit den herausragenden Geistern seiner Zeit.

Daß die Philosophiegeschichte auch eine Geschichte kruder Fehl- und Vorurteile ist, lehrt das Beispiel John Lockes. Sein Denken gilt, zumindest in Deutschland, von jeher als populär, und das kann nach den Maßstäben einer Zunft, gegen die sich Schopenhauer mit dem Wort von der Professorenphilosophie der Philosophieprofessoren zu wehren suchte, kaum etwas anderes bedeuten als »geistig nicht ganz standesgemäß«. So liest man in einem immer noch viel benutzten Lehrbuch der Geschichte der Philosophie, Locke habe »eine populäre Form empirisch-psychologischer Darstellung für die allgemeinen Umrisse der cartesianischen Weltauffassung« gefunden. »Einfache Verständigkeit und Klarheit sind die Vorzüge seiner intellektuellen Persönlichkeit: aber ihnen entspricht auch eine gewisse Dürftigkeit der Gedanken und ein Versagen des eigentlich philosophischen Triebes. Trotzdem hat ihn sein Mut der Trivialität populär und damit zum Führer der Aufklärungsphilosophie gemacht.« (Windelband, Geschichte, 376f.) Tatsache ist, daß Locke sich in einigen Schriften, z. B. in ›Some thoughts concerning education‹ (1693), unprätentiös und in belehrender Absicht mit Alltagsproblemen beschäftigt. Locke war Politiker und Erzieher, kenntnisreicher Naturforscher und ausgezeichneter Arzt. Und wenn seine von Lebenserfahrung und Menschenkenntnis zeugenden pädagogischen Direktiven heute volkstümlich anmuten, so darum, weil sie mittlerweile zu den Selbstverständlichkeiten vernünftiger Lebensgestaltung gehören. Ratschläge, wie sie heute jeder Hausarzt und Erziehungsberater erteilt, Wahrheiten wie die, »daß von zehn Menschen, denen wir begegnen, neun das, was sie sind, gut oder böse, nützlich oder unnütz, durch ihre Erziehung sind« (Erziehung, 7), mögen jedoch Ende des 17. Jahrhunderts nichts weniger als trivial geklungen haben. Es läßt sich auch nicht bestreiten, daß Lockes religionsphilosophischen Reflexionen mitunter ein Zug zum Erbaulichen eignet: ein weiser und gütiger Schöpfer hat die Welt zweckmäßig eingerichtet; seine Kunstfertigkeit, die sich im Ganzen des Kosmos wie in jedem seiner Teile bekundet, übersteigt die Fassungskraft des menschlichen Geistes; den Menschen hat Gott als geselliges Wesen erschaffen und ihm darum die Fähigkeit zu sprechen verliehen; die Befolgung der göttlichen Gesetze dient dem allgemeinen Wohl. Bezieht man indessen das Urteil »einfach, verständig und klar« auf Lockes

Hauptwerk ›An essay concerning human understanding‹, so erweist es sich als klägliches Fehlurteil. Der ›Essay‹ – eine »keineswegs kurzweilige Lektüre« (Adorno) – enthält viele exzellente und manche schwache Argumente. Er ist auch nicht frei von begrifflichen Konfusionen, und eine bleibende Streitfrage dürfte sein, ob einige erkenntnistheoretische Lehrstücke Lokkes, z. B. seine Wahrnehmungstheorie, tatsächlich mit Mängeln behaftet sind, die jeder Philosophiestudent des ersten Semesters als solche durchschaut. Unter diesen Umständen tut der Leser gut daran zu bedenken, daß es eine der Maxime »in dubio pro reo« verwandte Fairneßregel der Interpretation gibt. Sie gebietet, einen Autor, soweit möglich, zu seinen Gunsten auszulegen. Beherzigt man diese Regel, so verschwindet mancher Stein des Anstoßes – selbst so grobe Brocken wie die Konzeption des »allgemeinen Dreiecks« (2, 263), die Locke im Urteil der Nachwelt – von Berkeley bis Husserl – zu eher trauriger Berühmtheit gelangen ließ. Ähnliches gilt für die Sprachtheorie. Daß Locke die – psychologistische und gewiß unhaltbare – Auffassung vertreten habe, die Bedeutung eines sprachlichen Ausdrucks sei das, was ein Sprecher sich bildlich vorstellt, wenn er den Ausdruck verwendet, erscheint keineswegs als die allein sachgerechte, authentische Interpretation. Die kritische Auseinandersetzung mit einem Philosophen der Vergangenheit sollte als eine Art forensisches Verfahren begriffen werden, dessen Ausgang offen ist. Untersuchungen aus jüngster Zeit haben gezeigt, daß nicht wenige Urteile über Locke der Revision bedürfen.

2. Grundbegriffe und Methode

In der Vorrede zur ›Kritik der reinen Vernunft‹ nennt Kant den ›Essay‹ eine »Physiologie des Verstandes«. Die Metapher erscheint geeignet, Lockes Intentionen klarzumachen. Schlicht beschreibend will er eine hypothesenfreie Darstellung der Leistungen und Funktionen des menschlichen Verstandes geben. Die »historische, einfache Methode« (1, 23), deren er sich seinem Selbstverständnis nach bedient, ist die der Tatsachenbeobachtung und -beschreibung ohne explanatorische Ansprüche. Hypothesenbildung und Tatsachenerklärung wären Aufgabe einer »naturwissenschaftlichen Betrachtung des Geistes« (1, 22), und die hat Locke nicht im Sinn. Soweit es ihm darum geht darzulegen, wie »die menschlichen Erkenntnisfähigkeiten ...

sich an den ihnen vorkommenden Objekten betätigen«, »wie unser Verstand sich jene Begriffe von den Dingen, die wir haben, aneignet« (1, 23), muß man den ›Essay‹ der deskriptiven, auf Selbstbeobachtung beruhenden Psychologie zurechnen. Diese Zuordnung erscheint aus mehr als einem Grunde angemessen, und sie ist, wie sich zeigen wird, aus mindestens ebenso vielen Gründen inadäquat.

Der zentrale Begriff des ›Essay‹ ist der der Idee – ein Terminus, der in vielerlei Bedeutung Verwendung findet. Versucht man eine Grundbedeutung herauszuheben, so ist es die folgende: Idee ist für Locke dasselbe wie Objekt des Bewußtseins. »Alles, was der Geist in sich selbst wahrnimmt oder was unmittelbares Objekt der Wahrnehmung, des Denkens oder des Verstandes ist, das nenne ich Idee« (1, 146), »Phantasma, Begriff, Vorstellung, oder was immer es sei, das den denkenden Geist beschäftigen kann.« (1, 28) Dabei scheint Locke – trotz der gelegentlich vorkommenden naiv verdinglichenden Redeweise vom Geist als »Kabinett« (1, 38), das durch Erfahrung mit Sachvorstellungen bestückt und ausgestattet werde wie die Räume einer Gemäldegalerie mit Bildern – durchaus erfaßt zu haben, was etwa Franz Brentano als Wesensmerkmal geistiger Phänomene bestimmt: Intentionalität. Bewußtsein ist seiner Natur nach Bewußtsein von etwas; es ist immanent gegenstandsbezogen, und dieser Wesenszug findet seinen sprachlichen Niederschlag darin, daß mentale Prädikate wie »sehen«, »hören«, »hoffen«, »denken« der Ergänzung durch eine Objektangabe bedürfen. Geistig Tätigsein ist für Locke identisch mit Haben von Ideen (1, 122), und dieses nennt er Wahrnehmen, wobei die Ideen als intentionale Objekte dem Wahrnehmen (= geistig Tätigsein) inexistieren. So enthalten Bewußtseinsphänomene intentional einen Gegenstand in sich: die Baumwahrnehmung, die ich jetzt habe, den Baum als von mir wahrgenommen (in Wirklichkeit mag gar kein Baum existieren, oder der reale Baum mag ganz anders aussehen, als ich ihn wahrnehme); die Tonwahrnehmung den wahrgenommenen Ton; mein Wunsch, daß p der Fall sei, den Sachverhalt p als von mir vorgestellten Sachverhalt; der Gedanke, daß 5 größer ist als 2, u. a. den Relationsbegriff »größer als«.

Aber nicht nur die Behauptung, daß Bewußtsein prinzipiell gegenstands- oder (in Lockes Sprache) ideenbezogen ist, muß als deskriptiv-psychologisch angesehen werden. Auch die grundlegende Unterscheidung zwischen Ideen, die auf Sinneswahrnehmung (sensation), und Ideen, die auf Introspektion (reflection) beruhen, ist eine psychologische Tatsachenfeststellung – ein elementarer Befund im Sinne der »historischen, einfachen Methode«: Ich sehe einen grünbelaubten Baum, höre einen schrillen Ton, habe die Tastempfindung von etwas Hartem, Ausgedehntem von eckiger Gestalt, erinnere mich an das, was ich vor fünf Minuten gesehen, gehört, getastet habe. Aber ich kann mir auch in einer Art von sekundärer Wahrnehmung eben diese mentalen Vorgänge selbst zu Bewußtsein bringen. So gelangt der Geist, »den Blick nach innen auf sich selbst richtend und sein eigenes Verhalten gegenüber seinen Ideen beobachtend« (1, 138), z. B. zu der auf Sinneseindrücken basierenden Idee von etwas Rotem, Süßschmeckendem oder zu der Idee, daß der jetzt erklingende Ton länger dauert als der soeben erklungene, zu den Ideen des Sehens, Hörens, Schmeckens, vergleichenden Denkens und Wollens. Locke bemerkt ferner, daß geistige Tätigkeit nie ohne Reflexion auftritt, genauer gesagt: ohne ein Moment von Reflexion, da »reflection« in erster Linie gezielte, aufmerksame Selbstbeobachtung bedeutet. Es erscheine ihm »völlig widerspruchsvoll und unmöglich«, daß jemand glücklich oder unglücklich ist, ohne ein Bewußtsein davon zu haben, und niemand könne »*denken*, ohne daß dies sinnlich wahrnehmbar für ihn ist. Daß für uns etwas sinnlich wahrnehmbar ist, ist für nichts sonst notwendig als für unsere Gedanken; hierbei aber ist es notwendig und wird es immer sein, solange wir nicht denken können, ohne uns dessen bewußt zu sein« (1, 114f.). Es ist, mit anderen Worten, eine kontingente Tatsache, daß jemand jetzt oder zu irgendeinem Zeitpunkt die Idee von etwas Rotem, Süßschmeckendem hat; es könnte sein, daß er sie niemals hat; aber es ist begrifflich notwendig, daß, wenn er diese oder irgendeine andere Idee hat, er sich zugleich dessen bewußt ist (wahrnimmt), daß er sie hat. Es liegt auf der Hand, daß Locke sich mit dieser Charakterisierung von Bewußtsein als Selbstbewußtsein – reflexiv dessen innesein (= wahrnehmen), daß man etwas wahrnimmt, z. B. einen grünbelaubten Baum – eng an Descartes anlehnt, nach dessen Lehre die unbezweifelbare Gewißheit des Ego cogito auf der Selbstbezogenheit des Bewußtseins beruht: Indem ich geistig tätig bin, also sehe, höre, phantasiere, zweifle, bin ich zugleich der Tatsache evident inne, daß ich geistig tätig bin. Für Locke steht freilich nicht der Evidenzaspekt der inneren Wahrnehmung im Vordergrund. Erst im 4. Buch des ›Essay‹ wird, eher beiläufig, unter dem Titel ›Kenntnis von unserer eigenen Existenz durch Intuition‹, das Cartesianische Argument vorgetragen: Die Wahrnehmung unserer eigenen Existenz sei so deutlich und gewiß, daß sie eines Beweises weder bedarf noch fähig ist. »Wenn ich an allen anderen Dingen zweifle, so läßt mich eben dieser Zweifel meine eigene Existenz wahrnehmen und gestattet mir nicht, an dieser zu zweifeln.« (2, 294) Das, worauf es Locke in erster Linie ankommt, ist der erkenntnisgenetische Aspekt: Indem der Geist den Blick nach innen, auf sich selbst richtet, gewinnt er Ideen von seinen eigenen Operationen – die Idee der Wahrnehmung oder des Denkens (1, 138), wovon Erinnern, Unterscheiden, Schließen, Urteilen, Erkennen, Glauben lediglich Modi (Bestimmungsweisen) sind. Und die durch Reflexion gewonnenen Ideen sind dann das Material unseres psychologischen Wissens, so wie die Ideen der Sensation das Material unseres Wissens von der Außenwelt sind.

Der für Lockes empiristische Theorie des Wissens fraglos bedeutsamste deskriptiv-psychologische Befund ist folgender: Der Verstand ist hinsichtlich des Gehalts der Ideen nicht produktiv. Er vermag keine einzige essentiell neuartige Idee zu erzeugen, sondern lediglich gegebene Vorstellungen im Gedächtnis zu reproduzieren, zu vervielfältigen (wie die Ideen von räumlich und zeitlich Ausgedehntem), zu variieren und zu verknüpfen, miteinander zu vergleichen und durch Vergleich verschiedener Einzelvorstellungen abstrakt-allgemeine Ideen zu bilden. Auf den ersten Blick muß diese Behauptung befremden, und Locke ist sich ihres provokativen Charakters bewußt, scheint es doch, als würde die These von der Unproduktivität des Geistes durch die Tatsache seines nahezu unbegrenzten Erfindungsreichtums schlagend widerlegt. In Wirklichkeit ist beides – Unproduktivität hinsichtlich des Gehalts der Ideen und Erfindungsreichtum – miteinander verträglich. Wenn Gott Verstandeswesen mit anderen als den menschlichen Wahrnehmungsmöglichkeiten erschüfe, so würden diese Wesen in einer anderen Welt leben, da ihre Sinneseindrücke von den unsrigen verschieden wären. Jedermann konzediert dies als Denkmöglichkeit; aber niemand ist in der Lage, das phänomenale Sosein jener Welt zu imaginieren. »Wären wir Menschen nur mit vier Sinnen ausgestattet, so würden die Qualitäten, die die Objekte des fünften Sinnes sind, unserer Kenntnisnahme, Einbildungskraft und Vorstellung ebenso unerreichbar gewesen sein, wie es jetzt alle einem sechsten, siebenten oder achten Sinn entsprechenden Qualitäten nur irgend sein können.« (1, 128) Ein Blindgeborener könnte versuchen herauszufinden, was das Wort »scharlachrot« bedeutet, und auf Grund der ihm zugänglichen Informationen zu der Ansicht gelangen, scharlachrot sei »wie der Ton einer Trompete« (2, 31f.). Obgleich nun diese Metapher für den, der die Farbe kennt, durchaus etwas – man möchte sagen – zusätzlich Erhellendes hat, ist sie doch weit davon entfernt, das authentische Wortverständnis zu bezeugen, das man nur erwerben kann, wenn einem bei sinnlicher Präsenz eines scharlachroten Gegenstandes die Hinweiserklärung »das da ist scharlachrot« gegeben wird. Das Beispiel möchte zeigen, daß keine noch so gründliche und detaillierte Beschreibung, in der auf Klassen nicht-visueller Sinnesqualitäten oder auch auf physikalische Theorien von Licht und Farbe Bezug genommen wird, das konstitutionelle Wahrnehmungsdefizit des Blindgeborenen auszugleichen vermag. Dasselbe gilt für die Ideen der anderen Sinne, ja auch innerhalb ein und desselben Sinnesgebiets: Wir sind immer gleich unvorbereitet, wenn wir es mit einer neuen Sinnesqualität zu tun haben. Elementare Sinnesqualitäten – und das charakterisiert sie für Locke und seine empiristischen Nachfolger als Grundbestandteile unseres Wissens und bildlichen Vorstellens – können einander nicht vertreten: Man kann jemandem, der keine Äpfel kennt, durch Beschreibung das Wissen vermitteln, wie Äpfel aussehen, sofern er die Sprache versteht, in der die Beschreibung gegeben wird; aber die elementaren Gestalt- und Farbvorstellungen, auf die die Beschreibung Bezug nimmt – kugelig, eingebuchtet, rot, grün, gelb etc. –, lassen sich nicht durch Beschreibung vermitteln. Das Unvermögen des Geistes, dem Gehalt nach neuartige Ideen zu erzeugen, ist für Locke eine psychologisch gesicherte Tatsache, die freilich mit den Leistungen der Einbildungskraft durchaus kompatibel ist. Man konnte (vor Erfindung eines solchen) die Idee eines Flugkörpers bilden, der mit Überschallgeschwindigkeit fliegt; man kann sich Tomaten vorstellen, die wie Ananas schmecken (sofern man weiß, wie Tomaten aussehen und wie Ananas schmeckt), und ein Maler kann eine phantasmagorische Fauna und Flora bildlich darstellen, die die natürlichen Arten durcheinander wirbelt. Bei hinlänglich genauer Analyse zeigt sich jedoch, daß alle solche Vorstellungen nur willkürliche Kombinationen von Ideen sind, die auf Sinneseindrücken oder auf Reflexion beruhen. Denn »auch der erhabenste Geist oder der umfassendste Verstand hat es nicht in seiner Gewalt, durch noch so große Raschheit oder Mannigfaltigkeit der Gedanken eine einzige neue Idee zu *erfinden* oder zu *bilden« (1, 127).*

Wir sagten, es gebe ebenso viele Gründe für eine Deutung des ›Essay‹ als psychologischer Abhandlung wie Gründe dagegen. Es ist an der Zeit, kurz auf die Gegengründe einzugehen. Locke unterliegt einem methodologischen Selbstmißverständnis, wenn er glaubt, der Versuch, »Natur, Art und Umfang unserer Erkenntnis« (1, 126) zu bestimmen, erschöpfe sich in der Anwendung der »historischen, einfachen Methode« auf Tatsachen des Bewußtseins. In Wirklichkeit verbindet sich das erkenntnispsychologische Interesse von vornherein mit ganz anders gearteten, nämlich erkenntniskritisch-normativen Intentionen. Es gehe darum, »Maßstäbe für die Gewißheit unserer Erkenntnis« (1, 23) zu gewinnen, um legitime und illegitime Geltungsansprüche voneinander abgrenzen zu können – dies sozusagen in doppelter Frontstellung: zum einen gegen den Wahrheitsdefaitismus derer, die bezweifeln, daß »die Menschen über ausreichende Mittel verfügen, um eine sichere Kenntnis der Wahrheit zu erlangen« (1, 23); zum anderen gegen die Wissenshybris der scholastischen Spekulation, die, vom »Streben nach allumfassender Erkenntnis« verleitet, sich anmaßt, über Dinge zu urteilen, »denen unser Verstand nicht gewachsen ist und von denen wir in unserem Geist keinerlei klare und deutliche Wahrnehmungen zu gewinnen vermögen oder für die wir (wie es vielleicht nur allzu oft der Fall gewesen ist) überhaupt keine Begriffe haben« (1, 24). So kann es nicht überraschen, daß Locke, ohne sich hierüber Rechenschaft zu geben, Argumente sehr verschiedener Natur verwendet. Sie lassen sich grosso modo folgendermaßen klassifizieren (wobei die Zuordnung im Einzelfall schwierig sein mag): 1. empirische, 2. sinnkritische, 3. geltungskritische Argumente. Wenn Locke im 4. Buch des ›Essay‹ unter dem Titel ›Realität unseres Wissens‹, die Frage aufwirft, ob der Verstand, der »kein anderes unmittelbares Objekt als seine eigenen Ideen hat« (2, 167), überhaupt in der Lage sei zu erkennen, daß seine Ideen mit den Dingen übereinstimmen (im Sinne der traditionellen Auffassung von Wahrheit als adaequatio intellectus ad rem (2, 219), so ist klar, daß diese Frage, wie auch immer man ihren Sinn beurteilen mag, mit Psychologie nichts zu tun hat; es ist eine – möglicherweise illegitime – geltungskritische Frage. Physikalische Theorien spielen bei der Unterscheidung von primären und sekundären Qualitäten eine bedeutsame Rolle. Empirische Argumente dominieren in der Polemik gegen die

Doktrin von den angeborenen Ideen (1. Buch). Die Substanztheorie hingegen beschäftigt sich sinnkritisch mit Kontexten wie »das Ding a hat die und die Eigenschaften«, »die Substanz S hat die Disposition, unter den und den Bedingungen so und so zu reagieren«. Ebenso ist das 3. Buch, Lockes Traktat vom Nutzen und Nachteil der Sprache für die Erkenntnis, der Sinnkritik zuzurechnen.

Den Weg der psychologischen Analyse verläßt Locke bereits mit der für seine Theorie des Wissens grundlegenden Unterscheidung zwischen einfachen und komplexen Ideen. Die Ideen sind – in *einer* Bedeutung des Wortes – mentale Ereignisse, Daten im Bewußtseinsstrom jeweils eines Subjekts – das, was in Akten des Sehens, Hörens, Tastens, bildlichen Sich-Vorstellens etc. erfaßt wird. Diese Bedeutung von »Idee« kommt offenbar G. E. Moores Verwendungsweise des Ausdrucks »Sinnesdatum« ziemlich nahe. Auf den Empfindungen eines Sinnes beruhen nach Locke die einfachen Ideen der Farben, Töne, Gerüche und Geschmacksarten; die Idee der Festigkeit wird uns durch den Tastsinn vermittelt, Raum (Ausdehnung), Gestalt, Ruhe und Bewegung durch das Zusammenwirken von Gesichts- und Tastsinn. Man kann indessen bezweifeln, ob es Sinnesdaten gibt, die tatsächlich als schlechterdings einfach erlebt werden. Und umgekehrt, mit womöglich noch größerer Berechtigung läßt sich bestreiten, daß Wahrnehmungsgegebenheiten, die im Sinne Lockes komplex genannt werden müssen – die rote Tomate in meinem Gesichtsfeld, der Akkord c-e-g, den ich jetzt höre –, tatsächlich als aus weniger komplexen oder sogar einfachen Bestandteilen zusammengesetzt erlebt werden.

Erkenntnispsychologisch fragwürdig, gewinnt die Unterscheidung »einfach – komplex« jedoch ihren guten und klaren Sinn, wenn man die zweite Grundbedeutung von »Idee« heranzieht, nach der die Ideen Begriffe sind, Intensionen von Prädikaten. Der »allgemeine Ausdruck« ». . . ist rot« steht für Locke in Namensrelation zur Qualität oder abstrakt-allgemeinen Idee Rot (2, 10ff.); er bezeichnet diese so, wie der Name »Napoleon« die Person bezeichnet, die bei Austerlitz gesiegt hat. Einem Gegenstand a das Prädikat ». . . ist rot« zusprechen – es kann unbegrenzt vielen Gegenständen zu- oder abgesprochen werden –, ist gleichbedeutend mit der Behauptung, daß a die Qualität Rot exemplifiziert, ein Fall von Rot ist bzw. zur Extension des Begriffs der Röte gehört. Daß die Unterscheidung »einfach – komplex« in erster Linie als begriffliche Distinktion und nicht als psychologische Charakterisierung differenter Erlebnisweisen aufgefaßt werden muß, ergibt sich unmißverständlich aus Lockes Definitonslehre, die eine bemerkenswerte Korrektur am traditionellen, Aristotelisch-scholastischen Definitionsbegriff enthält. Eine Definition ist »die Darlegung der Bedeutung eines Wortes durch mehrere andere nicht synonyme Ausdrücke«. Dabei kommt der Definition mit Hilfe von genus proximum und differentia specifica keinerlei sachliche »Notwendigkeit« zu. Sie ist vielmehr nur ein Behelf, »um der mühsamen Aufzählung der verschiedenen einfachen Ideen zu entgehen, die das nächste allgemeine Wort, das genus, vertritt«. Definitionen dienen allein dem Zweck, einem anderen Sprecher »durch Worte verständlich zu machen, welcher Idee der definierte Ausdruck entspricht«. Daher definiert man am besten, »indem man diejenigen einfachen Ideen aufzählt, die in der Bedeutung des definierten Ausdrucks vereinigt sind« (2, 15). Einfache Ideen sind somit Grundbegriffe, komplexe Ideen die Bedeutungen von Ausdrücken, für die eine Definition gegeben werden kann. Und jede komplexe Idee läßt sich Locke zufolge bei hinlänglich genauer Analyse in eine endliche Anzahl einfacher Ideen zerlegen. Deren Kenntnis kann nicht durch Sprache vermittelt werden. Einfache Ideen sind durch nichts substituierbar (vgl. 1, 137; Krüger, Empirismus, 32).

Mit dem Wort »Idee« bezeichnet Locke somit kategorial Verschiedenes, nämlich Sinnesdaten und exemplifizierbare allgemeine Bestimmungen, Einzeldinge und Universalien. Daraus sollte jedoch nicht auf simples Quidproquo geschlossen werden – so als wäre Locke, wie Ryle unterstellt, der abwegigen Meinung gewesen, daß »being an elephant is an occurence in a person's mental life« (Ryle, Locke, 130). Mit Fug und Recht kann lediglich gesagt werden, daß Lockes Epistemologie folgende Fragen offenläßt.

1. Wie gelangen wir zur Kenntnis abstrakt-allgemeiner Ideen? Da nur Singuläres existiert, »die Dinge in ihrer Existenz sämtlich einzeln sind«, müssen die allgemeinen Ideen (Spezies, Generalia, nominale Wesenheiten) Hervorbringungen des Verstandes, »Schöpfungen sein, die von uns selbst stammen« (2, 17). Andererseits erfolgt die »Klassifizierung unter Namen«, obschon das »Werk des Verstandes«, nicht aufs Geratewohl, sondern auf Grund beobachtbarer Ähnlichkeiten der Dinge (2, 18). »Wenn zum Beispiel der Geist heute an der Kreide oder am Schnee dieselbe Farbe beobachtet, die er gestern an der Milch

bemerkte, so betrachtet er diese Erscheinung allein und macht sie zur Vertreterin aller Erscheinungen derselben Art. Er gibt ihr den Namen *Weiße* und bezeichnet durch diesen Laut dieselbe Qualität, wo er sich diese auch vorstellen oder sie antreffen mag.« (1, 180) Wie aber soll der Verstand durch Abstraktion, d.h. durch Akte selektiver Aufmerksamkeit (vgl. Mackie, Problems, 108ff.) allgemeine Ideen bilden, Weiß als »dieselbe Qualität« an verschiedenen, in Raum und Zeit verstreuten Weiß-Vorkommnissen identifizieren können, wenn gilt, daß »das Allgemeine und das Universale nicht zur realen Existenz der Dinge gehören«? (2, 16)

2. Was ist der ontologische Status des Allgemeinen? Wird ein gegebenes Phänomen durch Zuschreibung des Prädikats »... ist P« als Element der Klasse der P-Phänomene bestimmt, so fungiert nach Locke die mit dem allgemeinen Namen P verknüpfte Idee als »Muster« (pattern) (1, 180; 2, 18, 24), »Maßstab« (standard) (1, 180), und die »Übereinstimmung« mit dem Muster ist es, was die Klassifikation rechtfertigt (1, 180; 2, 12, 18, 24). Die Bedeutung der Termini »Muster« und »Maßstab« ist unklar. Sollte Locke sagen wollen, daß der Verstand, bildlich gesprochen, die allgemeine Idee Weiß und eine Unzahl anderer Ideen als Muster mit sich herumträgt wie ein Schneider Stoffproben und gegebene Erscheinungen damit vergleicht, so ergäbe sich folgende Schwierigkeit: Die Feststellung, daß irgendein Ding weiß ist, wäre gleichbedeutend mit der Feststellung, daß es mit dem Weiß-Muster übereinstimmt. »... ist weiß« bezeichnet dann nicht einfach die Idee Weiß (nennen wir sie W_1), sondern die Idee Übereinstimmung-mit-W_1. Wird diese Idee ihrerseits als Muster aufgefaßt (W_2), so bedeutet »a ist weiß«, daß a mit der Idee W_2, d.h. mit der Idee Übereinstimmung-mit-W_1, übereinstimmt. Und so fort. Daß die Konzeption der Universalien als Muster von Einzeldingen scheitert, hat bereits Platon im ›Parmenides‹ gezeigt. Als Versuch, das Universalienproblem zu lösen, läßt sich Lockes Theorie der allgemeinen Ideen sicherlich nicht verteidigen. Klammert man dieses Problem – die Frage nach dem ontologischen Status des Allgemeinen – jedoch aus, so ist die Theorie vertretbar. Die normative Bedeutungskomponente von Ausdrücken wie »Muster«, »Standard« kommt auch dem heute gebräuchlichen Ausdruck »Kriterium« zu: Wissen, was ein So-und-so ist, heißt wissen, welche Kriterien ein Ding erfüllen muß, um als So-und-so-Ding bezeichnet werden zu können. Wenn in diesem Augenblick nirgends in der Welt eine

kreisförmige Figur existieren würde, »so würde gleichwohl die Idee, die mit diesem Namen verbunden ist, nicht aufhören, das zu sein, was sie ist. Sie bliebe gleichsam ein Muster, nach dem wir bestimmen könnten, welche von den einzelnen Figuren, die uns vorkommen, auf den *Namen* Kreis ein Anrecht haben und welche nicht« (2, 24).

3. Der Substanzbegriff und die Lehre von den verschiedenen Wesenheiten

Eine der historisch folgenreichsten Leistungen Lockes ist seine Kritik des Substanzbegriffs als einer »verworrenen«, durch keine Tatsache der inneren oder äußeren Erfahrung beglaubigten und ausgewiesenen Idee. Vor die Folie des »Mißbrauchs der Wörter« (3. Buch, 10. Kap.) gestellt, dessen eklatanteste Form, die Verwendung »inhaltloser Ausdrücke« – Wörter, »die keinerlei klare und deutliche Ideen vertreten« –, Locke vor allem philosophischen und religiösen Schulen zur Last legt (2, 120), gewinnt die Kritik des Substanzbegriffs Gewicht und Umfang eines »alleszermalmenden« Frontalangriffs gegen die Aristotelisch-scholastische Metaphysik. So jedenfalls mußte sie, wie aus Lockes Kontroverse mit dem Bischof Stillingfleet ersichtlich ist, von den Zeitgenossen verstanden werden. Die Dinge gerieten jedoch in schiefes Licht, machte man nicht sogleich eine Einschränkung. Daß Locke den Terminus »Substanz« wegen erwiesener Gehaltlosigkeit auf den Index verbotener Wörter setzt, von denen im Interesse des Erkenntnisfortschritts und der Vermeidung vermeidbarer Irrtümer die Sprache zu reinigen sei (2, 145ff.), ist lediglich die halbe Wahrheit. Je weiter im ›Essay‹ die Analyse des empirischen Wissens fortschreitet, je tiefer Locke in Probleme der Begriffsbildung eindringt, desto mehr tritt die kritische Intention zurück. Die Unterscheidung von realen und nominalen Wesenheiten, von Substanzen und gemischten Modi, der Gedanke der prinzipiellen Inadäquatheit (modern gesprochen: der »Porosität«) unserer Erfahrungsbegriffe, bei deren Bildung sich der Verstand an der Natur als (unerreichbarem) »Muster«, »Vorbild«, »Urbild« orientiert – diese und andere Teilstücke der Lockeschen Erkenntnislehre setzen eine Deutung der Substanzkategorie voraus, die mit dem Etikett »Kritik« nur unzureichend gekennzeichnet ist.

Was ist die Ausgangsfrage? Wenn, nach der grundlegenden

Voraussetzung der Lockeschen Epistemologie, unser gesamtes Wissen seinem Gehalt nach auf diskrete einfache Ideen der Sensation und Reflexion zurückführbar ist, dann stellt sich die Frage, wie der Begriff des materiellen Einzeldinges zu analysieren ist. Denn nichts erscheint dem natürlichen Bewußtsein selbstverständlicher als der Glaube, daß wir nicht nur von Moment zu Moment wechselnde, einander mehr oder weniger ähnliche Konfigurationen von Sinnesqualitäten wahrnehmen – jetzt den Komplex, für den wir die Bezeichnung »Tisch« eingeführt haben, dann den Komplex »Apfel«, dann wieder, dem ersten ähnlich, den Komplex »Tisch« usw. –, sondern daß wir Dinge wahrnehmen – ein und dasselbe Ding zu verschiedenen Zeiten und mit teils denselben, teils verschiedenen Eigenschaften. Die erste Teilantwort Lockes ist streng phänomenalistisch: Wenn »eine bestimmte Anzahl dieser einfachen Ideen stets zusammen auftritt«, dann vermuten wir, »daß sie einem einzigen Ding angehören. Und da die Worte den gewöhnlichen Auffassungen angepaßt und für die schnelle Mitteilung gebraucht werden, so belegt man solche in einem Gegenstand vereinigten einfachen Ideen mit einem einzigen Namen.« (1, 366) Im gleichen Sinne formuliert, zweihundert Jahre später, Ernst Mach: »Farben, Töne, Wärmen, Drücke, Räume, Zeiten usw. sind in mannigfacher Weise miteinander verknüpft ... Aus diesem Gewebe tritt das relativ Festere und Beständigere hervor, es prägt sich dem Gedächtnis ein, und drückt sich in der Sprache aus. Als relativ beständiger zeigen sich zunächst räumlich und zeitlich verknüpfte Complexe und Farben, Tönen, Drücken usw., die deshalb besondere Namen erhalten, und als Körper bezeichnet werden ... Was auf einmal vorgestellt wird, erhält *eine* Bezeichnung, *einen* Namen.« (Mach, Analyse, 1.f.) Substanzen im Sinne von materiellen Einzeldingen sind danach nichts weiter als relativ konstante, d. h. im Erlebnisstrom eines Beobachters immer wieder in ähnlicher Zusammensetzung auftretende Ensembles von Sinnesqualitäten. Was ist, fragt Locke, die Idee der Sonne anderes als eine »Anhäufung« (aggregate) der folgenden verschiedenen einfachen Ideen: strahlend, heiß, rund, von dauernder, regelmäßiger Bewegung, in bestimmter Entfernung von uns befindlich ... Was sonst noch zu diesem Komplex gehören mag, hängt davon ab, wie sorgfältig derjenige, der an die Sonne denkt oder von ihr spricht, »die sinnlich wahrnehmbaren Qualitäten, Ideen oder Besonderheiten, die in dem als Sonne bezeichneten Ding vorhanden sind«, beobachtet hat (1, 370f.).

Diese Analyse der Dingvorstellung läßt unberücksichtigt, daß wir, wenn wir uns urteilend auf Dinge beziehen, ihre Eigenschaften und Zustandsänderungen beschreiben (z. B. »Der Apfel auf dem Tisch hat eine rötliche Farbe bekommen«), *mehr* meinen als lediglich ähnliche Anhäufungen koexistierender Sinnesqualitäten. Welcherart ist dieses »Mehr«? Da wir uns nicht vorzustellen vermögen, wie einfache Ideen für sich, sine re substante bestehen können, gewöhnten wir uns daran, »irgendein Substrat vorauszusetzen, in dem sie bestehen, aus dem sie hervorgehen« (1, 366). Es ist immer wieder versucht worden, die Idee der Substanz auf bestimmte sprachlich-logische Gegebenheiten, insbesondere auf die Grundform der Prädikation »etwas wird von etwas ausgesagt« zurückzuführen. Die Wende zur Sprache, die Locke in der Erkenntnistheorie so nachdrücklich vorzieht (vgl. das 3. Buch), läßt es ratsam erscheinen, dem sogenannten logisch-linguistischen Argument (vgl. Bennett, Locke; Mackie, Problems) bzw. einigen seiner Aspekte an dieser Stelle Beachtung zu schenken. Wenn man den Subjektbegriff der Aussage »Der Apfel auf dem Tisch hat eine rötliche Farbe bekommen« zu analysieren versucht, so zeigt sich, daß sein Gehalt durch die Begriffe »Apfel« und »auf dem Tisch sein« nicht erschöpft wird. Es ist mehr in ihm enthalten, denn das, worauf sich die Aussage bezieht, ist *das eine Ding, das* unter die Begriffe »Apfel« und »auf dem Tisch sein« fällt. Die Wendung »das eine Ding, das« umschreibt ein begriffliches Element, das in jeder Aussage von der Form »der So-und-so ist F« implizit enthalten ist, aber in keiner Liste attributiver oder beschreibender Aussagebestandteile, keiner F-Liste, vorkommt. »Das eine Ding, das« kann als Ausdruck der in Kennzeichnungen enthaltenen Existenz- und Einzigkeitspräsupposition angesehen werden: ein Terminus von der Form »der So-und-so« bedeutet ja nach Russell dasselbe wie die Aussage »Es gibt ein und nur ein Ding, dem die Eigenschaft, so und so zu sein, zukommt«. Die Idee der Substanz als des Substrats, vermöge dessen eine Menge qualitativer Bestimmungen als *ein* Ding für sich bestehen kann, erscheint, so gesehen, als Verdinglichung der Existenz- und Einzigkeitspräsupposition. Lockes lakonische Bemerkung, wir könnten uns nicht vorstellen, wie einfache Ideen ohne einen Träger für sich subsistieren können, läßt freilich Raum für verschiedene Interpretationsvermutungen. Vielleicht liegt der Bemerkung auch die logische Intuition zugrunde, daß Prädikate ergänzungsbedürftige Ausdrücke sind, aus denen durch Einsetzung von Individuennamen Sätze entstehen und daß nur durch Sätze – das eine Ding, das »a« genannt wird, ist F – konkrete Sachverhalte beschrieben werden.

Lockes Substanzlehre beruht auf zwei voneinander nicht nur unabhängigen, sondern in gewissem Sinne einander konterkarierenden Befunden: Da die Anschauung uns nie etwas anderes als Kollektionen von Sinnesqualitäten darbietet, fehlt der Substanzidee jegliche Evidenzbasis. Es gibt kein Datum innerer oder äußerer Erfahrung, mit Bezug worauf die Vorstellung eines identischen Substrats oder (bildlich gesprochen) des Dingkernes, aus dem die einzelnen Qualitäten in dem Sinne »hervorgehen«, daß der beobachtbaren, raum-zeitlich geordneten »Anhäufung« eine intrinsische nicht-kontingente Verknüpfung entspräche, erkenntnistheoretisch legitimiert werden könnte. Auf der anderen Seite erblickt Locke in der Hinzufügung der Trägervorstellung eine Art Notwendigkeit, einen unentrinnbaren begrifflichen »Zug« unseres Denkens, ist die Substanzidee für ihn eine kategoriale, nichteliminierbare Komponente unserer Realitätsauffassung. So erklärt sich die Behauptung, daß bei solchen Kombinationen einfacher Ideen, die für sich bestehende Einzeldinge (particular things subsisting by themselves) repräsentieren, die Idee der Substanz, wiewohl für sich betrachtet »obskur«, »hypothetisch«, »verworren«, ohne fundamentum in re (wenn wir unter »res« hier das durch Sensation und Reflexion Gegebene verstehen), doch immer die erste und oberste (the first and chief) Idee sei (1, 188).

Lockes ambivalente, zum Teil skeptisch-kritische, zum Teil konzessionswillige Einstellung zum Substanzbegriff spiegelt sich nicht zuletzt in seinem Sprachgebrauch, in dem mindestens drei verschiedene Bedeutungen von »Substanz« nachgewiesen werden können.

1. Substanz im Sinne von für sich bestehendem Einzelding. Hier haben auch Begriffe wie der der Person, der Seele, des Ichs ihren systematischen Ort. Zwischen materiellen und denkenden Substanzen besteht nämlich für Locke insofern eine strenge strukturelle Analogie, als das evidente Bewußtsein, das wir von uns selbst haben, sich nur auf unsere geistigen Funktionen und Operationen bezieht, nicht jedoch auf das, was da sieht, hört, urteilt, hofft, Schmerzen empfindet etc. Die Wahrnehmung von Ideen sei für die Seele dasselbe wie die Bewegung für den Körper – nicht ihr Wesen, sondern eine ihrer Operationen (1, 113). So wie materielle Substanzen nichts anderes sind als Verbindun-

gen einfacher Ideen »unter Voraussetzung« (supposition) eines Etwas = X, »dem sie angehören und in dem sie Bestand haben« (1, 394), so erfahren wir uns selbst lediglich als Bündel von Gedanken und Gefühlen, psychischen Zuständen und mentalen Leistungen. Die vorausgesetzte, mit dem Wort »Ich« gemeinte Einheit des Selbst hingegen fällt in keinen Akt der Introspektion. Bis in die jüngste Zeit läßt sich die philosophiegeschichtliche Spur dieses Gedankens verfolgen. Kant lehrt, daß ich keine Erkenntnis von mir habe, *wie ich bin*, sondern bloß, wie ich mir selbst *erscheine*. Für Russell bleibt die Frage, ob es außer der unmittelbaren Bekanntschaft mit unseren Bewußtseinsinhalten und Gemütsbewegungen auch Bekanntschaft des Ich mit sich selbst gibt, in der Schwebe: Einerseits scheinen wir in der Introspektion immer nur mit einem bestimmten Gedanken oder einem bestimmten Gefühl konfrontiert zu sein, nie mit dem Ich, das diese Gedanken und Gefühle hat. Andererseits ist schwer einzusehen, wie wir den Sinn des Satzes »Dieses Sinnesdatum ist mir bekannt« verstehen könnten, wenn uns nicht auch das bekannt wäre, worauf sich der Ausdruck »Ich« bezieht.

2. Substanz im Sinne von Spezies oder natürlicher Art von Einzelsubstanzen (1). In diesem Sinne sind Gold, Pferd, Mensch, Wasser, Vitriol Substanzen (1, 370). Zu jeder Substanz (2) gehört, was Locke die nominale Wesenheit (nominal essence) nennt: die Intension des Begriffswortes oder Gattungsnamens, d.h. die Menge der Merkmale, die den jeweiligen Substanzbegriff definieren und dem Sprachbenutzer als Identifikationskriterien für Substanzen (1) dienen (2, 18, 21, 50, 65). Welche Merkmale das sind, hängt, da wir bei der Bildung von Substanzbegriffen nicht völlig arbiträr, sondern gleichsam abbildend verfahren, so als ob es eine an sich bestehende Ordnung der Dinge begrifflich zu rekonstruieren gälte (2, 72), von unseren durch Beobachtung und Experiment gewonnenen Kenntnissen ab. Der Gehalt unserer komplexen spezifischen Ideen von Substanzen (2) variiert mit Fortschritt und Entwicklung der Erfahrung (2, 72). Als Adam, wie Locke in einer gefälligen Anekdote fingiert (2, 90f.), zum ersten Male Gold sah und für den neuartigen Stoff den Namen »zahab« in die Sprache einführte, da verband er – vergleichbar einem Kinde unserer Sprachgemeinschaft, für das, seinem Wortverständnis gemäß, auch ein Messingleuchter aus Gold ist (2, 6) – mit dem Wort »Gold« zunächst nur die Vorstellung von solchen »gewisserma-

ßen oberflächlichen Qualitäten« wie hart, glänzend-gelb und ungewöhnlich schwer. Insofern diese Eigenschaften nicht hinreichen, um beispielsweise Gold von Messing zu unterscheiden, ergeben sie lediglich eine verworrene Idee von Gold (1, 458). Nach und nach entdeckt Adam weitere, weniger oberflächliche, d. h. nicht direkt beobachtbare Eigenschaften. Er modifiziert und vervollständigt dementsprechend seinen Begriff, indem er zum Beispiel dem Gold zunächst zugeschriebene magische Qualitäten wegläßt, hingegen Dispositionen (in Lockes Terminologie: »Kräfte«), wie dehnbar, schmelzbar, in aqua regia löslich, in die spezifische Idee dieser Substanz mitaufnimmt und so »zum Bestandteil der Wesenheit der Art macht, der der Name zahab entspricht« (2, 91). Das Ziel, das Adam, der hier für die forschende Menschheit steht, verfolgt, ist das der kognitiv adäquaten Begriffsbildung: Es sollen diejenigen Qualitäten als Begriffsmerkmale der nominalen Wesenheit integriert werden, die der Substanz Gold, wie sie in der Natur angetroffen wird oder – Gold ohne verunreinigende Beimengung von Kupfer – unter idealen Bedingungen angetroffen werden würde, eigentümlich sind. Unser Begriff der Sache soll der Sache selbst – dem von der Natur aufgestellten »Muster« und »Urbild« – adäquat sein (2, 90). Dieses Ziel erreichen wir freilich nie (2, 91).

3. Substanz in einem vollkommen allgemeinen, metaphysischen Sinne. Man kann Locke den Vorwurf nicht ersparen, daß er weder die einzelnen Bedeutungsfelder des Terminus »Substanz« hinlänglich klar voneinander abzugrenzen gewußt noch die (wie immer auch problematischen) gedanklichen Querverbindungen zwischen den verschiedenen Substanzvorstellungen aufzuweisen vermocht hat. Dieser Mangel macht sich besonders fühlbar bei der Hypostasierung der Substanzidee zur metaphysischen Entität einer »reinen Substanz im allgemeinen« (1, 366). Zwar läßt Lockes Kritik dieses spekulativen Konstrukts an Deutlichkeit und mitunter auch an spöttischer Schärfe wenig zu wünschen übrig; aber es bleibt unbeschadet dessen eine kaum entscheidbare Frage, ob Locke den Begriff der Substanz im allgemeinen und damit alle möglichen pseudokosmologischen Substanzspekulationen radikal als sinnleeren Wortkram verwirft (1, 200ff., 367), oder ob er zuletzt nicht eher der skeptisch-moderaten Auffassung zuneigt, es liege an dem begrenzten Fassungsvermögen des menschlichen Verstandes, daß wir nicht wissen und nicht wissen können, was das mit dem Namen »Substanz im allgemeinen« bezeichnete unbekannte Etwas = X

an ihm selbst sei. Über die begrifflichen Voraussetzungen des Überganges von Einzelsubstanzen (1) zur Substanz im allgemeinen (3) kann man nur Mutmaßungen anstellen. Vielleicht ist es ein einfacher Fehlschluß, der die Kluft überbrückt (wir formulieren ohne Präzisionsabsicht): für jede Eigenschaft gibt es einen (irgendeinen) Träger; also gibt es einen (nur einen) Träger für alle Eigenschaften. Denkbar ist auch, daß implizit folgendermaßen argumentiert wird: Weil das bei Substanzen (1) vorausgesetzte Etwas stets einerlei = X ist, ergibt sich aus dem Prinzip der Identität des Nichtunterscheidbaren, daß allen Einzelsubstanzen ein und dieselbe Substanz im allgemeinen (3) zugrundeliegt. Wenn Berkeleys Locke-Kritik (s. u.), die wegen Vernachlässigung alles dessen, was Locke Sinnvolles zum Substanzbegriff sagt, nicht gerade als exemplarisch fair bezeichnet werden kann, sich ganz auf den Begriff der Substanz im allgemeinen konzentriert, so macht sie sich eine Tendenz zunutze, die im ›Essay‹ unverkennbar ist, nämlich die der Verschmelzung der Begriffe Substanz im allgemeinen, Materie, Substanz des Körpers (1, 380, 389) zu gleichnamigen Ausdrücken für »Ding an sich« (1, 380).

Wie fragwürdig die Konzeption einer allgemeinen Substanz auch sein mag – sie ist, was den architektonischen Zusammenhang der Begriffe im ›Essay› betrifft, nichts weniger als funktionslos. Auf sie geht nämlich die Doktrin von den realen Wesenheiten (real essence) zurück und zwar in den *beiden* von Locke unterschiedenen Versionen: Die eine »Ansicht« setzt »eine bestimmte Anzahl solcher Wesenheiten voraus, wonach alle natürlichen Dinge gebildet seien, woran ein jedes von ihnen exakt teilhabe und deshalb dieser oder jener Art angehöre. Die andere, vernünftigere Ansicht wird von denen vertreten, die bei allen natürlichen Dingen eine reale, aber unbekannte Beschaffenheit ihrer sinnlich nicht wahrnehmbaren Teile als vorhanden annehmen.« (2, 21 f.)

Die erste Version der Doktrin glaubt unterscheiden zu können (und zu müssen) zwischen 1. den Exemplaren einer Spezies S, 2. unserer spezifischen Idee von S (was Locke die nominale Wesenheit nennt) und 3. einem allgemeinen Gattungswesen (substantielle Form), das alle essentiellen Eigenschaften von S in sich vereint, einerseits also von der Natur eines Begriffs ist (als gedanklicher Zusammenfassung von Merkmalen), andererseits aber wie die Einzeldinge real existieren soll. Heißt es in diesem Zusammenhang, daß jedes einzelne Exemplar von S das, was es ist, sein S-Sein, der Teilhabe an der realen Wesenheit verdanke (2, 22), so wird offenbar die Beziehung des Fallens-eines-Gegenstandes-unter-einen-Begriff mystisch umgedeutet in die Beziehung der Partizipation des Einzelnen an einem wesenhaft bestimmten allgemeinen Sein – so als würden nicht nur Menschen existieren, sondern außerdem, unwandelbar und unzerstörbar, *der* Mensch, zusammengesetzt gemäß der Schuldefinition aus animalitas und rationalitas, und als verdankten die menschlichen Individuen das, was sie sind, nämlich Menschen, dem Umstand, daß in jedem von ihnen das Gattungswesen Mensch erscheint. Nebenbei bemerkt und um dem Eindruck entgegenzuwirken, Locke habe mit seiner Kritik an dem abstrusen Begriffsrealismus der substantiellen Formen schon zu seiner Zeit längst offene Türen eingerannt: noch Goethes naturwissenschaftlich-naturphilosophisches Denken ist einem essentialistischen Wirklichkeitsverständnis verpflichtet. Die Urpflanze stellt ja nicht einen datierbaren und lokalisierbaren phylogenetischen Erstzustand dar, sondern den zum allgemeinen Wesen hypostasierten Begriff der Pflanze.

Locke wird nicht müde, dem Leser die Überzeugung von der Unhaltbarkeit dieser Doktrin einzuschärfen. Seine kritischen Argumente sind, kurz gefaßt, folgende: Die Rede vom Wesen, den wesentlichen Eigenschaften einer Einzelsubstanz (1) hat nur Sinn mit Bezug auf einen Begriff, zu dessen Extension dieser Gegenstand gehört. Betrachtet man einen Gegenstand a als unter den Begriff A fallend, so ist für a wesentlich, daß es die Eigenschaften hat, die Definitionsmerkmale von A sind; denn eben dies rechtfertigt die Subsumtion von a unter A. Läßt man die »abstrakten Ideen« beiseite, »mit deren Hilfe wir die Einzeldinge sortieren und unter gemeinsame Namen einordnen«, so zeigt sich, daß für Individuen qua Individuen überhaupt nichts wesentlich ist (2, 51). Die Frage, ob einem real existierenden Ding etwas ihm Wesentliches fehle, nennt Locke schlichtweg absurd (2, 53). Die Bildung klassifikatorischer Begriffe und damit die Einteilung der Dinge in Arten ist jedoch gänzlich das Werk des menschlichen Verstandes, der sich dabei auf nichts anderes berufen kann als auf die Koexistenz und relative Invarianz gewisser Eigenschaften, d. h. auf die Beobachtung ähnlicher Fälle. Da aber verschiedene Dinge in ganz verschiedenen Hinsichten einander ähnlich sein können, vermögen wir der Erfahrung nie einen schlechthin gültigen Kanon adäquater Artbegriffsbildung zu entnehmen, sondern lediglich mehr oder weniger schwankende Anhaltspunkte. Hat nicht »jede besondere Qualität, die ein beliebiger Mensch an irgendeiner Materie entdeckte«, ein Anrecht darauf, als »notwendiger Bestandteil der komplexen Idee« angesehen zu werden? »Denn welcher Grund ließe sich nachweisen, der stärker für die Aufnahme der einen als der anderen Qualitäten spräche?« (2, 91, 110) Wer von allen denen, die sich einen Begriff von Gold gebildet haben, »hat nun die richtige Bedeutung des Wortes Gold ermittelt? Oder wer von ihnen soll als Richter darüber entscheiden? Jeder hat in der Natur sein Muster, auf das er sich beruft; und jeder hat Grund zu der Annahme, er dürfe in seine mit dem Wort Gold bezeichnete komplexe Idee jene Qualitäten, die er bei einer Untersuchung vereinigt vorgefunden hat, mit demselben Recht aufnehmen, mit dem ein anderer, der weniger genau nachgeprüft hat, sie auslassen und ein dritter, der weitere Versuche angestellt hat, andere Qualitäten aufnehmen dürfe.« (2, 110)

Was als Kontingenz und Sprecherrelativität der Begriffsbildung bezeichnet werden kann: die Abhängigkeit von psychologischen Faktoren wie dem »Grade der Sorgfalt, der Aufmerksamkeit, der Einbildungskraft« (2, 73), von der »unterschiedlichen Geschicklichkeit und Verfahrensweise der einzelnen« (2, 110), von Standpunkten, Interessen, der Weite des Erfahrungshorizonts (2, 75, 77, 91f.), dokumentiert sich für Locke eindringlich im Faktum der »willkürlichen Festlegung der Wortbedeutungen« (2, 9). Denn die »vom Geist geschaffenen nominalen Wesenheiten« (2, 58) sind ja nichts anderes als Intensionen von Prädikaten – so oder so zusammengesetzte, mit einem »allgemeinen Namen« verknüpfte Ideenkomplexe. In ihrer »eigentlichen und unmittelbaren Bedeutung« bezeichnen die Wörter »Ideen im Sinne des Redenden« (2, 8), d.h. des einzelnen Sprechers, und obwohl der Sprachgebrauch durch »stillschweigende Vereinbarung« (2, 9) für eine gewisse Vereinheitlichung der Intensionen sorgt, so ist doch nicht allein nicht auszuschließen, sondern vielmehr die Regel, daß verschiedene Sprecher derselben Sprachgemeinschaft mit ein und demselben Prädikat verschiedene Begriffe verbinden. Er, Locke, wage zu behaupten, »daß die nominale Wesenheit keiner einzigen Art von Substanzen bei allen Menschen die gleiche ist« (2, 69). Die Frage, ob ein »neugeborener, unregelmäßig gestalteter Fötus ein Mensch sei oder nicht«, würde von verschiedenen Sprechern zweifellos verschieden beantwortet werden. Die gleiche Frage stellte sich, fände man eine Substanz, die außer der Dehnbarkeit alle übrigen Qualitäten des Goldes besäße. Und nicht nach Maßgabe einer vermeintlichen realen Wesenheit, *des* Goldes an und für sich, sondern nur nach den abstrakten Ideen, die jeder mit dem Namen »Gold« verknüpft, ließe sich die Frage entscheiden. Das bedeutet, »daß jener Körper für denjenigen wirkliches Gold sein würde und auch der Art angehören würde, der die Dehnbarkeit in seine nominale Wesenheit ... nicht mit aufgenommen hätte. Andererseits würde dieser Körper für denjenigen, der die Dehnbarkeit in seine spezifische Idee mit einschlösse, kein wirkliches Gold sein und auch nicht dieser Art angehören.« (2, 81) Aus alledem folgert Locke, daß es reale Wesenheiten im Sinne substantieller Formen, »durch die alle existierenden Individuen von der Natur in Arten eingeteilt werden« (2, 62), entweder nicht gibt oder (was im Ergebnis auf dasselbe hinauskommt) daß sie für uns unerkennbar sind und also die Rede von ihnen als nutzlos, ja sinnlos (gemessen an den Kriterien für Wortmißbrauch, 2, 120ff.) gebrandmarkt werden muß. Gäbe es substantielle Formen und wären sie für uns erkennbar, so müßten wir in der Lage sein, das Für-uns der Dinge – »für *uns* ist das Wesen im eigentlichen Sinne das, was jedes Einzelding der einen oder anderen Klasse ... zuweist« (2, 56) – mit ihrem An-sich zu vergleichen. Wir müßten wenigstens in einem Falle von Substanz (2) alle Eigenschaften kennen, die sich von der realen Wesenheit herleiten und »so eng mit ihr verknüpft sind, daß uns das Fehlen einer einzigen von ihnen zu dem sicheren Schluß ermächtigt, daß die Wesenheit nicht vorhanden sei, mithin das Ding der betreffenden Art nicht angehöre« (2, 63). Es gibt jedoch keine Gewähr, daß wir alle in diesem Sinne wesentlichen Eigenschaften einer Sache jemals kennen können.

Welche Bewandtnis hat es nun aber mit der zweiten, der »vernünftigeren« Version der Lehre von den realen Wesenheiten? Wie verhält es sich insbesondere mit der These, daß wir uns bei der Bildung von Substanzbegriffen an von der Natur aufgestellten »Mustern«, »Vorbildern«, »Urbildern« orientieren, daß wir uns der Natur »anzupassen« suchen (2, 93) – wenn doch andererseits die nominalen Wesenheiten stets sprecherrelativ sind und der spekulative Glaube an vorgegebene, durch Wesensschau erfaßbare Kanons sachadäquater Begriffsbildung ein »Hirngespinst« (2, 75) ist? Tatsächlich fällt es nicht leicht, Lockes Argumentation auf einen einheitlichen Kurs festzulegen, und ein Interpret, der gewillt wäre, sich sein Geschäft zu vereinfachen, indem er den Autor des Widerspruchs überführt, brauchte nach zumindest prima facie inkonsistenten Aussagen im ›Essay‹ nicht lange zu suchen. Gibt es ebensoviele Arten von Gold, wie es sprecherabhängige nominale Wesenheiten gibt, oder gibt es *eine* Substanz Gold, und verschiedene Sprecher – ein Kind und ein Chemiker – haben lediglich verschiedene, mehr oder weniger adäquate Vorstellungen, was Gold in Wirklichkeit, seiner Natur nach ist? Betont Locke in der Polemik gegen den Dogmatismus der substantiellen Formen, der aus bloßen Begriffen sachhaltige Erkenntnisse über die Realität glaubt gewinnen zu können, das erstere (2, 81), so sieht er sich nun, im Zusammenhang mit der vernünftigeren Ansicht, genötigt, das Gegenteil zuzugeben. Obwohl bei Substanzen »der eine in seine komplexe Idee etwas aufnimmt, was der andere ausläßt und umgekehrt, so nimmt man jedoch gewöhnlich nicht an, daß deshalb ein Wandel der Art erfolge«. Gesetzt, jemand füge zu seiner Idee von Gold die Ideen der Feuerbeständigkeit und der Lösbarkeit in aqua regia hinzu, die darin zuvor nicht enthalten waren, so wird man nicht sagen, »daß er die Art dadurch verändert habe, sondern nur, daß er sich eine vollständigere Idee gebildet habe ...« Das hat seinen Grund darin, daß wir »insgeheim« den Namen »Gold« auf die »reale, unwandelbare Wesenheit« des Dinges beziehen, »auf der dessen Eigenschaften beruhen, und voraussetzen, daß der Name mit dieser Wesenheit verknüpft ist« (2, 134). Eine nominale Wesenheit, da auf Festsetzung beruhend, ist für sich betrachtet immer vollständig, nämlich so, wie die Festsetzung eben getroffen worden ist. Zu sagen, es fehle ihr etwas, ist Unsinn, es sei denn, man zöge einen externen Maßstab heran. Wenn also die Unterscheidung zwischen adäquateren und weniger adäquaten Substanzbegriffen, der Glaube an die Perfektibilität unserer Ideen von real existierenden Dingen, die Überzeugung, daß es uns gelingt, durch experimentell verfeinerte Untersuchungen die sachspezifischen und also wesentlichen Eigenschaften einer Substanz von ad hoc auftretenden, kontingenten Erscheinungen zu sondern – mit einem Wort: wenn die Idee eines wie auch immer begrenzten Erkenntnisfortschritts sinnvoll sein soll, so nur, wenn wir einen Gesetzes- und Ordnungszusammenhang in den Dingen unterstellen, eben – mit Locke – eine »reale innere Beschaffenheit« der Substanzen, »von der die sinnlich wahrnehmbaren Qualitäten abhängen« (2, 247) und die den (uns freilich unbekannten) Grund der »notwendigen Verbindung und Koexistenz mehrerer einzelner Ideen in demselben Gegenstand« (2, 247) bildet. Die reale Wesenheit im Sinne der vernünftigeren Ansicht ist sonach nichts anderes als eine Notwendigkeitsvermutung, der Sache nach dasselbe wie die objektive synthetische Einheit bei Kant.

Niemand kommt auf den exzentrischen Gedanken, »die Stimme eines Schafes mit der Gestalt eines Pferdes oder die Farbe des Bleis mit der Schwere und Feuerbeständigkeit des Goldes zu verknüpfen, um die komplexen Ideen irgendwelcher realen Substanzen zu erhalten« (2, 73). Warum nicht? Weil dergleichen Kombinationen nicht beobachtet werden. Man stelle sich jedoch einen geringeren Grad von Invarianz unter den beobachtbaren Erscheinungen vor – eine Welt, in der, wie im Kaleidoskop, die (aus unserer Sicht) artspezifischen Eigenschaftsbündel in raschem Wechsel, wenn auch nicht regellos, einander durchkreuzen, so daß einige Eigenschaften von Blei jetzt mit einigen Eigenschaften von Gold assoziiert auftreten, dann mit Eigenschaften von Eisen usw. In einer solchen Welt bestünde Anlaß zu dergleichen exzentrischen Begriffsbildungen. Locke ist sich indessen durchaus darüber im Klaren, daß auch unter den in unserer Welt herrschenden Bedingungen die Evidenz der Sinne, die hinreichend sein mag, um schlechthin »schimärische« Begriffsbildungen (2, 73) auszuschließen, nie für einen absolut verläßlichen Prüfstein adäquater Begriffsbildung gelten kann. Denn der eine nimmt dieses, der andere jenes wahr. Nicht also, wie die Dinge im Wechselspiel zufallsbestimmter Umstände dem einen oder anderen Beobachter erscheinen, kommen sie als Muster, Urbild, Telos empirischer Begriffsbildung in Betracht, sondern so, wie sie unter idealen Bedingungen erscheinen *würden*. Aber wie würden sie unter idealen Bedingungen erscheinen? Das wissen wir nicht. Locke stößt hier, bei Erläuterung der vernünftigeren Ansicht, auf die Paradoxie der Annäherung an die Wahrheit. Wir unterscheiden zwischen adäquateren und weniger adäquaten Substanzbegriffen. Das ist ein Faktum unserer Erkenntnispraxis. Die Unterscheidung hat nur Sinn im Hinblick auf maßstäbliche Adäquationskriterien – die reale Wesenheit der Dinge. Die aber kennen wir nicht. So nähern wir uns nach dem guten Glauben der Erfahrungswissenschaften einem Ziel, von dem uns die philosophische Reflexion sagt, daß wir nie mit absoluter Sicherheit behaupten können, wir seien zu ihm unterwegs.

Auf diesen in mehr als einer Hinsicht zentralen Punkt der Lockeschen Erkenntnislehre fällt helleres Licht, wenn man hinzunimmt, was Locke (ohne die Termini zu benutzen) über analytische und synthetische Urteile sagt. Ob der Satz »Alles Gold ist in aqua regia löslich« analytisch oder synthetisch ist, steht Locke zufolge nicht an und für sich fest, sondern hängt von der Redesituation ab – davon, wie und in welcher Funktion der Satz gebraucht wird. Wird er so gebraucht, daß der Terminus »Gold« sich auf die nominale Wesenheit bezieht: »für Sprecher S: Gold = gelbglänzende, dehnbare, schmelzbare, in aqua regia lösliche Substanz«, so ist er analytisch – eine bloße Bedeutungsexplikation, ein »inhaltsloser Satz«, in dem ein »Teil der Definition von dem definierten Wort« ausgesagt wird (2, 286) und der eben darum, »weil er kein anderes Wissen als das um die Bedeutung der Wörter ausdrückt« (2, 287), ein vollkommen gewisser Satz ist. Derselbe Satz kann aber auch als »belehrender«, nicht bloß ein verbales Wissen enthaltender, kurz als synthetischer Satz gebraucht und aufgefaßt werden. Er drückt dann die inhaltliche, nicht auf die Wörter, sondern auf Dinge bezogene Feststellung aus, daß zwischen dem Eigenschaftsbündel E_1 ... E_n (glänzendgelb, dehnbar, schmelzbar etc.) und der Eigenschaft E_s (in aqua regia löslich) ein gesetzmäßiger Zusammenhang derart besteht, daß, wann und wo immer E_1 ... E_n realisiert ist, auch E_s realisiert ist. Bei dieser Interpretation bezieht sich der Subjektausdruck des Satzes »Gold« auf die reale Wesenheit, und das hat zur Folge, daß der Satz nun kein gewisses, sondern lediglich ein wahrscheinliches Wissen ausdrückt (2, 246, 286ff.). Denn keine der Ideen, die wir in der Substanz Gold als objektiv vereinigt denken, weist eine »offenkundige Abhängigkeit« von oder einen »notwendigen Zusammenhang mit einer anderen« auf. »Daher können wir nicht mit Bestimmtheit wissen, daß, wo je vier von ihnen sind, auch die fünfte vorhanden sein muß, so überaus wahrscheinlich das auch sein mag. Denn auch die größte Wahrscheinlichkeit kommt noch nicht der Gewißheit gleich, ohne die es kein wahres Wissen geben kann.« (2, 196)

Locke formuliert hier – mit »notwendigem Zusammenhang« begrifflich-logischen Zusammenhang meinend – eine außerordentlich weitreichende, über das Zeitalter Humes und Kants hinweg auf den Logischen Atomismus des 20. Jahrhunderts vorausgreifende These: den ontologischen Grundsatz, daß verschiedene Realzustände voneinander logisch unabhängig sind.

Den Grundsatz als gültig vorausgesetzt (was Locke offensichtlich tut), ist unser Wissen von Substanzen insofern prinzipiell kontingent (kein »allgemeines Wissen«, 2, 253), als wir über die auf Einzelbeobachtungen gestützte Notwendigkeits*vermutung* nie hinausgelangen können. Wie oft wir auch feststellen mögen, daß unter gleichen Bedingungen Gleiches geschieht, $E_1 \ldots E_n$ mit E_s koexistiert – keine derartige Beobachtungsreihe verbürgt die Wahrheit des Satzes »Alles Gold ist in aqua regia löslich« (2, 209). Die Sache erläutert sich am einfachsten und eindringlichsten, wenn wir Aussagen über Substanzen mit Aussagen über mathematische Gegenstände vergleichen. Alle Eigenschaften eines Dreiecks beruhen auf der »komplexen Idee von drei Seiten, die eine Fläche einschließen« (1, 477). Weil hier die abstrakte Idee, mit der der allgemeine Name verbunden ist, mit der eigentlichen essentia, dem Sein der Dinge zusammenfällt (2, 23), ergibt sich jede Eigenschaft des Dreiecks – zum Beispiel daß jeder Außenwinkel stets größer ist als jeder der beiden gegenüberliegenden Innenwinkel (2, 289) – mit einsehbarer Notwendigkeit aus der »genau umgrenzten« Idee des Gegenstandes (1, 477; 2, 213, 289). Ganz anders, wenn wir – soweit unsere Beobachtung reicht – feststellen, daß gewisse Dinge sich regelmäßig verhalten. Wir können dann »vermuten«, daß sie einem »ihnen gegebenen Gesetz folgen« (1, 478; 2, 253) – gegeben durch das »willkürliche Belieben und Gutdünken des weisen Baumeisters« (2, 213), aber dem menschlichen Intellekt unbekannt und unzugänglich. Keine Eigenschaft einer materiellen Substanz ist mit irgendeiner anderen *für uns* einsehbar notwendig verknüpft (1, 477; 2, 245). Nichts anderes besagt der Satz, daß »die abstrakten komplexen Ideen der Substanzen ... nicht die reale Beschaffenheit der Substanzen in sich (begreifen)« (2, 255). Zumindest in Andeutungen zeichnet sich hier Kants Konzeption eines unendlichen Verstandes (intellectus archetypus) ab, für den auch bei Substanzen nominale und reale Wesenheit, Abbild und Urbild koinzidieren. Ein solcher Verstand wäre, was die Erkenntnis der Eigenschaften einer materiellen Substanz anlangt, ebensowenig darauf angewiesen, daß diese »existiert« und daß »Versuche daran angestellt werden« (er wäre, mit Kant zu reden, nicht auf empirische Anschauung, d. h. auf prinzipiell unvollständige Beobachtungsreihen angewiesen), »wie es für die Erkenntnis der Eigenschaften eines Dreiecks notwendig ist, daß ein solches irgendwie materiell existiere« (2, 249). Was man im Anschluß an F. Waismann heute oft als die Porosität, das heißt als die potentielle Vagheit aller empirischen Begriffe bezeichnet, das ist nur eine andere, zeitgemäßere Umschreibung des Umstandes, der Lockes eigenartigen, auf den Tenor »Ins Innere der Natur dringt kein erschaffener Geist« gestimmten Erkenntnispessimismus begründet (2, 248ff.): Unsere Ideen von Substanzen sind zwar auf Übereinstimmung mit ihren Urbildern, den Dingen, wie sie an und für sich sind, gleichsam hingeordnet, aber den Urbildern nie adäquat, und wenn sie es wären, könnten wir es nicht wissen; ein mehr als wahrscheinliches, nämlich ein schlechthin gewisses, allgemeines Wissen können wir durch Beobachtung und Experiment nicht gewinnen.

Eine der bemerkenswertesten, allein in Mackies Buch zureichend gewürdigten Konzeptionen Lockes ist die der gemischten Modi, die er den Substanzbegriffen gegenüberstellt. Locke unterscheidet einerseits Modi und Relationen von Substanzen, andererseits Modi, Relationen und Substanzen von einfachen Ideen. Modi sind komplexe Ideen, die jedoch nicht die Voraussetzung implizieren, daß sie für sich selbst bestehen (1, 187). Ein Dreieck ist ein einfacher Modus der Ausdehnung oder des Raumes; eine bestimmte Dauer, zum Beispiel ein Tag, ist ein einfacher Modus der Zeit. Wörter wie »gleiten«, »fließen«, »rollen«, »taumeln« bezeichnen einfache Modi der Bewegung. Wahrnehmen, erinnern, träumen sind einfache Modi des Denkens; Hoffnung, Ärger, Neid einfache Modi von Lust und Unlust. Ideen der Relation ergeben sich aus der »Betrachtung und Vergleichung einer Idee mit einer anderen« (1, 189). Gemischte Modi sind »Kombinationen einfacher Ideen ungleicher Art« (1, 357). Diese Sacherklärung gibt wenig her; instruktiver sind die Beispiele: Lüge, Vatermord, Kirchenraub, Blutschande, Ehebruch, Gerechtigkeit, Freigebigkeit, Vertrag, Grausamkeit, Verschwendung. Lassen wir, um die Sache zu klären, noch einmal die Fabel von Adams sprachlichen Innovationen zu Wort kommen. Als der Vater der Menschheit das Wort »Gold« in die Sprache einführt, da vollzieht er eine Art Taufakt: »Dieser Stoff hier, was für Eigenschaften fürderhin auch immer an ihm entdeckt werden mögen, sei Gold genannt.« Als Adam vermutet, Lamech verdächtige Adah, sein Weib, der Untreue und sei deshalb gedrückter Stimmung, da verwendet er gesprächsweise zum ersten Mal die Vokabeln »kinneah« – in der Bedeutung »vom Manne gehegter Verdacht des Treubruchs seiner Frau« – und »niouph« – in der Bedeutung »Akt der ehelichen Untreue«.

Später stellt sich heraus, daß Adams Vermutung falsch war. Lamechs Depression hatte nichts mit seiner Frau zu tun, und Adah dachte nicht an Untreue. Der Unterschied ist der: Im einen Falle wird etwas *gefunden*, und der Grund der Verknüpfung der Merkmale $E_1 \ldots E_n$ zum empirischen Begriff des Goldes wird als in den Dingen selbst liegend angenommen, im anderen Falle werden – unabhängig von tatsächlichen Gegebenheiten, ohne Muster und Vorbild in der Realität – bestimmte Phänomene durch Ideenkombination *erfunden:* zum Beispiel Ehebruch als eine regelwidrige Form sozialen Verhaltens. Sind unsere Ideen von Substanzen nach Locke stets inadäquat, so sind die Ideen von gemischten Modi, weil hier nominale und reale Wesenheit zusammenfallen (2, 47), stets adäquat; es ist sozusagen nichts dahinter, was Gegenstand künftiger Forschungen sein könnte. Gemischte Modi sind freie gedankliche Setzungen, abhängig allenfalls von Zweckmäßigkeitserwägungen (2, 41). Es hat Sinn zu sagen: Aufgrund dieser und jener Entdeckungen haben wir heute genauere Kenntnis von dem, was Gold ist, und also einen adäquateren Begriff als Adam. Aber das Folgende ist offensichtlich Unsinn: Die Anwendung neuartiger Untersuchungsmethoden hat zu einem vertieften Verständnis von Lüge, Vatermord, Kirchenraub, Ehebruch etc. geführt. Gegenstand realwissenschaftlicher Untersuchungen können die Motive von Kirchenräubern sein, das gesellschaftliche Milieu, dem sie entstammen, die Tatumstände etc., nicht jedoch das Phänomen Kirchenraub als solches. Substanzen stellen offene, unbegrenzte Felder möglicher Entdeckungen dar; an gemischten Modi als institutionellen, auf Setzung beruhenden Phänomenen gibt es nichts zu entdecken. Man wird vielleicht einwenden, daß Lockes Unterscheidung zwischen Substanzen und gemischten Modi nicht trennscharf sei. Wie verhält es sich zum Beispiel mit einem Regelsystem wie dem Schachspiel – für Locke offenbar ein gemischter Modus? Niemand hat bisher alle überhaupt möglichen Partien gespielt, und der Reiz des Spieles beruht wesentlich darauf, daß die Spieler einander durch geschickte Kombinationen Überraschungen bereiten können. Allein, das sind Überraschungen *im Rahmen eines Kalküls.* Wer die endlich vielen Regeln kennt, nach denen das Spiel gespielt wird, ist damit freilich noch kein guter, strategisch versierter, im Durchschauen komplizierter Spielsituationen geübter Schachspieler. Aber er weiß, *was* Schach *ist,* und seine Kenntnis der Sache ist in dem Sinne vollständig, daß die von Waismann beschriebene, im empirischen Umgang mit Dingen nie auszuschließende Möglichkeit einer zur Revision bisheriger Auffassungen nötigenden Entdeckung nicht eintreten kann. Der Zweifel: ist dieser Zug nun ein Zug im Schachspiel, oder ist es keiner? ist prinzipiell unmöglich.

Die wichtigsten gemischten Modi betreffen nach Locke »moralische Dinge« (2, 45), sind »Inhalt moralischer Erörterungen« (2, 42). Das gibt Veranlassung, auf einen ebenso merkwürdigen wie lehrreichen Irrtum Lockes hinzuweisen – seine Auffassung der Ethik als »demonstrativer Wissenschaft«, die, ausgehend von bestimmten selbstevidenten Voraussetzungen – der Idee »unserer selbst als eines mit Verstand und Vernunft begabten Wesens« und der »Idee eines höchsten Wesens von unendlicher Macht, Güte und Weisheit, dessen Werk wir sind« (2, 199f.) –, »durch notwendige Folgerungen« zu einem ebenso sicheren Wissen gelangt wie die Mathematik (2, 199ff., 221ff., 328). Nun läßt sich jedoch aus der Idee unserer selbst und aus der Idee Gottes rein deduktiv kein einziger normativ ethischer Satz gewinnen, es sei denn, man setzte die Kleinigkeit voraus, daß unsere faktischen sittlichen Pflichten göttliches Gebot sind und – als »Grundnorm« – daß man die Gebote Gottes befolgen *soll* – in welchem Falle alles in der Ethik zu Beweisende schon in deren Voraussetzungen enthalten wäre. Eine solche handstreichartige Lösung der Probleme der Ehtik scheint Locke in der Tat vorzuschweben, wenn er ein »durch das natürliche Licht oder durch die Stimme der Offenbarung verkündetes« »göttliches Gesetz« als Maßstab von Pflicht und Sünde annimmt (1, 443). Da er aber verschweigt, worin der Inhalt dieses Gesetzes besteht, mißlingt die Grenzziehung zwischen dem, was nach der »unwandelbaren Regel von Recht und Unrecht« (1, 446) moralisch geboten oder verboten ist, und dem, was die stets wandelbare, auf »stillschweigender Vereinbarung« beruhende öffentliche Meinung »in den verschiedenen Gemeinschaften, Sippschaften und Vereinigungen der Menschen in der Welt« für tugend- beziehungsweise lasterhaft erklärt (1, 445). Deutlicher noch zeigen die Beispiele, daß Locke den Kern der Sache gründlich verfehlt hat. Die Sätze »Wo es kein Eigentum gibt, da gibt es auch kein Unrecht« und »Keine Regierung gestattet absolute Freiheit« seien »genau so gewiß wie irgendein Beweis des Euklid« (2, 200). Gewiß sind diese Sätze in der Tat, aber darum, weil es analytische, »inhaltlose« Sätze sind, die nach Lockes eigenen Kriterien lediglich ein verbales, ein Wissen um die Bedeutungen der Wörter vermitteln. »x ist niemandes Eigentum« impliziert logisch, aufgrund der Definition von »Eigentum« »wer x in Besitz nimmt, begeht kein Unrecht«, und da Regierung das Gegenteil von Anarchie ist, ist es trivial wahr, daß keine Regierung absolute Freiheit gestattet. Locke verwechselt offenkundig die triviale, nämlich allein aufgrund der Kenntnis der Wortbedeutungen entscheidbare Frage, ob zum Beispiel Blutschande verwerflich ist, mit dem ganz anders gearteten, nichttrivialen Problem, ob zwischen irgendwelchen Ideen von Tatsachen, zum Beispiel der Idee »Geschlechtsverkehr mit Eltern oder Geschwistern« und der Idee »verboten«, »moralisch schlecht« ein Zusammenhang besteht, der ebenso einsehbar notwendig ist wie der Zusammenhang zwischen der Idee des Dreiecks und den diese Figur betreffenden Lehrsätzen. Daß Locke dieses Problem nicht erkennt, ist um so erstaunlicher, als er es für eine »Tatsache« hält, daß sich »nicht eine einzige moralische Regel namhaft machen läßt, für die man nicht mit Recht eine Begründung verlangen könnte«. Wenn man »jene unerschütterlichste Regel der Ethik, die Grundlage aller gesellschaftlichen Tugend, ›man handle so, wie man selbst behandelt werden möchte‹, jemand vortrüge, der noch nie von ihr gehört hätte, gleichwohl aber imstande wäre, ihre Bedeutung zu erfassen, könnte er nicht, ohne daß es absurd erschiene, eine Begründung dafür verlangen?« Die Wahrheit moralischer Regeln beruhe somit »auf anderen, ihnen vorhergehenden Wahrheiten, aus denen sie deduziert werden müssen« (1, 55f.). Da aber ein erschlossener Satz nicht gehaltvoller sein kann als seine Prämissen, verlagert sich nun das Problem des einsehbar notwendigen Zusammenhangs zwischen Ideen, die ein Sein betreffen, und der Idee des Sollens auf die Voraussetzungen, d.h. auf die von Gott gegebene »unwandelbare Regel von Recht und Unrecht«.

Hätte sich Locke nicht gescheut, in Fragen der Ethik die Konsequenzen seiner eigenen Lehre zu ziehen, so hätte er einen ganz anderen, nämlich einen konventionalistischen Standpunkt beziehen müssen. »Die genaue Bedeutung der Namen der gemischten Modi oder, was dasselbe heißt, die reale Wesenheit jeder Art ist erkennbar, da sie nicht ein Werk der Natur sondern des Menschen sind.« (2, 154, 489) Die gemischten Modi – und alle moralischen Begriffe gehören zu dieser Klasse von Ideen – sind freie Setzungen des menschlichen Denkens, »ohne Bezugnahme auf irgendwelche Urbilder« (2, 154), freilich nicht Setzungen »aufs Geratewohl«, sondern den Bedürfnissen des

»alltäglichen Lebens« angepaßt (2, 40). Daß es angeborene moralisch-praktische Prinzipien ebensowenig gibt wie ein angeborenes Wissen von logisch-wahren Sätzen versucht Locke (mit durchweg überzeugenden Argumenten) im ersten Buch des ›Essay‹ nachzuweisen. »Jedes praktische Prinzip, das angeboren wäre, müßte jedermann als gerecht und gut bekannt sein.« (1, 63) Wenn wir jedoch die Menschen betrachten, »wie sie sind, so werden wir finden, daß sie an einem Ort bereuen, etwas getan oder unterlassen zu haben, wodurch andere an anderen Orten sich ein Verdienst zu erwerben meinen« (1, 62). Was läge also näher als die Folgerung, daß die Ideen des moralisch Richtigen und Falschen soziokulturell bedingt sind und die (relative) Übereinstimmung der Individuen hinsichtlich dieser Ideen auf »stillschweigender Vereinbarung« beruht, wie das bei der (relativen) Übereinstimmung hinsichtlich der Wortbedeutungen der Fall ist?

4. Realität und Erscheinung

Jederzeit und in vielfältiger Form unterscheidet der Alltagsverstand zwischen Dingen, wie sie sind, und Dingen, wie sie uns erscheinen. Der Turm, der aus der Ferne gesehen rund erscheint, erweist sich beim Näherkommen als eckig. Es klingt wie Säuglingsgeschrei; in Wirklichkeit ist es eine Katze. Ein ins Wasser getauchter Stab erscheint gebrochen. In allen derartigen Fällen kann man mit Sinn davon sprechen, daß unsere auf Wahrnehmungsevidenzen beruhende Vorstellung von der Realität mit der Realität selbst nicht übereinstimmt. Die Unterscheidung zwischen So-Erscheinen und So-Sein hat jedoch offenbar nur dann Sinn, wenn überprüft werden kann, ob das, was so zu sein scheint, tatsächlich so ist. Tatsachenvermutungen werden durch Erweiterung der Informationsbasis, d. h. durch Heranziehung zusätzlicher Wahrnehmungsdaten überprüft – sei es anderer Sinne (so, wenn wir unsere ursprüngliche Ansicht revidierend sagen: »Was da schreit, ist nicht ein Säugling, sondern eine Katze; ich habe nachgesehen«), sei es desselben Sinnes unter veränderten Beobachtungsbedingungen (wie im Falle des Turms). Würden wir uns nur auf unsere momentanen visuellen Eindrücke verlassen und nicht berücksichtigen, welche zusätzlichen Informationen der Tastsinn liefert, so müßten wir, was den ins Wasser getauchten Stab betrifft, zu dem Urteil gelangen, er sei tatsächlich gebrochen. Das Entscheidende ist, daß wir, um irgendeine sinnliche Evidenz prüfen und berichtigen zu können, uns auf irgendwelche anderen sinnlichen Evidenzen verlassen müssen. Daher können wir zwar sukzessiv die Authentizität und objektive Gültigkeit (in Lockes Sprache: die »Realität«) jedes einzelnen Wahrnehmungsbefundes in Frage stellen, aber nicht kollektiv die Authentizität und objektive Gültigkeit aller Wahrnehmungsbefunde, und das aus logischen Gründen. Denn die Voraussetzung, daß es *alle* Wahrnehmungsbefunde sind – *die* Erscheinung eines Dinges oder der Welt schlechthin – impliziert ja, daß es nichts gibt, was fernerhin als Verifikations- oder Falsifikationsinstanz zählen könnte. Ein universeller Zweifel, der sich in Fragen kleidet wie »Lassen uns die Sinne überhaupt erkennen, wie die Dinge in Wirklichkeit beschaffen sind?«, »Gibt es überhaupt eine objektive Realität?«, ist darum sinnlos, weil dergleichen Fragen weder mit Ja noch mit Nein beantwortet werden können. Was eine Antwort unmöglich macht, ist die holistische Betrachtungsweise. Denn während es für die üblichen Methoden der »piecemeal«-Korrektur von Tatsachenvermutungen wesentlich ist, daß ein Stück empirischer Evidenz zugunsten eines anderen verworfen wird, verbietet der aufs Ganze gehende Zweifel geradezu, irgendeinen Wahrnehmungsbefund als authentisch zu akzeptieren, solange der Zweifel nicht behoben ist, und eben darum, weil es nach Voraussetzung nichts gibt, was als Widerlegung eines Zweifels zählen könnte, der sich auf die Totalität sinnlicher Erfahrung richtet, läßt dieser sich nicht beheben.

Nun könnte der Eindruck entstehen, die Differenz von Realität und Erscheinung werde nivelliert, ja aufgehoben, wenn der wirkliche Turm nichts anderes ist als der Turm, wie er mir erscheint, nämlich unter den spezifischen Beobachtungsbedingungen, die der Ausdruck »beim Näherkommen« umschreibt. Man sieht jedoch leicht, daß es keinen prinzipiellen Unterschied macht, ob man – sozusagen erkenntnistheoretisch naiv – von Realität und Erscheinung spricht oder – erkenntnistheoretisch versierter – von Erscheinung unter Standardbedingungen und Erscheinung unter Non-Standardbedingungen. Der Turm, wie er in Wirklichkeit ist, ist der Turm, wie er einem Beobachter mit durchschnittlichem Sehvermögen in normaler psychischer Verfassung (weder betrunken noch unter Drogeneinwirkung stehend noch ...) aus mittlerer Entfernung, bei den und den Lichtverhältnissen und den und den atmosphärischen Bedingungen (kein Nebel) usw. erscheint. Bestimmte Wahrnehmungen, nämlich die unter Standardbedingungen zustandekommenden, werden als realitätsverbürgend, als authentisch akzeptiert; aus der Menge aller möglichen Erscheinungsweisen des Turmes werden einige als *die richtigen* herausgehoben. Das besagt, daß die Wirklichkeit nicht etwas von Erscheinungen Wesensverschiedenes ist, sondern eine Konstruktion aus Erscheinungen (vgl. Bennett, Locke, 68).

Aber mündet nicht auch diese – die phänomenalistische – Version der Differenz von Dingen, wie sie sind, und Dingen, wie sie uns erscheinen, in einen holistischen Zweifel? Ich, der ich überzeugt bin, den Turm jetzt unter Standardbedingungen wahrzunehmen, könnte mich täuschen und zwar vielfältig – sowohl hinsichtlich der Liste der Standardbedingungen, von denen ich einige übersehen oder vergessen haben könnte, als auch hinsichtlich der Frage, ob die Standardbedingungen erfüllt sind. Und für jeden Beobachter, der überprüfen sollte, ob in meinem Falle von Turmwahrnehmung tatsächlich alle Standardbedingungen erfüllt sind, und für jeden Beobachter des Beobachters usf. ins Unendliche gälte dasselbe. Allein, diese Feststellung, obwohl ein erkenntnisskeptisches Moment enthaltend, ist doch etwas ganz anderes als holistische Skepsis. Denn sie besagt nicht, daß möglicherweise unser ganzes System von Tatsachenvermutungen die Realität verfehlt, sondern lediglich, daß in einem progressus in indefinitum jede einzelne Tatsachenvermutung im Lichte anderer Mutmaßungen revidiert werden kann.

Halten wir fest, daß die Unterscheidung von Wirklichkeit und Erscheinung, da auf eine Gegenüberstellung, einen Vergleich hinauslaufend, nur sinnvoll ist, wenn uns sozusagen beide Enden der Sache bekannt sind oder bekannt sein können – außer dem Zustand »x erscheint so« auch der Zustand »x ist so«. Eine analoge Sinnbedingung gilt für Aussagen über Kausalbeziehungen. Die Behauptung »B ist Wirkung von A« impliziert, daß nicht nur B, sondern unabhängig von B auch A beobachtbar ist, da anderenfalls von einer regelmäßigen zeitlichen Korrelation der Zustände A und B als Bedingung ihrer kausalen Verknüpfung nicht die Rede sein könnte.

Sowohl von der Unterscheidung zwischen Dingen, wie sie sind, und Dingen, wie sie uns erscheinen, als auch von der Kausalbeziehung macht Lockes Erkenntnislehre vielfältigen, aber keineswegs immer sinnvollen Gebrauch. Es ist natürlich richtig – eine Binsenweisheit –, daß »die Idee eines Dinges in unserem Geist ... dessen Existenz ebensowenig (beweist), wie das Bild eines Menschen dessen Dasein in der Welt beweist oder wie ein Traumbild ein wirkliches Geschehen zustandebringt« (2, 311). Die Differenz zwischen »einen Baum wahrnehmen, wenn ein solcher existiert« (1) und »eine Baumwahrnehmung haben, ohne daß ein Baum existiert« (2) wird von Locke so gedeutet, daß (1) eine den Gegenstand repräsentierende, mit den Dingen übereinstimmende Wahrnehmung (Idee) ist. Die Differenz verlangt nach Kriterien. Doch die Kriterien können nur relativer Natur sein, da auch der wüsteste Traum eine Tatsache ist, so gut wie jede andere. »Wären unsere Träume regelmäßiger, zusammenhängender, stabiler, so wären sie für uns auch praktisch wichtiger« (Mach, Analyse, 8), und dann würden wir, ihrer lebenspraktischen Bedeutung Rechnung tragend, die stets relative Grenze zwischen Sein und Schein anders ziehen, als wir es gewohnt sind. Genau dieser Punkt wird von Locke übersehen. Er verkennt, daß der holistische Zweifel, der die Forderung nach einem absoluten Geltungs- und Authentizitätskriterium erhebt, nicht eine gleichsam quantitative Erweiterung des sinnvollen von-Fall-zu-Fall-Zweifels darstellt, sondern etwas qualitativ Anderes, und so schiebt sich bei ihm der berechtigten Frage nach den Unterscheidungskriterien für realitätsverbürgende und nicht-realitätsverbürgende Ideen – Kriterien, die, wie angedeutet, mit Hilfe von Standardbedingungen formuliert werden können – alsbald die skeptische Frage unter: »Wie soll der Geist, wenn er lediglich seine eigenen Ideen wahrnimmt, erkennen, ob diese mit den Dingen selbst übereinstimmen?« (2, 219) Entsprechend dem Tenor dieser Frage ändert sich nun auch der Sinn des Terminus »Dinge«: Substanzen (1) als Konfigurationen einfacher Ideen *sind* Dinge außer uns, weil Ausdehnung (Raum), Gestalt, Bewegung, Festigkeit etc. einfache Ideen sind (1, 131ff.). Die Sinnesphysiologie lehrt Mach zufolge, daß »Räume und Zeiten eben so gut Empfindungen genannt werden können als Farben und Töne« (Mach, Analyse, 6). Im Kontext der skeptischen Frage indessen, die Ideen und Dinge einander gegenüberstellt, so als ließe sich die – ideenimmanente – Beziehung von »x wie es erscheint« zu »x wie es ist« auf das Ganze der Erfahrung und eine davon verschiedene Realität übertragen, bedeuten die Ausdrücke »Dinge außer uns«, »etwas außer uns« (2, 317), »Existenz materieller Wesen« (2, 312) etwas ganz anderes als zuvor, nämlich Ding an sich selbst, unabhängig von jedweder auf Sinneswahrnehmung beruhenden Tatsachenvermutung. Es ist dieser holistisch-skeptische Sprachgebrauch, an den Berkeleys Kritik (s. u.) anknüpft.

Wenn Lockes Versuche, die skeptische Frage nach der »Übereinstimmung« von Ansichsein und Erscheinung zu beantworten, fehlschlagen, so nicht darum, weil seine Antworten als solche unvernünftig wären, sondern weil die Frage so gestellt ist, daß sie keine befriedigende Antwort finden kann. In vielen Fällen, so Locke, »*bezeugen* unsere *Sinne wechselseitig die Wahrheit ihrer Auskunft,* die sie betreffs der Existenz von sinnlich wahrnehmbaren Dingen außer uns geben. Wer ein Feuer *sieht,* kann es, wenn er daran zweifelt, ob es mehr als eine bloße Einbildung ist, auch *fühlen* ...« (2, 315). Aber die Bestätigung der Informationen eines Sinnes durch Informationen anderer Sinne ist nur zu offensichtlich ein internes und also relatives, nicht das gesuchte externe Gültigkeitskriterium. Vorausgesetzt ist hier die Überzeugung, daß dem Zusammenwirken verschiedener Sinne eher ein realitätsgerechtes, objektives Bild der Dinge entspringt als den Daten eines Sinnes allein, und der Skeptiker, einmal auf den Plan gerufen, wird nun für diese Überzeugung eine Rechtfertigung fordern. Nicht anders steht es mit dem Argument, daß jeder sich eines evidenten Unterschieds bewußt sei, »wenn er am Tage in die Sonne sieht und wenn er bei Nacht an sie denkt ...« (2, 183), ferner daß viele Ideen (z. B. Hitze und Kälte) »*in uns mit Schmerz erzeugt werden,* an den wir uns später ohne das geringste Unbehagen erinnern« (2, 314). Daß die Erinnerung an die Sonne Siziliens weder wärmt noch bräunt, ist so zutreffend wie aus skeptischer Sicht ohne Beweiskraft. Denn nicht die *Tatsache* des Glaubens, daß die eine Art von Erfahrung – mit den Merkmalen der Lebhaftigkeit, der qualitativen Dichte und Frische bis hin zur schmerzhaften Intensität – realitätsverbürgend ist, die andere jedoch nicht, sondern die *Legitimität* dieses Glaubens steht zur Debatte.

Die Theorie der Realität, wie sie vor allem im 4. Buch des ›Essay‹ entwickelt wird, hat man als »Schleier-der-Wahrnehmung«-Theorie bezeichnet (Bennett, Locke, 70). Sie steht in offenkundigem Widerspruch zu Lockes erkenntnistheoretischen Voraussetzungen, nach denen »unser Wissen sich nicht weiter (erstreckt) als unser Besitz von Ideen« (2, 185) und alle Ideen, »in welchem Maße sie auch künstlich oder den Sinnen fern zu sein scheinen«, sich in einfache Ideen auflösen lassen (1,

404). Ist dies der Fall, dann verbietet sich die Gegenüberstellung von unseren Ideen und Dingen außer uns und die Frage nach ihrer Übereinstimmung von selbst; sie ist eine begriffliche Unmöglichkeit. Aber Locke vertritt außerdem eine kausale Wahrnehmungstheorie, und was diese angeht, so muß einmal mehr zwischen einer vernünftigen (K1) und einer nicht vernünftigen Ansicht (K2) unterschieden werden. Es ist ein Wesensmerkmal einfacher Ideen, daß sie für uns, den menschlichen Verstand, nur dann verfügbar sind, wenn sie *gehabt* werden. Wir können sie mit anderen Worten nicht produzieren (1, 185; 2, 219). Jeder kann sich, wenn er will, die exzentrische Idee einer schwarzen, salzig schmeckenden Tomate von der Größe eines Blumenkohls bilden. Aber hinsichtlich der Intensionen von Prädikaten wie »schwarz«, »salzig schmeckend« sind wir auf sinnliche Evidenz, auf jenes unwillkürliche *Haben* angewiesen, das die Ausdrücke »Empfindung«, »Sinnesdatum« umschreiben. Das Haben von Ideen ist nach Locke unvermeidbar. Die zuvor gehabten Ideen der Sonne oder des Lichts können wir in der Erinnerung nach Belieben wachrufen. »Wenn ich aber am Mittag meine Augen der Sonne zuwende, so kann ich die Ideen, die das Licht oder die Sonne dann in mir erzeugt, nicht fernhalten. Offensichtlich besteht also ein Unterschied zwischen den Ideen, die in meinem Gedächtnis aufgespeichert sind ... und denjenigen Ideen, die sich mir aufdrängen und deren ich mich nicht erwehren kann.« (2, 313) Aus der Tatsache dieses Unterschieds (der, wie gesagt, nur ein internes Realitätskriterium liefert: das eine wird als bloße Vorstellung, das andere als Vorstellung mit Sachbezug interpretiert) folgert Locke, es müsse »somit unbedingt irgendeine äußere Ursache, die gegenwärtige Tätigkeit gewisser Objekte der Außenwelt, deren Einwirkung ich nicht widerstehen kann, dasjenige sein, was jene Ideen in meinem Geist erzeugt, gleichviel, ob ich dies will oder nicht« (2, 313, 219). Das ist der entscheidende Schritt zur Theorie K2, die lapidar behauptet, daß die Ideen der Sensation durch Einwirkung äußerer Objekte auf unsere Sinnesorgane entstehen und daß dies generell gilt (1, 108 ff.). K2 ist als Widerlegung der holistischen Skepsis gedacht: Unsere einfachen Ideen sind insofern realitätverbürgend und immun gegen den »Übereinstimmungs«-Zweifel, als die Dinge selbst für ihr Auftreten im Geiste kausal verantwortlich sind. Man sieht nun aber sofort, daß K2 ebenfalls eine begriffliche Unmöglichkeit darstellt. Denn die Aussage »alle unsere infachen Ideen der Sensation sind kausal abhängig von Z (äußeren Objekten)« stellt alle unsere einfachen Ideen der Sensation einem Etwas = Z gegenüber, von dem wir, wenn es *alle* einfachen Ideen sind, nichts wissen können, also auch nicht, daß Z Ursache aller unserer einfachen Ideen der Sensation ist. Sagt man statt dessen »alle unsere einfachen Ideen einschließlich derer, auf die sich der Ausdruck ›kausal abhängig von Z‹ bezieht, sind kausal abhängig von Z«, so gerät die Sache zirkulär, weil die Ideen, auf die sich der Prädikatsausdruck »kausal abhängig von Z« bezieht, schon in der Menge derjenigen Ideen enthalten sind, für die der Subjektausdruck »alle unsere einfachen Ideen . . .« steht.

K2 ist der Versuch, kausal das Haben von Ideen schlechthin zu erklären. Aber jede Kausalhypothese, indem sie A-Daten mit B-Daten verknüpft, setzt das Haben von Ideen bereits voraus, und zwar als ursprüngliches factum brutum, hinter das erklärend nicht zurückgegangen werden kann, auf dem vielmehr jede Tatsachenerklärung basiert. Was Locke als »Wahrnehmen« oder »Haben von Ideen« bezeichnet (1, 112), ist nichts anderes als die Beziehung der Erkenntnis auf ihren Gegenstand, und diese kann nicht selbst ein Gegenstand der Erkenntnis sein. K2 ist eine holistische Theorie über den »Ursprung« unserer Ideen (vgl. 1, 107ff.) und als solche aus denselben Gründen unmöglich wie die holistische Skepsis.

Mit der holistischen Kausaltheorie hat die vernünftige Version genau so viel oder so wenig gemein wie der vernünftige Zweifel mit der holistischen Skepsis. Genau besehen ist jene gar keine Theorie, sondern eine heuristische Maxime. Sie besagt, daß keine Sinneswahrnehmung a priori von der Frage nach ursächlichen Bedingungen ihres Vorkommens – seien diese psychologischer, physiologischer oder physikalischer Natur – ausgenommen ist. Es ist nie sinnlos, nach kausalen Zusammenhängen zwischen einzelnen Wahrnehmungsphänomenen oder Klassen gleichartiger Wahrnehmungsphänomene und direkt oder indirekt beobachtbaren Realfaktoren zu suchen. Ich verspüre zum Beispiel jetzt einen Schmerz in der linken Hand; ich sehe hin und führe die Schmerzempfindung, die Frage nach ihrer Ursache durch einen spontanen Kausalschluß beantwortend, darauf zurück, daß ein langer, harter, spitzer, metallisch glänzender Gegenstand (eine Substanz 1) meine Haut ritzt. Die Erfahrung lehrt uns, daß durch Substanzen (2) wie Mescalin und Opium halluzinatorische Bewußtseinszustände – ich sehe einen Baum, ohne daß ein Baum existiert –, anormale Raum-,

Zeit- und Farbwahrnehmungen hervorgerufen werden können. Ob Wasser von 20° als warm oder kalt empfunden wird, hängt von der Hauttemperatur der Körperzone ab, die mit der Flüssigkeit in Berührung kommt. Was sind Töne? Physikalisch betrachtet Schwingungen gasförmiger, flüssiger oder fester Körper. Sie gelangen an unser Ohr, versetzen die Membran des Trommelfells in Schwingungen, werden im inneren Ohr in Sinnesreize umgesetzt, die sich durch Nervenbahnen zum Hörzentrum im Gehirn fortsetzen. Auf selektiver Lichtabsorption beruhen die Oberflächenfarben der Körper.

Locke, mit dem naturwissenschaftlichen Wissen seiner Zeit wohlvertraut, kennt eine Fülle solcher Zusammenhänge (vgl. 1, 144–158) und gründet darauf die Unterscheidung zwischen primären und sekundären Qualitäten. Als primäre, reale oder ursprüngliche Qualitäten gelten ihm Festigkeit (Undurchdringlichkeit), Ausdehnung, Gestalt, Bewegung oder Ruhe und Zahl (1, 148). Wie man sieht, sind es körperspezifische Qualitäten – Eigenschaften, die ein Gegenstand der Sinne begrifflich notwendig haben muß, soll er als physikalischer Körper angesehen werden können. Farben, Töne, Gerüche, Geschmacksarten sind sekundäre Qualitäten. Gegen die Unterscheidung, derzufolge sekundäre Qualitäten keine körperspezifischen, begrifflich gesehen also unwesentliche Eigenschaften derjenigen Dinge sind, die wir Körper nennen, ist häufig eingewandt worden (von Berkeley, Hume u. a.), daß man sich Körper nicht ohne Farbe vorstellen könne und also Farbigkeit ebenso zu den begrifflich notwendigen Körpermerkmalen gehöre wie irgendeine primäre Qualität. Nun ist es zwar richtig (aber nicht entscheidend), daß etwas Ausgedehntes von bestimmter Gestalt dem wahrnehmenden Auge nie ohne einen Farbton erscheint; entscheidend ist vielmehr, daß wir Dinge als ausgedehnt, undurchdringlich, von bestimmter Gestalt etc., kurz als Körper wahrnehmen können, ohne sie jemals zu sehen (ein Blindgeborener tut das) oder auch zu hören, zu riechen und zu schmecken (Bennett, Locke, 91). Wenn bei Nacht alle Katzen nicht nur grau, sondern unsichtbar sind, so deuten wir diese Erscheinungsänderung nicht als eine solche, die die Natur, das Wesen der Katzen als Körper beträfe. Kein Körper hört deshalb auf, einer zu sein, weil er – aus welchen Gründen auch immer – unsichtbar wird. Es ist der begrifflich-analytische Aspekt der Trennung von körperspezifischen und nicht-körperspezifischen Qualitäten, den Locke im Auge hat, wenn er erklärt, die primären Qualitäten seien diejenigen,

»die vom Körper, in welchem Zustand er auch sein möge, völlig untrennbar sind, die er bei allen Veränderungen und Verwandlungen, die er erfährt, bei aller Gewalt, die auf ihn ausgeübt wird, dauernd beibehält, die die Sinne stets in jedem Partikel der Materie entdecken, das groß genug ist, um wahrgenommen zu werden, und die auch der Geist mit jedem Partikel untrennbar verbunden findet, mag letzteres auch zu klein sein, um für sich allein von unsern Sinnen wahrgenommen zu werden« (1, 147).

Mit der analytischen Unterscheidung verknüpft Locke verschiedene kausale Annahmen. Sekundäre Qualitäten sind, obwohl wir sie als »positive Qualitäten« den Dingen selbst zuschreiben (1, 395) – »x ist grün, süß, warm etc.« – in den Dingen selbst nichts weiter als »Kräfte, ... verschiedenartige Sensationen in uns zu erzeugen« (1, 148), modern gesprochen: Dispositionen. Die Aussage »x ist grün« bedeutet demnach ungefähr folgendes: »Wenn x dem Tageslicht ausgesetzt ist und zu einem Beobachter mit normalem Sehvermögen, offenen Augen usf. in der und der räumlichen Beziehung steht, dann hat der Beobachter eine so und so geartete visuelle Sinnesempfindung.« Daß x die Disposition hat, unter bestimmten Bedingungen grün zu erscheinen, beruht nach Locke auf der Mikrostruktur der Materie von x, auf Größe, Gestalt, Bewegung, d. h. den primären Qualitäten seiner sinnlich nicht wahrnehmbaren »Materiepartikel« (1, 148, 150). Die kausale Beziehung, die zwischen x und einem x als grün wahrnehmenden Beobachter besteht, wird von Locke im Sinne der Korpuskulartheorie seines Zeitgenossen, des Physikers und Chemikers Boyle, als Impuls gedeutet, »der einzigen für uns denkbaren Weise, wie Körper eine Wirkung ausüben« (1, 148). So kann beispielsweise ein Veilchen »durch den Impuls solcher sinnlich nicht wahrnehmbaren Materiepartikel von besonderer Gestalt und Größe und durch verschiedene Grade und Modifikationen ihrer Bewegung die Ideen der blauen Farbe und des süßen Duftes ... in unserm Geist erzeugen« (1, 150).

Wir können und müssen somit nach Locke bei sekundären Qualitäten zwischen zwei Aspekten unterscheiden: dem phänomenalen und dem physikalisch-realen. Phänomenal betrachtet, als Ideen der Sensation, sind Farben, Töne, Gerüche natürlich genauso »wirklich« wie Größe, Ausdehnung, Gestalt und Festigkeit. Physikalisch betrachtet ist Grün, wenn wir es als Oberflächenfarbe an einem durch Größe, Gestalt, Undurchdringlichkeit etc. bestimmten Körper wahrnehmen, etwas, das sich auf etwas anderes kausal zurückführen läßt. Entsprechendes ist nun bei primären Qualitäten nicht möglich. Daß ein mittels seiner primären Qualitäten identifizierbarer Gegenstand x die sekundäre Qualität S hat, besagt, daß x die Fähigkeit besitzt, S-Wahrnehmungen zu erzeugen, und diese Fähigkeit beruht auf den selbst körperhaften, d. h. durch Größe, Gestalt etc. bestimmten Materiepartikeln, aus denen x sich zusammensetzt. Indes wäre es irreführend, x in gleicher Weise die Fähigkeit zuzuschreiben, uns so zu affizieren, daß wir x als ausgedehnt, fest, von der und der Gestalt wahrnehmen. Denn das würde voraussetzen, daß wir x unabhängig von seinen primären Qualitäten identifizieren und zum Gegenstand von Untersuchungen machen können (vgl. Bennett, Locke, 101). Anders als die skeptische Gegenüberstellung von Realität und Erscheinung ist die Unterscheidung von primären und sekundären Qualitäten eine ideenimmanente, interne Unterscheidung – wiewohl Locke auch hier gelegentlich in das dualistische Denkschema zurückfällt, sobald er nämlich die Ideen primärer Qualitäten als »Ebenbilder« bezeichnet, deren »Urbilder in den Körpern selbst real existieren« (1, 150). Man kann sagen, daß eine Tonwahrnehmung mit den sie verursachenden Körperschwingungen, genauer gesagt: unseren Ideen von diesen, keinerlei Ähnlichkeit besitzt, so wenig wie eine Schmerzempfindung mit einer Süßempfindung. Aber womit sollte man die Ideen primärer Qualitäten vergleichen?

Für Locke kommt den primären Qualitäten ontologische Priorität zu. Sie sind die tragenden Elemente der Wirklichkeit. Daß diese Ansicht mit guten Gründen vertreten werden kann, zeigt ein Gedankenexperiment (vgl. Bennett, Locke, 96ff.). Man stelle sich – analog zur Rot-Grün-Farbenblindheit oder zur Geschmacksunempfindlichkeit für süß und bitter – einen Fall von »Größenblindheit« vor: Jemand erweist sich als konstant unfähig, die relative Größe eines Glases vor ihm auf dem Tisch und eines danebenstehenden Kruges, der das anderthalbfache Volumen des Glases hat, zu erkennen; beiden Gefäßen schreibt er denselben Rauminhalt zu. Normalerweise läßt sich ein diesbezüglicher Tatsachenirrtum, wie er jedem Beobachter gelegentlich unterlaufen kann, leicht beheben. Ist ein Beobachter irrtümlich der Ansicht, Glas und Krug seien gleich groß, so führt man ihm vor Augen oder läßt ihn fühlen, daß das Glas in den Krug paßt, aber nicht umgekehrt; daß eine Glasfüllung nicht ausreicht, den Krug zu füllen, während man den Krug nicht ohne Rest in das Glas entleeren kann usw. Im Prinzip stehen unbegrenzt viele solcher Tests zur Verfügung, und ein normaler Beobachter wird seine anfängliche fehlerhafte Überzeugung sehr rasch revidieren. Die Annahme nun, daß die imaginäre Versuchsperson konstant unfähig ist, das tatsächliche Größenverhältnis der Gefäße zu bestimmen, impliziert, daß sie für alle diese Tests »blind« ist. Sie kann mithin nicht wahrnehmen (sehen oder fühlen), daß der Krug noch Flüssigkeit enthält, nachdem das Glas bis zum Rand gefüllt worden ist, oder daß das Glas überläuft, wenn man weitergießt. Sie kann mit anderen Worten den Unterschied zwischen einem leeren und einem teilweise oder ganz mit Flüssigkeit gefüllten Behälter nicht feststellen, und das bedeutet: sie ist nicht nur »größenblind«, sondern überdies unfähig, zwischen fest und flüssig zu unterscheiden. Welche Lehre ist aus dem Gedankenexperiment zu ziehen? Farbenblindheit ist ein partikularer, isolierter Defekt; »Größenblindheit« schließt weitere fundamentale Defekte ein (in unserem Beispiel das Unvermögen, zwischen verschiedenen Graden von Undurchdringlichkeit zu unterscheiden). »Blindheit« hinsichtlich einer primären Qualität wie der der Größe affiziert das gesamte Wahrnehmungssystem und läßt es kollabieren. Mit Recht kann man fragen, ob von einem Beobachter, der in der beschriebenen Weise größenblind ist, überhaupt mit Sinn gesagt werden kann, daß er, wie wir, eine Welt körperlicher Dinge wahrnimmt.

Schlußbemerkung: Daß Lockes theoretische Philosophie, sieht man in ihr nicht nur ein Objekt philologisch-hermeneutischer Denkmalspflege, beim heutigen Leser auf mehr als selektives Interesse stoßen könne, wird im Ernst niemand behaupten wollen. Mit seinen fast tausend Seiten gleicht der ›Essay‹ (wenn die lieblos klingende Metapher erlaubt ist) einem Steinbruch: Die Mühe, die es bereitet, Massen tauben Gesteins wegzuräumen, wird allerdings durch glänzende Funde belohnt. Ein solcher Fund ist z. B. das Kapitel ›Kraft‹ (1, 276ff.). So dürftig Lockes Aussagen über Kausalität sind (1, 404ff.), so bemerkenswert ist der Versuch, den Kraftbegriff auf das Bewußtsein der Selbsttätigkeit des Geistes, d. h. auf den Willen zurückzuführen. Zwanglos verbindet sich hiermit eine Analyse des Freiheitsbegriffs, die zu der Aufstellung führt, daß Freiheit nicht »die Willensäußerung oder das Vorziehen betrifft«, d. h. die Wahl zwischen den Alternativen Tun oder Unterlassen einer Handlung x, sondern die Person, die insoweit frei ist, als es in ihrer »Macht« steht, »gemäß der Wahl oder Verfügung des Geistes etwas zu tun oder zu unterlassen« (1, 284). Auf der Basis dieser Begriffsbestimmung – frei sein heißt: sich so verhalten können, wie man will – setzt Locke sich sodann sinnkritisch mit der überlieferten Doktrin von der Willensfreiheit auseinander, der er einen Kategorienfehler vorwirft: »Die Frage, ob der *Wille* des Menschen frei sei, ist ebenso sinnlos wie die, ob sein Schlaf geschwind oder seine Tugend viereckig sei.« (1, 286) Schließlich finden sich im Kapitel ›Kraft‹ Ansatzpunkte für eine wenn auch lose gedankliche Verbindung zwischen Lockes Epistemologie und einigen Aspekten seiner Staatsphilosophie. Anders nämlich als Hume und Kant hat Locke nicht versucht oder nicht vermocht, theoretische und praktische Philosophie begrifflich eng miteinander zu verknüpfen. Der Empirismus der Ideen und die Annahme unwandelbarer, von Gott gegebener und mittels des natürlichen Lichts der Vernunft als normativ verbindlich einsehbarer praktischer Gesetze stehen in keinem stringenten Zusammenhang. So stellen der ›Essay‹ und die ›Abhandlungen über die Regierung‹ zwei der Hauptsache nach voneinander unabhängige philosophische Theorien dar. Und Locke, wenn er nur die beiden ›Abhandlungen‹ und den Toleranzbrief von 1689 verfaßt hätte, wäre der, der er ist: einer der geistigen Väter des laizistischen, liberal-demokratischen Rechtsstaates. Hätte Locke andererseits nichts außer dem ›Essay‹ geschrieben, so bliebe er ebenfalls der, der er ist: ein Klassiker der Erkenntniskritik.

Literaturverzeichnis

Schriften Lockes

The works. A new edition, corrected. In ten volumes. London 1823; Neudruck Aalen 1963

A letter concerning toleration. In: Works VI. Deutsch: Ein Brief über die Toleranz. Hrsg. v. J. Ebbinghaus. Hamburg[2] 1966

An essay concerning human understanding. Hrsg. v. J. W. Yolton. 2 Bde. New York, London 1961. Deutsch: Über den menschlichen

Verstand. Hamburg[3] 1976. Alle Stellenhinweise ohne Titelangabe beziehen sich auf diese deutsche Ausgabe des ›Essay‹.
Two treatises of government. A critical edition with an introduction and apparatus criticus by Peter Laslett. Cambridge 1960. Deutsch: Zwei Abhandlungen über die Regierung. Hrsg. v. W. Euchner. Frankfurt a. M. 1967
Some thougths concerning education. In: Works IX. Deutsch: Gedanken über *Erziehung*. Hrsg. v. H. Wohlers. Stuttgart 1970

Sekundärliteratur

Aaron, Richard J.: John Locke. Oxford[3] 1971
Arndt, Hans Werner: John Locke. Die Funktion der Sprache. In: J. Speck (Hrsg.), Grundprobleme der großen Philosophen. Göttingen 1979
Bennett, Jonathan: *Locke,* Berkeley, Hume, Central themes. Oxford 1971
Cassirer, Ernst: Das Erkenntnisproblem. Bd. 2. Berlin [3]1922
Euchner, Walter: Naturrecht und Politik bei Locke. Frankfurt a. M. 1979
Krüger, Lorenz: Der Begriff des *Empirismus.* Berlin 1973
Mach, Ernst: Die *Analyse* der Empfindungen. Jena [3]1911
Mackie, John Leslie: *Problems* from Locke. Oxford 1976
Ryle, Gilbert: *Locke* on the human understanding. In: Collected papers. Bd. 1. London 1971
Tipton, I. C. (Hrsg.): Locke on human understanding. Selected essays. Oxford 1971
Windelband, Wilhelm und Heinz Heimsoeth: Lehrbuch der *Geschichte* der Philosophie. Tübingen [15]1957
Yolton, John W.: Locke and the compass of human understanding. Cambridge 1970
Ders. (Hrsg.): John Locke. Problems and perspectives. Cambridge 1969

Gottfried Wilhelm Leibniz

von Albert Heinekamp

1. Einleitung

Leibniz' Leben steht unter zwei Leitideen, die gleichzeitig Grundgedanken seiner Philosophie sind: Erstens ist die Konzeption der Monade als eines sich aus sich selbst entwickelnden Individuums ebenfalls das Modell seiner geistigen Entwicklung. Am 1. Juli 1646 als Sohn eines Professors der Moral und Aktuars der Universität in Leipzig geboren, begann Leibniz bereits als Kind damit, sich die wichtigsten Bildungsgehalte seiner Zeit selbständig und aus eigener Kraft anzueignen. In ähnlicher Weise machte er sich während des Aufenthaltes in Paris von 1672 bis 1676 mit den modernen Denkmethoden seiner Zeit vertraut und arbeitete sich in kurzer Zeit so gründlich in die neuen Ergebnisse der Mathematik und Physik ein, daß er sie um wesentliche und neue Erkenntnisse, nämlich die Differential- und Integralrechnung erweitern konnte. Leibniz hat sich selbst als Autodidakten verstanden, und vor allem diesem Sachverhalt schreibt er seine wissenschaftlichen Erfolge zu (vgl. GP 7, 185).

Die zweite Leitidee entspricht dem politischen Auftrag, den Leibniz der Philosophie und den Wissenschaften zuerkannte. Das Wissen hat danach die Macht, durch sachkundige und weise Beratung zu leiten und zu lenken. Dementsprechend erstrebte er für sich keine Position, in der Macht auszuüben war, sondern die Stellung eines Beraters der Mächtigen. Aus diesem Grunde schlug er die ihm nach dem Studium der Rechte und der Philosophie angebotene Professur aus und trat stattdessen als Justizrat in die Dienste des Kurfürsten von Mainz. Von Mainz aus reiste er 1672 nach Paris, vor allem um Ludwig XIV. für die Gründung einer französischen Kolonie in Ägypten zu interessieren und damit von seinen auf die Niederlande und die Westgebiete des Deutschen Reiches gerichteten Eroberungsplänen abzulenken. Der Plan hatte jedoch keinen Erfolg, Leibniz verlor seine Stellung durch den Tod des Kurfürsten im Februar 1673. Da es ihm nicht gelang, in Paris Fuß zu fassen, übernahm er 1676 die Stelle eines Bibliothekars und Justizrates bei den Herzögen und späteren Kurfürsten von Hannover. Am meisten entsprach seinen Neigungen wohl die Stellung unter Herzog

Johann Friedrich, welcher ihn nach Hannover berufen hatte. Die Beziehungen zu dem Nachfolger Ernst August waren weniger freundschaftlich, das Verhältnis zu Kurfürst Georg Ludwig (ab 1714 König von England) muß als gespannt bezeichnet werden. Nach dem Tode Johann Friedrichs widmete sich Leibniz u. a. technischen Problemen, nämlich der Verbesserung des Bergbaus im Harz. Als der gewünschte Erfolg ausblieb und den Versuchen 1685 auf Anordnung des Herzogs ein Ende gesetzt wurde, bot Leibniz sich an, die Geschichte des Welfenhauses zu schreiben, eine Aufgabe, die einen großen Teil seiner Kräfte für den Rest des Lebens band, aber trotzdem von ihm nicht zu Ende geführt wurde. Im Zusammenhang mit dieser Aufgabe bereiste Leibniz mehr als zwei Jahre lang Süddeutschland und Italien, um in Archiven und Bibliotheken Quellen zu sammeln.

1691 wurde ihm die Leitung der Bibliotheca Augusta in Wolfenbüttel als zusätzliche Aufgabe übertragen. Er konnte damit über zwei hervorragende Sammlungen verfügen, die seinen historischen Forschungen eine breite Grundlage boten.

Unzufrieden mit dem provinziellen Leben am Hofe in Hannover und mit seiner Stellung bemühte sich Leibniz von der Mitte der neunziger Jahre an in verstärktem Maße um eine Stellung an einem anderen Fürstenhof. Sein Interesse richtete sich zunächst auf den aufstrebenden Hof in Berlin, zu welchem er vor allem durch die hannoversche Prinzessin, die Königin Sophie Charlotte, in enger Beziehung stand. Es gelang ihm jedoch zunächst nicht, in Berlin eine Stellung zu erlangen. Leibniz unterhielt auch gute Beziehungen zum Hof des deutschen Kaisers in Wien. Auf seiner Italienreise (1687–1690) weilte er bereits für längere Zeit in Wien. Später war er noch dreimal dort (u. a. von 1712 bis 1714). Während des letzten Aufenthaltes wurde er zum Reichshofrat und zum Präsidenten der vorgesehenen Akademie der Wissenschaften ernannt. Trotz einiger Mißverständnisse hätte er die Möglichkeit gehabt, in Wien zu bleiben. Das noch nicht vollendete Opus historicum bewog ihn jedoch, nach Hannover zurückzukehren. Gute Verbindung hatte Leibniz auch zum Hof des sächsischen und polnischen Königs in Dresden. Die Beziehungen zu Peter dem Großen können fast freundschaftlich genannt werden. Leibniz hatte öfter Gelegenheit, sich mit dem Zaren zu unterhalten und ihm seine Gedanken vorzutragen. In Anerkennung seiner Verdienste wurde er zum Russischen Reichshofrat ernannt.

Leibniz' Stellung in Hannover steht in seinen letzten Lebensjahren in merkwürdigem Kontrast zu dem Ansehen, in dem er bei einflußreichsten Personen seiner Zeit stand. Leibniz wäre dem Hof 1714 gern nach London gefolgt, aber ihm wurde beschieden, er müsse erst die Welfengeschichte zu Ende führen. Vereinsamt, von Krankheiten und Gebrechen geplagt und angekettet an die von ihm übernommene Aufgabe, hat Leibniz die letzten beiden Jahre seines Lebens in Hannover zugebracht bis er am 14. November 1716 starb. Den reich geschmückten Sarg zierte u. a. sein Wahlspruch »Pars vitae, quoties perditur hora, perit«. Der Satz ist das Motto eines Lebens, das unermüdlich für den Fortschritt der Wissenschaften und das von diesem erwartete Glück der Menschheit tätig war.

Die Beschäftigung mit philosophischen Fragen war in Leibniz' Leben nur eine Tätigkeit neben vielen anderen. Er selbst betont, daß er den größten Teil der Zeit mit ganz anderen Studien und Beschäftigungen verbracht habe (GP 7, 137). Trotzdem muß in seiner Philosophie das Zentrum und die Quelle seines Wirkens gesehen werden; denn jede Tätigkeit bedarf nach seiner Meinung der theoretischen Begründung und Rechtfertigung durch die Philosophie. Daher schreibt er in einem Brief: »Ich bin der Überzeugung, daß eine jede Wissenschaft um so praktischer ist, je spekulativer sie ist, d. h. daß man für die Praxis um so geeigneter ist, je besser man die zu erledigende Aufgabe bedacht hat.« (Grua, 662) »Theoria cum praxi« lautet der Auftrag, den er der von ihm gegründeten Berliner Sozietät der Wissenschaften auf den Weg mitgab.

»Wenn Gott mir genug Lebenszeit und Freiheit gewährt, dann hoffe ich, eine Art der Philosophie zu entwerfen, zu der man noch nichts Vergleichbares gesehen hat, denn ihr wird die Klarheit und Gewißheit der Mathematik zukommen, weil sie etwas einem Kalkül Ähnliches enthalten wird. Es trifft zu, daß man mit ihrer Hilfe noch nicht alle Fragen wird entscheiden können, aber die Entscheidungen, die auf ihrer Grundlage getroffen werden, sind unbestreitbar. Denn der Irrtum, der in ihr vorkommt, kann nur ein Rechenfehler sein, den jeder leicht beheben kann. Nach der Eröffnung des Weges wird die Nachwelt weiter voranschreiten.« (A 1, 11, N. 289) Als Leibniz diese Worte voll Zuversicht und Selbstbewußtsein am 25. April 1695 niederschrieb, hatte er noch mehr als zwanzig schaffensreiche Jahre vor sich. Trotzdem ist die angekündigte Art der Philosophie von ihm nicht entwickelt worden. Weder die von ihm veröffentlichten philosophischen Schriften noch die in seinem

Nachlaß aufgefundenen Abhandlungen, Entwürfe und Briefe entsprechen diesem Ideal. Noch im Jahre 1710 schreibt er, wenn er von seinen historischen Werken frei wäre, möchte er sich daran machen, die »Elemente der allgemeinen Philosophie und der natürlichen Theologie, die das enthalten würden, was in jener Philosophie für die Theorie und für die Praxis am wichtigsten« sei, zu schreiben. Die bis dahin von ihm veröffentlichten Werke könnten als Vorläufer betrachtet werden (GP 3, 321).

Gewiß fehlte es ihm bei den zahlreichen ihm obliegenden Arbeiten an Muße, das von ferne geschaute Ideal einer Philosophie von mathematischer Gewißheit im einzelnen auszuarbeiten. Aber er ist wohl auch nicht zur völligen Klarheit über das Ziel und die Möglichkeiten seiner Verwirklichung gelangt. Wer sich mit Leibniz' Werken beschäftigt, muß sich daher stets bewußt sein, daß die von ihm in Aussicht gestellte Philosophie in den überlieferten Werken nicht in plastischer Gestalt greifbar ist. Das ist um so weniger der Fall, als viele philosophische Schriften Leibnizens ihre Entstehung einem äußeren Anlaß verdanken. Er antwortete in ihnen auf Schriften seiner Zeitgenossen und bediente sich dabei – wie er selbst hervorhebt (vgl. GP 3, 624) – der Sprache seiner Partner. In stärkerem Maße als bei vielen anderen Denkern vollzieht sich für Leibniz das Philosophieren in der lebendigen Auseinandersetzung mit anderen.

Die folgenden Ausführungen erheben nicht den Anspruch, die geheime wahre Gestalt der Leibnizschen Philosophie zu enthüllen. Es sollen vielmehr einige zentrale Lehrstücke, wie sie in den überlieferten Werken begegnen, einer kritischen Prüfung und Würdigung unterzogen werden. Ich greife dabei vor allem Lehren auf, die zwar – wenn auch entstellt und deformiert – als Teil des Bildungsgutes unserer Zeit tradiert werden, aber mehr auf Verwunderung und Ablehnung als auf Verständnis stoßen.

2. Leibniz' Lehre, die wirkliche Welt sei die beste der möglichen

Leibniz' Lehre, die wirkliche Welt sei die beste der möglichen, d. h. sie sei so gut, daß sie überhaupt nicht besser sein könnte, gehört nicht nur zu den anstößigsten Lehren der Leibnizschen Philosophie, sondern der Philosophie überhaupt. In der Tat scheint sie aller Erfahrungen, die wir Menschen mit der Welt machen und gemacht haben, zu spotten. Wenn man die Unzulänglichkeiten aller menschlichen Handlungen, wenn man die Krankheiten, Naturkatastrophen und vor allem das Leid, das die Menschen einander zufügen, betrachtet, fällt es einem schwer zu glauben, die Welt sei auch nur leidlich gut. In dieser Situation ist der Gedanke, daß die Welt nicht besser sein könnte, kaum ein Trost. Er scheint eher zum Pessimismus Anlaß zu geben als zum Optimismus. Denn die These könnte besagen, die Welt sei zwar nicht gut, sie könne aber leider nicht besser sein, und daher müsse man sie akzeptieren, wie sie ist. Diese Haltung könnte man Resignation nennen.

Voltaires Kritik am Leibnizschen Optimismus. Leibniz' Lehre, zu deren Kennzeichnung wohl der Autor eines 1737 in den ›Mémoires de Trévoux‹ erschienenen Aufsatzes das Wort »Optimismus« geprägt hat (vgl. Hübener, Sinn 232f.), ist oft kritisiert worden. Die wohl beißendste und wirkungsvollste Satire legte Voltaire 1759 in seinem Roman ›Candide oder der Optimismus‹ vor. Der Inhalt dieses Romans ist folgender: Auf einem Schloß in Westfalen wächst ein junger Mann auf, nämlich der Titelheld Candide. Er wird gemeinsam erzogen mit Cunégonde, der etwa gleichaltrigen Tochter des Schloßherrn. Beide haben Unterricht bei dem Hauslehrer Doktor Pangloss, in welchem man unschwer eine Karikatur Leibnizens erkennt. Dieser unterrichtet die beiden jungen Leute in der Leibniz-Wolffschen Philosophie und sucht ihnen nachzuweisen, daß alles mit allem in Verbindung steht, daß jede Wirkung eine Ursache hat und daß alles zum Besten steht in der besten der möglichen Welten. Die Idylle auf dem Schloß findet ein jähes Ende. Candide wird mit Fußtritten vom Schloß vertrieben, als er vom Schloßherrn überrascht wird, wie er mit Cunégonde heimlich Küsse austauscht. Bald darauf fallen die feindlichen Nachbarn über das Schloß her, machen es dem Erdboden gleich, metzeln die Bewohner hin und verschleppen sie. Nach Irrfahrten um die halbe Welt, auf denen jeder die schrecklichsten Dinge erlebt, trifft sich die Gesellschaft am Ende des Romans in Konstantinopel wieder. Man kauft ein kleines Anwesen und unterhält sich zwar auch über philosophische Probleme, aber der Lebensinhalt wird die Pflege des Gartens. Mit den Worten »Wir müssen unseren Garten bearbeiten« bricht Candide das letzte philosophische Gespräch ab; damit endet der Roman.

Doktor Pangloss muß wohl die schlimmsten Unbilden erdulden; er bekommt die Syphilis, wird gefoltert, soll als Ketzer verbrannt werden, wird dann aber stattdessen aufgehängt, gelangt halbtot in den Sezierraum eines Arztes und wird schließlich auf einer Galeere angeschmiedet. Trotzdem bleibt er dabei, daß die wirkliche Welt die beste der möglichen sei. So sagt er seinem Schüler Candide, als dieser ihn von der Galeere loskauft: »Ich bin noch immer derselben Auffassung wie früher, denn ich bin ja schließlich Philosoph. Es würde nicht zu mir passen, daß ich mich verrate. Leibniz kann nicht unrecht haben, und die prästabilierte Harmonie ist das Schönste von der Welt.«

Die Lehre von der besten Welt als Folgerung aus einigen metaphysischen Lehren Leibnizens. Ich möchte hier nicht untersuchen, was Voltaire mit seinem Roman sagen wollte. Ich will auch nicht der Frage nachgehen, ob Voltaires Kritik Leibniz' Lehre von der besten Welt trifft oder nicht. Ich möchte nur zu zeigen versuchen, aus welchen Gründen Leibniz die Lehre von der besten Welt vertrat und was diese Lehre beinhaltet. Denn ich bin der Meinung, daß diese Lehre eine konsequente Folgerung aus bestimmten Lehren der Leibnizschen Philosophie ist. Wenn man Leibniz' Optimismus kritisieren will, so hat es deshalb wenig Sinn, wenn man darüber streitet, ob die Welt wirklich die beste der möglichen sei oder nicht, ob sie nicht besser sein könnte, als sie ist, und ob es mehr Gutes oder mehr Schlechtes in ihr gibt, man muß vielmehr fragen, ob die Voraussetzungen, von denen sie abhängt, richtig sind oder nicht und was durch sie behauptet wird. Akzeptiert man die Voraussetzungen, so muß man auch die Folgerung, nämlich den Optimismus, akzeptieren. Die Lehre von der besten Welt hängt im wesentlichen von vier Voraussetzungen ab:

a. Die Welt hat den Grund ihres Daseins und Soseins nicht in sich selbst.
b. Der Grund muß außerhalb von ihr, d.h. in Gott, gesucht werden.
c. Gott hat die Welt in Freiheit geschaffen.
d. In Freiheit schaffen heißt, aus einer vorgegebenen Menge von Möglichkeiten eine, und zwar die beste, auswählen.

Zu a. Daß die Welt ihren Grund nicht in sich hat, beinhaltet zweierlei: 1. daß es eine Welt gibt (dies ist eine Erfahrungstatsache); 2. daß es die Welt nicht geben muß und daß sie nicht so sein muß, wie sie ist. Sie ist kontingent. Dieser Satz ist kein Erfahrungssatz, sondern ein Ergebnis des Nachdenkens. Die

Begründung für diese These ist in Leibniz' Modaltheorie, welche hier nicht ausführlich dargestellt werden kann, zu suchen. Leibniz geht aus von der Beobachtung, daß wir uns leicht denken können, daß der gegenwärtige Zustand der Welt anders wäre, als er ist. Um das einzusehen, braucht man nur an den gegenwärtigen Verlauf der politischen Grenzen oder an die Personen, in deren Hand die Regierungsgeschäfte der Staaten liegen, zu denken. Der Bereich des Möglichen muß daher – so glaubt Leibniz annehmen zu dürfen – umfangreicher sein als der Bereich des Wirklichen. Er schreibt: »Es muß als sicher angenommen werden, daß nicht alles Mögliche zur Wirklichkeit gelangt, andernfalls könnte man sich keinen Roman ausdenken, der nicht irgendwo oder irgendwann existierte.« (Grua, 305) Diese Behauptung setzt voraus, daß die erdichteten Romane möglich sind. Dabei versteht er unter möglich das, was keinen Widerspruch in sich enthält, oder, genauer gesagt, das, von dem man nicht beweisen kann, daß es notwendig ist, weil das kontradiktorische Gegenteil widerspruchsvoll wäre. Dieser Bestimmung der Modalbegriffe gemäß ist die Existenz der Welt ohne Zweifel nicht notwendig, sondern kontingent.

Zu b. Da die Welt einerseits kontingent ist, andererseits nach Leibniz einen Grund ihres Daseins und Soseins haben muß, kann dieser Grund nur außerhalb von ihr, nämlich in einem »jenseits der Welt liegenden Grund«, d.h. in Gott (vgl. GP 7, 303) gefunden werden. Diese Argumentation ist nicht von Leibniz ausgedacht; sie ist bekannt unter dem Titel »Gottesbeweis aus der Kontingenz der Welt«. Leibniz hebt hervor, daß dieses Argument auch dann gültig sei, wenn man annimmt, die Welt sei ewig; denn auch in diesem Falle würde die Welt den Grund ihres Seins nicht in sich selbst enthalten, die Existenz würde nicht zu ihrem Wesen gehören, sondern der Grund müßte in einem notwendigen Wesen, d.h. einem Wesen, zu dessen Sosein sein Dasein gehört, gesucht werden (vgl. GP 7, 302f.).

Gegen diesen Gedankengang könnte man einwenden, daß es keinen Sinn habe, nach dem Grund der Welt zu fragen, weil die Frage die Grenzen der menschlichen Erkenntnisfähigkeiten übersteigt. Diese Antwort hat Kant in der Antinomienlehre der ›Kritik der reinen Vernunft‹ gegeben. Leibniz hingegen hat die Frage nach dem Grund der Welt als legitim zugelassen. Für ihn ist die Welt wenigstens prinzipiell verstehbar, wenn dem Menschen auch nicht jede Einzelheit durchschaubar ist. Diese

Grundüberzeugung kommt wohl am deutlichsten zum Ausdruck in seinem berühmten Prinzip vom zureichenden Grunde. In der ›Monadologie‹ (§ 32) schreibt er, unser Denken beruhe auf zwei großen Prinzipien, dem des Widerspruchs und dem des Grundes. Über das zweite schreibt er: »Ihm zufolge nehmen wir an, daß keine Begebenheit wirklich oder seiend und keine Aussage wahr sein kann, ohne daß ein zureichender Grund vorhanden wäre, warum es gerade so und nicht anders ist, wenn man auch in den meisten Fällen diese Gründe nicht zu erkennen vermag.«

Wenn man dem Prinzip des Grundes in dieser Formulierung wie Leibniz uneingeschränkt Gültigkeit zuerkennt, muß man auch die Frage nach dem Grund der Welt zulassen. Wenn man diese Frage zuläßt, muß man zugestehen, daß die Antwort, die Leibniz gibt, folgerichtig und überzeugend ist. Man muß anerkennen, daß ein notwendig existierendes Wesen die kontingente Welt hervorgebracht hat.

Zu c. Das notwendige Wesen hat nach Leibniz die Welt in Freiheit geschaffen. Das folgt aus Leibniz' Gottesbegriff, nach welchem Gott ein mit Verstand und Willen begabtes Wesen ist, d. h. Gott erkennt zunächst, was er tun kann und will, und dann trifft er die Willensentscheidung; allerdings besteht zwischen dem Erkennen und Wollen kein Unterschied der Zeit, sondern ein Unterschied der Natur nach. Er schreibt: »In Gott sind wie in jedem mit Einsicht begabten Wesen die Handlungen des Willens der Natur nach später als die der Vernunft.« (GP 7, 506) Dieser Satz ist eine zentrale These der Leibnizschen Metaphysik und Gotteslehre. Er hat viel Mühe und Scharfsinn darauf verwandt, seine Richtigkeit nachzuweisen (vgl. Heinekamp, Problem, 54–61). Vor allem ist es Descartes, gegen den Leibniz in diesem Zusammenhang polemisiert. Descartes vertrat die Auffassung, man könne in Gott nicht zwischen Verstand und Willen unterscheiden. Das führt unter Einbeziehung weiterer Überzeugungen dazu, daß Descartes die Wahrheiten als Setzungen Gottes versteht. So sagt er ausdrücklich, Gott habe festsetzen können, daß es nicht wahr wäre, daß die Winkelsumme im Dreieck zwei rechten Winkeln gleiche.

Gegen diese voluntaristische Auffassung wendet Leibniz u. a. ein, aus ihr folge, daß auch die Wahrheit der göttlichen Existenz von Gott abhänge, und das sei sehr absurd (vgl. Grua, 433). Man müsse daher auch in Gott zwischen Erkennen und Wollen unterscheiden können, und das Erkennen müsse dem Wollen vorausgehen. Denn die Vernunft müsse den Willen leiten und lenken (vgl. GP 1, 256).

Auch diese Unterscheidung scheint mir letztlich eine Folgerung aus dem Postulat der Rationalität zu sein. »Die Ordnung fordert, daß alles deutlich erklärbar ist und daß nichts mit Sprüngen geschieht«, schreibt Leibniz (GP 3, 635). Dieses Postulat erweckt ohne Zweifel den Eindruck des Subjektiven und Unbestimmten. Jedoch hat Leibniz sich oft bemüht, diesen Begriff zu erläutern, indem er Kriterien für das Vernünftige und das Widervernünftige aufgestellt hat. In einer ersten Annäherung könnte man sagen, für Leibniz sei das vernünftig, was mit den von ihm aufgestellten Prinzipien (dem Prinzip des Grundes, dem Prinzip des Widerspruchs, dem Prinzip des Besten, dem Prinzip der Kontinuität usw.) übereinstimmt. Eine eingehende Analyse dieses Begriffes kann an dieser Stelle nicht gegeben werden.

Nach Leibniz ist Descartes' Gott ein deus absconditus; denn die Begriffe, die uns aus dem Bereich des Endlichen geläufig sind, können nicht in univoker Weise, d. h. ohne Abwandlung des Inhalts, auf Gott angewandt werden. Daher können wir bei ihm nicht zwischen Erkennen und Wollen unterscheiden, und deshalb sind seine Handlungen für uns nicht verstehbar. Nach Leibniz sind im Gegensatz dazu die göttlichen Handlungen für den Menschen wenigstens prinzipiell einsehbar. Denn Gott unterscheidet sich nicht prinzipiell, sondern nur dem Grad nach von den Menschen (vgl. Theod. 1, § 61). Er ist unendlich vollkommen, während wir unvollkommen sind. Dieser Unterschied hindert nicht daran, daß Gott an dieselben Gesetze der Logik und der Moral gebunden ist wie der Mensch (vgl. Theod. 1, § 35). So darf etwa Gott ebensowenig Unschuldige bestrafen wie der Mensch (GP 1, 254).

Die drei bisher behandelten Voraussetzungen der Lehre von der besten der möglichen Welten sind weitgehend Gemeingut der christlichen Tradition. Wohl alle christlichen Denker waren überzeugt, daß die Welt kontingent ist und von Gott geschaffen wurde. Unterschiede kann man jedoch u. a. bei der näheren Erklärung des göttlichen Schöpfungsaktes feststellen. Daß Gott und Mensch nur graduell voneinander verschieden sind und daß daher auch in Gott der Wille der Leitung durch den Verstand bedarf, gehört zur besonderen Wendung, die Leibniz dieser Lehre gibt. Noch wichtiger dürfte jedoch die vierte These sein, nämlich Leibniz' Bestimmung des freien Handelns.

Zu d. Frei handeln heißt für Leibniz, eine Menge vorgegebener Möglichkeiten durchmustern und sich für die beste entscheiden. Er setzt damit dreierlei voraus: 1. muß es mehrere Möglichkeiten geben, 2. muß es qualitative Unterschiede zwischen den verschiedenen Möglichkeiten geben, und 3. muß es eine beste geben. Gibt es nur eine Möglichkeit, dann kann es keine Freiheit geben, weil es keine Wahl gibt. Gibt es zwar mehrere Möglichkeiten, aber keine qualitativen Unterschiede zwischen ihnen, dann gibt es keinen Grund für die Wahl der einen oder der anderen, und man kann nicht begründen, weshalb der Wählende sich für diese und nicht für jene entscheidet. Auch das freie Handeln unterliegt damit wie alles Geschehen dem Prinzip des zureichenden Grundes. Leibniz geht so weit zu sagen, daß ein Handelnder nicht handeln könne, wenn es keinen Grund für die Wahl gebe. Er verdeutlicht das am Beispiel des Buridanschen Esels (Theod. 2, § 49). Dieses Beispiel geht von der Situation aus, daß ein Esel zwischen zwei völlig gleichen Weideplätzen steht. Obgleich dieses Tier großen Hunger hat, kommt es nicht zum Fressen, weil es keinen Grund dafür gibt, daß es sich nach links oder nach rechts wendet, weil die Weideplätze ja völlig gleich sind. Dem armen Tier bleibt nichts, als zu verhungern, obgleich Futter in ausreichender Menge vorhanden ist.

In gleicher Weise könnte man Gottes Erschaffen der Welt nicht frei nennen, wenn es nicht verschiedene mögliche Welten gäbe; und er könnte zwischen diesen verschiedenen Welten keine Auswahl treffen, wenn die Welten nicht qualitativ unterschieden und verschieden gut wären und wenn nicht eine von ihnen die beste wäre (vgl. Theod. 2, § 8), wobei allerdings vorausgesetzt wird, daß der Begriff der besten der möglichen Welten nicht widerspruchsvoll ist wie z. B. der Begriff der schnellsten Bewegung (vgl. Theod. 2, § 195). Das relevante Entscheidungskriterium ist also die Güte und die Vollkommenheit. Die Vollkommenheit der zu schaffenden Welt wird so zum Bestimmungsgrund der göttlichen Wahl (vgl. Theod. 2, § 45 u. 52) und damit zum Grund für die Existenz dieses Systems der Dinge (GP 3, 636). Wenn Gott überhaupt eine Welt schaffen will, dann ist er verpflichtet, die beste zu schaffen. Wählte er eine andere aus, so müßte man sein Handeln unvernünftig und töricht nennen, ebenso wie ein Mensch töricht ist, der eine bessere Möglichkeit wählen könnte, aber eine schlechtere vorzieht. Dies ist wohl der Punkt, in dem sich Leibniz am weitesten von der christlichen Tradition entfernt. Leibniz geht in der ›Theodizee‹ so weit, daß er sagt, Gott hätte etwas viel Schlechteres als die Sünden der Geschöpfe getan, wenn er nicht die beste Welt gewählt hätte.

Die Lehre von der besten Welt als Vernunftglaube. Wenn man akzeptiert, daß 1. die Welt von Gott hervorgebracht worden ist, und daß 2. das Erschaffen ein Auswählen aus verschiedenen Möglichkeiten ist, dann muß man auch akzeptieren, daß die wirkliche Welt die beste der möglichen ist; denn anderenfalls könnte es überhaupt keine Welt geben, und das widerspricht der Erfahrung. Daß die wirkliche Welt die beste der möglichen ist, ist demnach eine konsequente Folgerung aus bestimmten Thesen über den göttlichen Schöpfungsakt. Wenn man die Voraussetzungen akzeptiert, was nicht notwendig ist, dann muß man auch die Folgerung akzeptieren. Man muß sich dabei aber des Charakters dieser Lehre bewußt sein. Sie ist nicht das Ergebnis empirischer Untersuchungen über die Verteilung des Guten und Schlechten in der Welt. Sie ist primär zu verstehen als eine theoretische »Aussage über das Verhältnis des Weltschöpfers zu seiner Schöpfung« (Hübener, Sinn 235) und erst in zweiter Linie als Werturteil über den Charakter der wirklichen Welt. Leibniz hat an zahlreichen Stellen betont, daß es uns nicht möglich sei, die Vollkommenheit der wirklichen Welt richtig einzuschätzen. Es dürfe uns nicht verwundern, daß wir die Vollkommenheit der Welt nicht durch die Erfahrung nachweisen können, weil es uns unmöglich sei, die ganze Welt in ihrer räumlichen und zeitlichen Ausdehnung zu überblicken (vgl. z. B. Theod. 2, § 194). Der Ausdruck »Welt« ist hierbei zu verstehen als »die ganze Folge und die ganze Zusammenfassung aller existierenden Dinge« (Theod. 2, § 8). Zur Welt in diesem Sinne gehört also nicht nur alles, was gleichzeitig existiert, sondern die gesamte Abfolge der Geschehnisse. Nur in diesem umfassenden Sinne verstanden ist die wirkliche Welt die beste der möglichen. Die Vollkommenheit kann ihr zugesprochen werden, auch wenn einige Teile nicht so vollkommen sind, wie sie ihrer Art nach sein könnten (vgl. Theod. 2, § 202). Denn die Vollkommenheit der Welt erfordert, daß die Dinge unterschiedlich vollkommen sind, und die dynamische Auffassung der Wirklichkeit impliziert, daß nicht alle mögliche Vollkommenheit auf einmal verwirklicht ist. Nur unter dieser Voraussetzung kann Leibniz sagen, alles strebe nach seiner Vollkommenheit und Reife (GP 7, 541). Diesen Sachverhalt könnte man in der paradoxen Formulierung zusammenfassen, die Welt sei insofern vollkommen, als sie in jedem Augenblick zwar unvollkommen, aber vervollkommnungsfähig ist.

Die Lehre von der besten Welt nimmt damit den Charakter eines Vernunftglaubens an: eines Glaubens, weil die Richtigkeit der Lehre empirisch nicht nachgewiesen werden kann; und eines Vernunftglaubens, weil sie auf Vernunftgründen beruht. Leibniz hat diesen Gedanken u. a. im Gedicht auf den Tod der Königin Sophie Charlotte ausgesprochen:

> Denckt, unverbeßerlich sey daß so Gott gethan,
> Erkent mans gleich noch nicht, soll mans doch beten an.
> Und zwar man kennt es schohn in kindlichem Vertrauen;
> Man sieht, daß Gott ist guth, eh man Ihn selbst kann schauen.

Da dieser Glaube durch empirische Tatsachen nicht bewiesen werden kann, kann er auch durch den Hinweis auf die üblen und moralisch verwerflichen Ereignisse nicht widerlegt werden. Es ist deshalb durchaus im Sinne von Leibniz, wenn Voltaires Pangloss sich durch alle Übel, die ihm widerfahren, nicht daran irre machen läßt, daß die Welt die beste der möglichen ist. Freilich befindet er sich im Widerspruch zu Leibniz' Lehre, wenn er daraus schließt, jedes einzelne Ereignis sei gut. Angesichts der oft zu beobachtenden Diskrepanz zwischen der Vollkommenheit der Welt als ganzer und den Einzelereignissen kann man sich allerdings fragen, ob es sinnvoll ist, sich mit metaphysischen Lehren wie der von der besten Welt zu beschäftigen, wenn diese so wenige Berührungspunkte mit dem wirklichen Leben der Menschen haben.

Die physische und die moralische Vollkommenheit der Welt. Für Leibniz war die Lehre von der besten Welt jedoch kein inhaltsloser Vernunftglaube, wie es aufgrund der bisherigen Darlegungen scheinen könnte. In seiner ›Theodizee‹ bringt er eine Fülle von empirischen und vernunftmäßigen Argumenten für diese Lehre vor, und er sucht eine große Zahl von Argumenten, die gegen diese Lehre vorgebracht werden könnten, zu widerlegen. Die beste Welt ist für Leibniz – wie dargelegt – die vollkommenste. Nun finden sich in Leibniz' Werk unterschiedliche Bestimmungen der Vollkommenheit. Die für Leibniz grundlegende Definition besagt: Einfachheit in den Hypothesen und

Reichhaltigkeit in den Phänomenen (Discours de métaphysique, § 6). Wenn man den Sinn dieser Bestimmung richtig verstehen will, muß man sich vergegenwärtigen, daß Leibniz zwei (ontologische) Ebenen der Wirklichkeit unterscheidet: 1. die metaphysische Ebene der Monaden, 2. die abgeleitete phänomenale Welt der Körper und Dinge. Gegenstand der göttlichen Wahl ist zweifellos die Welt der Monaden und ihrer Vollkommenheiten. Aber die Vollkommenheit der Monadenwelt findet in der Vollkommenheit der anderen Wirklichkeitsebene ihre Entsprechung. In Anlehnung an diese Wirklichkeitsebenen unterscheidet Leibniz zwischen einem Reich der Natur und einem Reich der Gnade. Das Reich der Natur ist die physische Welt, d.h. eine große Maschine, deren Geschehnisse durch die Gesetze der Mechanik beherrscht werden; das Reich der Gnade ist der große Staat der Geister unter der Regierung Gottes. In ihr vollzieht sich alles nach moralischen Gesetzen, d.h. nach den Gesetzen der Gerechtigkeit, Weisheit und Güte. Die Welt ist für Leibniz sowohl in physischer als auch in moralischer Hinsicht vollkommen (vgl. GP 7, 306).

Dem Reich der Natur gegenüber verhält sich Gott wie ein Baumeister und Architekt, der eine gewaltige mathematische Aufgabe zu lösen hat. »Indem Gott rechnet und die Rechnung ausführt, entsteht die Welt«, schreibt Leibniz in seiner berühmten Anmerkung zu einer Schrift aus dem Jahre 1677 (GP 7, 191). Leibniz beschreibt diese Aufgabe bisweilen als Problem, eine größtmögliche Mannigfaltigkeit mit einer größtmöglichen Einheit zu verbinden. Dieser Gedanke läßt sich dahingehend präzisieren, daß die Naturgesetze der wirklichen Welt einfacher sind als alle anderen, die man sich ausdenken kann. Als Beispiel weist er immer wieder auf die Fermatschen Gesetze des Lichtweges hin (vgl. GP 7, 272f.). Das Licht nimmt immer einen ausgezeichneten Weg, nämlich den »leichtesten«. Leibniz betrachtete diesen Sachverhalt als eine überzeugende Bestätigung seiner metaphysischen Theorie von der besten der möglichen Welten. Dieser Gedanke ist von Carl Friedrich von Weizsäcker in einem Aufsatz ›Naturgesetze und Theodizee‹ aufgegriffen worden. Weizsäcker legt dar, daß sich die Naturgesetze der wirklichen Welt vor allen möglichen auszeichnen und daß sie mit Hilfe von Variationsrechnung bestimmt werden können. Hierin sieht Weizsäcker das rationale oder rationalisierbare Moment der Leibnizschen Lehre von der besten Welt. Diesen Gedanken könnte man vielleicht in folgender Weise fortspinnen: Leibniz' Lehre von der besten Welt kann als Antwort auf die Frage verstanden werden, weshalb in ihr gerade die Naturgesetze gelten, die in ihr festgestellt werden können. Die Antwort auf diese Frage könnte lauten: Weil sie die einfachsten sind. Das ist deshalb so, weil die Welt von einem Geist geschaffen ist, und weil das Einfachste das ist, was dem Geist am meisten gefällt. Die Lehre von der besten Welt könnte demnach als Begründungsversuch für die Naturgesetze, welche andernfalls als bloße Fakten verstanden werden müßten, gedeutet werden. Leibniz trägt diesen Gedanken oft vor, wenn er darlegt, die Naturwissenschaften müßten versuchen, die einzelnen Phänomene nach mechanischen Gesetzen, d. h. nach Größe, Gestalt und Bewegung, zu erklären, aber die Gesetze selbst bedürften ihrerseits einer Begründung durch die Betrachtung der Finalursachen (vgl. Discours de métaphysique, § 19). Die Lehre von der besten der möglichen Welten wäre demnach eine Explikation der These, daß die Welt als ganze vernünftig aufgebaut ist und daß es für alles einen Grund gibt. Diese Lehre wäre nicht nur eine Theodizee, sondern auch eine Logodizee.

Man muß dabei jedoch im Auge behalten, daß die physische Welt nur ein Aspekt der Welt ist. Der andere Aspekt ist die moralische Welt der Geister. In ihr herrscht Gott wie ein Monarch und wie ein Vater, d. h. mit Gerechtigkeit, Liebe und Weisheit. Dieses Reich ist das eigentliche Ziel und der Mittelpunkt der Schöpfung:

> Die Geister, die da stehn mit Gott in einem Orden,
> Umb deren willen doch, weil sie's verstehn allein,
> Das ganze Weltgebäu so geistreich müßen seyn ...
> (Gedicht auf den Tod der Königin Sophie Charlotte).

Ihm ist das Reich der Natur untergeordnet, und das Naturreich muß ihm dienen. In der Lehre, daß die Welt das beste Gemeinwesen, die optima res publica, ist, in welcher jeder glücklich sein kann und in welcher man nur durch eigene Schuld unglücklich ist, sieht Leibniz den Gipfel der menschlichen Erkenntnis und die Erfüllung des menschlichen Verlangens (GP 7, 136). Daher schließen viele philosophische Schriften Leibnizens mit einer Apotheose des Reiches der Gnade.

Was hier zum Ausdruck kommt, ist der Glaube an eine moralische Weltordnung, in der vollkommene Gerechtigkeit herrscht. »Der Tugend wird ihr Preiß aus ihrem Lauff bereit«, heißt es im Gedicht auf den Tod der Königin Sophie Charlotte.

Allerdings ist es Leibniz nicht verborgen geblieben, daß es in der Welt, wie wir sie kennen, durchaus nicht so ist, daß es allen guten Menschen gut ginge und allen schlechten Menschen übel. Um die augenscheinliche Diskrepanz zwischen Glückseligkeit und Glückswürdigkeit aufzuheben, hat er eine Vergeltung im Jenseits angenommen (vgl. Heinekamp, Problem, 173f.). Die moralische Weltordnung, an der Leibniz festgehalten hat, ist nicht empirisch nachweisbar, sie ist ein Postulat der Vernunft (»die Unsterblichkeit der Seele und Gott als Lenker der Welt müssen angenommen werden«, Dutens 4, 3, 296). Ich kann hier nicht erörtern, weshalb Leibniz zu diesem Postulat gelangt ist. Ein wichtiger Grund dürfte jedenfalls sein, daß Leibniz angenommen hat, die Idee der Gerechtigkeit sei ebenso wie alle anderen fundamentalen moralischen Ideen dem Menschen angeboren. Der Mensch kann daher gar nicht anders, als freiwillige Handlungen unter dem Gesichtspunkt der Gerechtigkeit zu betrachten. Er könnte daher nach Leibniz' Meinung wahrscheinlich nicht als moralisches Subjekt leben, wenn er nicht überzeugt wäre, daß die Welt eine gerechte Ordnung darstellt, in der alles Gute belohnt und alles Böse bestraft wird.

3. Monadenlehre und prästabilierte Harmonie

Leibniz' Denken ist – wie dargelegt – gekennzeichnet durch das universelle Postulat der Rationalität, d. h. es kann für ihn nichts geben, das prinzipiell unverstehbar und unerklärbar wäre. »Vor allem nehme ich als sicher an, daß alles durch gewisse Ursachen geschieht, die einsehbar sind oder durch uns eingesehen werden können, wenn ein Engel sie uns offenbaren wollte«, heißt es an einer Stelle (GP 7, 265). In den ›Principes de la nature et de la grâce‹ (§ 7) gliedert Leibniz die Frage nach dem Warum in zwei Teilfragen: 1. Warum gibt es eher etwas als nichts? 2. Warum müssen die Dinge so und nicht anders existieren? Grob gesprochen könnte man die bisherigen Ausführungen der ersten Frage zuordnen, die folgenden sollen der zweiten Frage gewidmet sein.

Leibniz antwortet auf die zweite Frage mit der Monadenlehre und mit der Lehre von der vorherbestimmten Harmonie. Beide Lehren hängen aufs engste miteinander zusammen. Die Monadologie ist die Lehre von den letzten Elementen der Wirklichkeit, die prästabilierte Harmonie erklärt den Zusammenhang zwischen diesen Elementen. Nach dem Erscheinen des ›Système nouveau‹ im Jahre 1695, in welchem er seine Philosophie zum ersten Male öffentlich zur Diskussion stellte, wurde es üblich, Leibniz' Philosophie mit dem Ausdruck »System der prästabilierten Harmonie« zu kennzeichnen. Als 1720 die ›Monadologie‹ aus dem Nachlaß herausgegeben war, trat die Bezeichnung Monadenlehre in den Vordergrund. Leibniz hat klar gesehen, daß in der richtigen Fassung des Substanzbegriffs das entscheidende Problem der Philosophie besteht (vgl. FN, 326). Die zahlreichen Schriften, die bereits zu seinen Lebzeiten in den verschiedensten Zeitschriften gegen die Monadenlehre veröffentlicht wurden, lassen erkennen, wie große Schwierigkeiten bereits die Zeitgenossen hatten, diese Lehre zu verstehen. Als die Sozietät der Wissenschaften in Berlin für das Jahr 1747 die Preisfrage stellte, ob die Monadenlehre in einem verständlichen Sinne interpretiert werden könne, wurde der Preis einer negativen Antwort zugesprochen. Einer der berühmtesten Leibniz-Forscher unserer Zeit, Bertrand Russell, äußerte über die Monadenlehre, sie sei »eine Art von fantastischem Feenmärchen, zwar vielleicht kohärent, aber völlig willkürlich«.

Im folgenden möchte ich zu zeigen versuchen, daß der Vorwurf des Phantastischen unbegründet ist. Zu diesem Zwecke möchte ich die Monadenlehre – wie Leibniz es bisweilen selbst getan hat (vgl. Système nouveau, § 17) – als Hypothese verstehen. In diesem Sinne hat bereits Hegel über Leibniz festgestellt: »Seine Behauptungen erscheinen als willkürliche Vorstellungen, ein metaphysischer Roman; man lernt sie erst schätzen, wenn man sieht, was er dadurch hat vermeiden wollen.«

Die Erfahrungswelt als Erscheinung. Die Welt, wie wir sie sehen und erleben, ist nach Leibniz nicht wirklich so, wie wir sie sehen. Die erlebte Welt ist Erscheinung, d. h. unsere Art, die Welt zu sehen und zu erleben, ist wenigstens zum Teil von der Art unserer Erkenntnisapparate abhängig. Denn die Wirklichkeit besteht letztlich nicht aus den Tischen, Stühlen, Häusern usw., die wir wahrnehmen, sondern sie ist aufgebaut aus letzten nicht weiter zerlegbaren Elementen, welche Leibniz Monaden nennt. »Ich bin der Ansicht, daß es außer den Monaden in der Natur nichts gibt und daß der Rest nichts anderes ist als die Phänomene, die daraus resultieren.« (E, 745b) Diese Auffassung ist sicherlich nicht überraschend, wenn man bedenkt, daß zur Zeit Leibnizens die Entwicklung des Mikroskops erste

Blicke in die Geheimnisse des Mikrokosmos eröffnet hatte. Naturforscher und Ärzte hatten entdeckt, daß Dinge, die man bis dahin als homogene tote Masse betrachtet hatte, aus kleinen Lebewesen bestehen; man entdeckte die Spermatozoen und sah, daß das Blut aus kleinen Körperchen besteht. Was lag näher als die Vermutung, daß die kleinen mit dem Mikroskop wahrnehmbaren Lebewesen ihrerseits aus anderen, noch kleineren Lebewesen zusammengesetzt seien? Diesen Gedanken hatte bereits Pascal geäußert, um die Stellung des Menschen als Schwebezustand zwischen dem unendlich Großen und dem unendlich Kleinen zu kennzeichnen.

Es ist jedoch zu betonen, daß die Monadenlehre nicht als metaphysische Verallgemeinerung und Ausdeutung der wissenschaftlichen Erkenntnisse über den Mikrokosmos verstanden werden darf. Die mikroskopischen Untersuchungen haben Leibniz' Denken angeregt, indem sie den Gedanken nahelegten, die materielle Welt sei bis ins Unendliche geteilt und zwischen der belebten und unbelebten Natur gebe es Übergangsformen; er hat in diesen Erkenntnissen eine erfreuliche Bestätigung seiner metaphysischen Theorien gesehen, und er verdeutlicht die Monadenlehre gern anhand biologischer Erkenntnisse. Die eigentliche Begründung für die Annahme der Monaden liegt jedoch auf einer anderen Ebene.

Die Monadenhypothese entspringt einem Denkmodell, das zur Zeit Leibnizens sich einer besonderen Beliebtheit erfreute: der resolutiv-kompositiven Methode. Wenn man das Wesen eines Gegenstandes verstehen will, so muß man ihn nach dieser Methode in seine Elemente zerlegen und aus diesen Elementen wieder aufbauen und rekonstruieren. »Die einfachen Körper sollen zurückgeführt werden auf die Dinge, aus denen oder aus deren Zusammenspiel sie erzeugt werden können.« (GP 7, 265)

Die Monaden als einfache Substanz. Auf das Problem der Monadenlehre angewandt, führt dieses Verfahren zu der Frage, ob die Zerlegung bis ins Unendliche fortgesetzt werden kann oder ob man irgendwann zu letzten nicht mehr zerlegbaren Elementen gelangt. Der Gedanke, daß man Zerlegungsprozesse bis ins Unendliche fortsetzen könne, ohne jemals auf letzte Elemente zu stoßen, wurde von den Philosophen der frühen Neuzeit abgelehnt. Denn man befürchtete, alles werde in der Luft hängen, wenn nicht letzte unhinterfragbare Gegebenheiten Halt gewährten. Die Zerlegung kann sich in Leibniz' Philosophie auf reale Dinge oder – wegen der Entsprechung zwischen dem Sein und dem Denken – auf Begriffe beziehen. Die zweite Art der Zerlegung nennt er »Zergliederung in Begriffe«, die erste »Zerlegung in Teile« (GP 3, 583). Dementsprechend kann man bei Leibniz eine »metaphysische« (besser: »logische«) und eine »physische« Substanztheorie unterscheiden.

Die logische Theorie geht von der Aristotelischen Definition aus, nach welcher die Substanz das ist, über das alles ausgesagt wird, das selbst aber nicht von einem anderen ausgesagt wird. So kann über Sokrates vieles ausgesagt werden, aber »Sokrates« kann nur in bezug auf ihn selbst ausgesagt werden. Die Substanz ist daher das letzte Subjekt der Aussagen (vgl. C, 403). Entsprechend seiner Grundüberzeugung in der Logik, nach der in jedem wahren Satz der Prädikatbegriff im Subjektbegriff enthalten ist, formt Leibniz die Theorie des logischen Subjektes zu seiner Theorie des Individualbegriffs um, welche beinhaltet, daß »im vollständigen Begriff einer jeden individuellen Substanz alle seine Prädikate enthalten sind, sowohl die notwendigen als auch die zufälligen, die vergangenen, die gegenwärtigen und die zukünftigen« (GP 7, 311). So ist im vollständigen Begriff des Sokrates nach Leibniz alles enthalten, was man über ihn aussagen kann. Daher braucht man nur den Begriff des Sokrates zu analysieren, wenn man wissen will, ob ihm die Prädikate »weise sein«, »stupsnäsig sein«, »verheiratet sein« usw. zukommen oder nicht.

Daß es letzte unteilbare physische Elemente gebe, war die These des Atomismus. Diese Auffassung hatte bereits der griechische Philosoph Demokrit vertreten; zu Leibniz' Zeit war der Atomismus durch den französischen Philosophen Petrus Gassendi, den englischen Chemiker Robert Boyle u.a. erneuert worden. Leibniz hat dieser Lehre eine kurze Zeit angehangen (vgl. GP 4, 478 und GP 3, 620). Aber bald erkannte er, daß sie unbefriedigend ist; denn die Atome »sind nichts anderes als unvollständige Gedankendinge von Philosophen, die nicht tief genug in das Wesen der Dinge eingedrungen sind« (GP 2, 250), und zwar deshalb, weil der Atomismus lehrt, die letzten Elemente, nämlich die Atome, seien sowohl materiell und damit räumlich und ausgedehnt als auch unteilbar. Diese beiden Bestimmungen sind nach Leibniz miteinander unvereinbar (vgl. GP 4, 479). Alles, was ausgedehnt ist, ist nach seiner Meinung auch teilbar, und unteilbar kann nur etwas sein, das nicht ausgedehnt ist. Leibniz war daher der Überzeugung, daß die letzten

Grundlagen der Wirklichkeit, die Monaden, unausgedehnt und deshalb unteilbar seien.

Damit wäre eine erste Bestimmung der Monade gegeben: Die Monade ist ein einfaches Wesen und hat keine Teile (vgl. Monadologie, § 1). Die Teile sind dabei freilich im Sinne von räumlichen Teilen zu verstehen, denn aufgrund der Beziehungen zu anderen Monaden erkennt Leibniz der Monade durchaus begriffliche Teile zu (vgl. GP 2, 239).

Leibniz hat klar gesehen, daß die unteilbaren Monaden einer anderen ontologischen Ebene angehören als die ausgedehnten Dinge. Das Unausgedehnte kann nicht Teil des Ausgedehnten sein, und das Ausgedehnte kann nicht durch eine Anhäufung von unausgedehnten Punkten entstehen. Leibniz hat das Verhältnis zwischen dem Kontinuum und den ihm zugrunde liegenden unausgedehnten Punkten als eine Paradoxie des menschlichen Denkens, nämlich als Labyrinth des Kontinuums bezeichnet. Seine Lösung geht aus von der Unterscheidung zwischen dem Reich der Phänomene und dem Reich der Monaden. »Man darf sich nicht vorstellen, daß Monaden sich wie Punkte in einem realen Raume bewegen, stoßen und berühren«, schreibt er (GP 3, 623). Die Substanzen können sich nicht wie in einem Behälter im Raume und in der Zeit befinden, weil Raum und Zeit Ordnungsbeziehungen sind und damit wie alle Relationen nach Leibniz zu den idealen, durch das Denken konstituierten Gegenständen gehören (vgl. GP 3, 622). Sie stehen lediglich in den Beziehungen der Koexistenz und der Sukzession zueinander und haben in beiden Ordnungen einen bestimmten Platz (GP 2, 253). Die ausgedehnten Dinge bilden das Reich der Phänomene. Dieses Reich ist jedoch kein bloßer Schein wie z. B. eine Fata Morgana, weil ihm eine wahre Wirklichkeit, das Reich der Monaden, zugrunde liegt. Allerdings ist es nicht leicht, genau anzugeben, auf welche Weise die Phänomene aus den Monaden hervorgehen. Leibniz verwendet für diesen Prozeß des Hervorgehens gern das Wort »resultieren« (vgl. z. B. GP 3, 636). Aber diese Formulierung ist ohne Zweifel ebenso vage wie der Ausdruck, das Zusammengesetzte versinnbildliche das Einfache (Monadologie, § 61).

Ehe ich auf dieses Problem näher eingehe, möchte ich auf zwei Folgerungen, die sich aus der Unteilbarkeit der Monaden ergeben, hinweisen:

a. Die Monaden können nicht auf natürliche Weise entstehen oder vergehen. Sie können nur durch einen Akt der göttlichen

Schöpfung ins Dasein gesetzt werden und durch einen entsprechenden Akt der Vernichtung zerstört werden (vgl. GP 7, 314).

b. Da die Monade keine räumlichen Teile hat, kann nichts auf sie von außen einwirken. Diesen Gedanken verdeutlicht Leibniz durch das Bild der Fensterlosigkeit. Die Monade hat keine Fenster, durch welche etwas von außen in sie hineinkommen könnte. Wenn es in der Monade Veränderungen gibt, wenn die Monade tätig ist, so kann das nur aus ihrem eigenen Grunde kommen. Dieser Sachverhalt wird verdeutlicht durch Leibniz' Bestimmung der Monade als Kraft.

Die Monade als Kraft. Das Merkmal des Kraft-Habens ist die zweite Grundbestimmung, die Leibniz der Monade beilegt. Man kann sich Leibniz' Auffassung anhand seiner Auseinandersetzung mit der Cartesischen Substanztheorie verdeutlichen. Descartes hatte gelehrt, das Wesen der körperlichen Dinge bestehe in der Ausdehnung. Zu dieser These gelangte er aufgrund etwa folgender Überlegung: Betrachten wir einen vorliegenden Gegenstand, z. B. ein Stück Wachs! An ihm nehmen wir eine Menge von Eigenschaften wahr. Das Stück hat eine bestimmte Farbe, es duftet noch ein wenig nach Honig und nach den Blumen, aus denen es gewonnen worden ist. Es ist hart und gibt einen Ton, wenn man mit einem Stock daran schlägt. Die meisten dieser Eigenschaften ändern sich sehr schnell. Man braucht das Wachs nur in die Nähe des Ofens zu bringen, und schon verliert es seine Härte, Farbe, Gestalt usw. Da sich diese Eigenschaften so schnell ändern, können sie nicht das Wesen des körperlichen Gegenstandes ausmachen; denn die wesentliche Eigenschaft soll eine Eigenschaft sein, die sich bei allem Wechsel erhält. Diese Eigenschaft ist das Ausgedehntsein in Länge, Breite und Tiefe. Die wesentliche Eigenschaft der körperlichen Dinge besteht also, so folgert Descartes, in der Ausdehnung.

Leibniz hat diese Bestimmung des Wesens der körperlichen Dinge schon früh kritisiert. Der Begriff der Ausdehnung ist nämlich nach seiner Überzeugung »nicht einfach ..., sondern zusammengesetzt, denn er setzt das wiederholte Setzen von etwas anderem voraus« (FN, 328). Davon abgesehen glaubt er, gegen Descartes einwenden zu können, daß es bei der Bestimmung der Körper als rein mathematischer Gebilde unerklärlich sei, weshalb nicht mehrere Körper an demselben Ort sein können, weshalb sie sich nicht gegenseitig durchdringen können und weshalb ein kleiner Körper einen großen nicht ohne Geschwindigkeitsverlust in Bewegung setzen kann. Leibniz vertritt daher die Auffassung, man müsse den Körpern eine Kraft, mit der sie der Durchdringung und dem Bewegtwerden widerstehen, zusprechen, die Widerstandskraft und die Trägheit. Nachdem er diese Bestimmungen gefunden hatte, stellte sich die Frage, wie diese Widerstandskraft in den Körpern anzusiedeln sei. Leibniz glaubte, diese Kraft nicht einfach dem Ausgedehnten als Ausgedehntem zusprechen zu können, und zwar deshalb, weil die Ausdehnung nicht dem Bereich der Substanz, sondern dem des Abgeleiteten und des Phänomenalen angehört. »Betreffs der Körper«, schreibt er, »kann ich beweisen, daß nicht nur Licht, Wärme, Farbe und ähnliche Qualitäten, sondern auch Bewegung, Figur und Ausdehnung nur Erscheinendes sind.« (GP 7, 322). Die Kraft muß nach Leibniz eine Bestimmung der wahren Wirklichkeit, der Monaden, sein, denn die Kraft ist das, was sich in den wechselnden Veränderungen als das Substanzielle erhält. Deshalb ist die Monade für ihn ein Kraftzentrum, und darum kann in der Monade der Grund für die in der Erscheinungswelt zu beobachtenden Veränderungen gefunden werden (vgl. Discours de métaphysique, § 18). Leibniz behauptet damit, »wirklich sein« bedeute »Kraft haben«, und das, was keine Kraft habe, verdiene auch nicht die Bezeichnung »wirklich«. Unter »Kraft« versteht Leibniz dabei nicht die bloße Möglichkeit zu wirken, sondern »ununterbrochenes Tätigsein« (vgl. GP 4, 469f.). Die Monade ist daher für Leibniz ein unentwegt tätiges Wesen. Aus der ursprünglichen Kraft als einer Bestimmung der Monade resultieren die abgeleiteten Kräfte, die dem Geschehen in der physischen Welt zugrunde liegen. Die Kraft ist das Verbindungsglied zwischen dem Reich der Monaden und dem Reich der Phänomene.

Die Monade als Perzeptionsfolge. Man fragt sich natürlich, worin denn die Tätigkeit der Monade bestehe. Aus der Unteilbarkeit der Monade folgt nach Leibniz, daß die Monaden nicht physisch aufeinander wirken. Denn durch die Einwirkung von außen würden sie etwas von außen empfangen, es würde etwas Neues in sie hineinkommen, das vorher nicht in ihnen war. Daher kann die Tätigkeit der Monade nur eine interne Tätigkeit sein. Leibniz nennt diese Tätigkeit Perzeption. Diese Tätigkeit besteht darin, daß sie das darstellt, was in der Welt geschieht; denn »die Perzeption ... ist die Repräsentation der Vielheit in der Einheit« (GP 3, 622). Die Monade ist ein Spiegel der ganzen

Welt. Das Perzipieren darf jedoch nicht als statische Wiedergabe eines Zustandes verstanden werden, sondern die Monade erzeugt stets neue Perzeptionen, sie schreitet von Perzeption zu immer neuen Perzeptionen fort. Das Fortschreiten von Perzeptionen zu neuen Perzeptionen erfolgt durch ein Streben, das Leibniz »appetitus« nennt.

Der Mensch als Urbild der Monade. Man sieht leicht, daß der Begriff der Perzeption aus dem Bereich des Menschlichen genommen ist. Der Mensch nimmt wahr und steht dadurch in Beziehung zu anderen Wesen. Wenn Leibniz behauptet, alle Monaden seien mit der Fähigkeit zu perzipieren ausgestattet, so behauptet er damit, alle Monaden seien dem Menschen ähnlich. Er schreibt: »Diese einfachen Substanzen sind das, was man bei uns und bei den Genien Geist nennt.« (GP 3, 622) In der Tat sagt Leibniz ausdrücklich, wir fänden den Begriff der Substanz durch Reflexion in uns selbst (Nouveaux Essais 1, 3, § 18). Man kann die Frage aufwerfen, wieso Leibniz zu dieser Bestimmung der Substanz oder Monade gelangt ist. Wenn man diese Frage beantworten möchte, muß man sicherlich mehrere Gesichtspunkte berücksichtigen. Ein wichtiger Gesichtspunkt scheint mir die durch Descartes' Substanzlehre aufgeworfene Problematik zu sein. Descartes hatte gelehrt, es gebe im Bereich des Kreatürlichen zwei Arten von Substanzen: die denkenden Substanzen und die ausgedehnten. Wie diese beiden Arten miteinander in Beziehung stehen können, d. h. wie z. B. der Mensch eine Einheit aus Körper und Geist bilden und wie der menschliche Geist körperliche Gegenstände erkennen kann, konnte Descartes nicht erklären.

Es ist bereits erwähnt worden, daß Leibniz die Substanzialität der ausgedehnten Substanz bestritten hat. Es blieb dann nur noch die denkende Substanz, und es ist folgerichtig, wenn Leibniz die Kennzeichen seiner Substanz von Descartes' denkender Substanz entlehnt. Für Leibniz gibt es nur eine Art der Substanzen. Alle Substanzen sind etwas dem Geist Ähnliches. Damit verschwindet das Leib-Seele-Problem, es reduziert sich auf die Frage nach den Beziehungen zwischen den einzelnen Monaden und nach dem Verhältnis der Substanzen zu dem aus ihnen hervorgehenden Reich der Phänomene (vgl. Monadologie, § 78). Denn die Körper sind, wie wir sahen, Phänomene. Allerdings hat Leibniz das Leib-Seele-Problem nicht immer in dieser Form abgehandelt. Vor allem im ›Système nouveau‹ und den sich daran anschließenden Streitschriften geht Leibniz von den Cartesischen Fragestellungen des gegenseitigen Verhältnisses zwischen dem Leib und der Seele aus.

Leibniz' Theorie hat den Vorteil für sich, daß es ihr leicht fällt, den Ursprung des Substanzbegriffes verständlich zu machen. Weil wir selbst Substanzen sind, brauchen wir uns nur selbst zu betrachten, wenn wir den Begriff der Substanz gewinnen wollen. Leibniz bezeichnet diese Erkenntnis als eine »innere Erfahrung«. Dieser Begriff wird von ihm jedoch nicht genauer analysiert. – Davon abgesehen erreicht Leibniz durch seine Theorie, die Grundlage der gesamten erfahrbaren Wirklichkeit seien Wesen derselben Art, eine beeindruckende Geschlossenheit des Systems. Was ihm allerdings nicht leicht fällt, ist, aus dieser einen Art der Grundlage die Vielfältigkeit der erfahrbaren Wirklichkeit zu erklären.

Die Abstufung des Monadenreiches. Die Monaden sind ihrem Wesen nach gleich, denn alle können als Kraftzentren, die perzipieren und stets neue Perzeptionen erstreben, verstanden werden. Die Unterschiede bestehen nur im Grad ihrer Vollkommenheit. Die Vollkommenheit bemißt sich nach der Klarheit und Deutlichkeit der Perzeptionen. Nach dem Principium identitatis indiscernibilium gibt es keine zwei Monaden, die einander völlig gleich sind, denn nicht unterscheidbare Dinge sind nach diesem Prinzip identisch. Die Monaden bilden deshalb eine Kette. An der Spitze steht Gott, d. h. die monas monadum. Gott hat nur klare und deutliche Perzeptionen. Am unteren Ende befinden sich die Monaden, die nur unklare und undeutliche Perzeptionen haben. Leibniz nennt sie schlafende Monaden. Zwischen diesen beiden Extremen sind die anderen Wesen angesiedelt. So bilden auch die Menschen ein Stück der Kette. Sie unterscheiden sich von den Monaden unter ihnen durch Bewußtsein und Selbstbewußtsein, d. h. sie perzipieren nicht nur, sondern wissen auch, was sie perzipieren, und sie wissen auch, daß sie es sind, was perzipiert, d. h. sie sind fähig, »das vielsagende Wort Ich zu sagen« (Discours de métaphysique, § 34). Beides geht den Monaden, die unter ihnen angesiedelt sind, ab. Daher kann man mit Recht sagen, daß zwischen den Menschen und den Wesen unter ihnen nicht nur quantitative Unterschiede bestehen, sondern qualitative.

Hier muß hinzugefügt werden, daß bestimmte Monaden die Fähigkeit haben, über andere Monaden zu herrschen, d. h. ihre

Perzeptionen sind der Grund für die Perzeptionen der anderen (vgl. Monadologie, § 70). Das ist z. B. beim Menschen der Fall. Der Mensch besteht aus einer Ansammlung von Monaden, aber diese Ansammlung wird beherrscht durch eine zentrale Monade, nämlich die Geistmonade. Leibniz nennt diese herrschende Monade Zentralmonade. Eine Zentralmonade hat nicht nur der Mensch, sondern auch die Tiere und Pflanzen, kurz alles Organische. Alles andere, d. h. die anorganische Natur, ist gekennzeichnet durch das Fehlen eines Einheit stiftenden Prinzips, d. h. einer Zentralmonade. Die anorganische Natur ist eine bloße Ansammlung von Monaden. Leibniz vergleicht diese Dinge mit einer Herde Schafe, einer exerzierenden Truppe und einem Teich voller Fische (vgl. GP 2, 506).

Den Unterschied zwischen den Menschen und den niederen Monaden verdeutlicht Leibniz mit Hilfe des Unterschieds zwischen einem Spiegel und einem Wesen, das sieht (Discours de métaphysique, § 35). Jede Monade repräsentiert und perzipiert das gesamte Universum, aber nur die Geistmonaden werden sich dieses Sachverhaltes bewußt. Sie können die ewigen Wahrheiten erkennen und in eine besondere Beziehung zu Gott treten. Sie sind Kinder des Hauses und können Gott als ihren Vater betrachten, denn sie sind Bürger des Staates, dessen Herrscher Gott ist, d. h. sie können wie kleine Götter handelnd in das Weltgeschehen eingreifen und dadurch Gott nachahmen.

Die prästabilierte Harmonie. Wenn gesagt wurde, die Monaden könnten von außen keine Einwirkung erleiden, sie könnten aber auch nicht nach außen wirken, denn sie hätten keine Fenster, so ist das nicht ganz richtig, denn Gott kann nach Leibniz auf die Monaden einwirken. Aber Gott enthält sich dieser Einflußnahme, weil er sie gar nicht benötigt. Gott hat nämlich die Monaden bei ihrer Schöpfung so eingerichtet, daß er sie nur sich selbst zu überlassen braucht, dann entwickeln sie sich so, wie Gott es will. Jede Monade »folgt ihren eigenen Gesetzen, indem sie ihre Tätigkeiten hervorbringt, ohne durch den Einfluß einer anderen geschaffenen einfachen Substanz gestört zu werden« (GP 3, 657). Um diesen Sachverhalt zum Ausdruck zu bringen, lehrt Leibniz, die Monade habe ein besonderes Gesetz der Perzeptionenfolge. Dieses »gewisse sich erhaltende Gesetz, das in sich die zukünftigen Zustände dessen, was wir als dasselbe betrachten, enthält, gerade dies konstituiert die identische Substanz« (GP 2, 264) und »macht die Individualität jeder einzelnen Substanz aus« (GP 4, 518). Die Konzeption des Verhältnisses zwischen der Substanz und ihren Akzidenzien, die hier sichtbar wird, unterscheidet sich grundlegend von der Aristotelischen Auffassung, nach welcher die Eigenschaften der Substanz statisch inhärieren. Die Leibnizsche Konzeption entspricht dem Verhältnis zwischen einer Funktionsgleichung und einem ihrer Werte (vgl. GP 2, 269f.).

Das Gesetz der Perzeptionenfolge bewirkt nicht nur, daß zwischen den Perzeptionen einer einzelnen Monade eine Ordnung besteht, sondern auch, daß die Perzeptionenfolgen verschiedener Monaden einander entsprechen. Denn das individuelle Gesetz einer Monade »ist nichts als eine Variation des allgemeinen Gesetzes, das das Universum regelt« (GP 4, 553f.). Leibniz verdeutlicht diesen Gedanken anhand der Möglichkeit, ein und dieselbe Stadt aus verschiedenen Perspektiven unterschiedlich darzustellen.

Die gegenseitige Entsprechung, die zwischen den Perzeptionsfolgen der verschiedenen Monaden bestehen, ist Inhalt der Theorie der prästabilierten Harmonie. Der Verdeutlichung dieser Lehre dient das bekannte Uhrengleichnis (vgl. GP 4, 498f.). Leibniz vergleicht hier zwei Monaden, deren Perzeptionen einander entsprechen, mit zwei Uhren, die gleich gehen. Er sagt, die Übereinstimmung zwischen den beiden Uhren könne drei verschiedene Gründe haben: 1. Sie könnten so miteinander verbunden sein, daß sie sich gegenseitig beeinflussen. 2. Ein Uhrmacher könnte sie immer wieder in Übereinstimmung bringen. 3. Sie könnten so präzise gemacht sein, daß jede nur ihren eigenen Gesetzen und Antrieben zu folgen braucht, damit sie genau miteinander übereinstimmen. Diesen drei Fällen entsprechen die drei bekanntesten Theorien über die Übereinstimmung zwischen verschiedenen Substanzen. Dem ersten Fall entspricht das übliche System der gegenseitigen Beeinflussung der Substanzen. Der zweite Fall entspricht einer Theorie, die zu Leibniz' Zeit von Philosophen wie Arnold Geulincx und Nicolas Malebranche vertreten wurde, nämlich dem System des Okkasionalismus. Nach dieser Theorie muß Gott durch besondere Eingriffe die verschiedenen Substanzen in Übereinstimmung bringen. Dem dritten Fall entspricht das Leibnizsche System der prästabilierten Harmonie. Gott hat bei der Erschaffung der Welt einer jeden Monade ein solches Gesetz mitgegeben, daß »bei ihr alles aus ihrem eigenen Schatze entsteht, durch eine vollkommene Spontaneität von ihrer Seite und doch in vollkommener Übereinstimmung mit den Dingen draußen« (Système nouveau, § 14).

Die Überlegenheit der Theorie der prästabilierten Harmonie gegenüber der Theorie der physischen Beeinflussung. Gegen Leibniz' Hypothese ist eingewandt worden, sie sei so phantastisch und künstlich, daß sie kaum einen Anschein der Wahrheit für sich in Anspruch nehmen könne. Sie gewinnt jedoch an Plausibilität, wenn man nachweisen kann, daß 1. die drei angeführten Kommunikationstheorien die einzig möglichen sind, und daß 2. die beiden anderen Theorien noch weniger plausibel sind. Das erste Problem kann hier nicht ausführlich erörtert werden, weil es u. a. die Frage impliziert, ob das Uhrengleichnis geeignet ist, das gegenseitige Verhältnis von Leib und Seele zu verdeutlichen. In Anlehnung an Aristoteles könnte man nämlich Leib und Seele nicht als zwei Substanzen, sondern (ähnlich wie Form und Materie) als zwei zusammengehörige Prinzipien einer Substanz verstehen. Man könnte auch, wie mir scheint, bezweifeln, daß es überhaupt adäquat sei, von verschiedenen Substanzen zu sprechen, wie das Uhrengleichnis voraussetzt. So könnte man z. B. wie Spinoza behaupten, es gebe nur eine Substanz, nämlich Gott. Die Geschehnisse der von uns erfahrbaren Wirklichkeit seien Modifikationen der Attribute der einen Substanz. Dann entfällt selbstverständlich das Problem der Übereinstimmung der Substanzen. Wenn man jedoch von der Annahme ausgeht, daß es mehrere Substanzen als selbständige Wesen gibt, muß man auch die Frage zulassen, wie es kommt, daß die verschiedenen Substanzen miteinander übereinstimmen.

Leibniz und seine Gesprächspartner haben gesehen, daß das System der prästabilierten Harmonie vieles gemein hat mit dem System der Gelegenheitsursachen; denn beide Systeme bestreiten die Möglichkeit eines physischen Einflusses. Leibniz wendet jedoch gegen den Okkasionalismus ein, er überantworte die Übereinstimmung zwischen den Substanzen der göttlichen Willkür, d. h. dem Wunder. Auch wenn diese Eingriffe Gottes regelmäßig erfolgten, verlören sie den Charakter des Wunders nicht, denn es würde sich auf jeden Fall um Eingriffe handeln, die die natürlichen Kräfte der Substanzen übersteigen, und deshalb wären sie für den Menschen unverstehbar. Das System der Gelegenheitsursachen steht damit im Gegensatz zu Leibniz' Postulat der Rationalität des Kosmos (vgl. Système nouveau,

§ 13). Ferner widerspricht der Okkasionalismus Leibniz' Bestimmung der Substanz als Kraft; denn die geschaffenen Dinge haben nach dieser Lehre für sich gesehen keine Kraft zu wirken, es ist vielmehr Gott, der durch sie wirkt.

In der Diskussion der Leibniz-Zeit wurde der eigentliche Konkurrent des Leibnizschen Systems jedoch nicht im System der Gelegenheitsursachen, sondern im System der physischen Beeinflussung gesehen. Leibniz hat klar gesehen, daß die Hypothese der prästabilierten Harmonie aus seinem Substanzbegriff folgt. »Weil unsere Gedanken nur Folgen der Natur unserer Seele sind und nur kraft ihres Begriffes entstehen«, schreibt er, »ist es überflüssig, den Einfluß einer partikulären Substanz anzunehmen, abgesehen davon, daß ein solcher Einfluß völlig unerklärlich ist.« (GP 2, 69).

Die von Leibniz abgelehnte Theorie der physischen Beeinflussung ist nicht identisch mit den heutigen Auffassungen von Ursache und Wirkung; denn nach der Theorie der physischen Beeinflussung wandern im Kausalgeschehen reale Formen oder Qualitäten von der Ursache zum Bewirkten. Ein solcher Übergang von Qualitäten aber ist mit der Einfachheit der Monade unvereinbar. Er steht außerdem im Widerspruch zu Leibniz' Auffassung des individuellen Akzidens. Die blaue Farbe meiner Augen ist z. B. etwas meinen Augen Eigentümliches. Sie kann sich nur an meinen Augen und an keinem anderen Ort finden. »Die Akzidenzien können sich nicht von den Substanzen ablösen und außerhalb derselben herumwandern«, schreibt Leibniz in § 7 der ›Monadologie‹.

Obgleich Leibniz aus diesen Gründen die Theorie der physischen Beeinflussung ablehnt, verbietet er es nicht, von einem wechselseitigen Einfluß der Monaden aufeinander zu sprechen: »Ich glaube, daß es sehr wahr ist zu sagen, daß die Substanzen aufeinander wirken, vorausgesetzt daß man darunter versteht, daß die eine die Ursache von Veränderungen in der anderen ist gemäß den Gesetzen der Harmonie« (GP 4, 495). Er ersetzt die zugrunde liegende Theorie der Verursachung allerdings durch eine andere: »Was wir Ursachen nennen, sind – in metaphysischer Strenge gesprochen – nur begleitende Bedingungen« (C, 521). Diese Konzeption der Verursachung wird von Leibniz jedoch nicht im einzelnen ausgeführt. Seine Stärke ist wohl eher in der Kritik an den anderen Theorien zu sehen als in der Entwicklung einer eigenen Theorie.

Die Adäquatheit der Theorie der prästabilierten Harmonie für die Erfassung der Besonderheiten des menschlichen Geistes. Die Hypothese der prästabilierten Harmonie vermeidet also Ungereimtheiten der beiden anderen Theorien. Zumindest für einen Bereich der Wirklichkeit scheint sie jedoch auch besonders angemessen zu sein. Dieser Bereich ist der des menschlichen Geistes, welcher ja »Prototyp der Substanz« ist. Es ist wohl keine abwegige Sicht der Dinge, wenn man behauptet, der menschliche Geist könne keinen physischen Einfluß von außen erleiden. Die Psychologie und vor allem die Lerntheorie haben gezeigt, daß es unmöglich ist, dem menschlichen Geist Kenntnisse mit physischen Mitteln von außen einzuflößen. Wäre das möglich, so wäre Erziehung und Bildung eine relativ einfache Aufgabe. Daß bisher kein Königsweg zur Vermittlung von Wissen gefunden worden ist, scheint ein gewichtiges Indiz dafür zu sein, daß der Geist nicht physisch von außen beeinflußt werden kann. Daher erscheint es als angemessen, wenn man die These vertritt, daß man Wissen nicht von außen empfangen, sondern nur aus sich selbst schöpfen kann, oder – wie Leibniz es formuliert: »Nichts kann uns gelehrt werden, wovon wir nicht im Geist schon die Idee hätten, die wie der Stoff ist, aus dem sich der Gedanke formt. Platon hat dies ganz ausgezeichnet gesehen.« (Discours de métaphysique, § 26) Dieser Sachverhalt kommt durch wenige Theorien so deutlich zum Ausdruck wie durch die Leibnizsche Monadenlehre. Nach ihr schöpft die Monade all ihr Wissen (ihre Perzeptionen) aus sich selbst. Alles Wissen ist der Monade angeboren, es wird nur von der Monade noch nicht wahrgenommen, weil die meisten ihrer Perzeptionen unklar und undeutlich sind. Dadurch ergibt sich für den Menschen die Aufgabe, möglichst viele seiner Perzeptionen in bewußte Wahrnehmungen zu überführen. Dieser Prozeß kann Bildung oder Aufklärung genannt werden. Je mehr klare und deutliche Perzeptionen eine Monade hat, um so vollkommener ist sie. Die Monade ist für Leibniz nicht ein vollkommenes Wesen, sondern ein unvollkommenes, das aber den Auftrag hat, sich zu vervollkommnen. Wenn man sich diese Sachverhalte vergegenwärtigt, versteht man, weshalb Leibniz der Bildung eine so große Bedeutung beigemessen hat und weshalb er Selbstvervollkommnung und Bildung gleichgesetzt hat.

Außerdem liefert Leibniz' Theorie der Perzeption mit der Unterscheidung zwischen bewußten und unbewußten Vorstellungen ein adäquates Modell für das Verständnis bestimmter

Aspekte des menschlichen Geistes. Aus der Bestimmung, daß die Monade immer tätig ist und daß dieses Tätigsein im Hervorbringen von Perzeptionen besteht, folgt nach Leibniz, daß der menschliche Geist immer denkt (GP 3, 657). Ein wichtiges Argument für diese Annahme ist, daß es anderenfalls nicht verständlich wäre, wie der Mensch aus tiefem Schlaf erwachen kann (vgl. Nouveaux Essais 2, 1). Im Schlaf oder in einer tiefen Bewußtlosigkeit ist der Geist zwar tätig, aber er ist sich dessen nicht bewußt. Damit die Perzeptionen wahrgenommen werden können, müssen sie eine bestimmte Stärke erreichen. Auch Phänomene wie das Rauschen des Meeres sind nach Leibniz als »verworrene Gemeinschaft« zahlreicher kleiner nicht wahrnehmbarer Geräusche zu verstehen. Leibniz nimmt daher kleine unbewußte Perzeptionen an und gilt aus diesem Grunde in der Geschichte der Psychologie als Entdecker des Unbewußten.

Es verdient auch hervorgehoben zu werden, daß die Monadologie die Individualität eines jeden Individuums zum Ausdruck bringt wie keine andere Theorie. Das Principium identitatis indiscernibilium besagt, daß es keine zwei Monaden geben kann, die einander völlig gleichen. Jede hat ihre unverwechselbare und unverlierbare Besonderheit.

Die Welt der Monaden als flutendes Leben. Aus diesen Überlegungen halte ich Leibniz' Begriff der Monade für plausibler, als es zunächst scheinen möchte. Was mir bedenklich zu sein scheint, ist nicht der Begriff der Monade als solcher, sondern seine Anwendung auf alle Monaden als die letzten Grundlagen der Wirklichkeit. Aufgrund dieser Problematik haben dann auch Leibniz' Nachfolger, vor allem Christian Wolff und Kant, Leibniz' Reich der seelenhaften Monaden ergänzt durch körperliche oder physische Monaden. So nimmt Wolff »einfache Dinge« als Grundlage der Körperwelt an und spricht ihnen die Leibnizschen Bestimmungen der Monade zu bis auf das Perzipieren und Apperzipieren.

Leibniz' Ausdehnung des Monadenbegriffs ist aber vielleicht nicht ganz unverständlich, wenn man bedenkt, wie Leibniz die Welt gesehen hat. Die Welt ist für ihn eine Ordnung, ein Kosmos, dem Gott bei der Schöpfung alles mitgegeben hat, was sie für ihre Entwicklung braucht, so daß Gott später nicht mehr in sie einzugreifen braucht. Das setzt voraus, daß die einzelnen Elemente die Möglichkeit haben, sich zu entwickeln. Diese Bedingung ist durch die Monadenlehre erfüllt. Nach ihr gibt es

Monaden von verschiedener Vollkommenheit. Die Vollkommenheit der einzelnen Monaden bleibt aber nicht konstant. Sie wächst vielmehr entsprechend dem göttlichen Weltplan und sinkt dann wieder ab; an die Stellen der herrschenden Monade treten andere Monaden. So ist die Weltgeschichte ein ständiges Auf und Ab in der Entwicklung der einzelnen Monaden. Bei der Erschaffung der Welt wurden bereits alle Monaden geschaffen, die irgendwann im Lauf der Weltgeschichte einen solchen Grad der Deutlichkeit erreichen, daß sie Zentralmonade eines Tieres werden. Beim Tod des Tieres vergehen diese Monaden nicht, denn das ist ja nicht möglich, sie sinken vielmehr in einen Zustand undeutlicher Perzeption zurück. Daher kann Leibniz sagen, in seinem System gehe nichts verloren, alles bleibe in ihm erhalten, es gäbe keinen Tod, sondern nur Übergänge zu vollkommeneren oder unvollkommeneren Graden der Deutlichkeit von Perzeptionen. Die Welt ist daher für Leibniz ein geschlossenes System von unendlich vielen Einheiten. In ihr gibt es nichts Totes und Steriles, sondern selbst im kleinsten Winkel herrscht unentwegt flutendes Leben, und die Welt steht dem Menschen nicht als etwas Fremdes gegenüber; denn alle Monaden sind dem Menschen ähnlich. Der Mensch findet überall seinesgleichen. Auch im kleinsten Teil des Universums befinden sich Welten über Welten. Diese Sicht der Welt hat verständlicherweise viele fasziniert, u. a. Goethe, der schreibt (Faust I, 440–453):

> Ich schau' in diesen reinen Zügen
> Die wirkende Natur vor meiner Seele liegen. ...
> Wie alles sich zum Ganzen webt,
> Eins in dem andern wirkt und lebt!
> Wie Himmelskräfte auf und nieder steigen
> Und sich die goldenen Eimer reichen!
> Mit segenduftenden Schwingen
> Vom Himmel durch die Erde dringen,
> Harmonisch all das All durchdringen!

4. Leibniz' Erkenntnislehre

Die Fundierung der Erkenntnislehre in der Monadologie. In Leibniz' Schriften finden sich verschiedene Theorien über die Begründung der menschlichen Erkenntnis. Dieser Sachverhalt dürfte z. T. im besonderen Charakter der Leibnizschen Werke seinen Grund haben. Leibniz hat keine zusammenfassende Darstellung seiner Auffassungen hinterlassen, er bedient sich unterschiedlicher Argumentationen. Im Mittelpunkt der von der Monadenlehre ausgehenden Gedanken steht der Begriff des Ausdrucks. Jede Monade ist nach Leibniz ein lebendiger Spiegel der gesamten Welt (vgl. Principes de la nature, § 3), so daß ein hinreichend durchdringender Geist in einer jeden nicht nur die gesamte vergangene und zukünftige Geschichte dieser einzelnen Monade, sondern die Geschichte der gesamten Welt ablesen könnte. Denn aufgrund des universellen Zusammenhangs aller Wesen finden sich in jeder einzelnen Monade Spuren des gesamten Weltgeschehens. Jede Monade repräsentiert die ganze Welt, allerdings auf die ihr eigentümliche Weise und entsprechend ihrem individuellen Blickpunkt. Sie ist ein individueller Ausdruck der Welt. Von der Seite des Subjektes gesehen stellt sich jeder Ausdruck als eine Perzeption dar (vgl. GP 2, 481). Daher stellt nach Leibniz jede Monade das gesamte Weltgebäude vor.

Die Perzeption ist streng zu unterscheiden von der Apperzeption, d. h. der Reflexion auf die Perzeption und dem Bewußtsein zu perzipieren. Die Perzeption ist allen Monaden gemein, die Apperzeption kommt nur den Geistmonaden zu. Die Geister unterscheiden sich nicht durch den Gegenstand ihrer Perzeptionen, weil alle dasselbe Universum perzipieren, sondern nur durch Unterschiede in der Klarheit und Deutlichkeit ihrer Perzeptionen. Daher kann Leibniz sagen: »Ich bin überzeugt, daß jeder Geist allwissend ist, aber in verworrener Weise« (C, 10). Im Gedicht auf den Tod der Königin Sophie Charlotte kehrt dieser Gedanke wieder:

> Ein jeder Geist stelt vor den ganzen Bau der Dinge,
> Als ob die Fernung sich in einen Spiegel bringe,
> Nach jedes Augenpunct, verdunckelt oder clar,
> Er ist ein Bild, wie er ein Zweck der Schöpfung war.

Die Idee als erkenntnistheoretischer Grundbegriff und die Erkenntnis der phänomenalen Welt. In der Erkenntnislehre entsprechen den Perzeptionen die Ideen. Leibniz folgt hier dem Cartesischen Sprachgebrauch, nach welchem jeder Inhalt des Bewußtseins Idee genannt werden kann: Die Ideen sind Objekt des Denkens. Leibniz wandelt diesen Sprachgebrauch aber insofern ab, als er nicht nur diejenigen Inhalte unter den Begriff der Idee subsumiert, deren sich der Denkende bewußt ist, sondern auch die, deren er sich noch nicht bewußt geworden ist, deren er sich aber bewußt werden könnte; sie sind Möglichkeiten des Denkens (vgl. Nouveaux Essais 2, 1, § 1 und 2, 10, § 2). Dadurch wird die Idee zu einer Disposition des Denkens. Außerdem erschöpft sich der Inhalt der Ideen für Leibniz nicht wie für Descartes in ihrem repräsentativen Gehalt, sondern sie sind darüber hinaus Ausdruck der Wirklichkeit und verweisen damit zurück auf ihren Ursprung im göttlichen Wesen. Der Grund für diese Bedeutungsabwandlung ist wohl u. a. in Leibniz' Lehre von der Angeborenheit aller Ideen zu suchen. Auch diejenigen Ideen sind dem Geist angeboren, an die er noch nicht gedacht hat und deren Gehalt er nicht vollständig erfaßt. Um die Ideen, deren sich der Geist bewußt geworden ist, von den anderen unterscheiden und um den erfaßten Gehalt der Ideen von ihrem vollständigen Gehalt abheben zu können, gebraucht Leibniz gelegentlich den Ausdruck »Idee« für das zweite und den Ausdruck »Begriff« (conceptus) für die vom Geist erfaßten Ideen (vgl. Discours de métaphysique, § 27). Leider ist seine Terminologie nicht sehr konsequent, was zu manchen Verwirrungen Anlaß gegeben hat, weil die Ideen eine objektive Seinsordnung bilden, die letztlich in Gottes Verstand ihr Fundament hat, während die Ordnung der Begriffe ein nur mehr oder weniger genaues Abbild der Ordnung der Ideen ist; denn der menschliche Geist erfaßt die Ideenordnung nicht immer richtig, u. a. weil die Bedürfnisse den Menschen zwingen, die natürliche Ordnung der Ideen, welche allen vernunftbegabten Wesen gemeinsam wäre, zu verlassen (vgl. Nouveaux Essais, 3, 1, § 5). So muß der Mensch zunächst für die Dinge des täglichen Lebens sorgen, ehe er Wissenschaft betreiben kann.

Das Denken kann verstanden werden als ein Operieren mit Begriffen. Dabei vertreten die Begriffe Dinge oder Sachverhalte. Der Wirklichkeitsbezug ist den Begriffen nach Leibniz nicht zufällig und äußerlich beigegeben, wie Descartes und die Okkasionalisten behaupten. Descartes hebt hervor, daß z. B. zwischen der Wahrnehmung einer Schmerz verursachenden Sache und der Erkenntnis des dadurch hervorgerufenen Schmerzes kein innerer Zusammenhang bestehe. Leibniz lehnt die Auffassung, die Ideen hätten ebensowenig Beziehung zu den Dingen wie die Worte oder Schriftzeichen zu den Ideen, ab (vgl. GP 6, 403 f.). Dieser Wirklichkeitsbezug ist durch die »Repräsentation« gegeben (vgl. GM 3, 577); denn das »Repräsentierende hat einen natürlichen Bezug zu dem, was repräsentiert werden soll« (Theod., 2, § 356); es ist ein Ausdruck des zu Repräsentierenden. Der Zusammenhang zwischen der Darstellung und dem Dargestellten beruht also nicht auf einer willkürlichen Vereinbarung der Menschen. Daher braucht Leibniz nicht wie Descartes auf die Wahrhaftigkeit Gottes als den Garanten der objektiven Gültigkeit der menschlichen Erkenntnis zu rekurrieren; denn die Ideen haben den Wirklichkeitsbezug aus sich selbst. Dieser Bezug meint nicht einen physischen Zusammenhang, es genügt vielmehr eine Entsprechung. Leibniz schreibt: »Daß eine Idee der Dinge in uns sei, heißt nichts anderes, als daß Gott, welcher der Schöpfer sowohl der Dinge als auch unseres Geistes ist, dem Geist jene Fähigkeit des Denkens eingeprägt hat, daß er aus seinen Akten das folgern kann, was dem vollkommen entspricht, was aus den Dingen folgt.« (GP 7, 264) Das Gemeinte wird durch ein Beispiel verdeutlicht: »Obgleich die Idee des Kreises dem Kreis nicht ähnlich ist, können trotzdem aus ihr die Wahrheiten abgeleitet werden, die in einem wirklichen Kreise durch die Erfahrung unbezweifelbar bezeugt werden.« (GP 7, 264.) Der Grund dafür, daß wir Dinge erkennen können, ist also letztlich darin zu suchen, daß »die Wesenheit unserer Seele ein bestimmter Ausdruck, eine Nachahmung oder ein Bild der göttlichen Wesenheit« ist. Das ist deshalb so, weil die Wirkung die Ursache ausdrückt (Discours de métaphysique, § 28). Diese These stimmt überein mit Leibniz' Definition der Perzeption: »Sie ist der Ausdruck der Vielheit in der Einheit.« (GP 3, 69)

Erkenntnis zielt damit für Leibniz ab auf eine Angleichung des Verstandes an die Sache. Die Wirklichkeit, der sich der Verstand anzugleichen hat, ist dem Menschen vorgegeben. Insofern vertritt Leibniz die Position des erkenntnistheoretischen Realismus. Von der cognitio intuitiva, d. h. der unvermittelten Einsicht in einen Sachverhalt, abgesehen, ist jedoch die Erkenntnis durch Begriffe vermittelt, und es gibt keine von den Begriffen unabhängige Möglichkeit, das Denken auf seine Übereinstimmung mit dem Sein hin zu überprüfen. Das Kriterium der Wahrheit kann daher nur in der Erkenntnis selbst gesucht werden. »Es ist wahr«, schreibt Leibniz (GP 2, 451), »daß das, was in einem Geiste geschieht, mit dem übereinstimmen muß, was außerhalb des Geistes geschieht; aber dazu genügt es, daß die Geschehnisse in einem Geiste sowohl einander als auch den Geschehnissen in jedem beliebigen anderen Geiste entsprechen; man braucht jedoch nicht etwas außerhalb aller Geister oder Monaden anzunehmen.« Formulierungen wie diese haben zu Leibniz-Interpretationen im Sinne des erkenntnistheoretischen Idealismus, nach welchem sich die Welt auf eine Summe von Wahrnehmungen reduziert, Anlaß gegeben. Doch diese Deutungen stehen im Widerspruch zu Leibniz' Konzeption der Wirklichkeit.

Für die Erkenntnis der phänomenalen Welt führt Leibniz u. a. die Plastizität und die Gesetzmäßigkeit der Erscheinungen als Kriterium ihrer Wirklichkeit und damit auch als Kriterium für die Wahrheit der sie betreffenden Sätze an (GP 7, 319–322). Man kann daher in Leibniz einen Wegbereiter der sogenannten Kohärenztheorie der Wahrheit erblicken.

Die Analyse der Begriffe als Methode der Wahrheitsfindung. Die Erkenntnis der phänomenalen Welt, an deren Zustandekommen die Sinne in entscheidendem Maße beteiligt sind, ist jedoch nur *eine* Form der Erkenntnis. Daneben gibt es nach Leibniz eine Erkenntnis des Intelligiblen. Diese Erkenntnisart kann nicht auf die Sinneserkenntnis zurückgeführt werden, weil ihr Gegenstandsbereich das Objekt des Verstandes ist. Nur diese Art der Erkenntnis vermag zu allgemeingültigen und notwendigen Wahrheiten zu gelangen (vgl. GP 6, 488f.).

In Übereinstimmung mit der Lehre von den Monaden und ihren Perzeptionen betrachtet Leibniz die Begriffe als Grundlage dieser Erkenntnisart; von seiner Begriffstheorie hängt seine Lehre vom Urteil und vom Beweis ab. Dementsprechend spricht Leibniz abweichend vom üblichen Sprachgebrauch die Prädikate »wahr« und »falsch« zunächst den Begriffen und erst dann den Sätzen zu (vgl. GP 4, 425 und C, 372), und er wendet das Cartesische Wahrheitskriterium der Klarheit und Deutlichkeit auf Begriffe an. Er geht dabei von der Annahme aus, daß die Begriffe im allgemeinen zusammengesetzt sind und in einfachere zerlegt werden können. So kann der Begriff Mensch zerlegt werden in die Teilbegriffe Lebewesen und vernünftig. Der Begriff Lebewesen kann seinerseits zerlegt werden in die Teilbegriffe Substanz und belebt. Es fragt sich nun, ob das Zerlegen der Begriffe bis ins Unendliche fortgesetzt werden kann, oder ob man schließlich zu nicht mehr zerlegbaren einfachen Begriffen gelangt. Leibniz war der Überzeugung, bei finiten Termen, d. h. bei allen Begriffen, die nicht vollständige Begriffe einer individuellen Substanz sind, einfache Begriffe annehmen zu müssen (vgl. GP 3, 582). Allerdings hat er gesehen, daß es für den Menschen nicht leicht ist, die Grundbegriffe zu erreichen (vgl. GP 4, 425), und er hat offenbar von keinem Begriff mit Bestimmtheit gesagt, daß er ein Grundbegriff sei. Die Annahme von Grundbegriffen ist daher ein methodologisches Postulat. Trotzdem bleibt die Aufgabe bestehen, die Begriffe in ihre Teile zu zerlegen und alle möglichen Kombinationen der Teilbegriffe aufzusuchen, denn nur auf diesem Wege kann festgestellt werden, welche Verbindungen möglich und welche unmöglich sind. Möglich sind die Begriffe, die keinen Widerspruch enthalten, unmöglich sind die widerspruchsvollen Begriffe. Widerspruchsvoll ist z.B. der Begriff einer größten rationalen Zahl, weil dieser die einander widersprechenden Teilbegriffe »um eine Zahl erweiterbar« und »nicht um eine Zahl erweiterbar« enthält. Die in diesem Sinne möglichen Begriffe nennt Leibniz »wahre Ideen«, die unmöglichen nennt er »falsche Ideen« (GP 4, 425). Einen Begriff, der soweit analysiert ist, daß alle Teilbegriffe überschaubar gegeben sind, nennt Leibniz »adäquate Erkenntnis«. Das Werkzeug der Begriffsanalyse ist die Definition und die Substitution des Definiens an die Stelle des Definiendums.

Die analytische Beweistheorie. In der Urteilstheorie geht Leibniz davon aus, daß in jedem Satz einem Subjekt ein Prädikat zugesprochen oder abgesprochen wird und daß Sätze von anderer Form auf einen Satz oder eine Verbindung von Sätzen der Subjekt-Prädikatform zurückgeführt werden können. Wahr ist ein Satz dann und nur dann, wenn der Prädikatbegriff als Teilbegriff im Subjekt enthalten ist. Sätze, bei denen das der Fall ist, nennt Leibniz identische Sätze. Daß ein Satz in diesem Sinne ein identischer ist oder auf einen identischen zurückgeführt werden kann, ist nach Leibniz das »höchste und einzige Kriterium der Wahrheit« (GP 7, 296). Daher kann Leibniz das Verfahren des Beweises wie folgt beschreiben: »Beweisen heißt nichts anderes, als vermittels der Auflösung der Termini eines Urteils und durch Einsetzen der Definition oder eines Teils derselben an die Stelle des Definierten eine gewisse Gleichheit oder ein Zusammenfallen des Prädikats mit dem Subjekte ... [oder wenigstens] das Enthaltensein des Prädikats im Subjekt aufweisen.« (FN, 181)

Das mag ein etwas abgewandeltes Beispiel aus den ›Nouveaux

Essais‹ (4, 7, § 10) verdeutlichen: Bewiesen werden soll der Satz:

$$2 + 3 = 5$$

Die drei Zahlen können wie folgt definiert werden:

$$2 = 1 + 1$$
$$3 = 1 + 1 + 1$$
$$5 = 1 + 1 + 1 + 1 + 1$$

Setzt man diese Definitionen in den zu beweisenden Satz ein, so erhält man den Satz:

$$(1 + 1) + (1 + 1 + 1) = 1 + 1 + 1 + 1 + 1$$

Dabei übergehe ich die Frage, ob dieser Beweis nicht synthetische Elemente enthält, die in der analytischen Beweistheorie nicht explizit ausgesprochen sind.

Die Unterscheidung zwischen Vernunft- und Tatsachenwahrheiten. Die analytische Theorie des Begriffs, Urteils und Beweises hat Leibniz bereits in früher Jugend vertreten. Aber in der frühen Zeit bleibt ihre Gültigkeit auf die notwendigen Wahrheiten beschränkt. Die Wahrheit von Tatsachenwahrheiten kann nach dieser Auffassung nur durch die Erfahrung erkannt werden. Mit der Ausarbeitung der Theorie des vollständigen Begriffs eines Individuums wird die Gültigkeit dieser Theorie jedoch auf die Tatsachenwahrheiten ausgedehnt. Das heißt nicht, daß der Unterschied zwischen den beiden Arten von Wahrheiten aufgehoben würde, die Unterscheidung bleibt vielmehr grundlegend für Leibniz' Philosophie. Leibniz entwickelt lediglich ein Modell für die apriorische (d. h. nicht auf die Erfahrung rekurrierende) Erkenntnis der Tatsachenwahrheiten, wenn es dem Menschen auch nur in seltenen Fällen möglich ist, eine Tatsachenwahrheit nach diesem Modell zu erkennen. Das Modell ist gültig nur für einen unendlichen Verstand. Im Gegensatz dazu erkennt der Mensch auch nach den späten Schriften Tatsachenwahrheiten in der Regel nur durch die Erfahrung. Leibniz gibt unterschiedliche Definitionen für die Vernunft- und für die Tatsachenwahrheiten, wie folgende Übersicht zeigt: (Dabei ist zu beachten, daß Leibniz' Terminologie Schwankungen unterliegt. Vernunftwahrheiten im engsten Sinne sind die Sätze der Logik und der Mathematik. Tatsachenwahrheiten im engsten Sinne sind die Aussagen über einmalige Fakten. Daneben gibt es eine große Zahl von Sätzen, z. B. die Naturgesetze, welche Leibniz bald der einen, bald der anderen Art zurechnet.)

Vernunftwahrheiten	Tatsachenwahrheiten
notwendig	kontingent
das Kontradiktorium ist widerspruchsvoll	das Kontradiktorium ist nicht widerspruchsvoll
handeln über finite Begriffe	handeln über infinite Begriffe
sind daher in endlichen Schritten auf Identitäten reduzierbar	die Analyse erfordert unendlich viele Schritte und gelangt nicht zu Identitäten
mit Hilfe des Widerspruchsprinzips beweisbar	erfordern das Prinzip des Besten
hängen ab vom göttlichen Verstand	hängen außerdem ab vom göttlichen Willen
gelten in allen möglichen Welten	gelten nicht in allen möglichen Welten

Die Prinzipien des Denkens. Leibniz hat eine große Zahl von Denkprinzipien aufgestellt. Einige derselben sind nach der heutigen Terminologie der Logik, andere der Methodologie und wieder andere der Denkökonomie zuzuordnen. Für die wichtigsten halte ich das Prinzip des Widerspruchs, das Prinzip des zureichenden Grundes und das Prinzip des Besten. Leider differieren Leibniz' Bestimmungen auch bei diesen Prinzipien beträchtlich, so daß es verständlich ist, daß in der Leibniz-Literatur unterschiedliche Auffassungen und Definitionen vorgetragen werden. Am einleuchtendsten erscheint die folgende Interpretation (Rescher, 23–28):

1. Das Prinzip des zureichenden Grundes: Alle wahren Sätze sind analytisch, wobei die Analyse entweder endlich viele Schritte erfordert oder unendlich viele.

2. Das Prinzip des Widerspruchs: Alle in endlich vielen Schritten analysierbaren Sätze sind wahr. Sie sind notwendig.

3. Das Prinzip des Besten: Alle Sätze, die eine unendliche Analyse erfordern, sind wahr, sofern die unendliche Analyse konvergiert gegen irgendeine Bestimmung der besten aller möglichen Welten.

Platonismus und Nominalismus in Leibniz' Theorie der Wahrheit und der Begriffe. Leibniz' Theorie der Wahrheit und des Begriffes wird bald dem Platonismus, bald dem Nominalismus zugeordnet. Wenn man bedenkt, wie unterschiedlich diese Begriffe gefaßt werden, mag dieses Schwanken verständlich sein. Davon abgesehen machen Leibniz' Ausführungen es dem Interpreten nicht leicht, sie einer der großen abendländischen Denkrichtungen zuzuordnen. Für eine platonistische Deutung scheint Leibniz' Lehre von der Objektivität und Gültigkeit der Wahrheit zu sprechen. Die Wahrheiten sind für ihn keine Schöpfung des menschlichen Geistes, sondern sie sind dem Menschen vorgegeben. Er findet sie als eingeborene Dispositionen in sich selbst. Daher sind die Wahrheiten gültig, unabhängig davon, ob sie von einem Menschen gedacht werden oder nicht. Nicht nur der menschliche Geist ist an sie gebunden, sondern jedes denkende Wesen, so auch Gott. Bei der Schöpfung der Welt hat Gott die Wahrheiten zu beachten, und darum sind sie nicht nur Denkgesetze, sondern auch Seinsgesetze. Trotzdem geht Leibniz nicht so weit, etwa wie Bolzano an sich bestehende Wahrheiten anzunehmen. Das Universale ist für ihn nur eine Einheit in der Vielheit oder die Ähnlichkeit vieler Dinge (GP 2, 317). Die Wahrheiten sind an sich bloße Denkmöglichkeiten. Sie erhalten nur dadurch einen Realitätsbezug und eine Gültigkeit, daß Gott sie denkt. Gottes Verstand ist für Leibniz ähnlich wie für Augustinus der Bereich der Ideen, durch ihn haben sie stets ein reales Fundament. Wenn man Leibniz' Auffassung der Wahrheit platonistisch nennen will, muß man berücksichtigen, daß es sich nicht um einen Platonismus der Platonischen Ideenlehre handelt, sondern um die christliche Modifikation dieser Lehre durch Augustinus. Diese Lehre bietet die Möglichkeit, Aussagen über das Reich des Idealen und über die möglichen Welten als verkürzte Sprechweisen, die übersetzt werden können in Aussagen über Gottes Denken und seine Fähigkeiten, zu verstehen. Dadurch werden sie entsprechend der nominalistischen Auffassung zurückgeführt auf Aussagen über eine individuelle Substanz (vgl. Mates, Nominalism).

Leibniz' Äußerungen über das Reich der Ideen und der möglichen Welten zielen ab auf die Allgemeingültigkeit der ewigen Wahrheiten. Sie stehen nicht im Widerspruch zu seiner Konzeption der Wirklichkeit, welche ohne Vorbehalte dem Nominalismus zugerechnet werden muß. Die einzige Wirklichkeit, die diese Ontologie zuläßt, sind die konkreten Einzeldinge, nämlich die Monaden und ihre Bestimmungen, die Perzeptionen. Alles andere sind Hinzufügungen des Geistes. Das hat Leibniz z. B. bei der Behandlung der Relationen oft betont. »Der Verstand fügt die Relationen hinzu«, schreibt Leibniz in den ›Nouveaux Essais‹ (2, 12, § 3). Und an anderer Stelle seines

Werkes heißt es: »Denn die Concreta sind wirklich Dinge, die Abstracta sind keine Dinge, sondern Modi der Dinge, die Modi sind aber nichts anderes als Beziehungen eines Dinges auf den Verstand oder Möglichkeiten des Erscheinens.« (A 6, 2, 417) Concreta sind nur die Bezeichnungen für wirkliche Einzeldinge, alles andere fällt unter den Begriff der Abstracta. So ist der Begriff dieser Kugel auf dem Grab des Archimedes ein konkreter vollständiger Begriff, während der Begriff der Kugel zu den Abstracta gehört (vgl. GP 2, 39). Die Begriffe, die sich auf den wirklichen Adam beziehen, sind Concreta, der allgemeine Begriff des ersten Menschen, der in verschiedenen möglichen Welten realisiert sein könnte, ist ein Abstractum. Von der Historie abgesehen handeln daher alle Wissenschaften über Abstracta. Sie erfassen deshalb nicht das Wesen der individuellen Substanzen in ihrer Einmaligkeit, sondern sie sind Gefüge, mit deren Hilfe der Geist die Wirklichkeit zu ordnen versucht. In diesem Sinne schreibt Leibniz über die verschiedenen von ihm unterschiedenen Formen der Kraft: »Ich meine darum jedoch nicht, daß diese mathematischen Gegenstände sich wirklich so in der Natur vorfänden, sondern nur, daß sie für die genaue durch die Abstraktion des Geistes vorzunehmende Berechnung nützlich seien.« (GM 6, 238)

Der Plan einer Characteristica universalis. Leibniz hat oft von dem Plan einer allgemeinen Wissenschaft mit mathematischer Gewißheit gesprochen. So heißt es in einem seiner Briefe: »Jedem, der über irgendein Problem sprechen oder schreiben möchte, liefert eben der Genius der Sprache nicht nur die Worte, sondern auch die Sachen. Der Name jeder Sache ist ein Schlüssel für all das, was begründet über sie gesagt, gedacht oder ausgemacht werden kann ... Der Name, der in dieser Sprache dem Gold beigelegt wird, ist ein Schlüssel für all das, was vom Standpunkt des Menschen, d.h. mit Gründen und Methode, gewußt werden kann; denn dadurch wird auch sichtbar, welche Experimente in begründeter Weise mit dem Gold unternommen werden müssen ... Wer von Natur wenig gebildet ist, gleicht den Mangel durch Kunst aus, vorausgesetzt daß er die grammatischen Regeln und vor allem die Syntax dieser Sprache gut gelernt hat und Verstöße gegen die Grammatik, welche sich von selbst offenbaren, wenn wir auf die Konstruktion achten, sorgfältig vermeidet ... Von unschätzbarem Wert ist, daß in dieser Sprache niemand über ein Thema schreiben kann, von dem er nichts versteht. Wenn er es trotzdem versucht, bemerkt sowohl er selbst als auch der Leser entweder, daß er Törichtes tut, oder er wird beim Schreiben lernen. Denn die Schrift und das Nachdenken laufen parallel; besser gesagt, die Schrift ist der Leitfaden des Nachdenkens ... Leitfaden des Nachdenkens nenne ich einen fühlbaren und gewissermaßen mechanischen Führer des Geistes, den auch der Dümmste erkennt.« (A 2, 1, 240f.) Der Wunsch nach einem derartigen Instrument des Wissens dürfte durch zwei Erfahrungen der Leibniz-Zeit angeregt worden sein: die Religionskriege und die aufblühenden exakten Wissenschaften. Das Beunruhigende an den Religionskriegen war – zumindest für die Gebildeten der damaligen Zeit –, daß die Frage nach der Wahrheit der Religion den Anlaß zu den Kriegen gegeben hat. Daher ist es verständlich, daß die Frage nach der Gewißheit zum zentralen Problem der Philosophie der Leibniz-Zeit wurde. Dieses Problem umfaßt zwei Teilfragen: 1. die Frage nach dem subjektiven Kriterium der Wahrheit, 2. die Frage, wie man andere von der erkannten Wahrheit überzeugen kann. Wenn man bedenkt, welche Fortschritte die Mathematik und die Naturwissenschaften damals verzeichnen konnten und welches Maß an Sicherheit sie erreicht hatten, ist es verständlich, daß die Philosophen der damaligen Zeit in diesen Wissenschaften ihr Vorbild sahen. Man versuchte, die Gründe für die Gewißheit in diesen Wissenschaften aufzuspüren und ihre Methode auf andere Gebiete zu übertragen. Eins der merkwürdigsten Beispiele für diese Transposition der mathematischen Methode ist Leibniz' Schrift ›Ein Beispiel von politischen Beweisen für den zu wählenden polnischen König‹, in welcher Leibniz auf mathematische Weise zu beweisen versucht, daß sein Favorit, der Graf von Pfalz-Neuburg, der einzig richtige Kandidat für den polnischen Königsthron sei.

Leibniz' Pläne einer Characteristica universalis gehen aus einerseits von der molekularen Konzeption der Begriffe und der damit gegebenen Möglichkeit der Analyse und der Synthese und andererseits von der Beobachtung, daß das menschliche Denken – wenn man von den Formen des intuitiven Denkens absieht – nicht mit Begriffen befaßt ist, sondern daß es fast immer mit Zeichen, die Begriffe vertreten, operiert (vgl. GP 7, 204f.). Leibniz' Plan sah vor, daß die Begriffe bis auf die Grundbegriffe analysiert werden und daß den Grundbegriffen dann Zeichen gewissermaßen als Etiketten zugeordnet werden. Da dann die Zeichen den Begriffen genau entsprechen würden, hoffte er, daß dieses Zeichensystem den menschlichen Geist wie ein Ariadnefaden zur Wahrheit führen und vor Irrtum bewahren werde, denn Irrtümer müßten an Verstößen gegen die Zeichenregeln leicht erkennbar sein. Leibniz schreibt: »Diese Schrift wäre eine allgemeine Algebra; sie gäbe die Möglichkeit, daß man denkt, indem man rechnet, und zwar in der Art, daß man anstatt zu diskutieren sagen könnte: Laßt uns rechnen! Und es ergäbe sich, daß Denkfehler reine Rechenfehler wären, die man wie in der Arithmetik durch Proben entdeckte.“ (A 1, 4, 315) Die Characteristica universalis war gedacht nicht nur als Verständigungsmittel unter Menschen aus verschiedenen Sprachgemeinschaften, sondern auch als Urteilskunst, d.h. als Kunst, vorgegebene Sätze auf ihre Wahrheit hin zu prüfen, und als Erfindungskunst, d.h. als Kunst, neue Erkenntnisse durch Auffinden gültiger neuer Zeichenverbindungen zu gewinnen.

Leibniz hat an dem Plan einer Characteristica universalis zeit seines Lebens festgehalten, obgleich er der Verwirklichung kaum näher gekommen ist. Er hat klar erkannt, daß die Analyse der Begriffe eine der Hauptschwierigkeiten bildet. In seinem Nachlaß liegen zahlreiche Sammlungen von Definitionen, die als Vorarbeit für die Characteristica dienen sollten. Auf diesem Wege wollte Leibniz zu einer Enzyklopädie des menschlichen Wissens gelangen (vgl. GP 7, 40), und die sollte zurückgeführt werden auf ein Alphabet der menschlichen Gedanken (vgl. C, 435).

Gegen dieses Projekt kann eingewandt werden, daß das menschliche Wissen nur dann in eine für Leibniz' Zwecke brauchbare Ordnung gebracht werden könnte, wenn es abgeschlossen und übersichtlich vorläge oder bei der Ausarbeitung der Characteristica in eine solche Form gebracht werden könnte. Dann aber wäre die Characteristica universalis nur von didaktischem Wert. Hilfreich wäre sie nur dann, wenn sie dazu beitrüge, neue Kenntnisse zu gewinnen; dann jedoch wäre der Plan undurchführbar.

Führt Leibniz' Projekt auch in das Dilemma, daß die Characteristica entweder überflüssig oder unmöglich ist, so sind die Bemühungen doch von großem Wert. Im Zusammenhang mit den Plänen der Characteristica hat Leibniz wohl als erster den Begriff des Kalküls präzise gefaßt, er hat klar erkannt, wie wichtig angemessene Zeichensysteme für das menschliche Denken sind, und er hat dazu beigetragen, daß für bestimmte Bereiche des menschlichen Wissens leistungsfähige Zeichensysteme entwickelt worden sind. Man darf jedoch die Characteristica nicht als Vorläufer der modernen Logik betrachten, denn die moderne Logik operiert im allgemeinen mit Variablen, während die Characteristica universalis Namen für Begriffe verwendet. Eine Verwirklichung Leibnizscher Gedanken könnte man am ehesten in Zeichensystemen wie dem der modernen Chemie sehen.

5. Leibniz' Lehre von der menschlichen Freiheit

Die Monadenlehre bildet nicht nur die Grundlage für Leibniz' Theorie des Erkennens, sie steckt auch den Rahmen ab für seine Theorie des Handelns im allgemeinen und des freien Handelns im besonderen. Die Theorie des freien Handelns kann nur dann richtig verstanden werden, wenn man die Unterscheidung zwischen dem Reich der Monaden und dem Reich der Phänomene berücksichtigt. Handlungen im üblichen Sinne vollziehen sich in der physischen Welt, d. h. im Reich der Phänomene. Aber diese Handlungen resultieren aus den Tätigkeiten der Monaden. Daher ist das Freiheitsproblem für Leibniz primär ein Problem der Monadenwelt.

Leibniz hat seine Lehre von der menschlichen Freiheit als Versuch verstanden, zwischen dem absoluten Determinismus, den Spinoza nach Leibniz' Meinung lehrte, und der Freiheit der Unbestimmtheit, wie sie Descartes im Hinblick auf Gottes Freiheit vertrat, zu vermitteln. Die dezisionistische Auffassung, nach welcher Freiheit in einem Gleichgewichtszustand besteht, den der Handelnde spontan und grundlos überwinden kann, lehnte Leibniz ab, weil die Annahme eines nicht determinierten Geschehens dem Prinzip des zureichenden Grundes widerspricht; die Lehre der absoluten und fatalistischen Determination glaubte er verwerfen zu müssen, weil sie mit der Annahme von Freiheit und Verantwortung unvereinbar sei. Zur Freiheit gehört nach Leibniz dreierlei: Kontingenz, Spontaneität und Einsicht (vgl. Theod. 2, § 288). »Freiheit ist die Spontaneität des vernunftbegabten Wesens«, lautet seine Definition (GP 7, 108). Nun sind Kontingenz und Spontaneität keine Besonderheiten der Geistmonaden, denn keine Monade kann nach Leibniz anders als kontingent und spontan handeln; denn das kontradiktorische Gegenteil einer konkreten Tätigkeit ist widerspruchsfrei, und jede Tätigkeit kann nur aus dem eigenen

Grund der jeweiligen Monade hervorgehen. Daher muß durch das dritte Moment etwas Zusätzliches ins Spiel kommen, das freies Handeln ermöglicht: »Kontingenz kommt tausend Tätigkeiten der Natur zu, aber wenn die Urteilskraft nicht bei dem Handelnden vorhanden ist, gibt es keine Freiheit«, schreibt Leibniz in der ›Theodizee‹ (2, § 34). Die Einsicht ist daher die »Seele der Freiheit« (Theod. 2, § 288). Leibniz war der Überzeugung, daß in keinem System die Möglichkeit der Freiheit so sicher begründet werde wie in seinem. Trotzdem ist von vielen Interpreten behauptet worden, Freiheit im eigentlichen Sinne finde in Leibniz' Philosophie keinen Raum. Ich möchte nur auf drei Theorien der Leibnizschen Philosophie eingehen, die der Möglichkeit der Freiheit zu widersprechen scheinen: die Lehre vom vollständigen Individualbegriff, die Lehre, in jedem wahren Satz sei der Prädikatbegriff im Subjektbegriff enthalten, und die Lehre von der Determination und Gesetzlichkeit der Perzeptionenfolge.

Wenn im Begriff einer individuellen Substanz alle Prädikate enthalten sind, die der entsprechenden Substanz zukommen, so scheint das Individuum durch seinen Begriff vollständig festgelegt, der Mensch also gleichsam Knecht seines Begriffes zu sein. – Dieser Einwand übersieht, daß die Begriffe nach Leibniz von sich aus keine Kraft haben, etwas Reales zu determinieren. Die Individualbegriffe sind die logischen und zeitlosen Entsprechungen der realen, sich in der Zeit bewegenden Substanzen. Diesen Sachverhalt hat Leibniz u. a. durch den Schlußmythos der ›Theodizee‹ (§ 416) zu verdeutlichen versucht. Auf den Vorwurf, Jupiter sei mitschuldig am Bösen, das Sextus tut, antwortet Pallas Athene: »Du siehst, nicht mein Vater hat Sextus böse gemacht, er war es von aller Ewigkeit her, und er war es in Freiheit: Jupiter hat ihm nur das Dasein gewährt.« Beim Übergang von der Möglichkeit in die Wirklichkeit erfahren die Individuen keine qualitative Veränderung, es ändert sich lediglich ihre Seinsweise. Die Möglichkeit der Freiheit wird weder durch von Ewigkeit her existierende Begriffe noch durch ihre Realisierung tangiert.

Den zweiten Einwand hat Leibniz als besonders gravierend empfunden. Er schreibt: »Denn wenn der Begriff des Prädikats für einen bestimmten Zeitpunkt im Begriffe des Subjekts enthalten ist, wie könnte da überhaupt, ohne daß ein Widerspruch und eine Unmöglichkeit entsteht, das Prädikat dem Subjekte unter Wahrung seines vollen Begriffs, nicht zukommen?« (FN,

179) Leibniz glaubt dieses Problem lösen zu können durch einen Rekurs auf seine Unterscheidung zwischen notwendigen und kontingenten Wahrheiten. Notwendige Wahrheiten sind solche, bei denen das Enthaltensein des Prädikatbegriffs im Subjektbegriff in endlichen Analyseschritten aufgezeigt werden kann. Bei kontingenten Wahrheiten kann die Analyse bis ins Unendliche durchgeführt werden, ohne daß man zu einem Ende gelangt, »denn ein Ende gibt es nicht« (FN, 182). Außerdem hängt die Gültigkeit der kontingenten Wahrheiten nicht wie die der notwendigen nur von Gottes Intellekt, sondern auch von Gottes Willen ab, d.h. nicht nur vom Prinzip des Widerspruchs, sondern auch vom Prinzip des Besten.

Der dritte Einwand wurde Leibniz bereits von einem Briefpartner vorgelegt: Wenn es gestern bereits in meiner Seele angelegt war – so führt dieser aus (GP 3, 470f.) –, daß ich Ihnen heute einen Brief schreibe, wie kann dann mein Schreiben frei genannt werden? In der Tat heißt es in Leibniz' ›Theodizee‹ (2, § 322): »Als wenn die Seele, der Sitz der Vernunft, eher als der Körper im Stande wäre, zu handeln, ohne durch einen inneren oder äußeren Grund oder eine innere oder äußere Ursache bestimmt zu sein, oder als ob der große Grundsatz, daß nichts ohne Ursache geschieht, sich nur auf die Körper bezöge.« Dabei ist jedoch zu beachten, daß die Gründe und Ursachen, die den Geist bestimmen, von besonderer Art sind. Die stoische Formulierung »Die Sterne machen geneigt, zwingen aber nicht« variierend, lehrt Leibniz, die Motive machten geneigt, sie zwängen aber nicht. Sie wirken nicht auf den Geist wie Gewichte auf eine Waage, »es ist vielmehr der Geist, was aufgrund der Motive handelt, und die Motive sind Dispositionen zu handeln« (5. Schreiben an Clarke, § 15). Der Mensch hat zwar nicht die Möglichkeit, sich über die Motive hinwegzusetzen und ihnen entgegenzuhandeln, er kann sich nicht mit einem Schlage ändern. Aber es besteht die Möglichkeit, auf die Motive Einfluß zu nehmen, z.B. dadurch, daß man seine Aufmerksamkeit auf etwas anderes lenkt. Der Mensch hat nach Leibniz' Überzeugung nichts so sehr in seiner Gewalt wie seine Gedanken. Daher ist er auch für sie in höherem Maße verantwortlich als für alles andere (vgl. Dutens 6, 1, 328). Die Instanz, die auf diese Weise die Aufmerksamkeit lenken kann, ist die Vernunft. Sie ist auf der einen Seite ein Motiv unter anderen. Der Mensch folgt ihr durchaus nicht immer, da Leidenschaften und Neigungen einen starken Einfluß auf ihn ausüben (vgl. Nouveaux Essais, 1, 2,

§ 11). Auf der anderen Seite kann die Vernunft die Neigungen und Leidenschaften lenken (vgl. Grua 2, 487). Durch geschickte Lenkung der Motive kann die Vernunft erreichen, daß die Erkenntnis der wahren Güter, d. h. sie selbst, zum entscheidenden Bestimmungsgrund des Handelns wird. In dem Maße, in dem ein Mensch dahin gelangt, daß die Vernunft der Bestimmungsgrund des Handelns wird, in dem Maße gelangt er zur Freiheit; denn die »vollkommenste Freiheit besteht darin, ohne ein Hindernis stets zum Besten gezogen zu werden, und es ist keine Freiheit, sondern Knechtschaft, wenn man sich in der Wahl irren kann« (GM 3, 27). Freiheit in diesem Sinne ist daher für Leibniz nicht eine Fähigkeit, die den Menschen als unverlierbarer Besitz zu Gebote steht, sondern ähnlich wie für Spinoza ein Ideal, nach dem der Mensch zu streben hat. Sie meint den allmählichen und mühsamen Prozeß der Selbstbefreiung des Menschen, nämlich eine Revolution seiner Denkungsart. In der Sprache der Monadenlehre kann dieser Prozeß bezeichnet werden als Fortschritt zu immer klareren und deutlicheren Perzeptionen. Wenn der Mensch in dieser Weise voranschreitet, erfüllt er die Bestimmung, die ihm nach Leibniz gesetzt ist: »Wir sind geschaffen, damit wir denken. Es ist nicht notwendig zu leben, aber es ist notwendig zu denken, und unsere Gedanken folgen uns über den Tod hinaus. Es ist wahr, daß wir ewig denken, aber es ist nicht weniger wahr, daß unsere zukünftigen Gedanken eine Folge unserer gegenwärtigen Gedanken sind. Diese Überlegung muß uns dazu veranlassen, unsere gegenwärtigen Gedanken, soweit es möglich ist, auf das richtige Ziel zu lenken und zu vervollkommnen.« (Dutens 6, 1, 328)

Literaturverzeichnis

Leibniz' Schriften

Sämtliche Schriften und Briefe. Hrsg. v. der Preußischen (später Deutschen) Akademie der Wissenschaften. Reihe I–VII. Darmstadt (später Leipzig, zuletzt Berlin) 1923 f. Bisher 17 Bde *(A)*

Opuscules et fragments inédits. Hrsg. v. L. Couturat. Paris 1903, Nachdruck Hildesheim 1961 u. ö. *(C)*

Opera omnia. Hrsg. v. L. Dutens. 6 Bde. Genf 1768 *(Dutens)*

Opera philosophica. Hrsg. v. J. E. Erdmann. 2 Bde. Berlin 1839–1840, Nachdruck Aalen 1959 u. ö. *(E)*
Nouvelles lettres et opuscules. Hrsg. v. A. Foucher de Careil. Paris 1857, Nachdruck Hildesheim 1971 (FN)
Mathematische Schriften. Hrsg. v. C. J. Gerhardt. 7 Bde. Berlin 1849–1863, Nachdruck Hildesheim 1962 u. ö. *(GM)*
Die philosophischen Schriften. Hrsg. v. C. I. Gerhardt. 7 Bde. Berlin 1875–1890, Nachdruck Hildesheim 1960–1961 u. ö. *(GP)*
Textes inédits. Ed. Grua. 2 Bde. Paris 1948 *(Grua)*
Gedicht auf den Tod der Königin Sophie Charlotte. In: Studia Leibnitiana 4 (1972)

Hauptschriften zur Grundlegung der Philosophie. Übers. v. A. Buchenau. Hrsg. v. E. Cassirer. 2 Bde. Leipzig 1906, Hamburg³ 1966
Schöpferische Vernunft. Schriften aus den Jahren 1668–1686. Hrsg. v. W. von Engelhardt. Marburg 1951
Fragmente zur Logik. Übers. v. F. Schmidt. Berlin 1960
Neue Abhandlungen über den menschlichen Verstand. Übers. v.E-. Cassirer. Leipzig 1915. Nachdruck Hamburg 1971
Die Theodicee. Übers. v. R. Habs. Leipzig 1883 *(Theod.)*
Die Theodicee. Übers. v. A. Buchenau. Leipzig 1925, Hamburg ²1968.

Sekundärliteratur

Axelos, Christos: Die ontologischen Grundlagen der Freiheitstheorie von Leibniz. Berlin 1973
Belaval, Yvon: Leibniz. Initiation à sa philosophie. Paris 1952, ⁴1975
Cassirer, Ernst: Leibniz' System in seinen wissenschaftlichen Grundlagen. Marburg 1902, Nachdruck Darmstadt 1962
Couturat, Louis: La logique de Leibniz. Paris 1901, Nachdruck Hildesheim 1969
Ghio, Michelangelo: La dottrina dell' espressione in Leibniz e nella tradizione platonico-cristiana. Turin 1979
Fischer, Kuno: G. W. Leibniz. Leben, Werk und Lehre (1855). Heidelberg ⁵1920
Gurwitsch, Aron: Leibniz. Philosophie des Panlogismus. Berlin 1974
Heimsoeth, Heinz: Die Methode der Erkenntnis bei Descartes und Leibniz. Gießen 1914
Heinekamp, Albert: Das *Problem* des Guten bei Leibniz. Bonn 1969
Hübener, Wolfgang: *Sinn* und Grenzen des Leibnizschen Optimismus. In: Studia Leibnitiana 10 (1978)
Ishiguro, Hide: Leibniz's philosophy of logic and language. London 1972
Jalabert, Jacques: La théorie leibnizienne de la substance. Paris 1947
Jalabert, Jacques: Le dieu de Leibniz. Paris 1960

Kauppi, Raili: Über die Leibnizsche Logik. Mit besonderer Berücksichtigung des Problems der Intension und der Extension. Helsinki 1960

Mahnke, Dietrich: Leibnizens Synthese von Universalmathematik und Individualmetaphysik. Halle 1925, Nachdruck Stuttgart 1964

Martin, Gottfried: Leibniz. Logik und Metaphysik. Köln 1960, Berlin ²1967.

Mates, Benson: *Nominalism* and Evander's sword. In: Theoria cum praxi. Akten des III. Internationalen Leibniz-Kongresses, Bd. 3. Wiesbaden 1980

Mugnai, Massimo: Astrazione e realtà. Saggio su Leibniz. Mailand 1976

Parkinson, G.H.R.: Logic and reality in Leibniz's metaphysics. Oxford 1965

Poser, Hans: Zur Theorie der Modalbegriffe bei G. W. Leibniz. Wiesbaden 1969

Rescher, Nicholas: Leibniz. An introduction to his philosophy. Oxford 1979

Weizsäcker, Carl Friedrich von: Naturgesetz und Theodizee. In: Archiv für Philosophie 2 (1948)

Zocher, Rudolf: Leibniz' Erkenntnislehre. Berlin 1952

Bibliographien

Ravier, Emile: Bibliographie des œuvres de Leibniz. Paris 1937, Nachdruck Hildesheim 1966

Müller, Kurt: Leibniz-Bibliographie. Bibliographie des Schrifttums über Leibniz. Frankfurt a. M. 1966

Leibniz-Bibliographie: Neue Titel. Ab 1969 jeweils im letzten Heft der Jahrgänge der Zeitschrift ›Studia Leibnitiana‹

George Berkeley

von Arend Kulenkampff

1. Einleitung

George Berkeley wurde 1685 nahe der Ortschaft Kilkenny in Südirland geboren. Mit fünfzehn Jahren trat er in das Trinity College in Dublin ein. Dort empfing er vor allem Anregungen zu mathematisch-naturwissenschaftlichen Studien, denen er sich zeit seines Lebens immer wieder widmete, so in der Schrift ›De motu‹ (1721), die eine Auseinandersetzung mit Newtons Bewegungslehre enthält, und in ›The Analyst‹ (1734), dem Versuch einer Kritik der theoretischen Grundlagen des Infinitesimalkalküls. 1707 wurde Berkeley zum Master of Arts graduiert und noch im selben Jahr, als Junior Fellow, Lehrer am College; kurze Zeit später wurde er Priester. Von 1705 bis 1708 entstand das nicht zur Veröffentlichung bestimmte ›Philosophische Tagebuch‹. Im ›Versuch einer neuen Theorie der Gesichtswahrnehmung‹ (1709) entwickelt Berkeley den Gedanken, daß das normale räumliche Sehen das Produkt unbewußten induktiven Schließens auf der Basis regelmäßiger Koexistenz von Seh- und Tastempfindungen ist. Die psychologisch und erkenntnistheoretisch gleichermaßen bedeutende Abhandlung mutet mitunter wie die gedankliche Vorwegnahme der erst anderthalb Jahrhunderte später entwickelten Malweise des reinen Sehens, des Impressionismus, an. 1710 veröffentlichte Berkeley sein Hauptwerk, die ›Prinzipien der menschlichen Erkenntnis‹, 1713 die ›Drei Dialoge zwischen Hylas und Philonous‹, die er, enttäuscht vom ungünstigen Echo der ›Prinzipien‹, in der Hoffnung verfaßt hatte, die eingängigere Darstellungsform des Streitgesprächs werde der Rezeption seiner philosophischen Ideen förderlich sein. 1713 ging er nach London, wo er, befreundet mit Swift, bald zum Kreis der tonangebenden Intellektuellen gehörte. Auf zwei großen Reisen (1713/14, 1716–1720) lernte er Frankreich und Italien kennen. 1724 wurde er zum Dekan von Derry ernannt, trat aber das Amt nicht an, da er seit 1723 den Plan verfolgte, auf den Bermuda-Inseln eine Lehranstalt zur Förderung der christlichen Bildung weißer wie eingeborener Jugendlicher zu gründen. Das Projekt scheiterte aus finanziellen Gründen. Nach zweijährigem Aufenthalt in New

Port, Rhode Island, wo er die Dialogfolge ›Alciphron‹ (erschienen 1732), eine Streitschrift wider das Freidenkertum, verfaßte, kehrte er 1731 nach London zurück. Als Bischof von Cloyne, seit 1734, setzte er sich wiederholt mit den im wirtschaftlich rückständigen Irland besonders drängenden Problemen öffentlicher Wohlfahrtspflege auseinander (›The Querist‹, 1735–1737). In seinem letzten philosophischen Werk, ›Siris‹ (1744), spannt Berkeley einen weiten meditativen Bogen von medizinischen Tagesfragen wie der der Heilwirkung des Teerwassers zu nahezu mystischen Logos-Spekulationen. Er starb 1753 in Oxford.

Wenige philosophische Entwürfe erscheinen, im Spiegel ihrer Kritik betrachtet, ähnlich verzerrt wie Berkeleys Philosophie des Immaterialismus. Der Satz aus dem ›Philosophischen Tagebuch‹: »Ich stehe auf der Seite des einfachen Volkes« (52), hat programmatische Bedeutung. Berkeley begreift seine Theorie des Wissens als umfassende Verteidigung und Rehabilitierung der natürlichen Weltansicht. Nicht die philosophische Skepsis, die zwischen Erscheinung und Wirklichkeit in der Weise glaubt unterscheiden zu können, daß die Wirklichkeit als für den menschlichen Verstand möglicherweise unerreichbares, eigentliches Sein hinter dem Schleier der Wahrnehmung verschwindet, sondern der gesunde Menschenverstand mit seinem unbedingten und durch philosophische Einwürfe im Ernst nicht zu erschütternden Zutrauen in die Sinne sieht die Welt richtig. Man könnte Berkeleys Erkenntnistheorie unter die Devise stellen »Es ist (außer Gott) nichts dahinter«, nämlich hinter der Realität, wie wir sie unmittelbar durch die Sinne und mittelbar durch Vernunft und Einbildungskraft, d. h. durch Schlüsse aus gegebenen auf nichtgegebene Daten erkennen. Um so überraschender ist die Tatsache, daß Berkeley von vielen und keineswegs unbedeutenden Kritikern für denjenigen Philosophen gehalten wird, dem das fragwürdige Verdienst zukommt, dem Commonsense etwas schlechthin Unglaubliches zuzumuten: daß es bewußtseinsunabhängig existierende materielle Dinge nicht gebe, weil Sein und Wahrgenommenwerden identisch seien. Der schottische Philosoph Thomas Reid (1710–1796) bringt das gängige Berkeley-Mißverständnis auf die Formel: »Mein Vater, mein Bruder, meine Freunde – nichts als Bündel von Vorstellungen in meinem Bewußtsein«, und nennt die Immaterialismus-These die bei weitem befremdlichste Lehrmeinung, die Philosophen je vertreten haben, dazu angetan, die Philosophie zum Gespött der Leute zu machen. Zur Befestigung des Mißverständnisses trägt ferner Kant bei, indem er Berkeleys »dogmatischen« Idealismus darauf zurückführt, daß dieser den Raum als eine Eigenschaft betrachte, die den Dingen an sich selbst zukomme – was Berkeley mit Sicherheit gerade nicht tut. Durch Lenins Auseinandersetzung mit dem Empiriokritizismus Machs und Avenarius' schließlich gerät die Berkeley-Fehlinterpretation zum Dogma der sich materialistisch nennenden Gegenwartsphilosophie. Tatsache ist, daß Berkeley sich als empirischen Realisten versteht. Und wie Kant keine Schwierigkeit in der Verbindung von transzendentaler Idealität und empirischer Realität sieht, so ist Berkeley der festen (und durchaus nicht unfundierten) Überzeugung, daß sein Prinzip des Immaterialismus der natürlichen, auf den Glauben an die bewußtseinsunabhängige Existenz materieller Dinge gegründeten Weltansicht nicht nur nicht widerstreitet, sondern zu dieser Ansicht das allein passende metaphysische Komplement liefert.

An den zerrbildhaften Fehldeutungen seiner Philosophie ist Berkeley selber freilich nicht ganz unschuldig. Paradoxerweise werden die Mißverständnisse durch eine an und für sich nicht hoch genug zu schätzende schriftstellerische Tugend Berkeleys befördert, durch die Schlichtheit und unprätentiöse Sachlichkeit seines Stils, dem jeglicher terminologische Bombast fehlt, durch die Nähe seiner Sprache zu der des »einfachen Volkes«. Im ›Philosophischen Tagebuch‹ reflektiert Berkeley verschiedentlich über die Besonderheiten der philosophischen Sprache und erklärt: »Ich enthalte mich aller verschnörkelten und pompösen Worte und Bilder, gebrauche einen sehr klaren und einfachen Stil, weil ich es oft schwierig fand, jene zu verstehen, die sich der erhabenen und platonischen oder subtilen und scholastischen Art und Weise bedienen.« (38) Eine der Ausdrucksweise des Alltags angenäherte, so weit wie möglich »untechnische« philosophische Diktion fordert jedoch ihren Preis. Sie setzt beim Leser einen entwickelten intellektuellen Sinn voraus für das unvermeidlich Uneigentliche der philosophischen Sprache, für die Vieldeutigkeit der Wörter, die der Philosoph der Umgangssprache entnimmt, um Zusammenhänge – Wesensbeziehungen, möchte man sagen – zu beschreiben, die für die Umgangssprache und ihre Benutzer im wahrsten Sinne des Wortes kein Thema sind.

Die normale Sprache ist gemacht zum Reden über Dinge und

Ereignisse, über seelische Zustände wie Schmerzen, über Dispositionen wie Persönlichkeitsmerkmale, über Hoffnungen, Befürchtungen, Pläne und wie man diese verwirklichen kann usw. Aber die normale Sprache ist nicht zum Reden über philosophische Gegenstände gemacht. Es ist eines, über Empfindungen und Vorstellungen, die man hat, zu sprechen, und etwas ganz anderes, mit den Mitteln derselben Sprache Aussagen über die Beziehung des Bewußtseins zu seinen unmittelbaren Objekten (Empfindungen, Vorstellungen, Ideen) zu machen: »Ich habe Zahnschmerzen« – »dieses Haben, diese passive Aufnahme von Vorstellungen ist (es), die den wahrnehmenden Geist auszeichnet, denn dieses ist gerade das Wesen der Wahrnehmung oder das, worin Wahrnehmung besteht.« (Tagebuch, 38) Im einen Fall wird – in intentione recta – das Wort »haben« normal verwendet, wenn auch in signifikant anderer Bedeutung als in »Ich habe einen gebrochenen Arm«. Im anderen Fall wird – in intentione obliqua – »haben« philosophisch-terminologisch verwendet, um die ganz eigenartige Beziehung zwischen dem Empfindenden (Ich, Seele, Geist, Verstand, Bewußtsein) und seinen Empfindungen zu beschreiben. Das Wort »Beziehung«, kaum zu vermeiden in diesem Zusammenhang, führt seinerseits unpassende Ideenassoziationen an zweistellige Relationen im üblichen Sinne mit sich – ein schiefes Bild, das Berkeley mit der Bemerkung zurechtzurücken sucht, der Geist sei eine »Anhäufung von Wahrnehmungen«. »Nehmt die Wahrnehmungen weg, und ihr nehmt den Geist weg. Setzt die Wahrnehmungen, und ihr setzt den Geist.« (Tagebuch, 78) Die Wendung »im Geiste sein oder existieren« hat ihre gute umgangssprachliche Bedeutung. Jeder versteht, was gemeint ist, wenn einer sagt: »Im Geiste bin ich bei meinen Freunden.« Die Wendung bedeutet: tatsächlich bin ich es nicht; aber als Alternative zur wirklichen Welt stelle ich mir eine mögliche Welt vor, in der ich in direktem Wahrnehmungskontakt mit Personen stehe, die ich unter den gegebenen Umständen nicht wahrzunehmen vermag. Wenn nun Berkeley unterstellt wird, sein Grundsatz des Immaterialismus hebe den Unterschied zwischen Fiktion und Realität auf, so daß ein konsequenter Anhänger seiner Philosophie der Ansicht sein müsse, er könne seine Schulden ebensogut mit hundert vorgestellten wie mit hundert wirklichen Talern begleichen – Einwände, die auf dieser Linie liegen, sind von Zeitgenossen Berkeleys überliefert –, so ist die Erklärung für dieses Mißverständnis im Grunde sehr einfach: Es wird nicht erkannt, daß Ausdrücke wie »im Geiste sein«, »nicht außerhalb des Geistes existieren« im Kontext der Berkeleyschen Philosophie uneigentlich, »gegen den Strich« ihrer umgangssprachlichen Verwendungsweise verwendet werden. Gegen Ende der ›Drei Dialoge‹ verteidigt sich Berkeley gegen den Vorwurf der Sprachwillkür mit dem Hinweis auf die »Gleichnisform« schon der normalen Rede, die mittels räumlicher Relationsausdrücke wie »innen« und »außen« geistiges und physikalisches Sein voneinander abzugrenzen sucht und die generell »geistige Tätigkeiten mit Worten bezeichnet, die sinnlichen Dingen entlehnt sind«. Wenn die Wörter, die sich auf Geistiges beziehen, schon in der Umgangssprache nicht »in ihrem grob ursprünglichen Sinne gefaßt werden dürfen« (Dialoge, 128), so schließt ihr Gebrauch in der philosophischen Sprache eine nochmalige Verfremdung ein; es entsteht eine Art Gleichnishaftigkeit zweiter Stufe.

Berkeley ist sich der hierin liegenden Problematik durchaus bewußt. Man möge ihn nicht tadeln, wenn er die Wörter manchmal »in einer gewissen Weise« gebraucht. »Es ist etwas, was sich nicht ändern läßt. Es ist der Fehler der Sprache, daß ihr nicht immer die klare und bestimmte Bedeutung meiner Wörter verstehen könnt.« (Tagebuch, 85) So muß »das Bestreben, abstrakte philosophische Gedanken mit Worten auszudrücken, einen Menschen unvermeidlich in Schwierigkeiten bringen« (Tagebuch, 68). Mühelos ließe sich eine umfängliche Liste vieldeutiger Ausdrücke in Berkeleys Schriften zusammenstellen. Und ein Glossar, das den philosophischen im Unterschied zum alltäglichen Bedeutungsgehalt der Wörter hinlänglich erläuterte, böte nicht nur eine nützliche Interpretationshilfe. Es wäre die gesuchte Interpretation, indem es für die Philosophie Berkeleys das leistete, was Berkeley gegenüber seinen Vorgängern zu tun beansprucht: »den Nebel oder Schleier von Wörtern zu beseitigen« (Tagebuch, 86).

2. Zwei Existenzbegriffe

Die gesamte Philosophie Berkeleys steht unter dem Grundsatz »Existenz ist percipi (wahrgenommen werden) oder percipere (wahrnehmen) oder velle, i.e. agere (wollen, d.h. handeln)« (Tagebuch, 54f.). Was bedeutet dieser Satz? Ist er wahr?

Die gebräuchliche Kurzform »Das Sein (esse) sinnlicher Dinge ist Perzipiertwerden (percipi)« findet sich im dritten

Abschnitt der ›Prinzipien‹. Dortselbst gibt Berkeley auch einen Hinweis, wie der Satz zu verstehen ist, nämlich als bedeutungsanalytischer Satz – dies freilich nicht im Sinne einer willkürlichen Festsetzung, sondern im Sinne einer Einsicht in einen Wesenszusammenhang: Nicht ich, Berkeley, stelle die Wortverwendungsregel auf, daß »Sein« und »Wahrgenommenwerden« dasselbe bedeuten, sondern jeder unvoreingenommen Urteilende, wenn er nur seine Vernunft gebrauchen und sorgfältig prüfen möchte, was er meint, wenn er urteilt »etwas existiert«, muß erkennen, daß Sein dasselbe ist wie Wahrgenommenwerden. Man müsse nur darauf achten, »was unter dem Ausdruck ›existieren‹ bei dessen Anwendung auf sinnliche Dinge zu verstehen ist«, um intuitiv zu erkennen, daß die Ideen der Sinne – Farben, Töne, Ausdehnung, Festigkeit, Bewegung etc. – und jeder als Aggregat dieser Ideen sich darstellende Gegenstand (Prinzipien, 25) – seien es Phantasieobjekte wie neunköpfige, geflügelte Drachen, seien es Realgegenstände wie Bücher, Bäume, der Bleistift, den ich jetzt in der Hand halte – nicht anders existieren können als in einem sie perzipierenden Geist (Prinzipien, 26). Nun wird der Ausdruck »Existenz« in Verbindung mit Gegenständen der Sinne in mindestens zwei Bedeutungen, einer schwachen und einer starken, verwendet, und es bleibt zu prüfen, ob Berkeleys Prinzip beide Bedeutungen erfaßt.

Der *schwache Existenzbegriff.* Angenommen, eine Person S habe Schmerzen. Dann drücken die beiden folgenden Sätze offenbar etwas konzeptuell Unmögliches aus – etwas, das »logisch« nicht sein kann:

(I) S empfindet Schmerzen, und es existiert nichts, worauf die Beschreibung »Schmerz von S« zutrifft.

(II) Es existiert etwas, worauf die Beschreibung »Schmerz von S« zutrifft, und S empfindet keine Schmerzen.

Daraus, daß (I) und (II) analytisch falsch sind, folgt unmittelbar, daß der Satz«

(III) S empfindet Schmerzen dann und nur dann, wenn etwas existiert, worauf die Beschreibung »Schmerz von S« zutrifft,

analytisch wahr ist. Es ist sonach offensichtlich, daß das Prinzip »esse = percipi« im Felde der Empfindungen Gültigkeit besitzt, was auch immer empfunden werden mag: Schmerzen, Seh-, Hör-, Tastempfindungen etc. Und wie Empfindungen existieren, indem sie gehabt werden, und anderweitig nicht, so existiert auch der neunköpfige, geflügelte Drache, nämlich als ein von S vorgestelltes (geträumtes, halluziniertes)

Ding. Wir haben, sagt Hume, »keine Eindrücke und keine Vorstellungen irgendwelcher Art in unserem Bewußtsein oder unserer Erinnerung, die nicht von uns als existierend vorgestellt würden«, und hieraus resultiere »die vollkommenste Gewißheit des *Seins,* die wir haben«. Diese vollkommene Gewißheit betrifft sowohl das Dasein der Empfindungen und aller von ihnen abgeleiteten Vorstellungen als auch deren Sosein. Daß Schmerzen in irgendeinem Sinn »an sich selbst« anders beschaffen sein könnten, als sie empfunden werden, erscheint als unmöglich, und das heißt nichts anderes, als daß Schmerzen eben kein Ansichsein haben, daß ihr Sein mit ihrem Empfundenwerden identisch ist. Ganz das Gleiche gilt für den Ton, wie er gehört, die Farbe, wie sie gesehen wird. Man kann mit Sinn nicht zweifeln, ob eine x-Empfindung, wenn man sie hat, nicht in Wirklichkeit eine y-Empfindung ist, während man durchaus bezweifeln kann, daß eine Münze, die so aussieht, als wäre sie aus Gold, tatsächlich aus Gold ist. Wie soll man das folgende quasi-Wittgensteinsche Dialogfragment beurteilen?: »Du sagst, du habest eine So-und-so-Empfindung. Überprüfe, ob du sie wirklich hast.« Die einzig mögliche Reaktion scheint zu sein: hier hat der Begriff der Überprüfung keine Verwendung.

Bedürfen Empfindungen und Vorstellungen eines Trägers, d. h. einer Instanz, die sie hat – Gemüt, Geist, Seele, Ich (Prinzipien, 26)? Kein Zweifel, daß Berkeley die Frage bejaht. Und auch diese Feststellung versteht sich für ihn als Einsicht in einen Wesenszusammenhang: notwendig das eine nicht ohne das andere, Perzeptionen nicht ohne ein seiner Natur nach tätiges Etwas, das perzipiert. Für die Metaphysik ist diese Auffassung höchst folgenreich. Berkeley kritisiert und verwirft nicht die Substanzidee als solche, sondern lediglich die Idee einer Substanz, die – als »Materie«, »körperliche Substanz« in der Sprache der Philosophen – etwas anderes sein soll als tätiges geistiges Sein. Wenn Locke erklärt, wir hätten zwar nur eine verworrene Vorstellung von dem, was mit dem Wort »Substanz« gemeint ist, könnten uns aber die innige Verknüpfung (Kant würde sagen: Synthesis) verschiedener Sinnesqualitäten zu *einem* Ding – der Apfel vor mir als roter, kugeliger, glatter, süß schmeckender, unter den und den Bedingungen sich so und so verändernder Gegenstand – nicht denken ohne Hinzufügung der Idee eines Trägers, der den einzelnen sinnlich wahrnehmbaren Qualitäten subsistiert, so akzeptiert Berkeley den zweiten und berichtigt den ersten Teil der These: eine verworrene Vorstellung ist so viel wie gar keine Vorstellung; wenn also die Worte »Substanz«, »subsistieren« überhaupt etwas bedeuten, dann kann mit ihnen nur die Beziehung gemeint sein, in der ein geistiges Etwas, die Seele, als tätiges Haben zu seinen Wahrnehmungen steht. »Existenz ist percipi *oder percipere.*« Was Ausdrücke wie »ich empfinde das und das«, »ich habe die und die Vorstellung» bedeuten, das weiß jeder, der diese Ausdrücke gebraucht, auch wenn die Natur des Geistes derart ist, daß dieser an sich selbst nicht wahrgenommen werden kann (Prinzipien, 39), und wir darum von uns selbst als Seele, Ich, Geistwesen streng genommen niemals eine Vorstellung, sondern lediglich »einen gewissen Begriff (notion)« (Prinzipien, 40) haben können, sofern wir nämlich den Sinn mentaler Prädikate wie »wollen«, »lieben«, »wahrnehmen« verstehen. Der Satz Hegels, daß die Substanz Subjekt ist, drückt einen Berkeleyschen Gedanken aus, und im Sinne Berkeleys wäre lediglich hinzuzufügen, daß die Substanz gar nichts anderes sein kann als Subjekt (das »nicht können« als begriffliche Unmöglichkeit verstanden).

Der *starke Existenzbegriff.* Nahezu alle ernstzunehmenden Einwände gegen Berkeleys Philosophie des Immaterialismus beruhen auf der Voraussetzung, daß es neben der schwachen Bedeutung des Existenzbegriffs eine starke Verwendungsweise gibt, die durch »esse = percipi« nicht erfaßt wird. Die folgenden Sätze umschreiben schematisch Situationen, von deren Vorkommenkönnen im Alltag und zum Teil auch in den Realwissenschaften der Commonsense fest überzeugt ist.

(IV) S nimmt ein A wahr, und es existiert kein A.

(V) Es existiert ein A, und A wird von S nicht wahrgenommen.

(VI) S nimmt ein A wahr, und es existiert ein A; doch A wird von S nicht so wahrgenommen, wie A in Wirklichkeit beschaffen ist.

(IV) umschreibt den Phänomenkomplex halluzinatorischer Wahrnehmungen: Träume, Wahnvorstellungen, Erscheinungen unter Drogeneinwirkung etc. (VI) umschreibt den normalen Wahrnehmungsirrtum, die Illusion: ein zur Hälfte ins Wasser getauchter Stab erscheint als gebrochen; von fern gesehen erscheint der viereckige Turm als rund. (V) umschreibt, was in zahllosen Spielarten in jedem Moment der Fall ist: Dinge existieren, ohne wahrgenommen zu werden. Die Katze befindet sich im Nebenzimmer. S, der sie vor wenigen Sekunden gesehen und gestreichelt hat, kann sie von seinem jetzigen Standort aus weder sehen noch hören noch fühlen; Sekunden später sieht er sie wieder. S reidentifiziert die Katze als denselben Gegenstand, den er kurz zuvor wahrgenommen hat, und würde sich wahrscheinlich genasführt vorkommen oder es für eine unnötig komplizierte Redeweise halten, wenn man sagte: Es handelt sich nicht um verschiedene Wahrnehmungen ein und desselben kontinuierlich existierenden Dinges, sondern lediglich um verschiedene Wahrnehmungen, mögen sie einander auch außerordentlich ähnlich sein, und ungerechtfertigter Weise wird aus der Ähnlichkeit auf das kontinuierliche Dasein eines von den Wahrnehmungen verschiedenen Dinges geschlossen.

Die Reidentifikation von Dingen bei unterbrochenem Wahrnehmungsstrom scheint zwingend einen starken, auf Wahrgenommenwerden nicht reduzierbaren Existenzbegriff zu fordern. Die Frage, wie dieser Existenzbegriff, von dem wir faktisch jederzeit Gebrauch machen, zu interpretieren ist – Ausdrücke wie »Realität«, »Objektivität« besagen dasselbe –, stellt sicherlich einen Prüfstein der Lehre Berkeleys dar. Denn zu den »Gewißheiten« (im Sinne Wittgensteins) der natürlichen Weltansicht, ihren vortheoretischen Selbstverständlichkeiten rechnet nun einmal die Überzeugung, daß die Dinge kontinuierlich existieren und nicht in jedem Moment, in dem ich sie wahrnehme, eine creatio ex nihilo stattfindet und eine Weltvernichtung, sobald ich aufhöre, sie wahrzunehmen. Berkeleys Bekenntnis zu den Anschauungen des »einfachen Volkes« wäre jedenfalls kaum mehr als eine façon de parler, wenn seine Theorie der Forderung nach sinnvoller Deutung des starken Existenzbegriffs nicht in befriedigender Weise Genüge leisten könnte.

Zu den Phänomenen, auf die sich (V) bezieht, gehört ferner der Umstand, daß wir bei Dingen, von denen wir annehmen, daß sie im starken Sinne existieren, den Gesamtbestand aktueller Sinnesinformationen stets »in Gedanken« ergänzen, erweitern, vervollständigen, so daß die Behauptung, etwas existiere im starken Sinne, immer mehr impliziert als die Summe der jeweils gegebenen Empfindungen: An einem Tisch sitzend, nehme ich nur Teile dieses Gegenstandes wahr. Zwingt mir das Prinzip »esse = percipi« die Folgerung auf, daß der Tisch unter den gegenwärtigen Beobachtungsbedingungen keine Rückseite hat und nicht das, was ich »Vorderseite des Tisches« nenne, wenn ich meine Position im Raum ändere? Ein Blinder betastet eine Kugel von der Größe eines Fußballs. Mit seinen Händen kann er zu keinem Zeitpunkt mehr als lediglich Teile der Körperoberfläche umspannen. Infolgedessen bezeugen ihm seine Tastempfindungen nie die Existenz des ganzen Körpers. Dessenungeachtet wird er die starke Existenzbehauptung für wahr halten, daß sich in seiner Reichweite eine Kugel befindet, die größer ist als jede Kugel, die er mit seinen Händen vollständig umschließen kann. Gilt »esse = percipi«, so scheint dieses Urteil keine Berechtigung zu haben. Hat es Berechtigung, so scheint Sein nicht mit Wahrgenommenwerden identisch zu sein. Es ist eine Eigentümlichkeit der meisten Wahrnehmungswörter, daß sie in zwei verschiedenen Bedeutungen verwendet werden. In der einen Bedeutung – sie korrespondiert dem starken Existenzbegriff – sieht S einen Tisch, und S', der S gegenübersitzt, sieht denselben Tisch. In der anderen, der schwachen Bedeutung, ist das von S und S' unmittelbar Gesehene nicht dasselbe. Jeder Beobachter hat sozusagen »sein Bild«, und nie kann er etwas anderes haben als eben »sein«, durch eine Vielzahl von Faktoren (Standort, Lichtverhältnisse, Beschaffenheit des Wahrnehmungsapparats, psychische Verfassung etc.) bestimmtes »Bild«.

Halten wir das Unstrittige fest: Es ist die Tatsache, daß wir zwischen Wahrnehmungsphänomenen, die im schwachen Sinne, und Dingen, die real, objektiv, d. h. im starken Sinne existieren, zwischen »so und so ist es« und »mir erscheint es so und so« unterscheiden. Dieses Faktum wird von Berkeley ausdrücklich anerkannt. Seine Lehre lasse kein einziges Naturobjekt verschwinden; alles bleibe, wie es ist. »Was auch immer wir sehen, fühlen, hören oder irgendwie begreifen oder verstehen, bleibt so gewiß und ist so real, wie es je gewesen ist. Es gibt eine Natur (rerum natura), und die Unterscheidung zwischen Realitäten und Chimären behält ihre volle Kraft.« (Prinzipien, 43) »Du fragst mich, ob die Bücher jetzt im Studierzimmer sind, wenn keiner da ist, um sie zu sehen. Ich antworte: ›Ja‹. Du fragst mich: ›Irren wir uns nicht, wenn wir uns einbilden, daß Dinge existieren, während sie nicht aktual durch die Sinne wahrgenommen werden?‹ Ich antworte: ›Nein‹.« (Tagebuch, 61) Weil somit (unstrittigkeitshalber) vorausgesetzt werden kann, daß eine starke Existenzbehauptung mehr impliziert als Aussagen über unmittelbar Wahrgenommenes: Empfindungen, die ich jetzt habe, und solche, die gehabt zu haben ich mich erinnere – so erübrigt nur die Frage nach der Natur dieses »Mehr«. Worin liegt der spezifische Sinn von Aussagen über Realgegenstände im Unterschied zu Aussagen über Empfindungen? Wie läßt sich die Differenz begrifflich erfassen?

Berkeleys Antwort auf diese erkenntnistheoretische Hauptfrage zerfällt in zwei Teilantworten: eine kritische und eine konstruktive. Die ›Prinzipien‹ und die ›Drei Dialoge‹ sind zu einem nicht geringen Teil Streitschriften, deren kritische Intentionen einem theologischen Rechtfertigungswunsch entspringen: Durch Widerlegung der begrifflichen Voraussetzungen des Atheismus soll der Glaube an einen allmächtigen, allgegenwärtigen Gott als die allein rationale Einstellung erwiesen werden. Aber Berkeleys Kreuzzug gegen die – wie er es sieht – Wegbereiter des Atheismus, die Lehrmeinungen der »Philosophen«, stellt der Sache nach eine sinnkritische Untersuchung dar, die ihren Eigenwert besitzt und die in gewissem Umfang sogar über das gesteckte Ziel hinausführt, indem einige Argumente Berkeleys auch an die Fundamente seiner eigenen Geistmetaphysik und Gottesspekulation rühren.

Die Doktrin, die Berkeley ad absurdum zu führen sucht, möchte den Unterschied zwischen starker und schwacher Existenz so erklären, daß das, was im starken Sinne existiert, an sich, perzeptionsunabhängig, »außerhalb des Geistes« existieren soll. Dabei macht es für Berkeley keinen wesentlichen Unterschied, ob der Ansich-Gedanke im Sinne des naiven Realismus formuliert wird, der die Welt ganz einfach verdoppelt in Urbilder und Abbilder, in eine an sich bestehende und in eine gewußte, erfahrene, wahrgenommene Wirklichkeit, oder ob die unnaive, gelehrte Ansicht vorherrscht, wonach den koexistierenden Sinnesqualitäten, sofern wir sie uns als *ein* Ding bildend vorstellen, ein nichtperzipierbares, »absolut existierendes« Etwas = Materie, Substanz, Substrat zugrundeliegt, worin die Qualitäten »bestehen« und aus dem sie »hervorgehen«. Die gelehrte Ansicht ist im wesentlichen diejenige Lockes, der von der Unverzichtbarkeit der Trägervorstellung ebenso überzeugt ist wie davon, daß »wir offenbar keine klare oder deutliche Idee von dem Ding haben, das wir uns als Träger denken«.

Berkeleys Auflösung des erkenntnistheoretischen Dilemmas, daß der Ansich-Gedanke einerseits unverzichtbar ist, mit Ansichsein (starker Existenz) andererseits aber kein » absolutes Dasein außerhalb des Geistes« (Dialoge, 105) gemeint sein kann, seine konstruktive Antwort also, ist von den Argumenten zur Widerlegung des Materialismus unabhängig. Was meinen wir mithin, wenn wir sagen, daß etwas im starken Sinne existiert – Körper, die wir mit unseren Sinnen nie in toto erfassen können? Wir meinen nach Berkeley, daß, *wenn* bestimmte Bedingungen erfüllt wären, wir so und so geartete Sinnesempfindungen haben, das und das wahrnehmen *würden.* »Sage ich: der Tisch, an dem ich schreibe, existiert, so heißt das: ich sehe und fühle ihn; wäre ich außerhalb meiner Studierstube, so könnte ich seine Existenz in dem Sinne aussagen, daß ich, wenn ich in meiner Studierstube wäre, ihn perzipieren könnte ...« (Prinzipien, 26) »Die Frage, ob die Erde in Bewegung ist oder nicht, läuft in Wahrheit nur darauf hinaus, ob wir Grund haben, aus den astronomischen Beobachtungen zu schließen, daß, wenn wir unter gewissen Verhältnissen auf einem gewissen Standpunkt in einer bestimmten Entfernung von der Erde und Sonne ständen, wir die Erde inmitten des Chors der Planeten sich bewegen und in jedem Betracht als einen von ihnen erscheinen sehen würden; und dies wird nach den festgestellten Naturgesetzen, denen wir nicht Ursache haben zu mißtrauen, vernunftgemäß aus den Erscheinungen geschlossen.« (Prinzipien, 57)

Starke Existenzbehauptungen unterscheiden sich von schwachen – und das ist der ganze Unterschied – für Berkeley somit darin, daß jene ein konditionales oder hypothetisches Element enthalten, daß sie prognostischen Gehalt besitzen, diese nicht. Mit jeder starken Existenzbehauptung beziehen wir uns auf mögliche Wahrnehmungen. Nach dem Schema »in der Vergangenheit regelmäßig, wenn Empfindung A, dann Empfindung B; nun A; also höchstwahrscheinlich B« schließen wir aus dem »Zusammenhang« und der »beständigen Ordnung« (Prinzipien, 41) der Erfahrungen, wie wir sie gemacht haben, auf Erfahrungen, die wir machen werden, oder auf solche, die wir jetzt machen würden, wenn die Umstände anders wären (vgl. Prinzipien, 57). In der Sprache des modernen Phänomenalismus heißt das: Die Realgegenstände sind nicht etwas von unseren Wahrnehmungen Wesensverschiedenes – daß sie das nicht sein können, zeigt Berkeley in den kritischen Teilen der ›Prinzipien‹ und der ›Drei Dialoge‹ – die Realgegenstände sind Konstruktionen aus den Daten, die uns die Sinne liefern, mittels Vernunft und Einbildungskraft (vgl. Dialoge, 58f.).

Im Urteil des Blinden mit der Kugel liegt das konstruktive Moment in der Erwartung, daß, wenn er die Bewegung seiner Hände nicht unterbricht, diese in allen Richtungen vollkommene Kreise beschreiben werden. Wer urteilt, daß er eine vorüberfahrende Kutsche hört – Berkeleys Beispiel (Dialoge, 58) –, nimmt unmittelbar nur einen Laut wahr. Denn »nur solche Dinge werden tatsächlich und streng genommen durch irgendeinen Sinn wahrgenommen, die es auch in dem Falle würden, wenn dieser selbe Sinn uns eben erst verliehen wäre« (Dialoge, 58). Da aber die Erfahrung lehrt, daß Geräusche dieses Typs in enger raum-zeitlicher Verknüpfung mit dem Wahrnehmungskomplex »Kutsche« auftreten, wird implizit geschlossen, daß derselbe Zusammenhang auch jetzt wieder besteht. Die Deutung von Sinnestäuschungen (Satz VI) gelingt ebenfalls ohne Schwierigkeit. Weil die Sinne weder wahr noch falsch urteilen, denn sie urteilen überhaupt nicht (E. Mach), und weil Objektivität Gesetzesartigkeit ist, liegt die Täuschung nicht in dem, was unmittelbar wahrgenommen wird, sondern in den Folgerungen, die daraus bezüglich des Wahrzunehmenden gezogen werden. Der zur Hälfte ins Wasser getauchte Stab *ist* für das Auge des Beobachters gebrochen, und von Täuschung, Irrtum, Illusion zu sprechen wäre sinnlos, wenn nicht andere Daten desselben Sinnes, gewonnen unter anderen Bedingungen, oder Daten anderer Sinne, d. h. Erfahrung als geordneter Zusammenhang von Empfindungen, zum Vergleich herangezogen werden könnten. Es ist unmöglich, etwas ein einziges Mal wahrzunehmen und einer Täuschung zu unterliegen – unmöglich deshalb, weil in Hinsicht auf die singuläre Wahrnehmung, auf das reine Jetzt der Empfindung zwischen schwacher und starker Existenz nicht unterschieden werden kann. Existenz im starken Sinne ist der – aktuelle und potentielle Wahrnehmungen umfassende – Kontext der Erfahrung.

Um mit dem starken Existenzbegriff in Einklang zu stehen, muß das esse = percipi-Prinzip somit in der Tat modifiziert werden: »Sein ist Wahrgenommenwerden oder, wenn nicht Wahrgenommenwerden, dann Wahrgenommenwerdenkönnen«, und das ist äquivalent mit »Sein ist Wahrgenommenwerden oder Wahrgenommenwerdenkönnen«. Merkwürdigerweise kommt diese Formulierung bei Berkeley nirgends vor. Sie stellt insofern eine Konjektur dar, aber eine hinlänglich gerechtfertigte. Modifiziert wird das Prinzip von Berkeley selber lediglich in dem Sinne, daß nicht gefolgert werden dürfe, die Dinge besäßen nur so lange Existenz, als sie *durch uns* wahrgenommen werden. »Wird gesagt, Körper existieren nicht außerhalb des Geistes, so darf dies nicht so verstanden werden, als wäre dieser oder jener einzelne Geist gemeint, sondern alle Geister, welche es auch seien.« (Prinzipien, 51) Da das Dasein Gottes als eines allmächtigen und allgegenwärtigen Geistwesens für Berkeley eine gesicherte Tatsache ist, kann er an der Formulierung »Sein ist Wahrgenommenwerden« festhalten. Denn was immer existiert oder existiert hat, ohne von einem endlichen Bewußtsein wahrgenommen zu werden – die Katze im Nebenzimmer, der jeweilige Rest der Kugel in den Händen des Blinden, das Innere der Sonne, der Zustand der Erde, bevor es Menschen gab: für uns Gegenstände möglicher Erfahrung, deren Dasein aus Beobachtungen nach mehr oder weniger gut bestätigten empirischen Gesetzen erschlossen wird, so daß, wenn bestimmte Bedingungen erfüllt wären, ein Beobachter die und die Sinnesempfindungen haben würde –, alles das besteht aktuell als Wahrnehmung im infiniten Bewußtsein Gottes.

Hier öffnet sich eine ideengeschichtlich interessante Perspektive. Der moderne Phänomenalismus E. Machs ist nichts anderes als Berkeleys Idealismus ohne dessen Geistwesen, Seele und Gott. Wenn, wovon Mach überzeugt ist und was bereits Hume in Erwägung zieht, »das Ich nicht zu retten ist« (Mach), dann fällt Gott als absolutes Subjekt ebenso unter dieses Verdikt. Die Unhaltbarkeit des einen ist die Unhaltbarkeit des anderen. Und das Ich ist von einem streng empiristischen Standpunkt aus allem Anschein nach nicht zu retten, weil über das, wofür das Wort »Ich« steht oder stehen soll – das Wahrnehmende, Vorstellungen Habende, das selber jeder Wahrnehmung entzogen ist –, genausowenig empirisch gehaltvolle Aussagen gemacht werden können wie über die metaphysische Entität einer von allen Daten der Empfindung unabhängigen, an sich bestehenden Substanz (Materie). »Das Bewußtsein meiner selbst in der Vorstellung *Ich* ist gar keine Anschauung, sondern eine bloß intellektuelle Vorstellung der Selbsttätigkeit eines denkenden Subjekts. Daher hat dieses Ich auch nicht das mindeste Prädikat der Anschauung ...« (Kant) Es gibt, mit anderen Worten, keinen empirischen Kontext, in dem so etwas wie das Ich vorkäme. Unter erfahrungswissenschaftlichem Gesichtswinkel gehört die »bloß intellektuelle Vorstellung der Selbsttätigkeit« unter die Fiktionen. So erklärt sich, daß der moderne, sowohl subjektlose als auch »atheistische« Phänomenalismus lediglich die Formulierung »Sein ist Wahrgenommenwerden oder Wahrgenommenwerdenkönnen« – Existieren heißt: in einem empirischen Kontext stehen – akzeptieren kann.

3. Das esse-est-percipi-Prinzip in sinnkritischer Funktion

Berkeley bestreitet seinen Feldzug gegen die Seins-Ansichten der »Sekten der Philosophen« (Prinzipien, 5) mit verschiedenartigen Argumenten. Einige Argumente sind erkenntnistheoretischer Natur, so die Einwände gegen die Unterscheidung zwischen sekundären und primären Qualitäten (Prinzipien, 29f.; Dialoge, 33f., 39ff.). Wenn anerkannt werde, daß man über Farben, Töne, Gerüche, Geschmacksnuancen nicht sprechen könne, ohne sich auf Empfindungen zu beziehen, mit »scharlachrot« auf etwas Gesehenes, mit »süß« auf eine Sensation der Geschmacksnerven, so müsse das gleiche Zugeständnis, nämlich daß Qualitäten sinnesabhängig sind und ihr Sein ihr Empfundenwerden ist, auch für die sogenannten primären Qualitäten – Ausdehnung, Bewegung, Festigkeit (solidity) – gemacht werden, von denen Locke annimmt, daß sie den Dingen, wie sie an sich selbst sind, zukommen und die Ideen von Ausdehnung, Bewegung, Festigkeit in uns »erzeugen«. Sage ich, das Stück Zucker, das ich jetzt im Munde habe, sei fest, so beschreibe ich ein Widerstandserlebnis; sage ich, es löse sich auf, so beschreibe ich eine Sequenz von Empfindungen, nämlich die des allmählich nachlassenden, zuletzt verschwindenden Widerstandserlebnisses.

Es kann jedoch kaum zweifelhaft sein, daß Berkeleys Hauptargumente rein begrifflicher Natur sind. Bei den Lehrmeinungen, die er bekämpft, handelt es sich um ontologische Theorien, d. h. um Auffassungen bezüglich dessen, wovon gesagt werden kann, es sei, es existiere. Daß nun das Dasein von nichtdenkenden Dingen außerhalb des Geistes, von Materie (im philosophischen Sinne, vgl. Prinzipien, 63), von Substanz als einem Etwas überhaupt, das, verschieden von allen Sinnesqualitäten, diesen subsistiert, durch keine Erfahrung bezeugt wird – diese Feststellung liefert für sich allein natürlich kein Argument gegen die philosophischen Seins-Ansichten, weil »absolute Existenz ... ohne irgendeine Beziehung auf Perzipiertwerden« (Prinzipien, 26) ja gerade das ist, was diese Dinge definiert. Eine effiziente Widerlegungsstrategie muß vielmehr so angelegt sein, daß sie sich am Muster der reductio ad absurdum orientiert. Berkeley muß zeigen, daß die Setzungen der Philosophen, weil in sich widersprüchlich, logische Unmöglichkeiten darstellen.

Ein (metaphorisch gesprochen) im Geiste Berkeleys konstruiertes Beispiel mag einen Vorgeschmack seiner Widerlegungsstrategie vermitteln. Wir können uns vorstellen, daß im Garten Bäume wachsen, ohne daß sie von jemandem wahrgenommen werden (Prinzipien, 37; Dialoge, 52). Wir stellen uns dann vor, daß der Satz »Im Garten wachsen Bäume« wahr ist, woraus freilich nicht folgt, daß er wahr ist. Von der Möglichkeit kann nicht auf die Wirklichkeit geschlossen werden; der Gedanke, von mir oder sonst jemandem gedacht, daß p der Fall ist, garantiert nicht, daß p der Fall ist. Aber selbst wenn der Satz einer Überprüfung nicht standhielte, wir keinen Grund hätten, von der Existenz (stark) von Bäumen im Garten überzeugt zu sein, weil wir die Sinnesempfindungen nicht haben, deren Auftreten zu erwarten wäre, wenn der Satz wahr wäre, so existiert (schwach) doch jedenfalls der Sachverhalt als von mir oder sonst jemandem vorgestellt. Wer den Sinn des Satzes versteht, weiß, was der Fall wäre, wenn der Satz wahr wäre, und er weiß auch, was er tun, welche Handlungen er ausführen muß, um herauszufinden, ob es sich so verhält, wie der Satz sagt.

So ist, mit Berkeley zu reden, die Vorstellung, daß p, im Geiste, und die Wahrheit der Vorstellung, daß p, ist es auch. Denn p vorstellen und p als wahr vorstellen, ist einerlei; der Satz »der Gedanke, daß p, ist wahr« sagt nicht mehr als der einfache Satz »p« (Frege). Und wenn wir wissen, daß p nicht eine bloße Vorstellung (wie die der Seeschlange von Loch Ness), sondern empirische Realität ist, so wissen wir das allein aufgrund von Sinneseindrücken, und die sind ebenfalls im Geiste. Angenommen nun, ein Philosoph der von Berkeley bekämpften Denkrichtung stellte folgende Behauptung auf: »Es gibt Sachverhalte, die von niemandem gedacht (vorgestellt) werden, Sachverhalte an sich.« Der Satz klingt nicht unvernünftig. Warum sollte es dergleichen nicht geben? Allein, *kann* es dergleichen geben? Berkeley folgend, müssen wir die Frage verneinen, da die an den Proponenten zu richtende Forderung »Erkläre durch ein Beispiel, was du mit ›Sachverhalt an sich‹ meinst!« nur um den Preis des Widerspruchs erfüllt werden kann. Jeder Versuch, ein Beispiel zu geben, ist äquivalent der Behauptung: »Der Sachverhalt s oder (was dasselbe besagt) der Gedanke, daß s, wird von niemandem gedacht.« Berkeley versichert immer wieder, daß die Ansich-Überzeugungen der Philosophen entweder widersprüchlich oder die Wörter, deren sie sich bedienen, um ihre Überzeugungen zu formulieren, ohne Sinn seien (Prinzipien, 38, 68f.). Versucht man, den Sinn des Ausdrucks »Sachverhalt an sich« zu präzisieren, so wird der

Satz entscheidbar falsch; unterbleibt der Versuch, so ist unklar, was der Ausdruck »Sachverhalt an sich« meint.

Kaum anders verhält es sich mit einer These wie der, daß der Fortschritt in den Realwissenschaften in einer allmählichen Annäherung an die objektive Wahrheit besteht. Man braucht nicht viel Phantasie, um sich Berkeleys Replik auszumalen: »Nenne das, dem die Wissenschaften sich annähern. Kannst du es nennen, so ist die These falsch, weil es begrifflich unmöglich ist, sich einem Ziel zu nähern, das bereits erreicht ist. Kannst du es nicht nennen, so ist die Behauptung der Annäherung sinnlos. Die These hat dann denselben Gehalt wie der Satz ›I don't know what I want, but I know how to get it‹.« So erklärt sich Berkeleys Bereitschaft, »die bloße Möglichkeit«, daß die philosophischen Seins-Ansichten wahr sein könnten, als Argument gelten zu lassen, »daß sie in der Tat wahr (sind)« (Prinzipien, 37). Denn sein genereller Einwand lautet: die Setzungen der Philosophen sind widersprüchlich; »daß eine ausgedehnte bewegliche Substanz oder im allgemeinen irgendeine Idee oder etwas einer Idee Ähnliches in einer anderen Weise existiert als in einem sie perzipierenden Geist«, kann nicht als möglich gedacht werden (Prinzipien, 37).

Einen Hauptansatzpunkt für seine Kritik der philosophischen Versionen des Ansich-Gedankens findet Berkeley in der Sprachtheorie Lockes, derzufolge generelle Ausdrücke (Prädikate) Namen sind, die abstrakt-allgemeine Ideen bezeichnen. Indem wir verschiedene Einzeldinge miteinander vergleichen, entdecken wir das ihnen Gemeinsame und stellen es durch Abstraktion als etwas für sich, eben als allgemeine Idee vor. Dieser ist der Gattungsnahme so zugeordnet wie Peter der Name »Peter«, und auf sie bezieht sich dessen Definition (sofern es sich um einen definierbaren Ausdruck handelt). Es muß dahingestellt bleiben, ob Berkeleys Interpretation der Theorie Lockes als angemessen gelten kann. Jedenfalls sind nach seiner Deutung abstrakt-allgemeine Ideen etwas logisch Unmögliches. In der sprachphilosophisch außerordentlich wichtigen Einleitung zu den ›Prinzipien‹ – Berkeleys Gegenstück zu Lockes Buch ›Von den Wörtern‹ – beruft sich Berkeley auf das 4. Buch des ›Essay‹, wo Locke das Dreieck in abstracto charakterisiert als ein Dreieck, »welches weder schiefwinklig noch rechtwinklig noch gleichseitig noch gleichschenklig noch ungleichschenklig ist, sondern alles dieses und zugleich auch nichts von diesem.« Dementsprechend wäre die abstrakt-allgemeine Idee der

Röte ein Rot, das einerseits alle faktischen Rotmomente in sich enthält, d. h. so ist wie a, b, c, ... n (wobei a, b, c ... n die Gesamtheit der roten Dinge sind), und das andererseits kein faktisches Rotmoment enthält, d. h. weder wie a noch wie b, c ... n ist. Allgemein gesagt ist nach dieser Deutung eine abstrakte Idee F ein F, das nicht so ist, wie F-Dinge sind, mithin nicht ein F ist. Und so gesehen hat Berkeley zweifellos recht, wenn er abstrakte Ideen als »an sich selbst durchaus undenkbar« bezeichnet (Prinzipien, 22) – gemäß dem traditionellen philosophischen Sprachgebrauch, der »undenkbar« mit »logisch unmöglich« gleichsetzt.

Mit der Namenstheorie der Bedeutung, wie immer man ihren Wert beurteilen mag, versucht Locke ein der Prädikation bzw. Klassifikation inhärentes Problem zu lösen: Wenn »a ist F«, »b ist F«, ... »n ist F« wahre Aussagen sind, was rechtfertigt es, den in Raum und Zeit verstreuten Einzeldingen a, b, ... n dasselbe Prädikat zuzusprechen? Im Hinblick worauf erfolgt ihre Zusammenfassung zur Klasse der F-Dinge? Berkeley kann selbstverständlich nicht die Tatsache bestreiten, daß Zeichen allgemein gebraucht werden. Was er bestreitet, ist lediglich, daß ein Zeichen dadurch den Status der Allgemeinheit erhält, daß es eine abstrakt-allgemeine Idee bezeichnet (Prinzipien, 12).

Obwohl sein eigener Lösungsansatz die Lockesche Kalamitäten vermeidet, scheint dieser zuletzt doch nicht weniger mit Schwierigkeiten behaftet zu sein als die Theorie seines Vorgängers. Alle Ideen sind nach Berkeley an und für sich Einzelvorstellungen (particular; Prinzipien, 12). »Wer weiß, daß er keine anderen Ideen als Einzelideen besitzt, wird sich nicht vergeblich bemühen, die an irgendeinen Namen geknüpfte abstrakte Idee herauszufinden und zu denken.« (Prinzipien, 23) Auch Erinnerungsvorstellungen sind ihrem Wesen nach individuell – desgleichen, wenn wir in der Einbildung komplexe Sachvorstellungen zerlegen, modifizieren und in mannigfacher Weise kombinieren: also die Idee eines Pferdes mit Menschenantlitz bilden, uns vorstellen, das Buch auf dem Tisch hätte statt eines roten einen grünen Einband, die Birke auf der Wiese wäre dreimal höher als in Wirklichkeit. Die einzige Form von Abstraktion, die Berkeley gelten läßt (Prinzipien, 8f.), ist die Zerlegung eines Ganzen in Teile – Kopf, Rumpf, Gliedmaßen eines Pferdes – oder die Herauslösung einer Eigenschaft aus einem faktisch vorliegenden Eigenschaftsverband, sofern jene auch für sich oder als Bestandteil eines anderen Eigenschaftsverbandes existieren könnte – das Rot des Buchumschlags, das die Farbe des Tisches sein könnte.

Daß nur rote Dinge, aber nicht Röte, nur Menschen, aber nicht ein abstrakt-allgemeines Etwas, das den Namen »Mensch« trägt, wahrgenommen wird, dürfte kaum strittig sein. Doch Berkeley geht einen Schritt weiter, indem er erklärt, daß Abstracta nicht einmal gedacht werden können. Diese radikal empiristisch-nominalistische These ist sicherlich nur dann akzeptabel, wenn vorausgesetzt werden darf (was hier ungeprüft bleiben muß), daß es keine andere, will sagen: bessere Theorie der Abstraktion und abstrakter Gegenstände gibt als diejenige Lockes. Eine »abstrakte Vorstellung« von »absoluter« Bewegung oder Ausdehnung, »die aller jener sinnlichen Modi wie schnell und langsam, groß und klein, rund oder eckig und dergl. ... entkleidet ist« (Dialoge, 41), zu bilden, erscheint freilich als unmöglich. Da Vorstellungen ihrem Wesen nach individuell sind, können sich sprachliche und andere Zeichen, sofern sie überhaupt etwas bezeichnen, nur auf Einzelvorstellungen beziehen. Ein Zeichen bzw. die ihm korrespondierende Einzelvorstellung wird nun nach Berkeley dadurch allgemein, daß es (sie) als Repräsentant, Stellvertreter für beliebig viele Einzelvorstellungen gebraucht wird. Das Wort »rot« ist nicht der Name eines Gegenstandes sui generis, sondern steht für die Elemente der Klasse der roten Dinge. Wird bewiesen, daß die Winkelsumme im Dreieck 180° beträgt, so gilt der Beweis nicht für das Dreieck im allgemeinen (denn das gibt es nicht), sondern für alle Dreiecke gleich welcher Größe und Gestalt. Obwohl wir uns nur jeweils ein individuell bestimmtes Dreieck vorstellen können, können wir etwas über alle Dreiecke wissen, weil die Besonderheiten »der Idee, die ich im Auge habe, während ich den Beweis führe« – »meines« Dreiecks (sozusagen) hier und jetzt, das beispielsweise ein gleichseitiges Dreieck mit bestimmter Seitenlänge ist –, »bei der Beweisführung nicht in Betracht gezogen werden«. Es sei einzuräumen, »daß es möglich ist, eine Figur bloß als Dreieck zu betrachten, ohne daß man auf die besonderen Eigenschaften der Winkel oder Verhältnisse der Seiten achtet« (Prinzipien, 16). Aber eine Figur bloß als Dreieck betrachten und sich ein Dreieck in abstracto vorstellen, ist nicht dasselbe. Ebenso sei es ein Sache, »einen Namen beständig im Sinne einer bestimmten Definition gebrauchen, und eine andere, durch ihn jedesmal dieselbe Idee bezeichnen. Das erste ist durchaus erforderlich, das andere nutzlos und unausführbar.« (Prinzipien, 19)

Nun ist ohne weiteres ersichtlich, daß eine Gebrauchstheorie der Zeichenbedeutung wie diejenige Berkeleys – eine Theorie, für die die Erklärung der Bedeutung eines Zeichens analog ist der Erklärung der Funktion eines Werkzeugs: Wie geht das? Was macht man mit dem Wort »rot«? – der Frage nicht ausweichen kann, was denn die Verwendung einer Einzelvorstellung x in Stellvertreterfunktion für x’, x” . . . x^i bestimmen und regeln soll, wenn es nicht die Übereinstimmung in einer gewissen Hinsicht, d. h. die Ähnlichkeit ist. Aber Ähnlichkeit ist ein Universale. Daß hier ein ungelöstes Problem liegt, dokumentiert der Berkeleysche Text: Eine Idee, die an und für sich eine Einzelvorstellung ist, wird allgemein dadurch, »daß sie dazu verwendet wird, alle anderen Einzelvorstellungen derselben Art zu repräsentieren oder statt ihrer aufzutreten« (Prinzipien, 12). Fragt man, was verschiedene Einzelvorstellungen zu Exemplaren »derselben Art« macht, so kann die Antwort logischerweise (soll Zirkularität vermieden werden) nicht lauten: daß sie durch ein und dieselbe Einzelvorstellung repräsentiert werden. Gleichartigkeit ist es, was Locke – sicherlich unzulänglich – mit Hilfe der Konzeption der abstrakt-allgemeinen Ideen zu erklären versucht; Gleichartigkeit ist es, was Berkeley, indem er die abstrakt-allgemeinen Ideen verwirft, nicht erklären kann.

Es bedarf kaum noch der Hervorhebung, daß zwischen Wahrnehmen und Denken für Berkeley kein prinzipieller Unterschied besteht. Seeschlangen im Loch Ness sind freilich nach heute üblichem Sprachgebrauch etwas bloß Gedachtes, bloß Vorgestelltes, das im schwachen Sinne existiert und von dem wir sagen würden, es existiere im starken Sinne, wenn ein Beobachter unter gewissen Normalbedingungen Seeschlangen-Wahrnehmungen haben würde. Aber die Sachvorstellung »Seeschlange« basiert ihrem Realgehalt nach ganz und gar auf anschaulich Gegebenem. Eine Seeschlangen-Beschreibung ist, modern gesprochen, bei hinlänglich genauer Analyse einer logischen Konjunktion von Aussagen äquivalent, in der nur Prädikate vorkommen, die sich auf direkt Beobachtbares beziehen. Unser Nichtwissen, was Seeschlangen angeht, betrifft nicht die Sachvorstellung, den Begriff, der wie jeder Begriff etwas vollkommen Bestimmtes ist, sondern die Frage, ob etwas unter den Begriff fällt, d. h. die Frage der empirischen Evidenz für die Existenz (stark) von Seeschlangen. So mutet es wie ein Kommentar zum esse-est-percipi-Prinzip an, wenn Hume erklärt: »Man richte seine Aufmerksamkeit so intensiv als möglich auf die Welt außerhalb seiner selbst, man dringe mit seiner Einbildungskraft bis zum Himmel, oder bis an die äußersten Grenzen des Weltalls; man gelangt doch niemals einen Schritt weit über sich selbst hinaus, nie vermag man mit seiner Vorstellung eine Art der Existenz zu erfassen, die hinausginge über das Dasein der Perzeptionen, welche in dieser engen Sphäre des eigenen Bewußtseins aufgetreten sind.«

Berkeleys Kritik der philosophischen Doktrinen des Ansichseins läßt sich folgendermaßen zusammenfassen: Die Ausdrücke »Sein außerhalb des Geistes«, »Sein unabhängig vom Gedacht- oder Vorgestelltwerden als so-und-so bestimmt«, »esse ist nicht = percipi« beziehen sich, sofern sie sich überhaupt auf etwas beziehen, auf Abstracta. Abstracta sind denkunmöglich (widersprüchlich). Also ist in den philosophischen Theorien über Materie, Substanz etc. von Dingen die Rede, die logisch nicht sein können. Bedauerlicherweise läßt Berkeley die Grundstruktur seiner Kritik nirgends unverhüllt, ohne den Wortschleier der überlieferten philosophischen Terminologie hervortreten. Es erscheint daher der Mühe wert, diese Grundstruktur so weit bloßzulegen, daß der Widerspruchsvorwurf, das entscheidende Element in Berkeleys Kritik, an einigen Formulierungen für Ansichsein im philosophischen Sinne überprüft werden kann.

Jede Aussage von der Form »es gibt etwas, das F ist« oder »es gibt F-Dinge« enthält eine Vorstellung oder Idee hinsichtlich dessen, was existiert oder existieren könnte, und bezieht sich insofern auf Sein im Geiste. Für Berkeley ist das eine Wesenseinsicht, d. h. eine notwendige Wahrheit, von der sich jeder überzeugen kann, der bereit ist, seine »Ideen zu beobachten«, auf seine »eigenen Gedanken zu achten« (Prinzipien, 38). Denn wofür kann F stehen? Entweder für direkt Beobachtbares (rot, ausgedehnt, fest) oder für ein mehr oder weniger komplexes Konstrukt aus solchen Qualitäten (eine Kreisbewegung beschreiben, schwerer sein als Gold, Seeschlange). Unsere »Fähigkeit zu denken oder vorzustellen erstreckt sich nicht weiter als die Möglichkeit einer realen Existenz oder Perzeption« (Prinzipien, 28). Was als Eigenschaft von etwas ausgesagt werden kann, muß bekannt sein oder sich auf Bekanntes zurückführen lassen. Somit gilt für Berkeley: Wenn etwas qualitativ bestimmt, z. B. F ist, so ist es im Geiste; und es gilt auch die Umkehrung: Wenn etwas im Geiste ist, so ist es qualitativ bestimmt, d. h. es gibt keine unbestimmten Vorstellungen. Demnach sind die Ausdrücke »im Geiste sein« und »qualitativ bestimmt sein« äquivalent und also auch »nicht im Geiste (außerhalb des Geistes) sein« und »nicht qualitativ bestimmt (qualitativ unbestimmt) sein.«

Daß es nichts gibt, das jede Eigenschaft nicht hat (keine Eigenschaft hat), ist ein in der erweiterten Prädikatenlogik beweisbarer Satz. Folglich ist »es gibt etwas, das keine Eigenschaften hat« logisch falsch, eine Kontradiktion. Wenn Berkeley die ausschließlich negativ definierte Materie (Prinzipien, 63, 70) für ein Unding erklärt, so hat er offensichtlich diesen Widerspruch im Auge. »Philonous: Es scheint demnach, du verstehst unter diesem gegenwärtigen Begriff von Materie nur die allgemeine abstrakte Vorstellung des Wesens (entity). Hylas: Nichts anderes, außer daß ich noch zu dieser allgemeinen Vorstellung die Verneinung all jener besonderen Dinge, Qualitäten oder Vorstellungen hinzufüge, die ich wahrnehme, mir einbilde oder in irgendeiner Art auffasse.« (Dialoge, 85 f.) Den Satz »das Sein ist das unbestimmte Unmittelbare«, der dasselbe besagt wie »es gibt etwas, das keine Eigenschaften hat«, konnte Berkeley nicht kennen, da er von Hegel stammt; aber wenn er ihn gekannt hätte, so hätte er sicherlich nicht versäumt, ihn seinem Hylas an passender Dialogstelle in den Mund zu legen.

Es sei angemerkt, daß die Vorstellung von einem nur durch Negationen bestimmten Etwas vermutlich auf einer Worttäuschung beruht: darauf nämlich, daß man glaubt, der Ausdruck »es gibt etwas, das F ist« ließe sich in zwei für sich allein sinnvolle Teilausdrücke zerlegen, in ». . . ist F« und »es gibt etwas«. Für die »abstrakte allgemeine Vorstellung« der Existenz (Tagebuch, 99), die – »unterschieden von Wahrnehmung« (Tagebuch, 90) – weder eine F– noch eine G– noch eine sonstwie bestimmte Vorstellung sein soll, stünde gemäß dieser philosophischen Scheinanalyse die bedeutungslose Wendung »es gibt etwas.«

Meistens freilich spricht Berkeley im Zusammenhang mit den philosophischen Ansich-Behauptungen nicht schlechthin von Eigenschaftslosigkeit, sondern von unbekannten Eigenschaften. Dabei haben die Ausdrücke »außerhalb des Geistes oder unperzipiert existieren« (Prinzipien, 34) und »unbekannt sein« für ihn die gleiche Verwendung. Sein Einwand gegen die Repräsentationstheorie der Wahrnehmung macht das deutlich: Selbst wenn es möglich wäre, daß »feste, gestaltete, bewegliche Substanzen«, die unseren Vorstellungen von Körpern entsprechen, außerhalb des Geistes existieren, so könnten wir von ihnen und ihren Beziehungen zu unseren Vorstellungen nichts wissen (Prinzipien, 34). Wir können Dinge im Geiste, Bekanntes mit Bekanntem vergleichen und Übereinstimmung oder Nichtübereinstimmung feststellen, z. B. konstatieren: »Was ich in diesem Augenblick empfinde, ist eine neue Sinnesempfindung für mich; so etwas habe ich noch nicht wahrgenommen.« Aber wir können nicht Bekanntes mit Unbekanntem vergleichen. Wenn nun von philosophischer Seite die These aufgestellt würde: «Es gibt ein x derart, daß x F ist und x ist außerhalb des Geistes«, so ließe die These zwei Deutungen zu. Bei der einen wird der Satz widersprüchlich, bei der anderen sinnlos. 1. F sei eine bekannte Eigenschaft. Dann beinhaltet die These, daß es etwas gibt, was bekannt und unbekannt ist. Unter diese Deutungsalternative fällt die Beschreibung der Materie als »untätiger, unempfindlicher, ausgedehnter, solider, gestalteter, beweglicher Substanz, die außerhalb des Geistes existiert« (Prinzipien, 63), aber auch die naiv-realistische Auffassung, daß die Dinge, so wie wir sie wahrnehmen, an sich bestehen, daß »ein Ton, eine Figur, eine Bewegung oder eine Farbe außerhalb des Geistes oder unperzipiert existiert« (Prinzipien, 36). 2. F stehe für eine unbekannte Eigenschaft. Dann sagt der Satz: »Es gibt etwas, das ist in qualitativer Hinsicht unbekannt«, oder einfacher: »Es gibt etwas, von dem man nicht weiß, was es ist.« Repräsentativ hierfür ist (in Berkeleys Interpretation) die Substanztheorie Lockes. Außerhalb des Geistes oder an sich sein, heißt somit: außerhalb jeder möglichen Beschreibung sein. Aber aus dem Netz des Beschreibbaren kann nichts hinausfallen, weil unser Denken sich auf keinen Ort außerhalb dieses Netzes beziehen kann. Alles und nur das existiert, wovon eine Beschreibung gegeben werden kann – das ist der Sinn des esse-est-percipi-Prinzips in sinnkritischer Funktion.

4. Die Seele und Gott

Berkeleys Ontologie ist freilich reicher, als mit dem esse-est-percipi-Prinzip vereinbar. Denn außer Vorstellungen existiert auch das, was Vorstellungen hat – geistige Dinge, die im strengen Sinn beschreibungstranszendent sind. Sie sind ihrer Natur nach aktiv, hervorbringend oder (wenn die Metapher erlaubt ist) aus sich heraustretend; ihr tätiges Wesen manifestiert sich einmal im Haben von Vorstellungen, Denken, Erkennen, also im theoretischen Tun, zum anderen – unter praktischem Gesichtspunkt – im Wollen (Prinzipien, 39). Berkeley ist alles in allem recht sparsam mit Aussagen über die Seele, und diese Zurückhaltung hat ihren Grund darin, daß solche Aussagen etwas vortäuschen, was es nicht geben kann: eine Vorstellung oder Idee von der Seele. Eine solche ist unmöglich, weil Geister und Ideen gegeneinander schlechthin verschieden, ohne Vergleichshinsicht sind, so daß, »wenn wir sagen, *sie existieren, sie werden erkannt,* nicht angenommen werden darf, daß diese Worte irgend etwas beiden Wesen Gemeinsames bezeichnen« (Prinzipien, 107).

Sachvorstellungen sind ihrer Natur nach unfähig, Tätigsein zu erfassen. Beschreiben wir eine Zustandsänderung, z. B. daß ein Zustand p in einen Zustand q übergeht, so erfaßt die Beschreibung nicht das, was die Zustandsänderung hervorbringt. Ist der Zusammenhang von p und q ein gesetzmäßiger, p also nach üblichem Sprachgebrauch die Ursache von q, so enthält unsere Idee des Zusammenhangs nichts, was dem Ausdruck »Ursache« zuzuordnen wäre, nichts außer der Vorstellung der regelmäßigen Koexistenz von p und q. Beschreiben wir eine Handlung, z. B. »A hebt seinen Arm «, so ist mit dieser Aussage sicherlich mehr gemeint als mit der rein deskriptiven Feststellung »A's Arm geht in die Höhe«; aber das, was gemeint ist und über den deskriptiven Befund hinausgeht, nämlich A als Urheber einer Zustandsänderung seines Körpers, ist prinzipiell unbeobachtbar, erscheint an keiner Stelle in der Reihe der verifizierbaren Kausalbedingungen für A's Armbewegung. Nicht anders verhält es sich mit Aussagen in der ersten Person Singular: »Ich habe eine so-und-so-Empfindung« beschreibt nicht mich als Seelenwesen, sondern eines meiner Erlebnisse.

In deskriptiver Hinsicht steht es um die Seele mithin nicht besser als um die materielle Substanz. Wenn Hylas irgendwann einmal voreilig vor seinem idealistischen Widersacher kapituliert, dann da, wo dieser erklärt, »der Fall liege ganz anders bei der Seelensubstanz als bei der Materie« (Dialoge, 103). Ist diese, weil nur durch Negationen bestimmbar, ein Unding und also nicht existent, so scheint für die Seelensubstanz, über die ebenfalls nur negative Aussagen gemacht werden können, dasselbe gelten zu müssen. Der Satz »Die Seele ist unteilbar, unkörperlich, unausgedehnt, folglich auch unzerstörbar« (Prinzipien,

106) vermittelt keine positive Vorstellung von der Seele, sondern sagt dem Sachgehalt nach lediglich, daß die Seele etwas ist, das nicht so ist, wie Vorstellungen, Objekte, Dinge sind. Für die Seelensubstanz behauptet Berkeley: ein Unding zwar, aber eines, das existiert, nämlich in nicht-dinglicher Weise, als tätiges Prinzip. Was verbürgt nun die Existenz meiner selbst als eines Seelenwesens? Unsere eigene Existenz erkennen wir durch ein »inneres Gefühl« oder durch »Reflexion« (Prinzipien, 75). Aber Reflexion (Selbstwahrnehmung) bestimmt sich ihrerseits nur negativ, nämlich als nicht vorstellendes Wahrnehmen (Dialoge, 102) – *nicht* so mithin wie die Wahrnehmung einer Farbe, eines Tons, eines Schmerzes. Und das »innere Gefühl« kann offenbar keine Empfindung sein. Denn gäbe es eine Empfindung, auf die sich das Wort »ich« so beziehen ließe wie »süß« auf eine Sensation der Geschmacksnerven, dann scheint wiederum die Seele vorausgesetzt werden zu müssen als das, was diese Empfindung hat oder worin sie existiert. So kann Berkeley nur sagen: Ich habe »Kenntnis oder Bewußtsein von meinem eigenen Dasein und daß *ich selbst* nicht meine Vorstellungen bin, sondern etwas anderes, nämlich ein geistiges, tätiges Prinzip, das wahrnimmt, erkennt, will und mit Vorstellungen operiert« (Dialoge, 103). Dieses Ich-Bewußtsein läßt sich offenbar nicht näher qualifizieren; es ist eine Intuition.

Daß Berkeley die hier liegenden mannigfachen Schwierigkeiten sehr wohl erkennt, zeigen die Hinzufügungen zur zweiten Auflage der ›Prinzipien‹ und einige Passagen in den ›Dialogen‹. Obwohl wir im eigentlichen Sinne keine Vorstellung von uns selbst haben als dem »ich oder er oder es, das da denkt« (Kant), perzipiert und will, so haben wir doch insofern einen »Begriff« (notion) davon, als wir den Sinn mentaler Prädikate wie »wollen«, »lieben«, »hassen«, »überlegen« verstehen (Prinzipien, 40, 105 ff.). Auf den ersten Blick dubios, stellt sich diese Konzession bei näherem Zusehen als wohlüberlegt und vernünftig heraus. Man kann Berkeley jedenfalls nicht vorwerfen, er kultiviere, indem er am Gedanken der Substantialität der Seele festhält, lediglich einen Aberglauben. Denn zu dem »Begriff«, den wir von uns selbst haben, modern gesprochen: unserem Selbstverständnis, gehört nun einmal als nicht zu bestreitendes Faktum das Bewußtsein der Selbsttätigkeit. Das Wort »ich« gebrauchen und etwas anderes meinen als ein bloßes »System wogender Vorstellungen« (Dialoge, 103), nämlich Selbsttätigkeit, Spontaneität, scheint ein und dasselbe zu sein. Es definiert mich als Subjekt, daß ich »mit Vorstellungen operieren« (Dialoge, 103), diesen oder jenen Gedanken fassen und mich wieder von ihm trennen kann, daß es eine Fülle von Vorstellungen gibt, die mir zur Disposition stehen. Sage ich »ich tue etwas«, »ich sorge dafür, daß p der Fall ist«, so schreibe ich mir begriffsnotwendig Willen zu, d. h. ein Vollzugsvermögen, von dem das Eintreten von p abhängt, weil es unmöglich ist, für das Eintreten von etwas zu sorgen, das kausalgesetzlich notwendig sowieso der Fall ist.

Auf die Unabdingbarkeit, Nichtwegdenkbarkeit des Ich als eines tätigen Prinzips im Sinne Berkeleys stößt auch die moderne Erkenntnistheorie bei dem Versuch, Tatsachenaussagen, die ihrem Gehalt nach Hypothesen sind (Aussagen über das, was im starken Sinne existiert), von Aussagen abzugrenzen, die zweifelsfrei gewiß sind, weil sie sich auf unmittelbar Beobachtetes beziehen. Moritz Schlick, ein der Sympathie mit überschwenglichen Ich-Spekulationen gewiß unverdächtiger Philosoph, bezeichnet solche Aussagen als Konstatierungen. Sie haben die Form »hier jetzt so-und-so«: »hier jetzt blau«, »hier jetzt Schmerz«. Das Eigentümliche konstatierender Aussagen liegt nun darin, daß in ihnen hinweisende Ausdrücke vorkommen, die den Sinn einer aktuellen Geste haben. Was die Worte »hier«, »jetzt«, »dies da« usw. bedeuten, läßt sich nicht durch allgemeine Definitionen in Worten, sondern nur mit Hilfe von Aufweisungen, Gesten angeben. Um also den Sinn einer Konstatierung zu verstehen, »muß man die Gebärde gleichzeitig ausführen, man muß irgendwie auf die Wirklichkeit hindeuten.« Aber wer ist »man«? So wenig wie der Durchschnittsmensch (im Sinne eines statistischen Mittelwerts) verreisen kann, kann »man« eine Gebärde ausführen. Nur *ich* oder sonst ein tätiges, zum Vollziehen befähigtes Wesen kann, die Worte »hier« und »jetzt« gebrauchend, sich auf etwas sinnlich Gegebenes beziehen, darauf hinweisen.

Die Gewähr, daß Gott existiert, entnimmt Berkeley einem überraschend einfachen Räsonnement. Unter unseren Vorstellungen sind solche, die wir manipulieren können, und andere, die Sinnesempfindungen oder »sinnlichen Ideen«, die wir mit dem Gefühl registrieren, daß ihr Dasein nicht von unserem Willen abhängt. Ob ich mir vorstelle, an einem bestimmten Ort befinde sich ein Klavier, wo in Wirklichkeit keines steht, ist Sache meiner Einbildungskraft und des Entschlusses, diese zu betätigen. Öffnen wir hingegen am Tag die Augen, so können wir nicht umhin zu sehen; es steht nicht in unserer Macht, das Hören von Tönen spezifischer Qualität zu unterlassen, wenn in unserer Nähe eine Cellosaite gestrichen wird. Empfindungen drängen sich uns auf. Sie sind den Sinnen »eingeprägt« und unterscheiden sich von den Vorstellungen der Einbildungskraft in zweifacher Hinsicht: sie sind qualitativ dichter (»stärker«, »lebhafter«, »bestimmter«) als diese, und sie weisen in ihrem Auftreten eine gewisse Regelhaftigkeit (»Beständigkeit«, »Ordnung«, »Zusammenhang«) auf, sie bilden »geordnete Folgen oder Reihen« (Prinzipien, 41). Daraus zieht Berkeley unmittelbar den Schluß: »Es gibt also einen anderen Willen oder Geist«, der die sinnlichen Ideen hervorbringt (Prinzipien, 41; Dialoge, 71).

Dieser Gottesbeweis kann kaum als schlüssig angesehen werden. Denn mit der Widerlegung des philosophischen Materialismus hat Berkeley lediglich den Nachweis geführt, daß unsere Empfindungen nicht durch ein perzeptionstranszendentes Sein an sich, eine materielle Substanz »außerhalb des Geistes« produziert sein können. Daraus und aus der Prämisse, daß nur Geistwesen produktiv sein können, läßt sich lediglich folgern, daß, *wenn* es etwas gibt, das unsere Empfindungen hervorruft, dieses Etwas ein geistiges Prinzip sein muß. Die Tatsache indessen, daß die Empfindungen als etwas, das man sich nicht »ausdenken« kann, von unseren geistigen Manipulationen unabhängig existieren und daß sie nicht chaotisch, sondern, wie wir aus Erfahrung wissen, in geordneten Sequenzen – »regelmäßig A in enger raum-zeitlicher Verknüpfung mit B« – auftreten: diese Tatsache impliziert offenbar nicht logisch die Wahrheit des Satzes »Es gibt etwas, das unsere Sinnesempfindungen hervorruft«. Nichts Widersinniges liegt in der Vorstellung, von der der moderne Phänomenalismus »ohne Gott« ausgeht, daß die sinnlichen Ideen in der Beständigkeit und Gleichförmigkeit ihres Auftretens einfach da sind – ohne ein tätiges, die beobachtbaren Ordnungszusammenhänge intentional erzeugendes Prinzip, von dem im übrigen auch Berkeley konsequenterweise sagen muß, daß es streng genommen vorstellungstranszendent ist (Dialoge, 99).

Aber das eigentlich Interessante an Berkeleys Gottesspekulation ist gar nicht die Frage der Schlüssigkeit seines Arguments, sondern sind die erkenntnistheoretisch-logischen Überlegungen, die der Spekulation vorausgehen. Beim Schluß vom Faktum der Empfindungen auf Gott als omnipräsente causa efficiens der Empfindungen macht Berkeley vom Prinzip des zureichenden Grundes stillschweigend Gebrauch. Allein, wozu den zureichenden Grund für das, was wir sehen, hören, tasten, in einem transzendenten geistigen Prinzip suchen, wenn es doch nur allzu offenkundig ist, daß wir empirisch erklären können, warum uns dieses oder jenes sinnlich widerfährt? Jedes Kind weiß, daß die Kerzenflamme, wenn es ihr zu nahe kommt, Schmerzempfindungen hervorruft; die Realwissenschaften zeigen, daß bestimmte, exakt beschreibbare Bewegungsphänomene (Schallwellen) Tonwahrnehmungen erzeugen. Hier nun kommt Berkeleys Maxime »Mit dem Volke reden, mit den Gelehrten denken!« (Prinzipien, 53) zur Geltung. Niemand wird der Versuchung unterliegen, die Sprache zu revolutionieren, weil Wendungen wie »das Wasser kühlt (erzeugt Kühle)« der philosophischen Analyse nicht standhalten. Ideen werden von Berkeley als »inaktiv«, »träge« bezeichnet; sie weisen ihrer Natur nach nicht über sich hinaus auf andere Ideen. Mit diesen bildlichen Wendungen soll gesagt sein, daß keine zwei Erfahrungszustände oder sinnlichen Ideen, die gesondert vorgestellt werden und also für sich existieren können, so miteinander verknüpft sind, daß, gegeben den Zustand A, aus einer inneren Notwendigkeit heraus B eintreten muß. Man vermag sich vorzustellen, daß A der letzte in einer Reihe von Zuständen ist, und daß man sich das vorstellen kann, bedeutet: B *muß* nicht folgen; wenn B tatsächlich folgt, so liegt es nicht an A, ist nicht durch A das Eintreten von B zureichend bestimmt. Was die Erfahrung lehrt, ist allein dies, daß verschiedene Empfindungskomplexe – Kerzenflamme und Schmerzen, Schallwellen und Tonwahrnehmungen – regelmäßig koexistieren. Aus der »Ordnung und Regelmäßigkeit, die sich in den Reihen unserer Vorstellungen oder dem Laufe der Natur beobachten« (Dialoge, 83) und die sich auf die Formel bringen läßt: unter gleichen Bedingungen Gleiches, schließen wir auf Gesetzmäßigkeiten: immer wenn A, dann B. Haben wir durch Beobachtung und Experiment einen solchen Zusammenhang »erraten« (Schlick), so nennen wir – in der Sprache des Volkes – A die Ursache von B, obwohl (unterm Blickwinkel des gelehrten Denkens) A und B wesensmäßig nicht enger miteinander verknüpft sind als beispielsweise A und N, deren Zusammenauftreten wir lediglich als Zufallskorrelation betrachten.

Daß die – für Berkeley durch Gottes allmächtigen Willen aufrechterhaltene – Ordnung der Natur von einem zum nächsten Moment zusammenbrechen oder umgewälzt werden könnte, weil Gott sich eben anders entschließt, so daß beispielsweise Schallwellen, statt wie bisher mit Tonwahrnehmungen, mit Geschmacksempfindungen oder mit den Empfindungen eines uns eben jetzt neu verliehenen sechsten Sinnes koexistierten, ist keine absurde Vorstellung. »Durch eine sorgsame Beobachtung der in unseren Gesichtskreis fallenden Erscheinungen können wir die allgemeinen Gesetze der Natur erkennen und aus ihnen die anderen Erscheinungen *herleiten* (deduzieren), ich sage nicht *als notwendig erweisen* (demonstrieren); denn alle Herleitungen (Deduktionen) dieser Art sind abhängig von der Voraussetzung, daß der Urheber der Natur stets gleichmäßig handelt unter beständiger Beobachtung jener Regeln, die wir für Prinzipien ansehen, was wir doch nicht mit Sicherheit wissen können.« (Prinzipien, 86) Wir können, mit anderen Worten, Ereignisse erklären und prognostizieren; aber die allgemeinen Sätze (Naturgesetze), von denen wir dabei Gebrauch machen, sind keine notwendigen Wahrheiten, sondern gültig allein unter der nicht überprüfbaren, bloß »geglaubten« Voraussetzung – Hume wird sagen: daß die Zukunft der Vergangenheit ähnlich ist, Berkeley sagt: daß Gottes allmächtiger Wille sich an die von ihm selbst gesetzten Regeln hält. So ist es zu verstehen, daß wir empirisch niemals *zureichende* Gründe dessen, was der Fall ist, ermitteln können. Denn aus einem Datum A bei seinem ersten Auftreten auf irgendeinen kausalen Folgezustand B oder C . . .oder N zu schließen, ist unmöglich. Und haben wir endlich ein Gesetz »wenn A, dann B«, eine Schlußregel, die gestattet, von A auf B zu schließen, so ist das Gesetz nicht zureichend begründet, d. h. keine demonstrierbare Wahrheit.

Berkeleys metaphysische Hypothese, daß jede unserer sinnlichen Ideen unmittelbar durch Gott bewirkt ist, mag man akzeptieren oder verwerfen. Ob man sie akzeptiert oder nicht, ändert nichts an der Realitätsauffassung. Denn die Aussage »die Kerzenflamme erzeugt Schmerzempfindungen« steht an Informationsgehalt in nichts hinter der spekulativ-gelehrten Deutung zurück: »Wenn Gott mich eine Kerzenflamme wahrnehmen läßt, dann gibt er mir ein Zeichen, daß er Schmerzempfindungen in mir zu erzeugen beabsichtigt.« Aber auch wenn man Berkeleys Hypothese verwirft, wird man ihrer befremdlichen Großartigkeit Bewunderung nicht versagen können.

Literaturverzeichnis

Schriften Berkeleys

The works of George Berkeley, Bishop of Cloyne. Hrsg. v. A. A. Luce und T. E. Jessop. 9 Bde. Edinburgh 1948–1957

A treatise concerning the principles of human knowledge. In: The works, Bd. 2. Deutsch: Eine Abhandlung über die *Prinzipien* der menschlichen Erkenntnis. Hrsg. v. A. Klemmt. Hamburg 1957

Three dialogues between Hylas and Philonous. In: The Works, Bd. 2. Deutsch: Drei *Dialoge* zwischen Hylas und Philonous. Hrsg. v. W. Breidert. Hamburg 1980 (mit bibliographischen Hinweisen)

Philosophical commentaries. In: The works Bd. 1. Deutsch: Philosophisches *Tagebuch*. Hrsg. v. W. Breidert. Hamburg 1979

Sekundärliteratur

Bennet, Jonathan: Locke, Berkeley, Hume. Central themes. Oxford 1971

Brook, R. J.: Berkeley's philosophy of science. Den Haag 1973

Cassirer, Ernst: Berkeley. In: Das Erkenntnisproblem in der Philosophie und Wissenschaft der neueren Zeit. Bd. 2. Berlin[3] 1922

Gueroult, Martial: Berkeley. Quatre études sur la perception et sur Dieu. Paris 1956

Jessop, T. E.: George Berkeley. London 1959

Johnston, G. A.: The development of Berkeley's philosophy. London 1923

Luce, A. A.: Berkeley's immaterialism. Edinburgh 1945

Martin, C. B., D. M. Armstrong (Hrsg.): Locke and Berkeley. A collection of critical essays. London, Melbourne 1968

Metz, R.: George Berkeley. Leben und Lehre. Stuttgart 1925

Pitcher, George: Berkeley. London 1977

Reininger, Robert: Locke, Berkeley, Hume. München 1922

Tipton, I. C.: Berkeley. The philosophy of immaterialism. London 1974

Warnock, G. J.: Berkeley. London 1953